경계선 장애와 병리적 나르시시즘

Otto F. Kernberg 저 · **윤순임** 외 공역

borderline conditions and pathological narcissism

학지사

Borderline Conditions and Pathological Narcissism
by Otto Kernberg

역자 서문

이 책은 1975년 뉴욕에서 *Borderline Conditions and Pathological Narcissism*이란 제목으로 초판 출판되었다. 거의 아무런 수정 없이 여러 쇄를 거쳐 2004년에도 그대로 출판되었다. 여기서 'condition' 이란 단어를 우리말에 걸맞게 번역하기가 난삽하여 독일어 번역판에서처럼 'condition' 대신에 '장애(Stoerung)' 로 번역하였다. 그 외에도 필자가 전달하고자 하는 정확한 의미를 찾기 위해 영문판뿐 아니라 독문판을 함께 고려하였기 때문에 이 번역서는 영문판의 글자 그대로의 내용과는 다소 차이가 있을 수 있다.

Otto Kernberg는 노숙한 임상가로서 또한 엄격한 이론가로서 이 시대가 낳은 탁월한 정신분석가이다. 그는 이 책에서 임상 실제와 이론적 개념화를 적절하게 연결하고 이를 대단히 철저하고 상세하게 기술하고 논의하면서 경계선 장애를 포괄적으로 조직화하여 다루었다. 경계선 성격장애와 자기애성 성격장애는 '이 시대의 장애' 라고 할 만큼 발생률이 높아서 그 연구에 대한 시대적 요구 또한 절실하다. 그는 여기서 Sigmund Freud의 심리구조 모델, 자아 심리학, 대상관계 이른 등을 통합하여 이론적으로도 대단한 응집성에 도달하였다. 그리하여 이 책은 그 출판 이래 정신분석 수련 과정에서 필수 서적이 되었다.

오늘날 우리나라에도 경계선 성격장애와 자기애성 성격장애는 임상 실제에서 범람한다고 해도 과언이 아니며 심각한 연구 과제로 부상되고 있다. 역자 대표는 이미 10여 년 전에 이 책을 서울정신분석상담연구소 연구원들에게 소개하였고 곧 번역 초고가 완성되었다. 그러나 이 책이 워낙 전문적인 서적이기도 하고, 우리말로 개념을 통일해야 하는 과제도 만만치 않아 한참을 머뭇거렸다. 그러다가 2006년 뉴욕에서 여든 살을 몇 해 앞둔 노장 Otto Kernberg를 직접 상봉하게 되었는데, 이 만남이 이 책의 출판을 결심하게 된 결정적 계기가 되었다.

이 책은 총 2부 10장으로 되어 있다. 제1부에서는 우선 경계선 장애에 대한 포괄적이고 체계적인 개관이 이루어지는데, 경계선 장애의 증상론, 자아 구조, 그리고 역동적 발생기원적 특징에 대해서 그 이론과 임상 실제의 발전 과정을 보여 준다. 두 번째로 경계선 장애 내담자가 임상 실제에서 보이는 전형적인 전이와 역전이 현상에 대해서 논의한다. 세 번째로 경계선 장애 내담자를 치료할 때 고전적 치료 방법을 수정할 것을 제안하면서 이 내담자의 전형적인 문제를 제시하고 그것을 해결할 수 있는 길을 상세하게 논의한다. 그다음으로는 경계선 장애 내담자의 예후와 감별 진단에 대해서 자세히 논의한다. 끝으로 제7장 전체는 경계선 장애 내담자가 대단히 자주 체험하는 '공허감' 에 할애하게 된다.

제2부에서는 경계선 장애의 하위 장애로서 자기애성 성격장애를 다루고 있다. 여기서 Otto Kernberg는 Heinz Kohut과는 달리 자기애성 성격장애의 근본적인 문제를 병리적인 방어에서 찾았다. Kernberg에 의하면 이들은 뿌리 깊은 원초적 추동 문제와 대상관계 문제, 특히 구강-공격적, 항문-공격적인 문제에 시달리고 있으며, 이를 병리적으로 방어한다는 것이다. 마지막 장에서는 자기애성 성격장애의 실제적 임상적 문제가 다루어지고 정상적 나르시시즘과 병리적 나르시시즘이 어떻게 구별되는지가 논의된다.

Kernberg는 낮은 수준의 성격장애(lower level character disorder)라는 개념을 쓰는데 여기에서 낮은 수준이라는 것은 낮은 수준의 성격 구조를 의미한다. 받아들일 수 있고 감당할 수 있는 수용 능력으로서 'capacity'

는 'ability' 와 구별하여 '역량' 으로 번역하였고, 'manifestation' 은 현현으로, 'manifest' 는 외현적으로 번역하였으며(예, manifest negative transference 외현적 부정적 전이), 'tolerance' 는 대체로 내성으로 번역하였는데 문맥에 따라 '체험해 낼 수 있는', '견뎌 낼 수 있는', '관용할 수 있는' 등으로 다양하게 번역하였다. 그리고 'position' 은 영어 그대로 '포지션' 으로 표기하기로 하였다(예, countertransference position 역전이 포지션). 이 외에도 이미 1976년에 Kernberg 스스로 'hysterical(신경증적 히스테리의)' 과 'histrionic(경계선 구조의 히스테리의)' 을 구분하여 썼음에도 불구하고 2004년에 출판된 이 책에서는 둘을 구분하지 않고 1975판 그대로 'hysterical personality(히스테리성 성격)' 라는 하나의 개념으로 쓰고 있다. 또한 영문판 305쪽의 각주는 불완전하여 독문판의 각주를 번역하였음을 밝힌다.

끝으로 이 책의 출판을 흔쾌히 맡아 주신 학지사 김진환 사장님께 진심으로 감사드리며, 난삽한 전문 개념 때문에 여러 차례의 토의가 있었음에도 이를 귀찮아하지 않고 좋은 책을 만들기 위하여 끝까지 좋은 의견과 격려로 힘을 보태 주신 학지사 편집부 김경민 선생께도 심심한 감사를 드린다.

친절하면서도 철저한 논의로 꽉 찬 이 책이 인간 삶의 진실에 관심이 많은 모든 분과 정신분석, 심리치료, 심리상담 학도 및 전문가에게 만만치 않지만 더없이 좋은 친구가 될 것을 믿어 마지않는다. 그들에게는 또 한 번 지적 지평이 넓혀지고 인간에 대한 정확한 사고, 따뜻한 이해가 동시에 가능한 인간적 학문적 세계가 펼쳐질 것이다.

2008년 6월 서초동에서

역자 대표 윤순임

감사의 글

이 책은 메닝거(Menninger) 재단의 심리치료 연구 프로젝트에서 필자의 작업과 연계되어 시작된 연구들을 포함하고 있다. 필자는 메닝거 재단 프로젝트의 전 감독자이자 연구 감독자인 Robert Wallerstein 박사에게 감사드리는데, 그는 전체 프로젝트 설계에서 경계선 상태에 관한 필자의 특정한 작업을 추구하도록 처음부터 자극하고 격려하였다. 그가 프로젝트 팀을 지도하였을 때와 그 이후로도 (Wallerstein 박사가 토피카를 떠난 이후로 필자는 이 연구 프로젝트의 감독자가 되었다.) 필자에게는 프로젝트의 모든 스태프로부터 일관된 지지와 건설적인 비판을 받는 특권이 주어졌다. 그들 중에 필자는 특히 Gertrude Ticho, Ernst Ticho, Ann Appelbaum, Stephen Appelbaum, Leonard Horwitz, Esther Burstein 그리고 Lolafaye Coyne에게 감사드리는데, 이들은 이 책에 포함된 다양한 작업을 나와 함께 상세히 읽고 토론해 주었다. 정신분석과 심리치료의 관련성과 차이에 관한 Ernst Ticho 박사의 생각은 경계선 내담자에 대한 필자의 기법적 접근에 상당한 영향을 미쳤다.

필자에게 자극을 주고 도움을 준 다른 친구와 동료로 메닝거 메모리얼(Menninger Memorial) 병원과 토피카(Topeka) 정신분석 연구소의 전 감독자인 고(故) Herman van der Waals 박사가 있다. 그의 생각은 자기애성 성격과 치료에 관한 필자의 공식화를 발전시키는 데 중요한 도움을 주었다. 존스 홉킨스 대학 병원 정신과의 명예교수이자 헨리 핍스(Henry Phipps) 클리닉의 심리치료 연구 감독자인 Jerome D. Frank 박사는 심리치료 연구의 복잡한 공식화와 절차를 필자에게 가르쳐 주었다.

『Bulletin of the Menninger Clinic』의 경영 편집자인 Virginia Eicholtz 여사는 인내심을 가지고 필자를 기다려 주었고, 필자의 부족한 영문을 제대로 된 영문으로 바꾸는 데 적절하게 강력하고 설득적이었다.

필자의 아내 Paulina Kernberg는 필자에게 가장 신랄하고 창의적인 비판자였다. 필자의 작업에 대한 그녀의 지속적인 의문과 고무적인 개관이 없었다면 필자는 이것을 할 수 없었을 것이다.

마지막으로 필자는 메닝거 재단 연구 프로젝트의 책임비서이고 메닝거 메모리얼 병원에서 필자가 감독자로 있을 때 필자의 비서였던 Mary Patton 여사, 뉴욕 주립 정신의학 연구소의 제너럴 클리닉 서비스 선임비서인 Jean Thomas 여사에게도 깊이 감사드리는데, 이들은 이 책의 출판 과정을 헌신적으로 정확하게 진행하고 또 매우 효율적으로 준비하였다.

저자 서문

이 책은 경계선 장애(정신병리, 진단, 예후와 치료)에 대한 체계적 분석을 제시하고 있다. 이 책에는 현대의 자아 심리학과 정신분석적 대상관계 이론의 입장에서 경계선 심리장애 개념을 발달시켰던 13년간의 노력이 반영되었다. 경계선 장애는 널리 퍼져 있고 아직도 수수께끼에 속하는 심리장애이다.

경계선 내담자의 하위 집단, 즉 자기애성 성격장애는 특히 어려운 문제였다. 이런 내담자는 보통의 경계선 내담자와 유사한 것처럼 보이지만 여러 측면에서 구별된다. 이들은 경계선 장애와 유사한 방어기제를 쓰는 것으로 보인다. 다른 한편으로 자기애성 성격장애 내담자의 많은 사람이 심리사회적으로 훨씬 더 나은 수준에서 기능한다. 자기애성 성격장애와 관련하여 다양한 임상적 문제를 명료화하는 노력 중에 이러한 내담자의 특정한 진단과 치료에 대한 필자 자신의 새로운 개념에 이르게 되었다. 이것은 이 책의 제2부에서 다루게 된다.

경계선 장애에 관한 문헌 개관은 제1부의 여러 장에 걸쳐 있다. 제1장은 진단에 관한 1967년까지의 초기 문헌을 포함한다. 제3장은 같은 시기의 치료에 대한 문헌이다. 제5장은 1968년에서 1972년에 걸친 경계선 장애의 진단과 치료에 대한 좀 더 새로운 문헌을 포함한다. 필자의 나중의 작업들은 경계선 장애에 대한 다른 사람의 작업에 부분적으로 영향을 받았거나 그들에 대한 필자의 반응으로 일어났기 때문에 이러한 구분을 유지하는 것이 바람직하다고 느꼈다.

I am very appreciative for the translation of my text on Borderline Conditions and Pathological Narcissism by Dr. Yoon Soon-Im, and hope that it will be helpful to psychoanalysts and psychoanalytic psychotherapists in Korea.

Otto Kernberg, M.D.

New York, July 28, 2006.

한국어 번역판 출간에 앞서

필자의 책 *Borderline Conditions and Pathological Narcissism*을 번역해 주신 윤순임 소장께 깊이 감사드립니다. 이 책이 한국에서 일하는 정신분석가와 정신분석 심리치료를 하는 분들에게 많은 도움이 되기를 희망합니다.

2006년 7월 28일 뉴욕에서

Otto Kernberg

차 례

제1부 경계선 성격장애

제1부

경계선 성격장애

제1장
증후군

필자는 소위 '경계선' 성격장애의 증상적, 구조적, 발생기원적-역동적 측면을 체계적으로 기술하고자 한다. 문헌에서는 이 정신병리를 '경계선 상태(borderline states)' (Knight, 1953), '전정신분열증적(preschizophrenic)' 성격 구조(Rapaport, Gill & Schafer, 1945/1946), '정신병적 성격(psychotic personality)' (Frosch, 1964), '경계선 성격(borderline personality)' (Rapaport, Gill, & Schafer, 1945/1946) 등 다양한 용어로 언급하고 있다. 어떤 저자에게는 '통원가료성 정신분열증(ambulatory schizophrenia)' (Zilboorg, 1941)이나 '가성신경증적 정신분열증(pseudoneurotic schizophrenia)' (Hoch & Polatin, 1949)이 경계선 성격장애를 의미하는 것인지 혹은 증상이 부분적으로 유사한 좀 더 퇴행된 정신병 환자를 의미하는 것인지 분명하지 않다. 정신분석 문헌에서 소위 '~인 체하는 성격(as if personality)' (Deutch, 1934), 분열성 성격 구조(Fairbairn, 1940), 자아가 심하

게 왜곡된 내담자(Gitelson, 1958)에 대한 연구도 경계선 집단과 관련되어 있는 것으로 보인다.

눈에 띄게 자아 구조가 병리적으로 지속되는 중요한 심리장애 집단이 있다. 이런 내담자의 자아 병리는 신경증이나 약한 성격장애 그리고 정신병의 자아 병리와 구별된다. 그러므로 이 내담자는 신경증과 정신병 사이의 경계 영역에 있다고 보아야 한다. '**경계선 성격 구조**(borderline personality organization)' 라는 용어가 '경계선 상태' 나 다른 용어보다 이들을 더 정확하게 기술한다(Kernberg, 1966). 왜냐하면 이들은 특정하고 지속적이며 병리적인 성격 구조를 보이고, 이들의 성격 구조는 신경증과 정신병 사이를 오가는 일시적인 상태가 아니기 때문이다.

이들이 밖으로 보이는 증상은 신경증 내담자나 성격장애 내담자가 보이는 증상과 종종 유사할 수도 있다. 그러므로 철저하게 진단 평가를 하지 않으면 이런 내담자의 독특한 성격 구조를 쉽게 간과하며, 이것은 다시금 좋지 않은 치료 예후로 이어지게 된다. 경계선 성격 구조에서는 정확한 진단 평가를 기초로 그에 적합한 치료 접근이 필요하기 때문이다.

심한 스트레스나 알코올 혹은 약물을 복용했을 때 경계선 성격 구조 내담자는 일시적으로 정신병적 일화를 겪을 수 있다. 이러한 정신병적 일화는 대체로 비교적 잘 구조화된 단기적 접근으로 회복된다. 이 내담자에게 고전적 정신분석 기법으로 접근하면 전이에서 망상이 일어날 정도로 쉽게 현실검증의 장애가 올 수 있다. 그러므로 그들은 전이 신경증보다는 오히려 전이 정신병을 일으킨다(Wallerstein, 1967). 그러나 이들의 현실검증 능력은 보통으로는 유지되는데 심한 스트레스, 즉 약물이나 알코올에 의한 퇴행 그리고 전이 정신병과 같이 특수한 상황에서는 예외가 된다(Frosch, 1964). 임상 면접을 해 보면 사고 과정의 형식적 조직화는 정상으로 나타난다. 그러나 심리검사, 특히 비구조화된 투사 검사에서는 자주 일차과정 기능의 경향을 나타낸다(Rapaport, Gill, & Schafer, 1945/1946).

정신병적 상태와 경계선 성격 구조 간 주요 차이를 구분하는 것은 가능하다(Frosch, 1964). 대체로 더 어려운 것은 경계선 성격 구조와 신경증을 구분하는 것이다. 그러므로 필자는 아래에서 경계선 성격 구조와 신경증 간의 복잡한 차이를 명확하게 하고자 한다.

1. 문헌 개관

경계선 성격 구조를 기술적, 구조적, 발생기원적-역동적으로 분석하기 위하여 무엇보다도 대상관계의 특징적인 병리를 특별히 고려하였고 이론적으로, 치료적으로 입장을 달리하는 다른 저자의 연구도 참조하였다. 초기 문헌에서 나타나는 임상 사례를 살펴보면 오늘날 우리가 '경계선' 장애로 볼 수 있는 사례들이 있다. 예를 들면, Zilboorg(1942), Hoch와 Polatin(1949)이 사례를 제시하였고, Rapaport, Gill과 Schafer(1945/1946)는 심리평가적 관점에서 사례연구를 하였다. Zilboorg(1957)는 후에 자신의 기술을 확장했고, Hoch와 Cattell(1959)은 '가성신경증적 정신분열증' 이라는 진단적 개념을 정교화하였다. Bychowski(1953)는 경계선 사례 증상의 다른 측면을 연구하였다. 그는 이런 내담자의 구조적 근본 특징에 대해서 무엇보다도 해리된 원시 자아 상태가 지속되는 것과 부모상이 좋은 대상과 나쁜 대상으로 분열되는 것으로 기술하였다. 여기서 주목할 것은 Zilboorg와 Hoch가 경계선 구조를 기술적으로 분석하는 데 근본적인 공헌을 하였지만 그런 내담자를 모두 정신분열증으로 간주하였다는 것이다. 이들은 경계선 장애가 정신분열증과는 다른 형태의 장애라는 것을 알아차리지 못했던 것 같다.

최근에 이르기까지 '경계선' 이라는 용어가 두 가지 다른 의미로 사용되어 혼란을 일으켰다. 즉, 이 용어는 한편으로는 평상시 신경증적 증상으로부터 명백한 정신병적 반응으로 빠르게 퇴행하는 내담자의 일시적인 급성 현상을 가리키고, 다른 한편으로는 상당히 안정적인 기능 수준에서 신경증과 정신병의 경계 영역에 있는 내담자를 지칭할 때에도 사용되었다 (Rangel, 1955; Robbins, 1956; Waelder, 1958). 필자의 견해로는 '경계선' 이라는 용어는 오직 만성적 성격 구조의 내담자에게만 적용되어야 한다. 경계선 구조는 전형적 신경증도 아니고 전형적 정신병도 아니며 네 가지 특성, 즉 ① 전형적 증상군, ② 자아 방어기제의 전형적 구성, ③ 내재화된 대상관계 영역에서 전형적 병리, ④ 발생기원적-역동적 특성을 가진다. Frosch(1964)는 정신병과 경계선 성격 구조의 감별 진단에 근본적으로 기여하였다. 그는 경계선 내담자가 현실과의 관계나 현실감에서는 변화가 있을 수 있지만 정신병 내담자와 달리 현실검증 능력은 유지된다는 것을 강조하였다.

경계선 성격 구조의 구조적 측면에 대한 문헌은 두 가지 연구 군으로 나누어진다. ① 자아 취약성의 비특정적 현상과 일차과정적 사고 형태라는 의미에서 원시적 인지 구조로 퇴행하는 경향에 대한 연구, ② 경계선 성격 구조에서 전형적으로 관찰되는 방어 과정에 대한 연구. 첫 번째 거론한 연구는 특히 Rapaport, Gill과 Schafer(1945/1946)의 영향 아래에서 이루어졌는데, 이들은 '전정신분열증적' 환자가 있다는 것과 그런 환자는 심리검사에서 일차과정적 사고가 우세하며 전형적 신경증 내담자와 달리 심한 자아 취약성을 나타낸다는 것을 발견하였다. Knight(1953a, 1953b)는 처음으로 경계선 내담자의 일반적 기술적 특징과 그들의 자아 취약성이 치료에 끼치는 영향의 중요성에 대하여 종합하였다. 그는 특히 이들이 전이에서 깊이 퇴행하는 것을 주목하였고 따라서 이런 내담자를 치료할 때 그 문제에 걸맞게 치료 방법을 수정하는 것이 필수적이라고 강조하였다.

두 번째 연구 군에서는 경계선 내담자의 구조적 조직의 근본적인 부분으로서 방어 과정을 이해하는 데 역점을 두고 있다. 여기 기여한 저자들은 첫 번째 연구 군과는 이론적으로 아주 다른 지향을 따르고 있다. 여기서 특히 들 수 있는 것은 분열 과정과 그 분열 과정이 특히 분열성 내담자에게서 중요한 의미를 가진다고 한 Fairbairn(1940/1952, 1944/1952)과 Melaine Klein(1946)의 연구이다. 분열 기제는 Freud(1927/1961, 1938/1964)가 최초로 언급하였다. 그러나 나중에 Fairbairn이 확장시켰다. 그는 분열이라는 개념을 특정한 자아 통합의 결핍을 의미할 뿐만 아니라 좀 더 적극적인 방어기제로 이해하였다. 더 나아가 Rosenfeld(1963, 1964)와 Segal(1964)은 분열의 개념을 퇴행시 자아의 중심적 방어기제로 파악하였고 분열 기제를 그것과 관련된 기제로 기술하였다. 필자는 이전 연구에서(Kernberg, 1966) '분열'을 Klein 학파에서 통용되는 것과는 조금 다르고 좀 더 좁은 의미로 정의할 것을 제안한 바 있다.

이미 일찍이 Edith Jacobson은 경계선 내담자의 방어 유형을 분석하는 데 본질적인 기여를 했다(Jacobson, 1953, 1954a, 1957). Anna Freud (1936/1946)는 자아의 방어기제에 대한 연대기적 목록을 만들 필요가 있다고 제안하였는데, 이것은 자아와 원초아 간 분명한 분화가 아직 이루어지지 않은 초기 자아 발달의 특징에서 더 성숙한 자아의 특징까지를 포함한다는 것이다. Karl Menninger(Menninger, Mayman, & Pruyser, 1963)는 동료들과 함께 심리장애 개념을 단일 과정으로 발달시키려고 시도하면서 상이한 형태의 심리장애를 방어 구조의 특정한 위계 및 기능적 수준과 관련시킬 수 있다고 하였다. Menninger의 연구는 경계선 성격 구조 내담자의 방어 구조에서 특히 '원초적' 수준을 더 잘 이해하려는 필자의 노력에 큰 자극이 되었다.

경계선 성격 구조를 이해하고 그런 환자를 치료하는 데 가장 중요한 기여는 내재화된 대상관계 병리에 대한 연구에서 비롯되었다. '~인 체하는' 성격에 대한 Helene Deutsch(1934/1942)의 논문은 첫 토대가 되었다. Helene Deutsch와 독립적으로 나중에 Fairbairn(1944/1952, 1951/ 1952)

과 Melanie Klein(1946/1952)의 연구 결과가 출판되었다.

내재화된 대상관계 병리에 대한 일련의 연구는 자아 심리학파에서 비롯되었다. 이 연구에서 기술된 현상은 Fairbairn과 Klein의 영향을 받은 영국의 정신분석가들이 자신들의 용어로 기술한 것과 부분적으로 매우 비슷하다. 예를 들면, Edith Jacobson의 『자기와 대상 세계(*The Self and the Object World*)』(1964), Greenson(1954, 1958)의 중요한 발견, Erick Erikson(1956)의 정체성 혼미 연구 등이 있다. Jacobson은 경계선 내담자에게 있어서 내재화된 대상관계 병리를 명료화하는 데 기여했을 뿐 아니라 특정한 대상관계 병리와 자아 및 초자아 발달의 운명 간의 관계를 이해하는 데 기여하였다. Greenson은 경계선 내담자의 내재화된 대상관계 병리와 현재 타인과의 병리적 관계에서 나타나는 양상을 철저히 분석하였다. 이것은 경계선 내담자의 발생기원적이고 역동적 측면을 이해할 뿐만 아니라 혼란스러운 행동을 기술적으로 명료화하는 데 정신분석이 최적의 도구라는 것을 보여 준다. Kahn(1960)은 이들이 사용하는 특정한 방어 과정과 특정 대상관계 병리와 관련된 구조적 요소를 강조했다.

위에 언급한 저자들은 경계선 성격 구조의 발생기원적-역동적 측면[1]도 고려했다. 그리고 이들 모든 저자가 전성기기적, 특히 구강기적 갈등과 유난히 강한 전성기기적 공격성이 가장 중심적인 역할을 한다는 것을 강조하였다. 그들은 그 외에도 전성기기적인 것과 성기기적인 추동 파생물이 독특하게 연결된다는 것을 강조하였다. 자세한 것은 Melanie Klein(1945)과 Paula Heimann(1955b)에 자세히 서술되어 있다.

이 장에서는 아직 경계선 성격 구조의 치료적 측면은 다루지 않기 때문에 치료에 대한 문헌은 아직 논의하지 않겠다. 그러나 진단적 분석에 의미가 있는 두 가지 연구를 여기에서 소개하겠다. Wallerstein(1967)은 전체

1) 역주-대상관계뿐만 아니라 추동 측면까지도 고려하였다는 의미이다.

진단에서 전혀 정신병적이지 않은 내담자가 보이는 정신병적 전이 반응을 기술하였다. Main(1957)은 병원 현장에서 이들 환자들이 사용하는 방어 방략의 파급효과를 지적하였다. 경계선 내담자가 치료자에게 자주 유발하는 역전이 반응을 진단적으로 사용하는 것에 대해서는 2장에 기술되어 있다. 경계선 장애에 대한 두 번의 패널 토론이(Rangell, 1955; Robinson, 1956) 요약 발표되어, 이 장애를 이해하는 데 기여하였다. Gitelson(1958)의 한 논문과 Gitelson의 논문이 실려 있는 이 주제를 토론한 보고서(Waelder, 1958)에 경계선 성격 구조에 대해 대답되지 않은 많은 질문이 제시되어 있다. 그 토론에서 특히 Rosenfeld가 한 언급은 대단히 적절한 것이었다. 아동기의 경계선 성격장애와 관련된 특수한 주제는 Ekstein과 J. Wallerstein(1956), Geleerd(1958)에 요약되어 있다.

이제 필자는 경계선 성격 구조를 기술적, 구조적 그리고 발생기원적-역동적 측면에서 좀 더 자세히 분석하고자 한다.

2. 기술적 분석-진단적 '단서' 가 되는 순간

경계선 성격 구조 내담자는 처음 보기에는 전형적인 신경증 증상 같은 문제를 자주 호소한다. 그러나 이런 내담자의 신경증 증상과 성격장애에는 경계선 성격 구조를 짐작케 하는 특징이 있다. 여기서 중요한 것은 무엇보다도 정확한 진단적 검토를 통해서만 드러날 수 있는 여러 신경증 증상의 특수한 조합이다. 각각의 증상이 곧 질병이 되는 것은 아니지만 다음에 제시한 증상 중에 두 가지나 특히 세 가지 증상이 나타날 때 이는 기저에 경계선 성격 구조가 존재할 가능성을 강하게 시사한다. 이 모든 증상 기술은 경계선 성격 구조를 추정할 수 있는 진단적 단서에 불과하다. 결정적 진단은 모든 경우에 기술적 증상에 의존하기보다는 자아 병리에 대한 결정적 시사점에 의해서 가능해진다. 다음의 증상 범주 목록은 완전한 것이 아니다.

1) 불 안

이들 내담자는 만성적이고 막연하게 떠다니는 불안을 호소한다. 이 증상은 다른 다양한 증상 혹은 병리적 성격 특성과 함께 있으면 특히 의미가 있다. 따라서 불안의 정도가 너무 심해서 다른 증상과 성격 특성에 묶어 둘 수 있는 역량을 넘어선다. 하나의 예외는 만성적 불안 반응이 전환증상의 특정한 의미를 이차적으로 획득한 경우이며, 이것은 분석적 탐색을 통해서만 드러난다. 또한 집중적 심리치료에서 내담자는 불안 자체를 저항, 즉 상당히 만성화될 수 있는 방어로 사용할 수 있는데 이런 불안은 여기서 말하는 불안의 형태가 아니다.

2) 다중 증상 신경증

대부분 내담자는 몇 개의 신경증 증상을 호소한다. 그러나 여기서는 다음 증상 중 둘 혹은 그 이상을 호소하는 내담자만을 다룰 것이다.

(1) 다양한 공포증, 특히 내담자의 일상생활을 심하게 제한하는 것이 있다. 또한 여기서 중요한 것은 자신의 신체나 외모와 관련되는 공포증(적면 공포, 사람들 앞에서 말하는 것에 대한 공포, 자기가 어떻게 보이는지에 대한 공포)이 있고 반대로 자신의 신체를 포함하지 않고 외부 대상과만 관련되는 공포(전형적인 동물 공포, 악천후 혹은 고소 공포)가 있다. 마지막으로 강박 신경증으로 이행하는 과도기적 요소를 포함하는 공포(먼지 공포, 오염 공포)가 있다. 다양한 공포증, 특히 사회생활을 심하게 억제하고 편집적 경향을 보이는 공포는 경계선 성격 구조를 추정할 수 있는 단서가 된다.

(2) 강박 증상이 이차적으로 자아 동조적이 되어 '과대평가된' 사고와

행동을 보인다. 현실검증이 유지되고 내담자가 자신의 터무니없는 사고나 행동을 없애고 싶어 하지만, 또한 이 행동을 합리화하는 경향도 있다. 예를 들면, 강박적 손 씻기와 오염 의식을 보이는 내담자는 청결함, 먼지의 위험 등에 대해 '합리적으로' 고려하는 정교한 체계를 만들어 낸다. 또한 여기서 중요한 것은 편집적이거나 건강염려증적 특징을 가진 강박 사고를 보이는 환자이다.

(3) 다양하게 정교화되고 기괴한 전환 증상 특히 만성적이거나 혹은 여러 해 동안 단일한 전환 증상을 보일 때이다. 또한 전환 증상이 신체적 환각과 유사하거나 복합적인 감각 혹은 기괴한 일련의 동작을 포함하여 정교화될 때이다.

(4) 해리 반응, 특히 히스테리적 '몽롱 상태(twilight)'와 둔주 그리고 의식장애를 수반하는 기억 상실이 있다.

(5) 건강염려증이 있다. 드물면서도 논쟁의 여지가 있는 이 증상은 아마 증상 신경증보다는 성격 병리와 더 관련될 것이다. 건강에 과도하게 집착하고 만성적으로 질병에 대한 공포를 보이는 것이 경계선 성격 구조 내담자에게서 종종 나타난다. 이것은 만성적인 증상, 건강을 위한 의례, 건강과 증상에 집중하기 위해 사회생활에서 철수하는 형태로 나타난다. 여기서 심한 불안 환자가 불안 때문에 이차적으로 약간의 건강염려증적 경향을 보이는 경우에는 해당되지 않는다.

(6) 편집적이고 건강염려증적 경향이 다른 증상 신경증과 함께 나타난다. 이것은 경계선 성격 구조로 진단 내릴 수 있는 단서가 되는 전형적인 조합이다. 물론 많은 내담자는 약간의 편집적 특성을 보이고 위에 언급한 대로 불안에 대해 이차적으로 약간의 건강염려증적 경향을 보인다. 그러나 여기서 언급하고 있는 내담자는 선명하고 강한 편집성 성격 경향과 확실한 건강염려증적 경향을 보이는데, 이러한 경향은 심한 불안 때문에 나타나는 것이 아니다.

다시 한 번 강조되어야 할 것은 앞서 언급한 어떤 증상이 나타나도 그 자체로 경계선 성격 구조를 진단할 수 있는 단서가 되지 못한다. 이 증상 범주에서 둘 혹은 그 이상이 있으면 성격 구조의 기저에 있는 경계선 병리의 가능성에 주목해야 한다.

3) 성 행동에서 다형 도착적 경향

몇몇의 도착 경향과 함께 외현적으로 성적 일탈을 나타내는 내담자가 여기에 속한다. 예를 들면, 이 집단의 한 남성 내담자는 이성애와 동성애를 하면서 가학적이고 문란한 성생활을 하였다. 또 다른 남성 내담자는 동성애자였는데, 여성에게 노출적으로 행동했다. 한 여성 내담자는 동성애와 함께 도착적이고 피학적인 이성애 경향을 보였다. 성기기적(genital) 생활이 지속적인 성적 일탈을 보이는, 특히 지속적인 대상관계를 하면서 성도착을 지속적으로 보이는 내담자는 이 범주에 들어가지 않는다. 한편 외현적 성행동은 완전히 억압되지만 의식적인 환상, 특히 성적 만족을 얻기 위한 조건으로 자위 환상에서 다양한 도착 경향을 나타내는 내담자가 있다. 이런 증상은 경계선 성격 구조를 진단할 수 있는 단서가 된다. 도착 환상과 행동이 더 혼란스럽고 다양하며 이들의 상호작용과 관련된 대상관계가 더 불안정할수록 경계선 성격 구조일 가능성이 커진다. 도착 형태가 기괴하고 특히 원시적 공격을 나타내거나 혹은 성기기적 목표가 배설적인 것(배뇨, 배변)으로 원시적으로 대체되는 경우 또한 기저의 경계선 성격 구조를 추정해 볼 수 있다.

4) '고전적인' 전정신병적 성격 구조

(1) 편집성 성격. 편집적 경향 자체가 주요 기술적 진단을 내릴 정도로

강할 때이다.

(2) 분열성 성격

(3) 경조성 성격과 경조성 성향이 강한 '순환기분(cyclothymic)적' 성격 구조

심한 피학성 성격 특성의 만성적 우울증 환자 혹은 Laughlin(1956)이 말한 '우울성 성격'은 여기 포함되지 않는다는 것이 강조되어야 한다. 증후군으로서 우울이 신경증적 우울과 정신병적 우울 사이의 경계에 있는 양상을 보인다는 점에도 불구하고 말이다. 이 범주에 드는 내담자는 피학성 성격 경향에 대한 논의에서 다룰 것이다.

5) 충동 신경증과 중독

필자는 여기서 충동을 만성적으로 반복해서 폭발시킴으로써 추동 요구를 만족시키는 심한 성격 병리를 언급할 것이다. 심지어는 '충동에 지배될' 때 외에는 충동이 자아 이질적이지만 폭발하는 동안은 자아 동질적이고 실제로 대단히 통쾌하게 체험된다. 알코올 중독, 약물 중독, 심인성 비만의 어떤 형태, 방화광이 전형적인 예이다. 성적 일탈에서 도착과 중독이 겹쳐진다. 여기서는 도착 증상이 일시적이고 폭발적으로 나타나고 이 기간 외에는 도착 충동이 자아 이질적이고 강하게 거부되기도 한다. 이 집단은 또한 일반적인 '행동화' 성격장애와 겹쳐지기도 하는데, 그 차이는 양에 있다. 충동 신경증은 직접적으로 추동을 만족시키고 일시적으로 선호되는 하나의 자아 동조적 출구를 중심으로 하고 있는 것으로 보인다. 반대로 '행동화' 성격은 일반화된 충동 조절의 문제가 더 심하고, 몇몇 영역에서는 충동과 방어의 조합이 더 혼란스러우며 또 분명한 자기 동조성이 덜하고 결정된 충동의 직접적인 만족이 덜 노골적이다.

6) '낮은 수준의'[2] 성격장애

필자는 여기서 전형적으로 혼란되고 충동에 의해 지배되는 심한 성격장애를 언급할 것인데, 이들은 성격 구조에서 고전적 반동형성 유형이나 더 가벼운 '회피 특성' 을 보이는 성격과는 다르다. 필자는 경계선 성격 구조에 대한 구조 분석을 다룰 때 이 점을 좀 더 자세히 살펴볼 것이다. 그리고 억압과 분열 기제가 우세한 정도에 따른 '높은 수준' 에서 '낮은 수준' 까지의 연속성으로 성격 병리를 분류하려는 시도(Kernberg, 1966)에서 한 제안을 언급할 것이다. 임상적 관점에서 가장 전형적인 히스테리성 성격은 경계선 구조가 아니다. 대부분의 강박성 성격과 우울성 성격 혹은 더 잘 통합된 피학성 성격도 마찬가지이다(Laughlin, 1956). 반대로 많은 유아성 성격과 가장 전형적인 자기애성 성격은 경계선 성격 구조가 기저에 있다. '~인 체하는' 성격 또한 후자 집단에 속한다. 필자가 연구한 진단적으로 분명한 반사회성 성격 구조는 항상 전형적인 경계선적 성격 구조를 보였다.

필자는 히스테리성 성격, 유아성 성격, 자기애성 성격의 감별 진단을 개관할 것이다. 필자의 관점으로 보면 히스테리성 성격은 연속선상에서 전형적으로 '높은 수준' 의 성격 신경증이다. 유아성 성격은 중간 수준에 속하지만 실제로 전형적 경계선 영역에 근접한다. 그리고 연속선상의 중간 범위에 도달하기는 하지만 자기애성 성격은 전형적인 낮은 수준의 성격장애이다.

(1) 히스테리성 성격과 유아성 성격

히스테리성 성격에서 주요 성격 양상은 다음과 관련지어 분류할 수 있다. ① 정서적 불안정성, ② 과다 관여, ③ 의존적이고 과시적인 특성의 조

2) 역주-여기서 낮은 수준이란 성격 구조가 약하다는 의미이다.

합, ④ 가성과잉성욕(pseudohypersexuality)과 성적 억제, ⑤ 남성, 여성과의 선택적 경쟁성, ⑥ 피학적 특성. 필자는 이들 각각이 시사하는 바가 무엇인지 체계적으로 검토하기보다는 히스테리성 성격과 때로 혼돈되는 경향이 있는 유아성 성격 구조와의 감별 진단과 관련되는 것만을 강조해 보겠다.

① 정서적 불안정성(lability)

히스테리성 성격은 위장된 과잉 정서성이 억압을 강화하기 위해 방어적으로 사용된다. 그것은 특히 성적인 관여와 같은 갈등 영역에서 그리고 전형적 전이 저항에서 드러난다. 갈등 없는 영역에서 이들의 정서적 반응은 안정되고 적절하다. 남편과의 관계에서 혹은 전이에서 하나의 정서적 위기가 다음의 위기로 이어지는 히스테리성 내담자도 자신의 일에서는 매우 안정되고 적절할 수 있다. 반대로 유아성 성격에서 정서적 불안정성은 확산되어 있고 모호하다. 생활에서 갈등 없는 영역이 거의 없으며 이것은 히스테리성 성격에 비해 높은 사회적 부적절성을 반영하는 것이다. 히스테리성 성격은 특정한 영역에서 갈등이 깊어질 때만 충동 조절이 결여된다. 유아성 성격은 훨씬 더 많은 영역에서 충동 조절이 결여된다.

② 과다 관여(overinvolvement)

다른 사람과의 관계에서 히스테리적 과다 관여는 표면적으로는 상당히 적절해 보인다. 단순한 관찰자는 대개 그것을 전형적인 여성적 매력으로 본다. 어린아이 같이 매달리는 것, 계속적으로 옆에 붙어 있도록 요구하는 것은 단지 선택된 관계에서만 생기며, 특히 이성과의 관계에서 두드러진다. 이것은 성기기적 공포에 대한 퇴행적 방어를 나타낸다. 히스테리성 성격의 '외향성', 상대방에 대한 빠르지만 피상적인 객관적 공명 그리고 환상, 예술 혹은 문학의 정서적인 의미에 대한 과다 동일시는 안정적이고 이차과정적인 사고와 당면 현실에 대한 현실적 평가 틀 내에서 나타난다. 반대로 유아성 성격에서 보이는 아이 같은 과다 동일시는 더 필사적이고 부적절한 성격을 띤다. 겉으로는 다른 사람에게 잘 적응하고 있어 보이지만 다른 사람의 동기와 내적 생활을 크게 오해한다. 장기간 관여되면 유아성 성격은 퇴행되고 아이 같으며 구강-공격적 요구를 보이는데, 이것은 전형적인 히스테리성 성격에서는 볼 수 없다.

③ 의존적이고 과시적인 욕구

사랑 받고자 하고 관심과 매력의 초점이 되고자 하는 욕구는 히스테리성 성격에서 더 성적인 특징을 보이고 구강-의존적 요구는 직접적인 성기 노출적 경향과 관련되어 있다. 유아성 성격에서 관심과 매력의 중심이 되고자 하는 욕구는 덜 성적이며 더 무기력하고 주로 구강적이며 부적절한 요구의 특성을 가진다. 그리고 노출증은 더 원시적인 자기애적 경향을 나타내는 '냉담한' 특성을 보인다.

④ 가성과잉성욕과 성적 억제

표면상 성적으로 도발적으로 보이나 그 이면에는 성적 억제로 인한 불감증(frigidity)이 있는 것은 히스테리성 성격 구조에 전형적으로 나타난다. 유아성 성격에서는, 성적 도발성이 더 직접적이고 노골적이며 사회적으로 부적절하고 이성에 대한 실제적 성적 접근보다는 좀 더 구강기적으로 결정된 노출증과 요구적 태도로 나타난다. 히스테리적 여성의 성적인 문란함은 유아적 여성보다는 훨씬 덜 나타난다. 히스테리성 성격은 나이 든 혹은 가용하지 않은 남성과의 만성적인 관여와 같이 성적 관여에 있어 강한 오이디푸스적인 측면을 드러낸다. 그리고 관계에 대한 어떤 신경증적인 전제조건이 충족되는 한 성적 대상과 안정적 관계를 할 수 있는 능력이 있다. 반대로 유아성 성격에서 성적 문란함은 더 '혼란스러운' 특성을 띠며 대상관계의 안정성이 거의 없다. 또한 히스테리성 성격에서는 성적 환상을 넓게 억압하는 것이 일반적인 데 비해, 유아성 성격에서는 원시적이고 다형 도착적 특성을 보이는 의식적인 성적 환상이 우세할 수 있다.

⑤ 남성, 여성과의 경쟁성

히스테리성 성격은 이성과 경쟁할 때와 동성과 경쟁할 때의 패턴이 확연히 다르다. 성적 열등감을 부인하기 위해 남성과 경쟁하는 경향이 있는 히스테리적 여성은 안정적 성격 패턴을 발달시키는 경향이 있다. 다른 여성과 경쟁할 때는 다른 이유로 인한 경쟁보다 오이디푸스적 경쟁이 우세한 것 같다. 반대로 유아성 성격에서는 남성과 여성에 대한 전형적인 행동이 별 차이가 없다. 일반적으로 만성적 경쟁이 덜하며, 강한 긍정적 감정과 강한 부정적 감정 사이를, 혹은 한편으로 복종이나 아이 같은 모방과 다른 한편으로 짧게 고집 부리고 삐죽거리면서 대립하는 것 사이를 쉽게 왔다 갔다 하는 것을 볼 수 있다.

⑥ 피학증

필자는 우울-피학성 성격 구조의 일반적 논의의 맥락에서 이런 측면을 언급해 보겠다. 엄격하고 처벌적인 초자아와 역동적으로 관련되는 성격 특성에서 나타나는 '높은 수준' 의 피학증은 히스테리성 성격 구조의 한 부분이다. 반대로 죄책감이 덜하고 가학피학적인 특성 간의 직접적인 상호침투를 보이는 '중간 범위' 혹은 '낮은 수준' 의 피학성 성격 특성은 유아성 성격에서 빈번하다.

요약하면 히스테리성 성격에서는 더 잘 통합된 자아와 초자아, 갈등 없는 자아 기능과 구조의 영역이 훨씬 넓고 구강기적 갈등이 있기는 하지만 구강기적 갈등보다는 오이디푸스적 갈등이 우세하다. 히스테리성 성격에서 성적인 갈등은 전성기기적 갈등보다 훨씬 더 성기기적이다(Easser & Lesser, 1965). 반대로 유아성 성격에서는 전성기기적이고 특히 구강기적인 문제가 우세하다. 히스테리성 성격에 비해 안정적인 대상관계 역량이 작으며 억압이 무너져 원시적이고 다형 도착적 성 환상이 나타난다. 유아성 성격에서는 히스테리성 성격에서 보이는 것보다 더 구강기적으로 요구적이고 공격적인 아이 같은 '의존성'을 보인다. 유아성 성격 구조를 가진 내담자는 더 깊은 수준에서는 내재화된 대상관계에 심한 왜곡이 있어서 타인에게 의존할 수 없다.

(2) 자기애성 성격

위에서 전형적 히스테리성 성격장애는 기저의 경계선 성격 구조를 보이지 않지만, 유아성 성격은 경계선 성격 구조를 보인다고 하였다. 이것은 대부분 자기애성 성격에서도 마찬가지로 적용된다. 이 진단에 대해 기술해 보겠다. '자기애성 성격 구조'라는 용어가 앞으로 언급할 성격 특성의 구성을 보이는 내담자에게 적용되면 대부분 경계선 성격 구조가 기저에 있다고 필자는 본다.

기술적인 용어로서 '자기애성'이란 용어는 남용되고 과용되어 왔다. 그러나 대상관계에서의 특정한 장해와 관련된 자기가치감의 장해를 주요 문제로 보이는 집단이 있으며, 우리는 이들을 자기애의 병리적 발달의 '순수한 모습'으로 볼 수 있을 것이다(Van der Waals, 1965). 필자가 '자기애성 성격'이라는 용어를 적용하는 집단은 이 집단이다. 겉보기에 이런 내담자는 심하게 퇴행되어 있지 않다. 이들 중 일부는 사회적으로 아주 잘 기능하고 유아성 성격보다 충동 조절을 훨씬 잘한다.

이런 내담자는 타인과 상호작용할 때 유별나게 자기를 언급하고, 타인에 의해 사랑과 감탄을 받고자 하는 요구가 강하다. 그리고 자기에 대해 매우 부풀려져 있으면서도 타인에게서 사랑과 감탄을 받고 싶은 욕구가 지나치다는 점이 겉보기에는 이상한 모순으로 보인다. 이들의 정서 생활은 얕다. 타인의 감정을 거의 공감하지 못하고, 다른 사람에게서 받는 찬사나 자신의 거대 환상에서의 인정 외에 다른 생활에서는 거의 즐거움을 느끼지 못한다. 그리고 외적인 화려함이 사라지고 자기가치감을 만족시킬 새로운 것이 없으면 안절부절못하고 지루해한다. 그들은 타인을 시기하고 자기애적 지지를 해 줄 것이라 기대하는 사람을 이상화하며, 기대할 것이 아무것도 없는 사람은 때로 전에 우상이었던 사람까지도 비하하고 경멸한다. 일반적으로 타인과의 관계는 확실히 착취적이고 때로 기생적이다. 그들은 마치 자신이 남을 통제하고 소유할 권리가 있는 것처럼 느끼고 죄책감 없이 남을 이용한다. 그리고 참하고 매력적으로 보이는 이면에는 냉담함과 무자비함을 자주 감지할 수 있다. 이들은 타인에게서 많은 찬사와 숭배를 받고자 하므로 의존적으로 보일 수도 있으나 더 깊은 수준에는 타인에 대한 깊은 불신과 경멸 때문에 누구에게도 진정으로 의지할 수 없다.

분석적 탐색을 해 보면, 종종 이들의 거만하고 거대하며 통제적인 행동은 중심되는 정신병리인 구강기적 분노의 투사와 관련된 편집성을 방어하는 것임이 드러난다. 겉보기에 이들은 대상관계가 거의 없어 보인다. 더 깊은 수준에서는 강렬하며 원시적이고 위협적인 내재화된 대상관계를 보이고 내재화된 좋은 대상에 의지할 수 없다(Rosenfeld, 1964). 반사회성 성격은 자기애성 성격의 하위유형으로 볼 수 있다. 반사회성 성격 구조는 앞에서 언급한 특징에 더해 초자아 병리도 심각하다.

경계선 성격 구조를 진단할 수 있는 증거의 존재 정도에 따라 성격 병리를 분류하려는 노력은 두 가지 질문을 제기한다. ① 이 모든 성격 구성을 감별 진단할 수 있는 확실한 기술이 가능한가? ② 연속선상에서 성격 병리를 보려는 시도에는 너무 경직된 도식화의 위험이 있지 않은가? 문제는 같은 성격 구조 안에도 많은 변동이 있다는 것이다. 예를 들면, 경계선 특징을 보이는 전형적인 히스테리성 성격이 있다. 첫 질문에 대한 대답으로 임상 정신과에서 하는 기술적 진단의 일반적인 한계 내에서 기술적 감별 진단이 가능하다고 필자는 생각한다. 유감스럽게도 이것을 더 논하는 것은 이 책의 범위를 넘어선다. 두 번째 질문에 대해 필자는 다시 확실히 말할 수 있다. 여기서 언급하는 특정한 성격 구성을 보이는 내담자는 연속선상의 어떤 지점에 위치될 수 있다. 예를 들면, 전형적인 자기애성 성격 내담자가 '경계선' 이 아닐 수도 있다. 그럼에도 불구하고 필자가 도달한 결론은 기술적 진단을 잘 개발하고 기술적 진단을 할 수 없어 보이는 사례의 특정한 특징을 충분히 정리해 보면 임시적으로라도 성격 병리의 심각성에 따른 연속선상에 내담자를 위치시킬 수 있다는 것이다. 연속선상의 낮은 수준에 놓이는 것은 경계선 성격 병리가 있다고 추정할 수 있는 증거이다.

(3) 우울-피학성 성격 구조

① 우울성 성격

우울-피학성 성격 구조는 매우 복합적인 형태의 성격 병리다. 따라서 이 집단은 성격 병리의 연속성을 예시하는 데 사용될 수 있다. Laughlin(1956)이 기술한 '우울성 성격' 은 반동형성의 특징을 보이는 '높은 수준' 의 성격 구조의 좋은 예일 것이다. 비록 우울성 성격 발달에 전성기기적 병리가 우세하지만, 이 병리 형태는 구조적으로 히스테리성 성격과 강박성 성격에 상당히 근접한다. 형태가 다소 다른 피학성 성격 구조도 연속선상에서 똑같이 높은 수준에 해당된다. 여기서 말하는 피학적 특성은 흔히 히스테리성 성격에서 볼 수 있고 역동적으로 성기기적 성에 대한 무의식적 죄책감을 행동화하는 것이다. 예를 들면, 주로 내재화된, 금지적인 오이디푸스적 어머니를 나타내는 가혹한 초자아를 가진 히스테리성 환자가 있다.

② 가학피학성 성격

낮은 수준의 피학성 성격이 있는데 이들은 전형적으로 '가학피학성' 성격으로 연속선상의 '중간' 에 위치한다. 많은 '도움을 거부하고 불평만 하는 사람(help-rejecting complainers)' (Frank et al., 1952)이 여기에 속한다. 일부 유아성 성격도 이러한 특성을 나타낸다. 피학성 및 가학성 성격 특성이 결합되어 있고, 우울증적 완벽주의가 없으면 가학적 추동 파생물은 좀 더 직접적으로 충동성 성격 특성으로 나타난다. 이 집단에도 경계선 내담자를 볼 수 있다. 그러나 우울성 성격 특징을 보이는 '높은 수준' 내담자 집단에서는 경계선 내담자가 없다.

③ 원시적 자기 파괴성

'낮은 수준' 의 피학성 성격 집단이 있는데, 이들은 피학적 요구를 원시적으로 성욕화(sexualization)하며 피학적 도착 경향이 있고, 공격성이 외부 혹은 자신의 신체를 향해 무분별하게 방출된다. 초자아가 통합되어 있지 않고 죄책감을 경험할 수 있는 능력이 매우 부족한 심한 자기 파괴적 내담자가 여기에 속한다. 전형적인 예는 자기 몸을 긋거나 다른 형태의 자해를 통해 혹은 실제로 우울하지 않으면서 심한 분노만 있어서 충동적으로 자살을 시도하는 것으로 일반적 불안을 감소시키려는 내담자들이다. 역동적 관점에서 이들에게는 전오이디푸스적 갈등이 우세하며 오히려 성 추동과 공격 추동이 원시적으로 융합되거나 탈융합된다. 이런 내담자 대부분은 경계선 성격 구조를 보인다.

우울-피학적 특성과 관련된 성격 병리의 세 수준에서 더 높은 수준의 내담자는 더 낮은 수준의 내담자보다 실제로 더 많은 우울을 경험하는 것으로 알려져 있다. 이 때문에 우리는 증상으로서의 우울이 경계선 성격 구조 분석에 진단적 가치가 있는지에 대해 다시 묻게 된다.

④ 증상적 우울

우선 증상으로서의 우울은 우울-피학성 성격 특성과 구분되어야 한다. 둘째, 증상적 우울의 질도 중요한데, 우울이 더 진정한 죄책감, 후회, 자신에 대한 관심과 함께 있을수록 초자아 통합이 더 잘되어 있음을 나타낸다. 이상화된 자기개념의 붕괴와 관련된 무력한 분노, 혹은 무기력-무망감의 특징이 더 많은 우울일수록 초자아 통합의 지표로서의 가치는 낮아진다. 이것이 우리 논의에서 중요한 이유는 초자아 통합이 더 잘되었을수록 성격 병리의 수준도 더 높아지기 때문이다. 셋째, 증상으로서의 우울 자체의 양과 그것이 자아 기능에 미치는 파괴적 효과의 정도가 중요하다. 정신병 수준의 우울반응에 근접하는 심한 우울에서는 '우울증적 이인화'와 현실과의 정서적 관계로부터 심하게 철수하는 방식으로 자아 붕괴가 나타난다. 이것도 경계선 성격을 추정할 수 있는 또 다른 지표로 볼 수 있다. 이 경우에 초자아 기능이 '온전'해도 혹은 초자아 기능이 온전하기 때문에 자아는 매우 가혹한 가학적인 초자아를 견디어 낼 수 없다. 우울과 관련되는 이 세 가지 요소, 즉 우울의 질, 양, 우울-피학성 성격 구조 수준의 조합은 증상으로서의 우울이 경계선 성격 구조의 직접적 지표로 사용되지 말아야 한다는 증거가 된다. 심한 우울과 우울이 없는 것은 모두 '낮은 수준'의 성격 구조를 나타낸다. 여기서 우울의 양과 질 모두 중요하다.

필자는 '높은 수준'과 '낮은 수준'의 성격 병리의 연속성에 대한 제안이 단순히 진단적 명칭을 순서화한다는 의미가 아니라 전문화된 기술적, 역동적, 구조적, 임상적 판단을 요한다는 것을 강조하기 위해 우울-피학성 성격 특성과 증상적 우울의 문제를 상세히 분석해 보았다.

요약하면 정신병리의 기술적 측면에 초점을 둠으로써 그것이 충분한 강도로 나타나면 경계선 성격 구조를 추정할 수 있는 진단적 결론을 정당화할 수 있다. 그러나 최종적 진단적 결론은 사례를 구조 분석한 후에 이루어질 것이다.

3. 구조 분석

정신분석적 관점에서 구조 분석(structural analysis)이라는 용어는 몇 가지 의미를 가진다. 첫째, 세 개의 심리 구조, 즉 자아, 원초아, 초자아의 관점에서 심리 과정을 분석하는 것을 가리킨다. 이것은 본래 Freud가 먼저 나온 '지형학적' 관점과 비교하는 데 사용한 용어이다. 둘째, 더 광범위한 의미에서 구조 분석은 Hartmann(1946), 특히 Rapaport와 Gill(1959)의 관점을 가리킨다. 이들은 자아를 심리 과정의 통로를 결정하는 잘 변하지 않는 '구조' 혹은 형태들, 이러한 심리 과정 혹은 '기능' 자체 그리고 역치들의 조합으로 본다. 임상적 관점에서 '구조 분석' 이라는 용어를 사용하는 이 두번째 방식은 주로 일차과정 대 이차과정 사고와 관련된 인지 구조(Rapaport, Gill, & Schafer, 1945, 1946)와 방어기제의 구성 및 성격의 방어적 측면을 다루는 방어 구조를 강조한다. 구조 분석이라는 용어의 세 번째 의미가 있다. 최근 이 용어는 내재화된 대상관계의 구조 파생물 분석을 기술하는 데 더 자주 사용된다(Fairbairn, 1952; Kernberg, 1966). 구조 분석의 첫 번째와 두 번째 의미는 물론 밀접히 연결되어 있고 Hartmann의 개념에서 통합될 수 있을 것이다. 즉, 원초아, 자아, 초자아를 심리장치의 세 가지 전반적 구조로 보고 이들은 각각의 기능으로 정의되며, 전체적인 구조 내의 하부 구조는 특정한 기능에 의해 결정되고, 다음에 하부 구조는 새로운 기능을 결정한다고 보는 것이다. 필자는 우선 자아를 전체 구조로서 하부 구조와 기능을 통합하는 것으로 보고 구조 분석을 적용할 것이며, 다음으로 이런 유형의 정신병리와 관련 있는 내재화된 대상관계의 특정한 구조적 파생물을 분석할 것이다.

1) 자아 취약성의 비특정적 징후

'자아 취약성' 이라는 개념은 지나치게 확장되고 남용되었으며 이런 이유로 어떤 사람들은 이 용어를 사용하지 않았다. '자아 취약성' 의 다양한 측면을 개인화하고 분화하면 이 개념은 계속 유용하게 사용될 수 있을 것이다. 자아 취약성의 '특정한' 측면, 즉 경계선 성격 구조 방어 특징은 원시적 기제가 우세하다는 점이다. 필자는 자아 취약성의 일반적 측면으로 세 가지 특징을 언급할 것이다(Wallerstein & Robbins, 1956). ① 불안 내성 결여, ② 충동 통제 결여, ③ 발달된 승화 통로 결여이다. 자기상과 대상상이 어느 정도 분화되지 않고 이와 동반해서 자아 경계가 느슨해지는 것은 경계선 영역에서 자아 취약성의 '비특정적' 측면으로 볼 수 있다. 그러나 이 측면은 내재화된 대상관계의 병리와 밀접히 관련되어 있으므로 그 맥락에서 다루어질 것이다. 성격 패턴의 경직성이 때로 자아 강도를 나타내는 것으로 오해된다. 성격 병리의 심한 경직성도 지나친 '유동성(fluidity)' 도 그것 자체로 자아 강도나 자아 취약성을 나타내지는 않는다. 둘은 성격 병리의 특정한 조직화 형태이다.

불안 내성 결여는 습관적으로 경험하는 불안에 어떤 불안이 추가되었을 때 내담자의 증상 형성, 외부 변형적(alloplastic) 행동 혹은 자아 퇴행이 더 심하게 일어나는 정도에서 볼 수 있다. 여기서는 불안의 정도가 아니라 불안이 추가되었을 때 자아가 어떻게 반응하는가가 중요하다. 이것은 만성적으로 심한 불안 환자에게서 관찰하기 어렵다. 불안이 완전히 없는 것 자체가 불안 내성 정도의 지표도 아니다. 실제로 여러 주 동안 숙련된 진단적 검토를 통해 불안 내성을 확실히 평가할 수 있을 것이다.

충동-지배적 성격장애는 충동 통제 결여의 전형적인 예이다. 그럼에도 불구하고 비특정적인 일반화된 충동 통제 결여는 방어적 성격 형성의 일부로 매우 개별화된 '충동 통제 결여' 와 구별되어야 한다. 필자는 표면적으로는 자아 취약성과 관련해서 충동 통제 결여로 보이는 것이 매우 특정한 방어기제를 반영하고 해리된 동일시 체계가 의식에 나타나는 것이라 할 수 있다고 하였다(Kernberg, 1966). 이 경우에 '충동 통제 결여' 의 특정성은 충동 행동이 나타나는 동안 충동이 자아 동질적으로 체험된다는 것과 반복적으로 충동 통제를 잃는다는 것에서 볼 수 있다. 또한 내담자 성격 부분이 다른 자기 경험 부분과 정서적 접촉이 되지 않는 것과 이러한 해리된 '돌파(breakthrough)' 를 이차적으로 방어하는 데 약한 부인을 사용한다는 것에도 나타난다. 반대로 비특정적 통제 부족은 유아성 성격에서 종종 볼 수 있다. 여기서 예측할 수 없고 변덕스러운 충동성은 단지 불안 혹은 특정한 추동 파생물이 증가되었다는 것을 나타내는 것으로 보인다. 그것은 특정하게 해리된 동일시 체계의 상연이 아니라 심리내적 긴장을 분산하기 위한 것으로 보인다.

발달된 승화 통로의 결여는 또한 평가하기 어렵다. 지적 수준과 특별한 기술과 같은 기질적 역량이 평가되어야 하고, 내담자의 잠재력이 실제 성취와 비교되어야 한다. 또한 내담자의 사회적 환경도 고려되어야 한다. 자극이 매우 풍부하고 문화화된 사회환경에서 경계선 내담자가 즐길 줄 모르고 창의성이 부족한 것은 최적의 환경에 피상적으로 적응하는 것에 의해 덮일 수 있다. 반대로 사회적으로 심하게 결핍된 환경에서 만성적으로 가난하게 자란 내담자는 표면적으로 재미없고 기쁨이 없으며 비창조적으로 보일 수 있다. 반드시 더 깊은 수준에서 승화 역량이 부족한 좀 더 심한 측면을 드러내지는 않을 수 있다. 창조적 기쁨과 창조적 성취는 승화 역량의 주요 측면이다. 이것은 갈등 없는 자아 영역이 가용한 정도에 대한 가장 좋은 지표이며, 따라서 이것이 없으면 자아가 취약하다는 표시가 된다.

2) 일차과정 사고

Rapaport(1957)는 일차과정 혹은 이차과정 사고가 우세한 정도에 따라 인지 구조 수준을 분석했다. 실제로 이 구분이 경계선 성격 구조의 임상적 징후에 가장 흔히 고려되는 것이다. 신경증 환자, '전정신분열증적' 환자, 정신병 환자('전정신분열증적'은 넓은 의미에서 경계선 성격 구조에 해당한다.) 간 구조 차이에 대한 Rapaport 등(1945, 1946)의 많은 개념은 인지 구조 수준에 대한 이들의 분석과 연결된다. 이들이 이차과정 또는 일차과정 사고가 우세한 정도를 평가하기 위해 투사법 검사 배터리를 활용한 것 역시 마찬가지이다. 경계선 성격 구조 내담자는 임상 정신상태 검사에서 사고과정의 형식적 장애를 좀처럼 보이지 않는다. 그러나 투사 검사에서 특히 비구조화된 자극에 대한 반응에서 일차과정 사고가 나타난다. 그것은 원시적 환상, 형식적 검사 자료에 적응하는 능력이 약화되거나 특히 특이한 언어 사용에서 볼 수 있다.

이렇게 일차과정에서 기능하게 되는 것이 전에 보았던 대로(Knight, 1954) 자아의 '비특정적' 형식적 퇴행을 나타내는지는 의문이다. 일차과정적 사고로의 퇴행이 경계선 성격 구조의 여러 측면의 마지막 결과라고 보는 것이 맞을 것 같다. ① 병리적이며 원시적인 추동 파생물과 관련된 초기에 내재화된 대상관계의 재활성화, ② 인지 과정의 통합에 영향을 미치는 일반화된 해리 혹은 분열 기제라는 초기 방어기제의 재활성화, ③ 자아 경계의 안정성에 영향을 미치는 원시적 자기상과 대상상의 부분적 재융합, ④ 점유-역점유 균형의 일반적 변동으로 인해 자아가 원시적 인지체계로 퇴행하는 것이다. 근원이 무엇이든 일차과정 사고로 퇴행하는 것은 경계선 성격 구조를 진단할 수 있는 가장 중요한 단서이다. 투사 검사를 사용해서 이를 확인할 수 있으므로 경계선 성격 구조 진단에 세련되고 자세한 심리 검사는 필수이다.

3) 경계선 성격 구조의 방어기제

자아 발달과 통합에서 기본 과제는 초기와 후기의 내사와 동일시를 안정된 자아 정체성으로 통합하는 것이다. 리비도 추동 파생물의 영향으로 형성된 내사와 동일시는 먼저 공격적 추동 파생물에서 이루어진 경우와 분리되어 구축된다. 즉, '좋은' 그리고 '나쁜' 내적 대상 혹은 '긍정적' 그리고 '부정적' 내사로 된다. 내재화된 대상관계를 '좋은' 것과 '나쁜' 것으로 나누는 것은 처음에는 단지 초기 자아의 통합 부족으로 생긴다. 원래는 통합 능력의 결여로 생겼는데 나중에는 불안이 확산되는 것을 막고 긍정적 내사(리비도 추동 파생물의 영향하에서 형성된 내사와 동일시)를 중심으로 형성된 자아 핵을 보호하기 위해 만들어진 자아에 의해 방어적으로 사용된다. 처음에는 통합되지 않아서 생긴 자아의 방어적 분할(division)이 나중에는 다른 목적에 적극적으로 사용되게 하는 것이 본질적으로 분열 기제이다. 이 기제는 생후 첫해 동안 자아 발달의 초기 단계에만 정상적으로 사용된다. 다음에는 억압과 억압관련 기제들, 즉 반동형성, 고립, 무효화를 중심으로 이루어진 더 높은 수준의 자아 방어에 의해 신속히 대체된다. 이 모든 것은 의식적 자아로부터 추동 파생물 혹은 추동 사고의 표상 혹은 둘 모두를 거부함으로써 심리내적 갈등에서 자아를 보호한다. 한편 이 기제와 필자가 언급할 다른 관련 기제들이 지속되는 병리적 상황에서 분열도 자아를 갈등으로부터 보호한다. 그러나 그것은 심하게 갈등되는 것, 즉 공격적으로 결정된 그리고 리비도적으로 결정된 내사와 동일시를 적극적으로 떼어서 유지하거나 해리시키는 것을 통해서인데, 이것은 의식되는지에 상관없이 일어난다. 이때 추동 파생물은 정서, 사고, 동작으로 충분히 의식화되지만 의식적 심리 경험의 다른 영역과는 완전히 분리되어 있다. 이 병리적 상황하에서 모순되는 자아 상태가 교대로 활성화되고 이 모순되는 자아 상태가 서로 분리되어 유지될 수 있는 한 불안은 일어나지 않는다. 물론 그런 상태는 정상적으로는 안정적 자아 정체성에 이르는 통합 과정에 매우 치명적이며 정체성 혼미 증후군의 바탕이 된다(Erikson, 1956).

대상관계가 내재화되기 위해서 초기 자아가 빠르게 연속해서 성취해야 하는 두 필수과제가 있다. ① 초기 내사와 동일시 부분을 형성하는 자기상을 대상상으로부터 분화하는 것, ② 리비도적 추동 파생물의 영향하에서 형성된 자기상과 대상상을 공격적인 추동 파생물의 영향하에서 형성된 자기상 및 대상상과 통합하는 것이다. 첫 번째 과제는 일차적 자율성 장치의 발달의 영향으로 부분적으로 성취된다. 그 장치는 내사와 동일시 과정이 작동되게 하는 전제 조건이다. 지각과 기억 흔적이 저장되고 통합됨으로써 자극의 원천과 지각의 분화된 특성을 구분하고 점차 대상상으로부터 자기상을 구분하게 된다. 또한 추동 욕구의 만족과 적절한 좌절은 자기상이 대상상으로부터 분화되는 것을 촉진한다. 왜냐하면 리비도적 만족은 자기와 대상의 상호작용에 점유되어 이 영역에서의 분화를 촉진하며, 좌절은 만족시켜 주는 대상이 없다는 고통스러운 자각을 가져오고 따라서 자기와 자기가 아닌 것(nonself)을 분화시켜 주기 때문이다. 추동 욕구의 지나친 만족은 자기와 대상 간 분화를 지연시킬 수 있다. 그러나 임상적 관점에서 초기 추동 욕구 특히 구강기적 욕구의 지나친 좌절은 자기와 대상 간 분화가 되지 못하게 하는 주요 원인일 것이다. 왜냐하면 지나친 좌절은 자기상과 대상상이 퇴행적으로 재융합하려는 정상적인 경향을 강화하기 때문이다(Jacobson, 1964). 이는 절대적 만족을 다시 얻기 위해 자기와 대상 간의 초기 융합 환상으로 나타난다. 위에 언급한 두 번째 과제는 리비도적 추동 파생물의 영향하에서 만들어진 자기상과 대상상이 공격적인 추동 파생물의 영향하에서 형성된 자기상과 대상상과 통합되어야 하는 것이다. 따라서 이상화된 '좋기만 한' 대상상은 '나쁘기만 한' 대상상과 통합되어야 하며 이것은 좋은 자기상과 나쁜 자기상에 대해서도 마찬가지이다. 이 통합 과정에서 부분 자기상과 대상상은 전체 대상상과 자기상으로 통합되고 따라서 자기표상과 대상표상은 서로 점점 더 분화되어 더욱 실제적이게 된다.

이 두 과정은 정신병에서 아주 심하게 문제되고 경계선 성격 구조에서는 어느 정도 문제가 된다. 정신병에서는 자기상과 대상상 간 분화가 심한 결함을 보이고 자기상과 대상상 간 퇴행적 재융합이 원시적 융합 환상의 형태로 일어난다. 이와 동시에 자기와 자기 아닌 것 간 분화의 영역에서 자아 경계가 흐려진다. 자기상과 대상상 간의 이러한 퇴행적 융합은 다음과 같은 이유로 일어난다. ① 일차적 자율성 장치 발달의 결여, ② 기질적 불안 내성 결여. 이때 작은 좌절조차도 견딜 수 없어 퇴행적 융합이나 융합 과정이 일어난다. ③ 현실에서의 지나친 좌절, ④ 결과적으로 공격성이 지나치게 발생하거나 기질적으로 공격 추동의 강도가 지나치게 강할 때이다. 공격성 투사와 공격적 대상상과 자기상의 재내사를 포함하는 악순환은 정신병과 경계선 성격 구조 발생 둘 다에 중요한 요소일 것이다. 정신병에서 주요 결과는 자기상과 대상상의 퇴행적인 재융합이다. 경계선 성격 구조에서 우세한 것은 자기상과 대상상 간 재융합이 아니라 심화된 분열 과정과 병리적 고착이다.

경계선 성격 구조 사례에서도 위에서 언급한 정신병 발생과 관련된 병인적 요소가 있을 수 있으나 자기상과 대상상의 퇴행적 재융합 혹은 자기상과 대상상의 미발달과 미분화가 우세하지 않다. 여기에서 발달상 주요 결함은 긍정적 그리고 부정적 내사와 동일시를 통합할 수 없다는 것이다. 즉, 공격적 그리고 리비도적 자기상과 대상상을 통합할 능력이 부족하다는 것이다. 경계선 성격 구조 사례에서 일차적 자율성 장치 발달의 기질적 결함은 상대적으로 덜 중요하다. 아마 기질적 불안 내성 결여가 반대의 특성을 가진 내사 통합에 방해가 될 수 있을 것이다. 특히 공격적 추동 파생물의 강도가 강한 것이 주요 병리적 요소이다. 위에 말한 바와 같이 지나친 공격성은 기질적으로 공격 추동이 강하든지 혹은 심한 좌절에서 유래하며, 초기의 자기상과 대상상과 연결된 심한 공격적 추구와 자기 공격적 추구는 경계선 성격 구조와 연관된다.

자기상과 대상상이 서로 비교적 잘 분화되고 이 상들의 퇴행적 재융합이 비교적 없을 때, 자아 경계의 분화는 비교적 혼란되지 않는다. 결과적으로 전형적 경계선 내담자는 대체로 자아 경계와 현실검증 능력이 온전하게 유지된다. 그러나 모순되는 자기상과 대상상의 통합 결여는 많은 병리적 결과를 낳는다. 분열은 자아 안에 불안이 확산되는 것을 막고 긍정적 내사와 동일시를 보호하는 기본적 기제로 유지된다. 위험한 '나쁘기만 한' 자기상과 대상상이 있을 때 좋은 자기상과 대상상 및 좋은 외적 대상을 보존하려는 요구는 많은 보조적 방어기제를 만들어 낸다. 이 모든 보조적 방어기제는 분열과 함께 경계선 성격 구조에서의 특징적 방어기제를 구성한다. 필자는 이 방어기제를 이후에 생기는 덜 병리적 기제, 즉 신경증 내담자와 경계선 성격 병리가 아닌 내담자에게서 보이는 억압과 관련된 방어기제와 구분하여 서술할 것이다.

(1) 분열

이것은 다음에 오는 다른 모든 것에 기저하는 경계선 성격 구조의 기본적 방어기제이다. 필자는 분열을 내사와 동일시를 그것에 반대되는 것과 분리하려는 능동적 과정을 가리키는 것에만 제한적으로 사용한다. 이 용어를 제한적으로 사용하는 것은 넓은 의미로 사용하는 다른 저자들과 구분되어야 한다. 필자는 내사와 동일시를 그 반대특성과 통합하는 것이 공격성을 중화하는 데 가장 중요한 원천이 될 것이라고 하였다(Orr, 1954). 여기서 리비도적 및 공격적 추동 파생물이 그런 통합의 부분으로서 융합되고 조직화된다. 따라서 분열이 지나치게 일어나는 병리적 상황에서는 중화가 충분하게 일어나지 않고, 자아 성장에 필요한 근본적 에너지원이 부족하게 된다. 그러면 분열은 자아 취약성의 근본 원인이 되며, 분열은 또한 억압보다 역점유가 덜 필요하므로 약한 자아는 분열에 쉽게 의지하고 자아 취약성과 분열이 서로 강화함으로써 악순환이 생긴다. 분열의 직접적인 임상적 징후는 특정한 성격장애 내담자가 약하게 부인하거나 자신의 행동과 내적 경험의 모순에 관심을 두지 않은 것과 함께 서로 다른 갈등이 교대로 표현되는 것이다. 분열의 다른 직접적 징후는 특정 영역에서 선택적 '충동 조절 결여' 이며, 이것이 표현되는 동안은 자아 동질적인 원시적 충동이 일시적으로 돌출하는 것으로 나타난다. 그리고 분열은 충동 신경증과 중독에서도 우세하게 나타난다. 아마 가장 잘 알려진 분열 현상은 외부 대상을 한 극단에서 다른 극단으로 완전하고도 갑작스럽게 변하는 것으로 '좋기만 한' 것과 '나쁘기만 한' 것으로 나누는 것일 것이다. 즉, 특정한 사람에 대한 감정과 개념이 갑작스럽고 완전하게 역전되는 것이다.

모순되는 자기개념의 극단을 반복해서 오가는 것 또한 분열 기제의 결과일 수 있다. 분열은 단독으로가 아니라 다른 기제들과 함께 나타난다. 이것은 물론 억압의 경우도 마찬가지여서, '더 높은 수준' 의 다른 기제들과 함께 나타난다. 분열은 다음에 나오는 기제 중 하나 혹은 몇 개와 함께 나타난다.

(2) 원시적 이상화

이것은 외부 대상을 전적으로 좋게 보려는 경향성으로, '나쁜 대상' 으로부터 좋은 대상을 보호하여 자신의 공격성이나 타인에게 투사된 공격성에 의해 오염되거나 망쳐지고 혹은 파괴되지 않을 수 있다는 확신을 주게 된다. 원시적 이상화는 비현실적으로 좋기만 한 강력한 대상상을 만들어 내고 이것은 또한 자아 이상과 초자아 발달에 부정적 영향을 준다. '원시적 이상화' 는 나중 형태의 이상화와 비교하기 위해서 필자가 제안한 용어이다. 그것은 대상을 향한 자신의 공격성에 대한 죄책감 때문에 대상을 이상화하는 우울증 내담자에서 전형적으로 나타나는 것이다. 필자는 이전 논문에서 이 기제에 대해 '전우울증적 이상화' 라는 용어를 제안했지만 (Kernberg, 1966), 이제는 '원시적 이상화' 를 더 선호한다. 원시적 이상화는 대상에 대한 공격성을 의식적 · 무의식적으로 인식하지 않고 이 공격성에 대한 죄책감도 없으며 그 대상에 대한 관심도 없다. 따라서 그것은 반동형성이 아니라 이상적 대상에 대한 현실적 관심이 없이 위험한 대상으로 가득 찬 세계로부터 보호하기 위해 필요한 원시적이며 보호적인 환상 구조의 직접적 징후이다. 이러한 이상적 대상의 한 가지 기능은 전능한 동일시를 수용하는 것인데, 즉 이상화된 대상의 의대성을 공유함으로써 공격성에서 보호받고 자기애적 욕구가 직접적으로 만족된다. 따라서 이러한 이상화는 기저의 전능감과 아래에서 언급할 다른 경계선적 방어를 나타낸다. 원시적 이상화는 후기 이상화 형태의 전조이다.

(3) 투사, 특히 투사적 동일시의 초기 형태

경계선 성격 구조 내담자는 매우 강한 투사 경향을 보인다. 투사적 경향이 양적으로 클 뿐 아니라 질적으로도 매우 특징적이다. 여기서 투사의 주요 목적은 나쁘기만 한 공격적 자기상과 대상상을 외재화하는 것이다. 이런 필요의 주된 결과는 위험하고 보복하는 대상이 만들어져서 내담자가 그것에 대해 방어해야 하는 것이다. 이렇게 공격성을 투사하는 것은 별로 성공적이지 않다. 이 내담자는 대부분의 생활 영역에서 자기와 대상을 분화할 수 있을 정도로 충분한 자아 경계가 발달되어 있지만, 이들을 특징짓는 투사 욕구의 강도와 일반적인 자아 취약성으로 인해 공격성이 투사되는 특정한 영역에서 자아 경계가 약화된다. 따라서 이 내담자는 공격성이 투사되는 대상과 자신을 계속 동일시하고 이제는 위협이 되는 대상과 계속적으로 '공감' 이 유지되면서 자기가 투사한 공격성에 대한 공포가 증가된다. 따라서 이들은 투사된 공격 충동의 영향 아래에서 대상이 그들을 공격하지 못하게 대상을 통제해야 한다. 그들은 자신이 두려워하는 것, 즉 자신이 공격당하고 파괴되기 전에 대상을 공격하고 통제해야 한다. 요약하면, 투사적 동일시는 특정 영역에서 자기와 대상 간의 분화가 결여되어, 투사가 진행되는 동안 충동을 체험하고 그 충동을 계속 두려워하게 되고 따라서 외부 대상을 통제하고자 하는 특징을 보인다(Kernberg, 1966; Rosenfeld, 1963). 더 높은 자아 발달 수준에서 투사의 나중 형태는 이런 특징을 보이지 않는다. 예를 들면, 히스테리성 내담자에게 성 충동의 투사는 억압을 강화할 뿐이며 자신의 성적인 관심 때문에 남성을 경멸하거나 두려워하는 히스테리성 여성은 자신의 성적 충동을 완전히 자각하지 못하고 따라서 '적'을 두려워하며 '공감' 하지도 않는다. 대상상에 대한 이 모든 공격적 왜곡은 또한 초자아 발달에 병리적 영향을 준다.

(4) 부인

경계선 성격 구조 내담자는 전형적으로 이 기제를 사용한다는 많은 증거가 있다. 특히 원시적 수준의 부인을 사용하는데, 이는 더 높은 수준의 부인과 다르다. 여기서 부인은 전형적으로 정서적으로 독립적인 의식의 두 영역이 상호 부인(mutual denial)하는 것으로 나타난다. 이 경우에 부인은 단지 분열을 강화한다고 할 수 있다. 내담자는 지금 자신이나 타인에 대한 지각, 사고, 감정이 다른 때 가졌던 것과 완전히 반대라는 사실을 자각한다. 그러나 이 기억은 감정적으로 아무런 관련성이 없으며 그가 지금 느끼는 방식에 영향을 미칠 수 없다. 이후 그는 이전 자아 상태로 돌아가고 현재 상태를 부인할 것이다. 마찬가지로 기억은 지속되지만 이 두 자아 상태를 정서적으로 완전히 연결할 수 없다. 필자가 보고 있는 내담자에게 부인은 또한 자신의 주관적 경험 혹은 외부 세계의 어떤 영역을 그냥 무시하는 것으로 나타난다. 내담자는 압력을 받으면 부인했던 영역을 지적으로 자각하지만 또다시 자신의 다른 정서체험과 통합시키지 못한다. 지금 부인된 것은 의식의 다른 영역에서는 자각한 것이라는 점을 강조할 필요가 있다. 즉, 경험한 그리고 경험했다고 기억하는 정서는 부인되고 현실의 특정한 상황에서 내담자가 의식적으로 자각하거나 혹은 다시 의식화할 수 있는 정서적 연관성에 대한 자각도 부인된다. 이것들은 부정(negation) 기제(Freud, 1925)에서 시사된 것과 같은 더 높은 수준의 부인과 다르다. 부정에서는 심리적 내용이 '부정 명제'로 나타난다. 내담자는 자기 자신이나 치료자 혹은 타인이 뭔가에 대해 생각할 수 있다는 것을 알지만, 이 특별한 가능성은 단지 지적인 추론이라 거부한다고 말한다. 이 경우에 부인된 정서적 연관성은 의식에 하나도 남아 있지 않고 억압되어 있다. 이 점에서 부정은 억압과 관련된 부인의 더 높은 형태이며 고립과 상당히 가깝다. 또한 경계선 성격 구조 내담자에게 상당히 우세한 중간 수준의 부인은 한 시점에서 강하게 경험되는 것과 반대되는 정서를 부인하는 것이다. 우울증의 조적 부인이 그 예이다. 우울증의 부인에서, 비록 정서 부인에 대해서만 언급하고 있지만, 조적 소인과 우울 소인 둘 다는 특정한 병인적 대상관계를 활성화하는 것을 포함한다. 이러한 부인 형태에서 극단적으로 반대되는 정동은 위협적인 자기 경험 부분에 대한 자아의 대항을 강화하는 데 사용된다. 조적 부인과 우울증이 매우 밀접하게 연관되어 있다는 사실은 임상적으로 자아 내에서 더 낮은 수준의 부인보다 해리가 덜 병리적이고 덜 '노골적' 이라는 것을 나타낸다. 따라서 부인은 광범위한 방어기제 집단이다. 아마도 가장 높은 수준에서는 고립 기제와 정동에 대한 다른 더 높은 수준의 방어와 관련된다. 여기에는 분리(detachment), 환상에서의 부인, '말과 행동' 에서의 부인이 있다. 그리고 가장 낮은 수준에서는 분열과 관련될 것이다.

(5) **전능**(omnipotence)**과 평가절하**(devaluation)

이 두 기제 또한 분열과 밀접하게 관련되며 동시에 원시적 내사와 동일시를 방어적으로 사용하는 것이다. 이 두 방어기제를 사용하는 내담자는 어느 때는 이상화된 '마술적' 대상에게 요구적으로 매달리는 관계를 하고 다른 때는 자신의 깊은 마술적 전능을 드러내는 환상과 행동을 나타내는 것 사이를 오간다. 두 단계는 '좋기만 한' 이상화된 강력한 대상과 동일시함으로써 나쁜 '박해하는' 대상으로부터 보호하는 것을 나타낸다. 이들은 이상적 대상에 대한 사랑과 관심이란 의미에서 진정으로 '의존하지' 않는다. 더 깊은 수준에서 이상화된 사람은 내담자 자신의 연장으로서 소유적으로 함부로 다루어진다. 이 점에서 이상화된 외부 대상에 복종하고 있는 것처럼 보일 때조차도 내담자는 기저에 전능 환상을 가지고 있다. 이상화된 대상을 통제하고 이들을 사용해서 환경을 조종하고 이용하며 '잠재적 적을 파괴하려는' 욕구는 내담자에게 전적으로 헌신하는 이 완전한 대상을 '소유' 한 것에 대한 지나친 자부심과 연결된다. 경계선 성격 구조 내담자가 보이는 불안정, 자기 비판, 열등감의 이면에는 흔히 거대하고 전능한 경향을 볼 수 있다. 이것은 종종 타인으로부터 만족을 얻고 존경 받을 것을 기대하고 특권을 가진 특별한 사람으로 대접받을 권리가 있다는 강한 무의식적 확신의 형태를 띤다. 외부 대상을 평가절하하는 것은 부분적으로 전능의 결과이다. 외부 대상이 더 이상의 만족이나 보호를 제공할 수 없으면, 내담자는 그것을 무시하고 버린다. 왜냐하면 이들은 우선 이 대상을 사랑할 현실적 능력이 없기 때문이다. 그러나 대상을 평가절하하는 이런 경향에 영향을 주는 다른 근원이 있다. 그중 하나는 내담자의 욕구, 특히 구강기적 탐욕을 좌절시켰던 대상을 보복적으로 파괴하는 것이다. 또 다른 것은 두렵고 미움받는 '박해자'가 되지 않기 위해 대상을 방어적으로 평가절하하는 것이다. 이 모든 동기들이 타인을 필요로 하는 것과 타인을 두려워하는 것에 대한 이런 방어기제로 함께 나타난다. 내담자 과거의 중요한 대상을 평가절하하는 것은 내재화된 대상관계, 특히 초자아 형성과 통합을 위한 구조에 매우 해로운 영향을 미친다.

4) 내재화된 대상관계 병리

이들 내담자는 분열 기제를 사용하여 초기 병리적 대상관계와 관련되는 모순되는 자아 상태를 분리시킨다는 점이 주목받아 왔다. 이제 덧붙일 것으로는, 초기에 내재화된 자아 상태가 어떤 '소화되지 않은' 상태로 이런 해리된 자아 상태들의 부분으로서 지속되는 것 자체가 병리적이며, 내재화된 대상관계의 탈개인화, 추상화, 통합을 정상적으로 가져오는 종합기능을 분열이 방해한다는 것이다. 전형적으로 이렇게 해리된 각각의 자아 부분은 특정한 원시적 대상상을 포함한다. 이것은 상보적 자기상 및 특정한 정동 소인과 연관된다. 정동 소인은 특정한 내재화가 일어났을 때 활동하던 것이다. 경계선 성격 구조 사례에서 자기상과 대상상은 정신병에 비해 잘 분화되어 있으므로 자기표상과 대상표상의 분화가 비교적 좋고, 대부분 영역에서 자아 경계의 통합성이 동반된다. 자아 경계 상실은 투사적 동일시 및 이상화된 대상과의 융합이 일어나는 영역, 특히 이런 내담자의 전이 발달에서 일어난다. 이것은 이들이 전이 신경증이 아니라 전이 정신병을 발달시키는 기본적인 이유이다.

이제 경계선 성격에서 내재화된 대상관계의 특정 병리를 좀 더 검토해 보아야 한다. 그것은 좋은 그리고 나쁜 내사와 동일시를 통합하는 능력이 없는 것이다. 위에서 언급하였듯이 주요 병인적 요소는 일차적 공격성 혹은 좌절에 따른 공격성이 지나친 것으로 보이는데, 여기에 일차적 자아 요소 발달의 어떤 결핍과 불안 내성 결여가 기여를 한 것 같아 보인다. '좋기만 한' 그리고 '나쁘기만 한' 내사의 분열이 지속된 결과는 다양하다. 우선 리비도적, 공격적 추동 파생물의 상호침투가 부족함으로써 자아의 정동 소인의 정상적 조절과 분화가 방해받고, 만성적으로 원시적 정동 상태가 분출되는 경향이 지속된다. 또한 우울, 관심과 죄책감을 경험하는 자아 역량에 의해 표상되는 특정 정동 소인은 긍정적, 부정적 내사가 통합되지 않으면 도달될 수 없다. 우울 반응을 할 수 있는 자아 역량은 상이하고 모순되는 자기상의 긴장에 많이 의존하는 것 같다. 그것은 좋은 자기상과 나쁜 자기상이 통합될 때 발달되며 따라서 자신의 공격성이 인식될 수 있다. 그리고 대상이 더 이상 나쁘기만 하거나 좋기만 하게 보이지 않게 될 때, 통합된 '전체' 대상에 대한 사랑과 공격성의 조합이 인식될 수 있고 대상에 대한 죄책감과 관심을 동기화한다(Klein, 1934/1948, 1940/1948; Winnicott, 1955). 경계선 내담자는 종종 대상에 대한 죄책감과 관심을 체험할 수 있는 역량이 결여되어 있다. 이들의 우울 반응은 무력한 분노와 외부 힘에 의한 패배감이라는 원시적인 형태를 띤다. 상실된 좋은 대상을 애도하고 자신과 타인에 대한 공격성을 후회하는 것이 아니다.

통합될 수 없는 '좋기만 한' 그리고 '나쁘기만 한' 대상상은 초자아 발달을 심각하게 방해한다. 전성기기적 갈등과 관련된 내재화된 나쁜 대상상을 나타내는 가학적 초자아의 원시적 전조는 너무 압도적이어서 견디기 어렵고 따라서 외부의 나쁜 대상에게로 재투사된다. 과도하게 이상화된 대상상과 '좋기만 한' 자기상은 초자아 통합으로 나타날 수 있는 좀 더 현실적 요구와 목표가 아니라 힘, 위대함, 완전함이라는 환상적 이상을 만들어 낼 수 있다. 다른 말로 하면 이 사례에서 자아 이상의 요소도 초자아 통합을 방해한다. 마지막으로 부모의 현실적 요구는 이상적 자기상과 대상상, 그것과 관련된 자아 이상 혹은 위협적이고 금지하는 가학적 초자아 전조와 통합될 수 없다. 왜냐하면 초자아 전조의 가학적 특성과 과도하게 이상화된 특성에 의해 부모상의 지각이 왜곡되고 통합이 방해받기 때문이다.

이렇게 초자아 통합이 방해받음으로써 요구하고 금지하는 초자아 측면은 계속적으로 투사된다. 따라서 초자아를 통합하려는 자아의 정상적 압력이 사라지고 죄책감을 경험하는 자아 역량도 없어지게 된다. 대상을 평가절하하는 경향은 또한 초자아 통합을 방해한다. 특히 부모로부터의 현실적 요구를 정상적으로 내재화하지 못하게 한다. 중요한 부모상을 평가절하함으로써 이들은 초자아 형성을 위한 가장 중요한 원천을 내재화하지 못하게 된다(Jacobson, 1953, 1954).

요약하면 자아에 원시적이고 비현실적인 자기상이 지속되어 매우 모순된 특징을 보인다. 그 결과 통합된 자기개념이 발달되지 않는다. 대상상 또한 통합될 수 없기 때문에 외부 대상을 현실적으로 평가하기도 어렵다. '나쁘기만 한' 자기상과 대상상을 계속적으로 투사하는 것은 위험하고 위협적인 대상 세계를 영구화한다. 따라서 이것에 대항해서 '좋기만 한' 자기상이 방어적으로 사용되고 과대망상적인 이상적 자기상이 형성된다. 자기와 대상의 충분한 한계설정, 즉 자아 경계의 안정성이 유지됨으로써 현실의 요구에 대해 실제적이고 즉각적인 적응을 할 수 있게 한다. 그러나 현실, 특히 사회적 현실의 요구를 더 깊게 내재화하는 것은 이러한 통합되지 않은 자기상과 대상상에 의해 초자아 통합이 방해받음으로써 불가능해진다. 발달하는 초자아 구조는 전성기기적 공격 추동 파생물과 밀접하게 관련된 가학적 전조의 영향을 받는다. 그리고 이상적 자기와 이상적 대상의 원시적 융합을 나타내는 다른 전조의 영향을 받는다. 그것들은 조절적인 자아 이상을 나타내기보다는 전능과 자기에 대한 과대망상적 요구를 강화하는 경향이 있다. 일반적으로 초자아 기능은 개인화되어 머무르는 경향이 있고, 초자아 추상화로까지 발전하지 못하여 쉽게 외부 세계로 재투사된다(Hartmann & Lowenstein, 1962; Jacobson, 1964).

내재화된 대상관계의 이 모든 특징은 경계선 성격 구조의 전형적 성격 특성으로 보인다. 이 내담자는 타인에 대한 현실적 평가와 현실적 공감 능력이 거의 없다. 이들은 타인을 거리가 있는 대상으로 경험하며, 그들에게 정서적으로 관여하지 않는 한 '현실적으로' 적응한다. 정상적으로 더 깊은 대인관계로 발전하는 어떤 상황에서도 이 내담자는 타인을 느끼고 공감할 능력이 없음이 드러나며, 타인을 비현실적으로 왜곡하고, 그리고 정서적 관계는 보호적 피상성(protective shallowness)을 보인다. 보호적 피상성에는 많은 근원이 있다. 첫째, 그것은 리비도적, 공격적 추동 파생물이 융합되지 않음으로써 생긴 정서적 피상성을 반영한다. 이에 수반해서 정동 소인의 협소함, 경직성, 원시성이 생긴다. 우리가 살펴보고 있는 내담자의 정서 반응의 피상성은 또한 죄책감, 관심을 경험할 수 없고, 이와 관련해서 깊이 있게 타인을 자각하지 못하고 타인에게 관심 갖지 못하는 것과 좀 더 직접적으로 관련된다(Winnicott, 1955).

정서적 피상성에 대한 다른 이유는 너무 가까운 정서적 관여에서 철수하려는 방어적 노력이다. 왜냐하면 정서적으로 가까워지면 원시적 방어기제, 특히 투사적 동일시가 활성화될 위험을 야기할 수 있고, 자신에게 중요해지고 있는 대상에 의해 공격받을 것에 대한 두려움을 야기할 수 있기 때문이다. 정서적 피상성은 또한 대상에 대한 원시적 이상화와 이 대상과 복종하고 융합하려는 욕구, 이상화된 대상과의 관계에서 활성화되는 전성기기적, 특히 구강기적으로 요구하는 욕구의 좌절에 대한 잠재적 격노를 방어하는 것이다(Rosenfeld, 1964). 초자아 발달이 결핍이 있고 이에 따라 자아 통합에 결핍이 있고 감정, 목표, 관심이 성숙되지 못한 것 또한 다른 사람의 고차원의 좀 더 성숙하고 분화된 성격 측면을 알지 못하게 한다.

이 내담자의 또 다른 특징은 심하게 공격적으로 점유된 전성기기적, 성기기적 목표를 다소 미묘하게 다소 노골적으로 표현하는 것이다. 다른 사람을 고려하지 않거나 또는 요령 없이 직접적으로 이용하고 비합리적으로 요구하고 조종하는 것이 두드러지게 나타난다. 이런 점에서 위에서 말한 대상을 평가절하하는 경향도 관련된다. 타인을 조종하려는 욕구는 또한 환경을 통제하려는 방어적 욕구에 상응한다. 이것은 공격적 자기상 및 대상상의 투사와 관련된 더 원시적이고 편집적 공포가 떠오르지 못하게 하기 위한 것이다. 대상을 통제하고 조종하며 평가절하하려는 노력과 타인을 이용하는 데서 오는 욕구가 직접적으로 만족되지 않으면 이들 대부분은 환상으로 철수해서 타인과 관계를 재창조하는 경향이 있다. 그들은 이 모든 욕구를 표현할 수 있다. 환상에서 보호적 철수와 만족은 피상적으로 상당히 '사교적'으로 보일 수 있는 경계선 성격 내담자에게도 나타난다.

이런 내담자는 자신의 역량이나 다른 사람과의 관계에서 피상적으로 상당히 불안정하고 불확실하고 열등하게 느낄 수 있다. 열등감과 불안정감은 부분적으로 중요한 타인, 일 그리고 삶 일반과의 관계에 대한 더 현실적 평가를 반영한 것일 수 있고 또한 종종 자신의 단점과 결점에 대한 실제적 자각을 반영한 것일 수 있다. 그러나 더 깊은 수준에서 열등감은 종종 방어적 구조를 나타낸다. 인상적인 것은 종종 불안정과 불확실 이면에 전능 환상과 부인에 기초한 일종의 맹목적 낙관주의가 자리잡고 있는 것이다. 이것은 내담자가 원시적으로 '좋기만 한' 자기상과 대상상을 동일시하고 있음을 나타낸다. 이와 관련되어 또한 이용하고 만족을 얻을 권리가 있다는 깊은 감정이 있는데, 이것은 고전적으로 이런 내담자의 '나르시시즘' 으로 언급되는 것이다. 이들의 나르시시즘은 단지 외부 대상에서 떠나는 것이 아니라 원시적 대상관계가 활성화되는 것이다. 여기서 그들은 '나쁜' 자기상과 대상상 그리고 '나쁜' 외부 대상에 대한 방어로 사용되는 이상화된 자기상과 대상상의 원시적 융합을 재상연한다. 열등감은 종종 자기애적 성격 특성을 숨기고 있는 이차적 표면층이기도 하다.

모순되는 내사와 동일시로 인해 이들은 '~인 체하는' 특징을 갖는다. 그들의 동일시가 서로 간에 모순되고 해리되어도 이 동일시가 나타나는 피상적 현현은 자아에 있는 행동 소인의 잔여물로서 지속된다. 이로 인해 어떤 내담자는 부분적 동일시를 '재상연' 하는데, 이 동일시는 현실에 피상적으로 적응한다는 점에서 유용해 보이지만 거의 모두 해리되어 있다. 이들의 카멜레온 같은 적응 특성은 그들이 가장하는 것이 다른 순간에 그들이 그래야 하는 것에 대한 공허한 치장이라는 것을 원시적으로 보여 준다. 이것은 내담자 자신에게도 매우 혼란스럽다. 이 모든 것은 또한 Erikson(1956)이 정체성 혼미라고 부른 것이다. 즉, 자기와 관계에서 통합된 자기개념의 결여 및 통합되고 안정된 전체 대상 개념의 결여이다. 실제로 정체성 혼미는 경계선 성격 구조의 전형적 증후군이다. 이것은 덜 심한 성격 병리와 신경증 환자에게는 해당되지 않는다. 정체성 혼미는 내사와 동일시에서 적극적 분열이 나타난 직접적 결과인데, 정상적으로는 이러한 내사와 동일시에서의 통합이 안정된 자아 정체성을 가져올 것이다.

정신병, 경계선 그리고 신경증 내담자를 감별하기 위한 시도에서 다음과 같이 간략히 말할 수 있다. 정신병 환자는 자아 발달에서 심한 결손을 보여 자기상과 대상상의 분화가 대체로 이루어지지 않았고 자아 경계가 발달되지 않았다(Hartmann, 1953/1964, 1946). 경계선 내담자는 정신병보다 자아 통합이 더 잘되어 있고 자기상과 대상상이 대부분 잘 분화되어 있으며 가까운 대인관계 영역을 제외하고는 자아 경계가 잘 발달되어 있다. 이들은 전형적으로 정체성 혼미 증후군을 보인다(Erikson, 1956; Kernberg, 1966). 그리고 신경증 내담자는 강한 자아를 가지고 있는 것으로 보이고 자기상과 대상상이 완전히 분리되어 자아 경계가 뚜렷하다. 이들은 정체성 혼미를 보이지 않는다. 신경증 내담자는 안정된 자아 정체성이 발달되어 있고 대상관계에 의해 자아 구조가 통합되고 탈개인화되고 개별화되어 있다. 그리고 초자아가 통합되어 있어서 전성기기적 전조와 이후의 좀 더 현실적 부모 대상의 내재화가 통합되어 있다. 초자아는 과도하게 엄격하거나 가학적일 수 있지만 충분히 통합되어 있어서 자아 발달을 촉진하고 최소한 부분적으로 기능이 성공적이고 갈등이 없다.

4. 발생 기원적-역동적 분석

우리는 이제 구조 분석으로부터 경계선 성격 구조 내담자의 내재화된 대상관계에서 전형적으로 갈등되는 추동 내용을 조사하려 한다. 전성기기적 공격성, 특히 구강기적 공격성은 정신병리적 구성의 일부로 중심적 역할을 한다. 경계선 성격 구조의 역동적 측면은 Melanie Klein과 그 동료들에 의해 명확해졌다(Heimann, 1955; Klein, 1946/1952; Van der Waals, 1965). 한편 전성기기적 그리고 특별히 구강기적 갈등과 다른 한편으로는 심한 전성기기적 공격성의 영향하에서 생기는 오이디푸스적 갈등의 긴밀한 관계에 대한 Klein의 설명은 경계선 성격 구조와 관련된다.

불행하게도 Melanie Klein이 상당히 독단적으로 고수하고 이 영역의 대부분의 저자가 당연히 의문을 제기한 몇몇 기본 가정으로 인해 많은 사람이 그녀의 관찰을 받아들이기 어려워했다. 그것은 그녀의 저술에서 구조적 요소를 고려하지 않은 점, 후성적 발달을 생각하지 않은 점, 특이한 언어를 사용했다는 점이다. 오해를 피하기 위해 필자는 여기서 관련된 문제들에 대해 필자가 매우 동의하지 않는, Melanie Klein의 분석에서 첫 번째 측면을 상술하고자 한다. ① 생후 첫해에 오이디푸스적 갈등이 비교적 충분히 발달한다는 그녀의 전제이다. 필자는 덜 심한 병리 상태와 달리 경계선 성격장애의 특징이 전성기기적 그리고 성기기적 갈등의 특정한 응축이며 생후 2년 혹은 생후 3년 이후 때 이른 오이디푸스적 갈등의 발달이라고 본다. ② Melanie Klein은 두 성의 성기관에 대한 타고난 무의식적 지식을 가정하고 그것을 극히 초기의 오이디푸스적 발달과 연결하는데, 필자는 이를 받아들일 수 없다. ③ Melanie Klein의 공식화에서 내재화된 대상관계에 대한 전체적 개념화에는 자아 내의 구조 발달을 고려하지 않는다. Fairbairn은 이를 바르게 비판하였다. 그녀가 최근의 자아 심리학의 발견을 무시한 것은 그녀의 기술을 매우 약화시킨다. ④ 초자아에 대한 Melanie Klein의 개념화는 구조 개념을 무시한다. 초자아 기능이 전통적으로 생각해 왔던 것보다 더 초기에 발달한다는 점에 필자는 동의하지만, 그녀의 저술에서 내재화된 대상관계의 상이한 수준과 형태를 고려하지 않았기 때문에 문제를 너무 과잉단순화하는 경향이 있다.

경계선 성격 구조 내담자에게 흔히 발견되는 것은 생후 첫 몇 해 동안 극심한 좌절과 강렬한 일차적 혹은 이차적 공격성이 있었다는 것이다. 과도한 전성기기적 그리고 특히 구강기적 공격성은 투사되어 초기 부모상, 특히 어머니상을 편집적으로 왜곡하는 원인이 된다. 주로 구강기적 가학 충동 및 항문기적 가학 충동의 투사를 통해 어머니는 잠재적으로 위험하게 여겨지고, 어머니를 증오하는 것은 나중에 아이에게는 부모가 '연합된 집단'으로 체험되어 부모 모두를 증오하는 것으로 확장된다. 일차적으로 어머니에게 투사된 공격성에 의해 아버지가 '오염'된다. 그리고 과도한 분열의 영향으로 다른 대상 간의 현실적 분화가 되지 않았으므로 어머니와 아버지 간 분화도 되지 않는다. 따라서 양 성에서 결합된 위험한 아버지-어머니상이 만들어지고 그 결과 모든 성적 관계는 나중에 위험하고 공격성이 침투된 것으로 생각된다.

동시에 구강기적 분노와 공포로부터 도피하려는 노력으로 성기기적 추구가 때 이르게 일어난다. 이 노력은 성기기적 추구를 오염시키는 전성기기적 공격성 강도 때문에 종종 실패하게 되며, 양성에서 차이가 있는 수많은 병리적 발달을 보인다.

소년의 경우 구강기적 의존 욕구를 부인하기 위한 때 이른 성기기적 추구가 실패하게 된다. 왜냐하면 어머니를 향한 성추동에 대한 오이디푸스적인 공포와 금지가 어머니에 대한 전성기기적 공포에 의해 강력히 강화되어, 위험하고 거세하는 전형적인 어머니상이 발달하기 때문이다. 또한 전성기기적 공격성 투사는 아버지에 대한 오이디푸스적 공포, 특히 거세 불안을 강화하고 더 나아가 전성기기적 공격성과 공포를 강화한다. 정적 오이디푸스 콤플렉스가 이런 상황에서 심하게 방해받는다. 반대로 흔한 해결책은 부적 오이디푸스 콤플렉스를 강화하는 것이다. 이는 Paula Heimann (1955)이 소년들의 '여성적 입장'으로 기술한 것인데, 이것은 위험하고 좌절적 어머니에게서 부인된 구강기적 만족을 아버지에게서 얻기 위해 아버지에게 성적으로 복종하려는 것이다. 이것은 주로 구강기적으로 결정된 남성 동성애자가 보이는 전형적인 구성이다. 어떤 수준에서 아버지와 어머니는 위험하게 보일 수도 있다는 점이 강조되어야 한다. 이성애는 위험하게 여겨진다. 그리고 동성애가 구강기적 욕구를 만족시키는 대안적 방법으로 사용된다. 동성애적 관여의 결과로 구강기적 좌절과 공격성이 재출현할 위험은 언제나 있다. 또 다른 해결 시도는 이성애 관계에서 구강-공격적 욕구 만족이며, 이는 더 깊은 수준에서 어머니가 구강기적으로 부인한 것을 어머니에게서 성적으로 빼앗으려는 시도로 볼 수 있다. 이런 구성은 여성과 가성 성기기적 관계를 통해 구강기적, 좌절적 어머니에 대항하여 무의식적으로 복수하려는 자기애적이고 성적으로 문란한 남성에게서 자주 볼 수 있다. 전성기기적 그리고 성기기적 목표를 때 이르게 응축해서 생긴 위험을 해결하려는 다른 방법은 다형 도착적 유아적 경향의 발달에서, 특히 공격성을 표현할 수 있는 것에서 볼 수 있다.

언급된 종류의 심한 구강기적 병리는 소녀에게 정적 오이디푸스적 추구를 때 이르게 발달시키는 경향이 있다. 아버지에 대한 성기기적 추구는 위험한 어머니에 의해 좌절된 구강기적 의존 욕구에 대한 대리 만족으로 사용된다. 이 노력은 어머니에게서 비껴 나가 아버지에게 투사된 전성기기적 공격성으로 아버지상이 오염됨으로써 실패하게 된다. 또한 구강기적 분노와 특히 구강기적 시기심은 여성에게 있어 남근 선망을 강력하게 강화하기 때문에 이 노력이 실패하게 된다. 이성애로 공격성을 부인하는 것은 실패하는 경향이 있다. 왜냐하면 병리적으로 강한 남근 선망이 부추겨지고 또한 오이디푸스적으로 금지된 어머니상이 위험한 전성기기적 어머니상에 의해 강화되기 때문이다. 흔히 시도된 해결책은 남근 선망과 남성에 대한 의존성을 부인하기 위해, 그리고 오이디푸스적 추구에 대한 강한 무의식적인 죄책감의 표현으로서 성적 문란함으로 도망가는 것이다. 피학적 경향을 일반적으로 강화하는 것은 또 다른 해결책으로서, 이는 투사된 공격성이 재내사되어 내재화된 전성기기적 그리고 성기기적 어머니상으로부터 유래된 초자아 압력을 만족시키려 한다. 위험하고 위협적인 어머니상에서 완전히 분열된 이상화된 어머니상으로부터 구강기적 욕구를 만족시키기 위해 이성애를 포기하는 것은 경계선 성격 구조 사례에서 흔하며 이것은 여성 동성애가 되는 중요한 이유이다. 남성을 포기하고 오이디푸스적 어머니에 복종할 뿐 아니라 이상화되고 '부분적인' 어머니상으로부터 구강기적 그리고 전성기기적 만족을 얻으려는 시도를 의미하는 동성애 관계 시도는 항상 존재하는 구강기적 공격 욕구와 공포 때문에 실패하는 경향이 있다. 가학피학적인 동성애적 관여는 이 발달에서 더 나아간 결과이다. 다른 다형 성적 경향은 소년의 경우에 위에서 기술한 것과 유사하게 발생한다.

요약하면 양 성에서 전성기기적, 특히 구강기적 공격성의 과도한 발달은 오이디푸스적인 추구를 때 이르게 발달시키는 경향이 있고 그 결과 공격적 욕구의 압도적인 영향 아래 전성기기적 그리고 성기기적 목표의 특정한 병리적 응축을 유발하는 경향이 있다. 흔한 결과는 경계선 성격 구조 내담자에게 전형적으로 나타나는 다형 도착적 성 경향을 지속시키는 몇 가지 병리적 타협 해결이다. 표면적으로 원시적인 추동과 공포가 혼란스럽게 지속되고 있어 보이지만, 경계선의 경우 '범성성(pansexuality)' 은 이 몇 가지 병리적 해결의 조합을 나타낸다. 이 모든 병리적 해결은 성기기적 경향의 공격성과 공격성이 스며든 모든 추동 욕구를 성공적으로 다루지 못한 시도이다. 심리 검사에서 경계선 내담자는 부분적인 다형 추동에 비해 이성애적 성기기적 추구가 정상적으로 우세한 것이 부족하다. 전오이디푸스적 그리고 오이디푸스적 추구의 혼란스러운 조합으로 보이는 것은 위에 언급된 병리적 응축을 반영한다. 이들이 '성적 정체성 결여' 를 보인다는 심리검사에서 도출된 공식화는 아마도 잘못된 명명일 것이다. 이 내담자는 정체성 혼미를 보이지만 이 정체성 혼미는 단순히 어떤 특정 성적 지향의 분화가 결여된 것보다도 더 초기의 더 복잡한 원천을 가진다(Jacobson, 1964). 이들의 '성적 정체성 결여' 는 성이 무엇이냐에 대한 문제가 아니라 동일한 갈등에 대처하는 몇몇 강한 고착이 결합된 것을 나타낸다.

이제 경계선 성격 구조의 임상적 문제에 정신분석적 상위심리학을 적용하려는 현재 시도의 결론을 보도록 한다.

5. 요 약

'경계선' 성격장애가 기술적, 구조적, 발생기원적이며 역동적 관점에서 검토되었다. 공통점으로 제시된 것은 다음과 같다. ① 확산된 불안, 다중 증상 신경증의 특정한 형태 그리고 '전정신병적' 과 '낮은 수준' 의 성격 병리와 같은 증상 구성이다. ② 자아의 특정한 방어기제이다. 한편으로는 자아 취약성의 비특정적 현상과 일차과정적 사고로 변화가 함께 나타나는 것이고, 다른 한편으로는 특정 원시 방어기제, 즉 분열, 원시적 이상화, 초기 형태의 투사, 부인, 전능을 보이는 것이다. ③ 내재화된 대상관계의 특정한 병리이다. ④ 특징적 추동 운명, 즉 전성기기적 공격 욕구의 압도적인 영향 아래 전성기기적 그리고 성기기적 목표가 병리적으로 응축된다. 경계선적 성격 구조의 다양한 측면과 이들의 상호 관계가 간단히 검토되었다.

제2장

역전이

1. 역전이 개념

역전이 개념에 있어 대비되는 두 접근이 기술되었다. 첫 번째는 '고전적(classical)' 접근인데, 이것은 역전이 개념을 내담자의 전이에 대한 분석가의 무의식적 반응으로 정의하는 것이다. 이 접근은 Freud(1910)에 의해 처음으로 제안된 용어의 사용에 가깝고, 분석가는 자신의 역전이를 극복해야 한다는 그의 권고에도 가깝다(Freud, 1912). 또한 이 접근은 분석가의 신경증적 갈등을 역전이의 주된 원천으로 보는 경향이 있다.

두 번째는 '전체적(totalistic)' 접근인데, 여기에서는 역전이를 치료 상황에서 내담자에 대한 분석가의 전체적 정서 반응으로 본다. 이러한 생각을 가진 학파는 치료 상황에서 내담자에 대한 치료자의 의식적이고 무의식적인 반응이 내담자의 전이뿐만 아니라 현실에 대한 반응이며, 또한 분석가의 신경증적 욕구뿐만 아니라 분석가 자신의 현실적 욕구에 대한 반응이라고 생각한다. 이러한 두 번째 접근은 분석가의 정서적 반응들이 밀접하게 융합된다는 것을 의미하고, 역전이가 확실히 해소되어야 하지만 역전이가 내담자의 이해를 돕는 데 유용하다는 것을 의미한다. 간단히 말하면, 이 접근은 역전이의 광범위한 정의를 사용하고, 역전이를 좀 더 능동적이고 기법적으로 활용하라고 추천한다. 이 접근의 몇몇 급진적 제안자들은 특정 상황에서 분석 작업의 일부로 내담자와의 역전이 효과에 대해서 논의한다.

Reich(1951, 1960), Glover(1955), Fliess(1953) 그리고 Gitelson(1952)은 '고전적' 접근의 주요 제안자들이다. '전체적' 접근의 주요 제안자는 Cohen(1952), Fromm-Reichmann(1950), Heimann(1950), Racker(1957), Weigert(1952), Winnicott(1949, 1960), Thompson(1952)이다. Little(1951, 1960)의 역전이에 대한 정의는 '고전적' 접근에 더 가깝지만, 실제로 사용한 것을 보면 '전체적' 접근의 '급진적인' 쪽에 더 가깝다. 그녀는 내담자와 소통하는 자료로 역전이를 사용해야 한다는 가장 중요한 제안자였다. Menninger(1958)와 Orr(1954)는 중도적인 입장을 취하였다.

전체적 접근에 대해 고전적 접근이 취하는 주된 비판은, 치료자의 모든 정서적 현상을 포함하는 역전이 개념의 확대가 혼란스럽고, 역전이 용어의 특정한 의미를 상실한다는 것이다. 고전적 접근은 역전이 개념의 확대가 분석가 정서 반응의 중요성을 과장하는 경향이 있다고 보는데, 이는 분석가가 이상적으로 지켜야 하는 중립적 입장에서 상당히 멀어진다는 것이다. 또한 고전적 접근을 고수하는 사람들은, 분석가의 정서 반응이 너무 전경에 나서게 될 때 분석가 성격의 과도한 개입의 위험을 지적한다. 반면에 Reich(1960)는 전체적 접근을 고수하는 사람들이 고전적 입장에 대해 공정하지 못하다고 지적한다. 이는 그들이 분석가의 중립성이 분석가 입장에서 거리를 둔 냉담함과 인간성 부족을 의미한다고 말할 때이다. Freud(1963)는 중립성이 분석가 편에서 자발성의 부족과 자연스러운 따뜻함의 부족을 의미하지 않는다고 분명하게 이야기하였고, 분석가 편에서 '생기 없는 무관심' 그 자체는 내담자에게 저항을 야기할 수 있다고 하였다.

전체적 지향을 하는 사람들이 고전적 접근에 대해 주로 하는 비판은 다음과 같다. ① 역전이의 제한된 정의는 역전이가 기본적으로 '잘못된' 무언가라는 함의를 지님으로써 그 중요성을 도호하게 만드는 경향이 있다. 그러므로 이러한 비판을 계속하면, 자신의 정서 반응에 대해 분석가의 공포증적 태도가 길러지고, 분석 상황의 이해를 제한한다고 보았다. ② 한편으로는 내담자의 전이와 현실의 영향과 다른 한편으로는 치료자의 과거와 현재 현실의 영향의 융합은 내담자와 분석가 간 비언어적 소통에 대해 많은 중요한 정보를 제공한다. 분석가의 정서적 반응과 그 원천에 초점을 두기보다 이를 제거하려는 노력을 할 경우 이러한 정보를 잃어버리는 경향이 있다. 분석가가 자신의 정서적 반응을 내담자를 이해하고 돕는 데 중요한 기법적 도구로 느끼면, 분석가는 전이 상황에서 유발되는 긍정적이고 부정적인 정서에 좀 더 자유롭게 맞닥뜨릴 수 있고, 이러한 반응을 차단할 필요가 없으며, 자신의 분석 작업에 활용할 수 있다. ③ 중요한 내담자 집단(심한 성격장애 내담자와 분석 지향적 심리치료에서 이득을 얻을 수 있는 경계선과 정신병 구조 수준 내담자)은 강렬하고 때이르고 신속하게 변하는 전이를 통해 치료자에게 강한 역전이 반응을 유발하는 경향이 있다. 이것은 때로 내담자의 혼란된 표현에서 무엇이 중요한지를 가장 의미 있게 이해하게 해 줄 수 있다(Kernberg, 1960).

필자는 전체적 접근의 입장에 대해 몇 가지 더 기술하려고 한다. 내담자의 전이뿐만 아니라 (분석 상황과 분석 바깥의 생활 둘 다에서) 내담자의 현실은 분석가에게 강한 정서적 반응을 유발할 수 있다. 이는 실제로 꽤 정당화된다. Winnicott(1949)은 '객관적 역전이'가 존재한다고 지적하였는데, 이것은 내담자가 분석가를 향해 다소 극단적인 행동을 보이는 것에 대한 분석가의 자연스러운 반응이다. 또한 Fromm-Reichmann(1950)이 언급하였듯이, 치료자의 특정한 전문적 특성에 의해 결정되는 내담자에 대한 치료자의 반응 측면이 있는데, 이것은 치료자가 진공 상태로 작업하기보다는 전문적인 기준, 지위, 집단을 나타내기 때문이다. 이러한 것은 내담자와 작업하는 치료자의 현실적 측면이다.

Racker(1953)는 '간접적 역전이'에 대해 이야기한다. 즉, 치료 프로그램에 관련된 제삼자에 대한 치료자의 정서적 반응이다. Tower(1956)는 분석가 자신의 훈련 분석가가 치료 관계에 미치는 영향을 분석하였다.

Gitelson(1952)은 또한 이러한 현실적 측면을 역전이 반응의 일부로 고려하였지만, 그가 분석가의 '전이 반응'이라 부른 것과는 유형이 다르다고 보았다. 그는 분석가의 전이 반응이 내담자 성격에 대한 '전체적' 반응이라고 하였는데, 이것은 특히 치료 초기에 나타나는 경향이 있고, 분석가로 하여금 내담자와의 작업을 지속하지 못하게 할 수도 있다고 보았다. 대조적으로 역전이 반응은 부분적인 유형으로, 내담자가 제시하는 자료의 성질에 따라 변동하고 변화한다고 보았다. 하지만 Cohen(1952)이 지적하였듯이 내담자의 성격에 대한 이러한 '전체적' 반응은 분석 전체 과정 동안에 나타나고 초기에만 국한되지는 않으며, Gitelson 용어에서의 역전이 반응과 구분되지 않는다. Heimann(1960)은 Cohen과 유사한 비판을 하였다. Thompson(1952)은 내담자에 대한 분석가의 정상적인 반응과 자신의 문제에 기초한 반응 사이의 경계를 평가하기 어렵다고 보았다.

역전이에 대한 전체적 개념은 분석 상황을 하나의 상호작용 과정으로 보는 개념화를 적절하게 반영한다. 이 과정에서 두 참여자의 과거와 현재뿐만 아니라 과거와 현재에 대한 상호 반응이 두 참여자가 관련된 독특한 정서적 입장으로 융합된다. Sullivan(1953a, 1953b)은 이러한 대인관계 상호작용 과정 개념을 자신의 이론의 초석으로 삼았다. Menninger(1958)는 역전이와 관련지어 이것을 구체적으로 강조하였다.

문헌에서 대부분의 역전이 예들은 분석가의 정서적 반응에 관한 언급이다. 이것은 대개는 의식적인 것이며, 일시적으로 치료자에게 '맹점' 인 것처럼 보이는 무의식적 측면이 있는데 나중에 치료자는 자신의 정서적 반응을 열어 놓음으로써 극복하게 된다. 물론 초기의 무의식적 '맹점' 만이 역전이라고 할 수 있지만, 이는 종종 자각되지 않았던 감정의 한 측면을 찾아내기보다는 치료자가 경험하고 치료에 영향을 주는 강렬한 정서를 어떻게 다루느냐 하는 것이 종종 치료자에게 문제가 된다는 사실을 바르게 평가하지 않는다. Menninger(1958)는 "역전이를 야기하는 심리내적 상태가 무의식적일 수는 있지만, 역전이의 현현(manifestation)은 의식적일 수 있다."라고 하였다. 자신의 과거에서 유래하는 기원의 일부가 자신에 숨겨져 있을 수 있지만, 구체적인 분석 상호작용에서 역전이 반응의 기능을 분석가가 이해할 가능성을 의미한다는 면에서 이것은 역전이를 관리하는 것과 관련된다. 분석가가 특정한 역전이 포지션의 과거 기원을 발견하지 못할 수도 있지만, 분석가는 자신의 정서 반응의 강도와 의미뿐만 아니라, 이러한 반응이 내담자와 분석가의 현실에 의해 결정되는 정도를 자각할 수 있으며, 그래서 분석가 자신의 과거가 관여되는 것을 제한할 수 있다.

Reich(1951, 1960)는 '영속적(permanent) 역전이' 반응과 '급성적(acute) 역전이' 반응을 구분하였는데, 전자를 분석가의 성격장애에 기인하는 것으로, 후자를 내담자의 상이한 전이 현현에 의해 결정되는 것으로 보았다. 그녀는 영속적 역전이 반응이 좀 더 다루기 어렵고, 이상적으로는 분석가의 분석이 더 요구된다고 생각한다. 하지만 해결되지 않은 치료자의 성격 문제를 반영하는 역전이 반응도 내담자와의 분석 상호작용과 밀접하게 관련된다. 분석가의 공감적 퇴행 기제를 통해, 내담자의 특정 갈등이 분석가의 과거 유사한 갈등을 재활성화할 수 있다. 이러한 퇴행은 또한 이전에 포기된 분석가의 오랜 성격 방어를 재활성화할 수 있다. 또한 강한 부정적 역전이 반응이 오랫동안 지속될 때, 분석가는 특정 내담자와의 상호작용에서 이전의 신경증적 패턴으로 되돌아갈 수 있는데, 이것은 다른 내담자와의 만남에서 그리고 분석 시간 이외의 자신의 삶에서 포기되었던 것이다. 말하자면 분석가는 이 내담자와의 관계에서 자신의 가장 나쁜 모습을 보이게 되는 것이다. 제한된 역전이 개념으로 작업할 때, 분석가의 전체적 반응을 성격 문제로 간주하기 쉽고, 내담자가 분석가에게 이러한 반응을 유발하는 특정 방식을 충분히 고려하지 않을 수 있다.

한 극단의 증상 신경증에 관련된 것으로부터 다른 한 극단의 정신병적 반응에 이르기까지 역전이의 연속선을 기술할 수 있다. 이 연속선에서 내담자와 치료자의 상이한 현실 및 전이 요소는 중요한 방식으로 달라진다. '신경증 축' 연속선에서 '정신병 축' 을 향해 나아가면서, 치료자의 역전이 반응에서 내담자의 전이 현현이 기여하는 것이 점점 더 우세해진다. 이는 치료자 과거로부터 야기되는 역전이 측면의 중요성을 대체한다. 증상 신경증과 다양한 성격장애 내담자와는 달리 경계선이나 심하게 퇴행된 내담자를 다룰 때, 치료자는 치료에서 곧 강한 정서 반응을 경험하기 쉽다. 이것은 치료자 과거의 특정 문제보다는 내담자의 때 이른 강렬하고 혼란스러운 전이와 더 관계되고, 심리적 스트레스와 불안을 견디는 치료자 역량과 더 관련된다. 달리 말하자면, 상당히 잘 준비된 치료자들이 심하게 퇴행되고 와해된 내담자들을 다룬다고 가정하면, 그들의 역전이 반응은 어느 정도 비슷할 것이며, 분석가 과거의 특정한 문제보다는 내담자의 문제를 훨씬 더 많이 반영할 것이다. Little(1951)은 내담자가 더 와해될수록 분석가가 더 잘 통합될 필요가 있다고 하였고, 정신병 내담자의 경우에는 역전이가 작업의 전체를 이루게 되는데, 기저의 기제는 내담자 원초아와의 동일시라고 하였다. Will(1959)의 관찰도 동일한 방향을 지적하고 있다.

그러므로 역전이는 중요한 진단적 도구가 되었고, 내담자의 퇴행 정도, 치료자에 대한 내담자의 주된 정서적 태도, 이러한 태도에서의 변화에 대한 정보를 제공한다. 내담자에 대한 치료자의 정서적 반응이 강하고 때 이른 것일수록 치료자의 중립성은 위협이 되고, 더욱 잘 변하고 동요하고 혼동스러운 성질을 띠게 된다. 치료자는 내담자의 심한 퇴행 앞에 있게 된다고 생각할 수 있다. 다른 연속선의 극단에서 증상 신경증으로 고통받고 그리 심하지 않은 성격장애 내담자와 작업할 때, 이렇게 강한 치료자의 정서적 반응은 일정 기간이 지나서 증진된 이후에 (일반적으로는 치료 초기를 지나서) 일시적으로만 일어나며, 분석가의 안정성 및 중립성과 관계된 한에서는 훨씬 덜 위협적으로 일어난다.

2. 역전이에서 퇴행과 동일시

Fliess(1942)는 분석가의 태도가 공감에 기초한다고 하였는데, 이것은 다시 내담자와의 '일시적인 시험적 동일시' 에 달려 있다. Spitz(1956)는 이러한 시험적 동일시 과정을 자아에 기여하는 퇴행의 형태로 볼 수 있다고 하였다. 이후의 논문에서 Fliess(1953)는 역전이에서 상당한 정도의 퇴행이 일어날 때 일시적인 시험적 동일시를 기술하였다. 이러한 퇴행은 Fliess가 말한 분석가의 '역동일시(counteridentification)' , 즉 내담자와 과도하고 좀 더 지속적인 동일시를 하게 만드는데, 이것은 내담자의 어떤 기본구성 동일시(constituent identification)를 분석가가 복제하는 것을 포함한다. 그는 역동일시가 분석가의 작업을 계속해서 심하게 방해한다고 하였다. Reich(1960)는 Fliess의 개념을 정교화하였고, 역전이는 일시적 시험적 동일시의 실패와 '역동일시' 의 출현에 함축된 것이라고 기술하였다. 그녀는 이러한 실패의 결과가 탈리온 원리(Talion principle)를 따르는 충동의 재현이라고 하였는데, 분석가는 이제 사랑에 대해서는 사랑, 증오에 대해서는 증오를 돌려주려고 하거나 자기애적 만족을 주는 동일시에 '빠지게' 된다.

Fliess가 치료자의 기본구성 동일시로서 고려한 것과 그에 상응하는 내담자의 기본구성 동일시의 복제로 생각한 것은 Erikson(1950, 1956)이 초기 자아 정체성이라고 부른 것과 관련되는데, 이것은 아주 초기의 대상관계를 포함하는 동일시의 침전물이다. 이러한 '기본구성 동일시'에 '빠지는' 위험은, 초기 동일시가 일어날 때 자아가 통합할 수 없었던 고통스럽거나 외상적인 대인관계 경험을 포함하는 억압되거나 해리된 초기 정체성과 관련된다. 이렇게 해리된 초기 자아 정체성은 또한 전성기기적인 공격적 충동의 파생물을 포함하고 초기 상호작용에서 공격적 충동의 활성화, 투사, 재내사와 관련하여 매우 적대적 성질을 지니는 동일시를 포함한다. 마지막으로 이러한 자아 정체성은 또한 자아의 원시적 방어기제를 포함하는데, 그중에서 Klein(1946, 1955), Heimann(1955), Rosenfeld(1949, 1952) 등이 기술한 투사적 동일시(projective identification) 기제에 필자는 특히 관심을 가졌다.

필자는 1장에서 투사적 동일시가 투사 기제의 초기 형태로 볼 수 있다고 주장하였다. 자아의 구조적 측면에서 투사적 동일시는 외부 대상에 투사된 충동이 자아와 동떨어진 어떤 것처럼 보이지 않는다는 점에서 투사와 다른데, 이는 투사된 충동과 자기와의 연계가 여전히 계속되어 자기가 그 대상과 '공감' 하기 때문이다. 우선 대상에게로 충동을 투사해서 생겨난 불안은 이제 그 대상에 대한 두려움으로 바뀌고, 그러한 충동의 영향하에 있을 때 자기가 공격받는 것을 막기 위해 대상을 통제할 필요를 느낀다. 투사적 동일시 기제의 작동 결과 또는 병행된 발달은 자기와 대상 간의 경계를 모호하게 하는데(자아 경계의 상실), 이는 투사된 충동의 일부가 여전히 자아 내에 있는 것으로 인식되고, 그리하여 자기와 대상이 다소 혼란스러운 방식으로 융합되기 때문이다.

심각한 성격장애와 좀 더 와해된 내담자의 경우에 빈번하게 나타나듯이, 아주 초기의 갈등적 대상관계가 전이에서 나타날 때, 치료자는 내담자와의 정서적 접촉을 지속하기 위해 공감적 퇴행 과정에 있게 된다. 퇴행의 일정 지점에서 치료자 자신의 초기 동일시가 투사적 동일시 기제와 함께 재활성화될 수 있다. 이제 치료자는 다음과 같은 몇 가지 위험에 당면하게 된다. ① 초기 충동과 관련된 불안이 다시 나타난다. 특히 그 충동은 이제는 내담자를 향해 공격적인 성질을 띤다. ② 특정 내담자와의 상호작용에서 자아 경계가 다소 상실된다. ③ 분석가 자신의 과거 대상으로 내담자를 동일시하는 방향으로 내담자를 통제하고자 하는 강한 유혹을 느끼게 된다.

Fliess와 Reich는 역전이에서 그런 것이 발생할 위험을 지적한다. 하지만 이 시점에서 분석가의 정서 경험 또한 유용할 수 있다. 이 시점에서 그것은 내담자가 경험하는 두려움의 종류와 이와 관련된 환상에 대한 정보를 제공할 수 있는데, 분석가에게 일어나는 이러한 과정은 내담자에게 일어나는 과정을 '복제(duplicating)' 함으로써 일어나기 때문이다. 또한 치료자가 자신의 공격적 충동을 너무 위협당하지 않고 직면할 수 있으면, 이것은 내담자에게 가장 도움이 되는 정서적 안정을 전달하는 기초를 제공할 수 있다.

다행히 치료자에게 작동하는 중요한 보상 기제가 있다. 자아의 어떤 측면은 손상되지 않은 채 있는 반면, 자아의 어떤 측면은 '기본구성 동일시' 활성화의 일부로 투사적 동일시가 일어나는 시점에서 공감적 퇴행이 된다. 분석가에게 성숙한 수준으로 기능하는 것은 자아의 주된 부분으로, 진전된 자아 정체성과 이와 관련된 적응적이고 인지적인 구조를 포함한다. 투사적 동일시는 내담자와 상호작용하는 부분에서만 분석가의 자아 경계 상실을 포함하며, 이를 보상하기 위해 정상적으로 자아 경계를 잘 한정해 주는 좀 더 진전된 자아 기능이 특별히 강조된다.

치료자는 심하게 퇴행된 내담자를 치료하는 시간에 '분석적 객관성'을 잃어버릴 수도 있지만, 회기가 끝난 후나 몇 시간 후에는 점차 평형을 되찾게 된다. 치료자에게서 훈습 과정이 일어난다. 이를 통해 이후의 좀 더 성숙한 자아 정체성 주위에 형성된 안정되고 적응적이며 인지적인 구조가 자아의 일부에 대해 지지적인 방식으로 작용한다. 여기서 자아는 원시적 동일시, 방어기제, 충동이 활성화되었으며 자아 경계가 유동적으로 되었다.

이러한 과정이 실패할 때 분석가는 특정 내담자에 의해 유발된 역전이 포지션(countertransference position)에서 '벗어날 수 있는' 역량을 점차 상실한다. 며칠 혹은 몇 주 혹은 몇 달 동안 분석가는 내담자와 관련된 지속적 정서적 왜곡에 더욱 관여하게 된다. 여러 논문(Cohen, 1952; Glover, 1955; Little, 1960; Menninger, 1958; Winnicott, 1960)에서 언급된 일반적 역전이 반응 증상 이외에, 이러한 '고착된' 역전이 포지션의 몇 가지 증상은 치료자에게 특정 내담자와 관련하여 의심이 생길 수 있고, 심지어 내담자로부터 예상치 않게 공격받는 것과 관련된 편집적 환상과 어떤 식으로 그런 일이 일어날 지에 대한 환상이 생겨날 수 있다. 그리고 특정 내담자에 대한 내적 반응이 확대되어서 특정 내담자와의 관계와 관련되는 치료자의 정서적 반응에 다른 사람이 관련된다. 마지막으로 분석가에게 일종의 '미시편집적(microparanoid)' 반응이 발달한다. 분석가 자아 내에서 훈습이 실패하는데, 주된 이유는 내담자가 두 사람 관계에서 분석가의 좀 더 안정되고 성숙한 자아 정체성을 성공적으로 파괴하기 때문이다. 그리고 분석가는 이 과정을 자신이 통제할 수 없게 되고 내담자의 정서적 태도를 복제하게 된다.

우리는 내담자의 공격 행동에 대한 반응으로서가 아니라 내담자와 접촉을 유지하기 위해 분석가가 자아에 기여하는 퇴행을 경험한다는 사실을 염두에 두어야 한다. 내담자와 정서적 접촉을 유지하려는 분석가 노력의 일부인 내담자에 대한 관용과 중립성은, 경계선 내담자의 부적절하고 공격적인 행동에 맞닥뜨릴 때 분석가가 보호되지 않는 위험을 증가시킬 수 있다. 사실 심하게 퇴행된 내담자와 작업하는 데 특히 관심이 있는 분석가는 본의 아니게 내담자 행동의 수동적 희생자가 되는데, 이는 내담자에 의해 유발된 분석가 자신의 내적 정서 반응과 투쟁하는 데 노력이 많이 들어가기 때문이다.

자아 정체성은 자아 개념의 연속성과 확인에 달려 있고, 이것은 내담자와의 관계에서 분석가에게도 해당된다. 중요한 역전이 퇴행을 유도함으로써 또한 자신의 행동으로 분석가를 위협하는 내담자와의 특별한 상호작용에서 이러한 확인은 일어나지 않는다. 분석가의 정체성은 계속 손상되고, 결국 자아에 기여하는 퇴행에 대한 보상을 하는 바로 그러한 힘(성숙한 자아 정체성 구조)은 더 이상 가용하지 않게 된다. 실제적 관점에서 보면 이러한 고려는 심하게 퇴행된 내담자와의 분석 작업의 일부로 외적 구조의 중요성을 강조한다. 내담자가 할 수 있는 것과 허용되는 것에 대한 제한, 분석 시간에 허용되지 않는 특정 행동, 입원을 통한 증가된 구조 혹은 다른 부속적인 치료 장치에 대해 분석가는 단호하고 확고하게 내담자에게 이야기함으로써 제한할 수 있다.

Racker(1957)는 내담자의 내적 정서 구성에 관한 정보를 얻기 위해 분석가의 역전이 반응을 활용하는 것을 개발하였는데, 역전이에서 일어나는 동일시를 '일치적 동일시(concordant identification)' 와 '상보적 동일시(complementary identification)' 두 유형으로 나누었다. Racker에 의하면 '일치적 동일시' 는 내담자의 심리 장치에 상응하는 부분으로, 즉 분석가가 내담자의 자아에 대해서는 자아로, 초자아에 대해서는 초자아로 동일시하는 것이다. 일치적 동일시의 영향하에서 분석가 자신은 내담자가 동시에 경험하는 주된 정서를 경험한다. 그리고 Racker는 공감을 일치적 동일시의 직접적인 표현으로 고려할 수 있다고 하였다.

'상보적 동일시' (Helene Deutsch가 처음 사용한 개념)는 내담자의 전이 대상에 대한 분석가의 동일시이다. 여기에서 내담자는 과거에 특정 부모상과의 상호작용에서 경험하였던 정서를 경험하는 반면에, 분석가는 내담자가 전이 대상에 주입시킨 정서를 경험한다. 예를 들어, 내담자는 아버지와 관련된 두려움, 복종, 반항을 경험하지만, 분석가는 비판적으로 느끼고 특정 방식으로 내담자를 통제하려는 경향을 느끼면서, 완고하고 억제적인 부모상과 연결된 초자아 기능에 동일시할 수 있다. Racker는 분석가가 이러한 두 종류의 역전이 동일시 사이를 왔다 갔다 한다고 하였다.

상보적 동일시가 가장 발달하는 곳은 분석가에게 투사적 동일시가 일어나는 퇴행 수준이다. 앞에서 말했듯이 분석가가 자신에게 있는 원시적 충동이 고조되는 것과 싸우고 이러한 충동을 통제하려는 노력의 일부로 내담자를 통제하려는 경향과 싸우는 동안에, 분석가는 또한 내담자의 중요한 부모상과의 초기 관계를 재현한다. 그리하여 상당히 의미 있고 구체적인 상황이 일어나는데, 이것이 이해되고 훈습되었을 때 특정 내담자에 대한 분석 작업의 초석을 제공할 수 있다. 이런 상황에서 분석가는 분석 상황에 함축된 교정 경험을 통해 내담자 자아 구조의 근본적인 변화가 일어나게 할 수 있다. 대조적으로 이 시점에서 분석 상황이 직면하는 가장 큰 위험은 분석 상황에서 내담자가 어렸을 때의 좌절과 관련된 아동기 경험을 외상적으로 반복하는 위협이다. 분석가가 자신의 역전이 관계에서 '벗어나지' 못할 때, 내담자가 부정적 부모상과 외상적으로 상호작용하는 악순환이 다시 일어나게 할 수 있다.

3. 만성적 역전이 고착 형태

분석가의 이전 신경증적 성격 구조가 다시 나타나는 것, 이것이 일반적으로 포기되었지만 특정 내담자를 다루는 데서 강하게 재활성화되는 것에 대해 이미 언급되었다. 이러한 재활성화는 종종 독특한 형태를 띠어서 분석가의 특정 병리가 치료적 상호작용에 영향을 미치고, 내담자 자신의 성격 구조를 닮거나 보완하여서 내담자와 치료자는 서로 병리적으로 '잘 맞는' 것처럼 보인다. 이러한 종류의 만성적인 역전이 관계는 물론 두 사람 모두에게 매우 해롭다. 이러한 상황에서 발생하는 것은, 분석가의 신경증적 성격 방어가 역전이로 나타나는 상당히 원시적인 불안에 대한 가장 안전한 방어라는 것과, 분석가가 내담자와 함께 수립하는 독특한 상보적 성격 형성이 두 사람 모두에게 투사적 동일시의 상호 영향의 산물이라는 것이다.

경계선 및 정신병적 반응의 경우에, 혹은 때로 분석적 치료에서 모든 내담자가 깊이 퇴행했을 때 전성기기적 공격성과 관련된 갈등이 중심적 위치를 차지한다는 것이 발견되었다(Fromm-Reichmann, 1950; 1958; Klein, 1946; Lidz & Lidz, 1952; Little, 1960; Rosenfeld, 1955; Winnicott, 1960). 문헌에서 나타나는 가장 심한 역전이 장해와 그것을 다루는 데에서 어려움의 예는 내담자가 나타내는 이러한 종류의 심한 원시적 공격성을 포함한다. 이는 먹여 주는 손을 항상 물어야만 하는 것 같은 내담자에 대한 치료자의 정서적 반응으로 전형적으로 표현된다. 죽음의 추동이 존재하는가 혹은 공격성이 좌절에 대해 이차적인가에 관한 논쟁에서 어느 편에 서든지 간에, 자기에게 공격성을 돌리는 강한 성향이 심리 장치에 있다는 충분한 증거가 있다. 공격성과 자기에 대한 공격성은 내담자를 돕는 분석가의 능력을 파괴시키려는 노력에 융합되고, 또한 두 요소는 이 상황에 대한 분석가의 정서적 반응으로 나타난다.

아주 단순한 표현으로, 무언가 좋은 것을 주고 나쁜 것을 되돌려 받는 경험, 그리고 현실을 다루는 일상적 수단으로 그러한 경험을 교정할 수 없는 것은 분석가 작업의 극적인 부분이다. 이는 Erikson이 '기본적 신뢰' 라고 부르는 것을 수립하는 것이 실패하고 혹은 Melanie Klein이 '좋은 내적 대상의 안정화' 라고 부른 것이 실패한 다른 기본 경험과 유사하다. 이것은 마치 특정 내담자와의 관계에서 분석가가 공격성을 중화할 수 있는 힘에 대한 확신을 잃어버려야 하는 것 같다. 이것은 다시 분석가의 피학증을 재활성화한다. Money-Kyrle(1956)은 내담자의 공격성이 분석가의 초자아 기능에 어떻게 들어가서 편집적 두려움이나 우울적 죄책감을 유발하는지를 지적한다.

경계선 성격 구조를 다룰 때, 모든 수준의 경험을 한 헌신적인 치료자는 내담자의 공격성에 대한 거의 피학적 복종 단계, 자신의 능력에 대한 불균형적 의심, 제삼자의 비판에 대한 과장된 두려움을 헤쳐 나갈 수 있다. 이러한 단계에서 분석가는 내담자의 공격성, 편집적 투사, 죄책감을 동일시하게 된다. 이러한 분석가의 정서적 포지션에 대한 이차적 방어, 특히 그의 성격적 방어가 이러한 기본 상황을 모호하게 할 수 있다.

내담자 성격 병리와의 독특한 상보적 통합에서, 분석가의 오래된 신경증적 성격 구조의 재활성화는 이러한 만성적 역전이 관계가 취할 수 있는 한 형태이다. 또 다른 흔한 이차적 방어는 분석가가 내담자로부터 자기애적 철수를 하거나 거리를 두는 것인데, 그리하여 공감이 상실되고 분석적 접근을 계속할 가능성이 위협받는다. 감정적으로 말하자면, 꽤 오랜 시간이 지난 후에 성공적이지 못한 종결이 실제 이루어진 중단 사례들이 있다. 언급된 것보다 더 병리적인 또 다른 방어적 해결은 내담자를 도울 수 있다는 비현실적 확실성을 가지고(원초적 전능의 재현이라고 할 수 있다.), 현실로부터 분석가가 자기애적으로 철수하는 것이다. 이제 치료자는 그러한 특정 내담자에 대해 자신을 어떤 섬 같은 것으로 만들어서 내담자의 공격성을 분석가로부터 외부 대상으로 비껴 나가게 하고, 이러한 공격성을 내담자에 대한 피학적 복종으로 흡수하는데, 이것은 또한 자기애적 만족을 제공하는 '전적인 헌신'으로 합리화된다. 일정한 시간이 지난 다음에 이러한 방어적 조작은 종종 갑자기 붕괴되면서 내담자의 증상이 다시 나타나고, 동시에 치료가 중단되게 된다. 이러한 '구세주 정신'은 내담자에 대한 진정한 관심과는 다른데, 성숙한 관심은 현실을 포함하기 때문이다.

수동적 무관심이나 내적 포기의 형태로 분석가가 내담자로부터 자기애적으로 철수하는 것, 그리고 내담자와의 상보적 관계에서 외부 현실로부터 자기애적으로 철수하는 것은 자신의 분석에서 자기애가 충분히 분석되지 않은 분석가에게 특별히 잠재적인 위험이 된다. 그러한 분석가는 자신의 자기애적 성격 방어에 좀 더 쉽게 의지한다. 이런 일이 일어나는 이유는 이전의 성격 패턴에 대한 방어적 회귀 때문이 아니라, 이러한 성격 방어 자체가 초기의 공격성을 포함하는 전성기기적 갈등에 반한 것이기 때문이다. 이럴 경우 역전이 퇴행은 특히 위협적이다.

4. 분석가의 기본적 특성으로서 관심의 중요성

역전이에서 공격성과 자기-공격성 효과를 중화하고 극복하는 데 유효한 한 가지 중요한 힘은 관심(concern)을 경험하는 분석가의 역량이다. 이러한 맥락에서 관심은 내담자의 파괴적 및 자기-파괴적 충동의 심각한 성질을 아는 것, 분석가에게서 그러한 충동이 발달할 가능성이 있음을 아는 것, 내담자와의 치료적 노력에서 필연적으로 내재하는 한계를 아는 것 등이다. 관심은 또한 내담자의 일시적인 '나쁨' 에도 불구하고 내담자를 돕겠다는 진정한 소망과 욕구를 포함한다. 좀 더 추상적인 수준에서 관심은 일반적으로 인간 존재의 파괴성과 자기-파괴성의 심각함을 알고 있다는 것을 포함하고, 이러한 경향에 맞서서 싸우는 것이 각 사례에서 성공적일 수 있다는 (확신이 아닌) 희망을 가지는 것이다. 기본적 인간 경향으로서 희망의 중요성 분석에서, Menninger(1959)는 희망을 파괴성과 자기-파괴성의 힘에 대항하는 삶의 추동의 표현으로 기술한다. Money-Kyrle(1956)은 내담자 안녕에 대한 관심이 분석가의 초기 파괴적 경향에 맞서는 복구(reparative) 추동에서, 그리고 부모와의 동일시에서 비롯된다고 하였다. 상이한 맥락에서 Frank(1959)는 치료 성공에 대한 필수조건으로 치료자 자신과 기법에 대한 믿음의 중요성을 강조한다. 이에 덧붙여 관심은 또한 부정 명제로 기술될 수 있는데, 이것은 분석적 입장과 분석가의 중립성을 포기하는 것을 의미하지 않는다. 내담자에 대한 관심은 조한 현실의 포기를 의미하지는 않는다.

상이한 지향을 가진 정신분석가들이 관심 역량에 기저하는 발생기원적이고 역동적인 조건을 기술하였다. Winnicott(1963)은 조절되고 한정된 죄책감에서 관심이 생겨난다고 주장한다. 그는 아이에게서 반복되는 공격성, 죄책감, 복구의 성공적인 훈습이 이러한 발달을 가능하게 한다고 주장한다. 그 기원이 어떻든 간에, 분석가의 관심 역량의 현현은 특정 내담자와의 치료 상황에서 즉각적인 현실과 관련지어 기술될 수 있다. 구체적으로 관심은 분석가에 의한 지속적인 자기 비판, 불가능한 상황을 수동적으로 수용하지 않으려는 것, 장기적 위기를 다루는 새로운 방식에 대한 지속적인 탐색을 의미한다. 이것은 자기애적 철수에 반대되는 치료자의 능동적 관여를 의미하고, 동료로부터 자문과 도움을 얻는 지속적인 요구를 실현하는 것이다. 마지막 요점이 중요하다. 자신의 일에 대해 비밀을 유지하는 것과 대조적으로, 동료와 특정 사례를 개관하려는 것은 관심의 좋은 지표이다.

분석가에게는 직업적인 압력이 있어서, 자신의 한계를 받아들이는 역량과 이러한 한계를 극복하려는 노력을 제한하는 경향이 있다. 분석 훈련 동안에 수련기 분석가는 자신의 내담자를 자기애적으로 이용하려는 유혹과 싸워야 하는데, 내담자의 치료가 졸업하는 데 필수이기 때문이다. '좋은' 내담자를 유지하려는 소망과 '나쁜' 내담자를 제거하려는 소망은 자신의 필요조건을 채우는 것과 관련하여 치료자의 소망이나 두려움에 의해 강하게 영향 받은 역전이 반응을 나타낼 수 있다. Benedek(1954)은 정신분석 사회의 세팅 내에서 분석가에게 일어나는 몇 가지 역전이 반응을 기술한다. 자신이 복잡한 치료 세팅의 일부일 때 분석가에게 작용하는 압력은 역전이에 영향을 미치고, 현실적으로 혹은 환상에서 어려운 치료 상황을 다루는 분석가의 내적 자유를 제한한다. Savage(1961)는 병원 장면에서 정신분열증 환자를 대상으로 한 정신분석 지향 치료와 관련하여 이러한 점을 언급하였다. Main(1957)은 병원 장면에서 일어나는 역전이 반응 연구를 포함하는 예시적 연구를 수행하였다.

하지만 치료에서의 모든 어려움이나 위기가 역전이 관계를 포함하지는 않는다. 치료자의 경험 부족 혹은 기법이나 이론에 대한 지식의 부족은 자신의 역전이 반응과 구분되어야 한다. 이것은 쉽지가 않은데, 이러한 두 요소가 서로 영향을 주기 때문이다.

역전이 반응의 의미에 대한 분석가의 통찰 자체는 내담자를 돕지 않는다. 내담자를 돕는 것은 전이 해석에서 이러한 정보를 활용하는 것이다. 그리고 현실적으로 다룰 수 없는 치료 상황으로부터 분석가와 내담자를 보호하는 데 필요한 조치를 취하는 것, 관계를 통해 현재의 시각을 잃어버리지 않고 내담자와 함께 과거로 동반할 수 있는 분석가의 역량과 이것을 기꺼이 하려는 마음이 있다는 것을 내담자에게 제공하는 것이다.

5. 요 약

역전이에 대한 대조되는 견해와 임상적 활용이 개관되었다. 역전이는 내담자의 퇴행 정도를 평가하는 데 유용하고, 경계선 성격 구조에서 전이 패러다임을 명료화하는 데 유용하다고 주장되었다.

분석이나 표현적 심리치료에서 심한 퇴행 가능성이 있는 내담자는 심한 역전이 혼란, 특히 '역동일시' 를 일으키는 경향이 있다.

'역동일시' 형태의 역전이 혼란은 분석가의 초기 자아 동일시와 초기 방어기제의 부분적 재활성화와 관련된다. 이러한 역동일시가 분석 상황에 대한 중요한 정보의 원천이지만, 또한 분석에 심각한 위협이 될 수도 있으며, 분석가에게 '만성적인 역전이 고착' 이 발달할 수 있는 소인이 된다.

만성적인 역전이 고착의 징후들이 기술되었다. 즉, 분석가의 포기된 신경증적 성격 특징이 특정 내담자와의 상호작용에서 다시 나타나는 것, 분석의 '정서적 비연속성', 비현실적인 '전적인 헌신', 내담자에 대한 '미시 편집적' 태도이다. 이러한 역전이 혼란은 심한 퇴행 가능성이 있는 내담자, 특히 경계선 성격 구조가 있는 내담자 치료에서 나타난다.

역전이로부터 자신을 보호하는 데 도움이 되는 분석가의 일반적인 특성으로서 '관심'의 중요성이 기술되었다. 관심 발달의 특징, 전제조건, 현실적인 제약들이 언급되었다.

제3장

일반적 치료 원칙

1. 서론

이 장에서는 경계선 성격 구조에 대한 논의를 계속할 것이다. 필자는 다른 논문(Kernberg, 1966)에서 ‘동일시 체계(identifications system)’의 통합 정도에 따라 두 수준의 자아 구조가 존재한다고 주장하였다. ‘동일시 체계’라는 용어는 내사, 동일시, 자아 정체성을 포함한다. 내사, 동일시, 자아 정체성은 대상관계 내재화 과정에서의 진보 단계를 나타낸다. 동일시 체계 구조는 기본적 자아 기능 수준에서 처음 일어난다. 이 수준에서는 원시적 해리나 분열(splitling)이 자아 방어 구조의 주된 기제이다. 이후에 두 번째로 좀 더 진보된 자아 방어 구조 수준에 도달하는데, 여기서는 억압이 분열을 대체하는 주된 기제가 된다. 좁은 의미에서, 분열은 반대되는 성질의 동일시 체계가 분리되어 각각 유지되는 능동적 과정으로 정의될 수 있다.

필자는 또한 소위 '경계선' 성격장애가 분열이나 이와 관련된 방어기제들이 두드러진 좀 더 낮은 수준의 자아 구조에 병리적으로 고착된 것으로 보았다. 좀 더 낮은 수준의 자아 구조의 지속은 정상적 발달과 동일시 체계의 통합, 자아와 초자아의 정상적 발달을 방해한다.

'경계선 상태(borderline state)' 대신에 '경계선 성격 구조(borderline personality organization)'라는 용어를 사용한 이유는, 이러한 내담자가 신경증에서 정신병으로 혹은 정신병에서 신경증으로 가는 도중의 일시적 상태라기보다는, 다소 특정적이고 상당히 지속적인 병리적 성격 구조를 나타내는 것처럼 보이기 때문이다. 이러한 경계선 성격 구조를 반영하는 임상 증후군들은 공통적으로 ① 전형적인 증상 구성, ② 전형적인 자아 방어 구조의 구성, ③ 내적 대상관계의 전형적인 병리, ④ 독특한 추동의 운명의 요소들을 가지고 있다. 이러한 내담자는 심한 스트레스를 받거나 알코올이나 약물 사용으로 일시적 정신병 일화가 발달될 수 있다. 이러한 정신병 일화는 비교적 짧지만 잘 구조화된 치료적 접근으로 대개는 좋아진다. 정신분석이 시도될 때, 이러한 내담자는 특정한 영역에서 현실검증을 상실하고 심지어는 전이 상황에 국한된 망상적 사고가 발달할 수 있다. 즉, 전이 신경증보다는 전이 정신병이 발달한다.

경계선 성격 구조의 구조적 특성을 분석하는 것이 중요함을 제1장에서 강조하였다. 구조 분석은 이러한 내담자에서 ① 자아 강도와 자아의 특징적 방어기제, ② 내재화된 대상관계의 병리라는 두 가지 주제가 언급되었다. 첫 번째 주제에서 경계선 성격 구조에는 비특정적인 자아 취약성이 있다. 이것은 특히 불안 내성의 부족, 충동 통제의 부족, 발달된 승화 채널의 부족으로 나타난다. 게다가 특정적인 자아 취약성의 국면들이 있다. 특정한 방어는 그 자체가 자아 취약성으로 나타나는 자아 기능의 손상을 야기한다. 이러한 관찰이 시사하는 바는 특정한 방어를 치료적으로 무효화하는 것이 자아를 약화시키기보다는 자아를 강화시킨다는 것이다. 분열, 원시적 이상화, 초기 형태의 투사(특히 투사적 동일시), 부인, 전능은 경계선 성격 구조 내담자의 특징적인 방어 구성을 이룬다.

경계선 성격 구조 내담자의 구조 분석, 즉 내재화된 대상관계 병리에 대한 두 번째 주제에서 필자는 정체성 혼미 증상에 특별한 강조를 두고, 자아와 초자아 발달의 결과뿐만 아니라 이러한 병리의 기원을 추적하였다.

마지막으로 필자는 경계선 내담자는 전성기기적 및 특히 구강기적 공격성이 과도하게 발달되어 있다고 제안한다. 이 공격성은 오이디푸스기적 추구가 너무 빨리 발달되게 이끄는 경향이 있으며, 이러한 결과로 과도한 공격적 욕구의 영향하에서 전성기기와 성기기적 목표의 특정한 병리적 응축이 있다. 이러한 내담자의 전이 패러다임의 독특한 특성을 결정하는 추동적 갈등 구성이 다음에서 논의될 것이다.

이 장에서 필자는 이러한 내담자를 치료하는 데 있어서 어려움을 검토하고, 심리치료 방략에 관한 일반적 제안을 제시하고자 한다. 이러한 제안을 일반적으로 개관하면 다음과 같다.

경계선 성격 구조 내담자는 많은 경우 정신분석 치료에서 일어나는 퇴행을 견뎌 내지 못하는데, 자아가 취약하고 전이 정신병이 발달할 가능성이 있기 때문이며, 뿐만 아니라 전이에서 추동 갈등을 행동화하여 병리적 요구를 만족시키고 이것이 분석이 더 진행되지 못하게 차단하기 때문이다. 표면적으로 반복적인 '훈습' 과정처럼 보이는 것은 실제로는 치료 관계에서 전이의 행동화를 둘러싼 상당히 안정된 반동형성일 뿐이다.

이러한 내담자를 지지적 심리치료로 치료하려는 노력은 종종 실패한다. 이러한 내담자의 방어 구조를 강화하는 지지적 심리치료는 원시적 전이 패러다임이 나타나는 것을 방지하려 노력하고, 내담자가 좀 더 적응적 생활 패턴을 성취하는 것을 돕기 위한 작업 관계를 수립하려고 노력한다. 이러한 접근은 전이에서 퇴행하는 것을 막고, 전이 정신병이 발달하지 않으며, 이전에 언급한 치료적 교착 상태를 피할 수 있다. 하지만 지지적 접근은 종종 실패하는데, 이러한 내담자에서 우세한 특징적 방어들이 작업 관계, 즉 '치료동맹' (Sterba, 1934; Zetzel, 1966)을 수립하는 것을 방해하기 때문이다. 부정적 전이 국면, 특히 잠재적으로 심하게 부정적인 전이 성향은 게다가 이러한 내담자의 병리적 방어를 활성화시키는 경향이 있다. 이러한 접근의 최종 결과는 종종 부정적 전이의 분열, 치료 시간 이외에서의 행동화, 치료 상황에서의 정서적 피상성 등으로 나타난다. 긴 기간 동안 치료적 상호작용에서의 '공허감' 은 이러한 지지적 접근의 결과일 수 있고, 이러한 공허감은 그 자체가 치료적 교착 상태를 야기하는 경향이 있다. 이러한 경우에 치료 시간에 격렬하게 반복되는 전이 행동화 대신에, 내담자가 통합할 수 없는 것처럼 보이는 지지를 치료자가 제공하려고 시도하는 상황이 전개된다.

경계선 성격 구조를 보이는 대부분의 내담자에게 특정 형태의 수정된 분석 절차 내지는 정신분석 심리치료가 적용될 수 있다. 이러한 심리치료는 고전적 정신분석 절차와 다르고, 또한 표현적 및 지지적인 정신분석 지향 심리치료와도 다르다. Eissler(1953)에 의하면 이러한 심리치료 절차는 몇 가지 '기법의 변형(parameters of technique)' 을 정신분석 상황에 도입하는 것으로 기술될 수 있다. 그러나 여기에서 이 기법의 변형은 완전히 해소되어야만 하는 것은 아니다. '기법의 수정(modification of technique)' 이라는 용어가 '기법의 변형' 보다 더 선호되는 것처럼 보이는데, 이러한 수정이 고전적 정신분석이라기보다는 정신분석 심리치료에 상응하는 치료 상황에 도입될 때이다(Frosch와의 개인적 교신).

정신분석 절차에서 제안되는 이러한 수정의 주요 특징은 다음과 같다. ① 외현적 및 잠재적인 부정적 전이를 체계적으로 정교화하되, 그 기초가 되는 발생기원을 완전히 재구성하지는 않는다. 내담자의 대인관계에서 부정적 전이를 체계적으로 검토함으로써 치료적 상호작용에서 명백한 부정적 전이가 '비껴 가게(deflection)' 된다. ② 부정적 전이로 들어가면, 경계선 내담자를 특징짓는 병리적 방어기제를 직면시키고 해석한다. ③ 치료 상황을 분명하게 구조화한다. 이는 치료 자체에서의 전이 행동화를 차단하기 위해 필요한 능동적인 방법이다. 예를 들어, 치료가 수행되는 한계를 수립하고, 치료 시간 내에 허용되는 비언어적 공격성에 단호한 한계를 제공하는 것이다. ④ 병원, 낮병원, 양육원 등과 같이 환경적으로 구조화된 상황을 이용한다. 이는 치료 시간 바깥에서의 행동화가 병리적인 추동적 만족을 주는 만성적으로 안정된 상황을 일으킬 위험이 있는 경우이다. ⑤ 병리적 방어기제가 자아를 약화시키고 현실검증력을 감소시킬 때, 전이와 내담자 생활의 모든 영역에서 이러한 방어기제의 표현에 선택적으로 초점을 둔다. ⑥ 치료동맹의 유지를 위해 긍정적 전이가 드러나는 것을 활용하고, 긍정적 전이를 보호하는 방어에만 부분적으로 직면시킨다. ⑦ 내담자 적응을 방해하는 성적 갈등을 현실적으로 좀 더 적절하게 표현하도록 돕는다. 전성기기적 공격성과 성기기적 요구의 병리적 응축을 통해 성적 갈등이 형성된다. 달리 말하자면 좀 더 성숙한 성기기적 발달의 잠재력을 전성기기적 공격성과의 엉킴으로부터 '자유롭게' 하는 것이다.

2. 문헌 개관

경계선 장애에 관한 논문의 일반적 개관은 제1장에 포함되었다. Knight (1953a, 1953b)와 Stone(1954)은 경계선 장애에 대한 치료 관점에서 가장 포괄적 개관을 제시한다. 문헌에서 제시된 주된 질문은 경계선 장애 내담자가 정신분석으로 치료될 수 있는지 혹은 어떤 형태의 심리치료가 필요한지이다. 이러한 질문과 밀접하게 관련된 것은 무엇이 정신분석이고 무엇이 정신분석이 아닌지에 대한 경계를 짓는 것이다. 예를 들어, 경계선과 정신병 내담자 치료에 중요한 기여를 한 Fromm-Reichmann(1950)은 정신분석적 절차가 이러한 내담자에게 활용될 수 있다고 주장하지만, 그녀는 많은 다른 저자들이 명백히 분석지향적 심리치료로 보는 것에까지 정신분석 개념을 확장하였다.

Gill(1951, 1954)은 고전적 정신분석을 분석지향적 심리치료와 구분하면서, 엄격한 의미의 정신분석은 분석가가 일관적으로 중립적 입장을 고수하는 것이라고 하였다. 그리고 그는 중립성이 자발적 반응은 어떠한 경우라도 억제하는 행동의 경직성을 의미하지는 않는다고 하였다. 그는 정신분석은 퇴행적인 전이 신경증이 충분히 발달되도록 하고, 전이가 해석 기법으로만 해결되어야만 한다고 생각한다. Gill은 반면 분석지향적 심리치료는 중립성을 덜 엄격하게 고수한다고 보았다. 분석지향적 심리치료는 전이 현상과 전이 저항을 인식하지만, 이러한 현상을 다양하게 해석하고, 전이 신경증이 완전히 발달하지 않도록 하며, 해석에만 근거하여 전이를 해결해야 한다고 보지는 않았다.

이러한 제한은 유용하지만 Gill(1954)은 예외가 있다고 보았는데, 정신분석에서는 분석가가 퇴행적 전이 신경증을 '능동적으로 유발' 한다는 것이다. Macalpine(1950)과 일치하게 Gill(1954)은 "분석 상황은 퇴행적 전이 신경증을 유발하기 위해 특별히 고안되었다."라고 하였다. 하지만 분석 상황은 억압된 병리적 아동기 갈등의 출현에 고유한 퇴행적인 것의 발달을 허용한다. 퇴행적이고 유아적 분석 상황에 대한 Macalpine의 기술은 분석 상황에서 전진적 요소를 상당히 무시하였는데, 이러한 요소는 분석가가 내담자의 자료와 독립성을 존중하는 것, 내담자의 성숙 능력과 내담자 스스로 해결책을 찾는 역량에 대해 분석가가 함축적으로 신뢰하고 확신하는 것 등이다.

본 주제로 돌아가서 Gill의 정의는 정신분석 지향적이거나 탐색적인 심리치료와 정신분석을 구분하는 데 매우 유용하다. Eissler(1953)는 이러한 주제에 대해 '기법의 변형' 에서 더 명료화하였다. 이 기법은 심한 자아 손상을 보이는 내담자에게 필요한 분석 상황의 수정을 의미한다. 그는 변형이 필수불가결할 때에만 도입되고 또 분석을 종결하기 전에 해석을 통해 기법의 변형이 저절로 없어지고 불필요하게 되는 것을 허용하는 상황에서만 사용될 때, 그 치료는 여전히 정신분석이라고 주장한다. 실제로 Gill (1954)이 지적하였듯이, 이것은 심리치료를 정신분석으로 바꿀 수 있는 가능성을 포함한다. 정신분석과 기타 관련 심리치료의 구분에 대한 또 다른 명료화는 Stone(1951), Bibring(1954), Wallerstein과 Robbins(1956) 등의 논문에서 찾을 수 있다.

정신분석의 제한에 대한 Gill의 관점에서 보면, 경계선 장애의 치료 문제를 다루는 저자들은 정신분석에서부터 심리치료, 특히 지지적 형태의 심리치료에까지 분포하는 연속선에 놓인다. 이 연속선상의 중간 지점에 있는 저자들은 어떤 내담자는 여전히 정신분석을 받을 필요가 있는 반면에, 어떤 내담자는 표현적 심리치료가 필요하다고 여긴다. 그리고 정신분석과 심리치료를 분명하게 구분하지 않는 사람들도 있다.

경계선 내담자의 치료 문제에 대해 처음으로 상세하게 언급한 논문들은 주로 고전적 정신분석과는 대조되는 지지적 함축을 가지는 수정된 심리치료를 권고하였다. Stern(1938, 1945)은 역사적 자료보다는 전이에 항상 초점을 두고, 치료자에 대한 내담자의 매달림이나 유아적 의존성을 감소시키는 노력을 끊임없이 하면서 표현적 접근을 할 것을 권고하였다. 그는 이러한 내담자에게 아동기의 외상적 관계와 대조되는 새롭고 현실적인 관계가 필요하다고 느낀다. 그는 이러한 내담자에게서 보통의 정신분석 내담자와 유사한 전이 신경증을 수립할 능력이 점차 발달될 수 있다고 생각하였다. 따라서 그는 치료의 후기 단계에서만 정신분석이 시도될 수 있다고 결론짓는다. Schmideberg(1947)는 표현적 심리치료로 불리는 접근을 권고하였고, 이러한 내담자는 고전적 정신분석으로 치료될 수 없다는 견해를 가졌다. 경계선 사례의 심리치료 방략에 대한 Knight(1953a, 1953b)의 중요한 기여는 연속선상의 한 극단인 순전히 지지적인 접근 방향에 기운다. 그는 이러한 내담자는 자아를 강화하는 것이 중요하고 신경증적 방어를 존중해야 한다고 강조한다. 그에 따르면 '깊은 해석'은 위험한데, 이러한 해석이 퇴행을 야기하고, 약한 자아가 이차과정 수준에서 기능을 유지하기가 어렵기 때문이라는 것이다. 그는 이러한 내담자의 전체 치료 프로그램의 일부로, 심리치료 세팅 내에서 그리고 병원과 낮병원의 활용에서 구조의 중요성을 강조하였다.

스펙트럼의 중간에는 Stone(1954), Eissler(1953) 등의 접근이 있다. Stone은 경계선 내담자가 예비적인 심리치료를 받을 필요가 있지만, 적어도 이러한 내담자 중 몇몇은 치료 시작부터 혹은 치료자와 작업 관계를 수립한 이후부터 고전적 정신분석을 받을 수 있다고 생각한다. Stone은 또한 Eissler에 동의하는데, 기법의 변형이 해석을 통해 해결될 수 없을 정도로 전이 왜곡이 심하게 나타나지 않을 때에만 치료 후기 단계에 정신분석이 시도될 수 있다고 보았다. Eissler는 어떤 경우에 치료의 두 번째 단계를 위해 분석가를 바꿀 필요도 있다고 주장하였다. Glover(1955)는 적어도 몇 가지 사례는 정신분석에 '어느 정도 접근 가능'하다고 보았다.

스펙트럼상의 다른 극단에는 소위 영국 정신분석 학파(Bion, 1957; Heimann, 1955b; Little, 1951; Rosenfeld, 1958; Segal, 1964; Winnicott, 1949, 1960)에 상당히 영향을 받은 여러 분석가들이 있다. 이러한 분석가들은 고전적 정신분석 치료가 많은 경계선 내담자에게 시도될 수 있다고 생각한다. 이들은 경계선 성격 구조 내담자의 특징적인 방어 구조와 특정 저항을 더 잘 이해하는 데 중요한 기여를 하였다. 필자는 대부분의 경계선 내담자를 정신분석으로 치료할 수 있다는 일반적 가정에는 동의하지 않지만, 이러한 분석가들의 발견이 경계선 내담자의 전이에 특별히 적용되는 수정된 정신분석 지향적 심리치료를 가능하게 한다고 생각한다. 필자는 여기에서 Little(1958, 1960a, 1960b), Winnicott(1949), Heimann(1955b),

Rosenfeld(1964), Segal(1964)의 연구를 언급할 것이다.

이 장에서 개관된 필자의 치료 제안은 연속선상에서 중간에 위치한다. 필자의 견해로 보면 경계선 성격 구조 내담자 대부분은 고전적 정신분석보다는 수정된 분석 절차나 특정 형태의 표현적 정신분석 심리치료가 적절하다. 이러한 표현적 접근은 부정적 전이를 반영하고 자아 취약성을 유지하는 데 직·간접적으로 기여하는 방어기제를 일관되게 해석하는 것이다. 분명히 정신분석이 적절한 몇몇 경계선 내담자가 있는데, 필자는 어떤 내담자에게 가능한지 밝히고자 한다.

3. 전이와 역전이 특성

경계선 내담자를 치료할 때 생기는 문제 중 한가지 중요한 특징은 전이 정신병의 발달이다. 몇몇 저자는 이러한 전이 퇴행의 특징을 기술하였고, 이 주제에 관한 일반적인 요약은 Wallerstein(1967)의 논문에서 찾을 수 있다.

경계선 성격 구조 내담자 전이의 가장 주된 특징은 서로 각각 해리된 자아 상태의 맥락에서 아주 초기의 갈등적 대상관계의 전이가 너무 일찍 활성화된다는 것이다. 이러한 자아 상태 각각은 충분히 발현된 전이 패러다임을 나타내는 것처럼 보이는데, 내재화된 특정 대상관계 내에서 고도로 발달된 퇴행적 전이 반응이 전이에서 활성화된다. 이것은 전형적인 신경증 내담자의 경우 퇴행이 일어났을 때 내재화된 대상관계가 다소 점진적으로 전개되는 것과는 대조된다. 임상 경험에서 보면, 좀 더 높은 수준의 탈개인화되고 추상적인 초자아 구조가 상당히 결여되어 있고 여러 자율적 자아 구조, 특히 중성화되고 이차적인 자율적 성격 구조도 보이지 않는다. 그러므로 이렇게 퇴행적 자아 상태의 때 이른 활성화는 원시적이고 갈등적인

'신진대사가 되지 않은(nonmetabolized)' 내재화된 대상관계의 병리적 지속을 나타낸다.

이러한 초기 대상관계의 재활성화와 관련되어 나타나는 갈등은 전성기기적 공격성의 과도한 영향하에서 전성기기와 성기기적 목표가 병리적으로 응축된 것이 특징이다. 과도한 전성기기적 공격성, 특히 구강기적 공격성은 투사되는 경향이 있고, 초기 부모(특히 어머니)상의 편집적 왜곡을 결정한다. 임상적 견해에서 보면, 이것이 초기의 심한 좌절이나 어머니 쪽에서의 실제 공격성의 결과인지, 아니면 선천적으로 결정된 과도한 공격적 추동 파생물을 반영하는지, 아니면 공격성의 중화 능력이 부족하거나 선천적으로 결정된 불안 내성이 부족한지는 최종 결과, 즉 초기 부모상의 편집적 왜곡만큼 그리 중요하지 않다. 구강-가학적이고 항문-가학적인 충동의 투사를 통해 어머니를 잠재적으로 위험한 것으로 보고, 이후에 아이가 부모를 '연합 집단(united group)' 으로 경험해서 어머니에 대한 증오는 부모 둘 다에 대한 증오로 확장된다. 원래 어머니에게 투사된 공격성이 아버지상에 '오염(contamination)' 되고 어머니와 아버지를 구분하지 못하는 것은 위험한 아버지-어머니상을 생성한다. 그리고 이후에 모든 성적 관계는 공격성에 의해 위험하고 치명적인 것으로 개념화된다. 동시에 구강기적 분노와 두려움으로부터 도망가기 위해 성기기적 추구로의 '탈출(flight)' 이 일어난다. 이러한 탈출은 종종 실패하는데, 성기기적 추구를 오염시키는 전성기기적 공격성이 강하기 때문이다(Heimann 1955a).

경계선 성격 구조 내담자의 전이는 처음에는 완전히 혼란된 것처럼 보인다. 하지만 앞에서 언급한 갈등의 영향하에 원초적 자기표상과 대상표상을 반영하는 반복적 패턴이 점차 나타나고, 치료에서는 주로 부정적 전이 패러다임으로 나타난다. 경계선 내담자의 특징적 방어기제, 즉 분열, 투사적 동일시, 부인, 원초적 이상화, 전능성은 전이 저항의 수단이 된다. 이러한 방어기제가 자아를 취약하게 하는 효과가 있다는 사실이(제1장), 때 이른 전이 발달을 복잡하게 하는 심각한 퇴행의 핵심적 요인으로 제시되었다.

경계선 내담자의 '자아 취약성(ego weakness)'은 무엇을 의미하나? 자아 취약성을 자아 장벽이 취약하게 구성된 것으로 개념화하고, 자아가 원초아 파생물의 공격을 받을 때 자아가 '부서지거나' '넘치는' 것을 이 장벽이 막을 수 없다고 보는 것은 충분하지 못하다. Hartmann과 동료들(1946), 그리고 Rapaport(1957)는 자아라는 전체 구조가 하위 구조로 분석될 수 있는데, 하위 구조는 특정 기능을 결정하기도 하고, 또 특정 기능에 의해 하위 구조가 결정된다고 하였다. 이들은 자아 취약성이 단순히 이러한 구조의 부재나 취약함으로 개념화되기보다는 '좀 더 낮은' 수준의 자아 구조가 좀 더 높은 수준을 대치한 것을 의미한다고 확신하였다. 경계선 내담자의 자아 취약성의 한 측면은 분열이나 이와 관련된 방어기제가 사용되는 '좀 더 낮은' 자아의 방어 구조로 알 수 있는데, 이것은 신경증에서 억압이나 이와 관련된 '좀 더 높은' 방어기제 주위의 자아 방어 구조와는 대조된다(Kernberg, 1966). 또한 내재화된 대상관계에서 비롯되는 구조들의 정상적 통합의 실패는 정체성 형성과 개별화 과정, 자아와 초자아 기능의 중화와 추상화를 방해한다. 여기서 정상적 통합은 통합된 자기개념, 현실적 대상표상, 이상적 자기와 이상적 대상표상을 자아 이상으로 통합하는 것, 좀 더 현실적인 부모상의 내사와 함께 초자아 전조(forerunner)를 초자아로 통합하는 것 등을 의미한다. 이 모든 것은 갈등과 무관한 자아 국면의 감소에 반영되는데, 임상적으로는 자아 취약성의 '비특정적' 국면이 존재함, 특히 불안 내성의 부족, 충동 통제의 부족, 발달된 승화 채널의 부족으로 드러난다(제1장 참조).

게다가 이러한 내담자에 대한 심리치료적 개입의 관점에서 가장 중요한 점은, 이와 같은 병리적 자아 구조가 있는 내담자는 자신의 자아를 경험하는 부분과 관찰하는 부분으로 분리하는 능력이 부족하고 치료 동맹을 수립하는 능력이 부족하다는 점에서 '비특정적' 자아 취약성이 명백하게 있다는 것이다. 경계선 성격 구조의 역동은 '약한 장벽'으로 인한 자아의 '홍수'라는 은유로 전달되는 것보다 더 복잡한데, '약함'의 아래에는 극단적으로 강하고 경직되며 원시적이고 병리적인 자아 구조가 있기 때문이다.

이제 다시 경계선 성격 구조 내담자의 전이 퇴행이라는 주제로 돌아가자. 일단 치료를 시작했을 때 중요한 탈보상(decompensation) 요인은 위협적이고 부정적인 원초적 전이 반응이 나타나는 것을 더욱 방어하고자 내담자가 노력한다는 것이다. 처음에 자아 취약성에 기여했던 바로 그 방어기제가 강해지며 이 전이 반응이 나타난다. 이러한 점에서 중요한 한 '범인'은 투사적 동일시 기제일 것이다. 투사적 동일시는 Melanie Klein(1946)과 다른 사람들(Heimann, 1955b; Money-Kyrle; 1956, Rosenfeld; 1963, Segal, 1964)이 기술한 투사의 원시적 형태로, 공격적인 자기상과 대상상을 외재화하는 것이다. '공감'이 투사가 일어난 실제 대상한테 유지되고, 이러한 투사로 인해 이제는 두려워진 대상을 통제하려는 노력과 연결된다(제1장과 제2장 참조).

전이에서 이것은 치료자에 대한 강력한 불신과 두려움으로 나타나는데, 내담자는 치료자가 자신을 공격하는 것으로 경험한다. 반면에 내담자는 투사된 강한 공격성과 공감하고, 가학적이고 과도한 방식으로 치료자를 통제하려고 시도한다. 내담자는 자신의 적대감을 부분적으로 자각할 수 있지만, 그는 단순히 치료자의 공격성에 대한 반응이라고 느끼고, 화나고 공격적인 것이 정당하다고 느낀다. 마치 내담자의 삶이 치료자를 통제하에 두는 것에 달려 있는 것처럼 보인다. 동시에 내담자의 공격 행동은 치료자에게 역전이로서 공격적인 느낌과 태도를 유발하는 경향이 있다. 내담자는 자신의 공격적인 부분을 치료자에게 밀어내고, 역전이는 치료자 안에서 내담자의 이런 부분을 나타내는 것처럼 보인다(Money-Kyrle, 1956; Racker, 1957).

상당히 비효율적이고 자기패배적인 방식으로 투사된 것은 '순수한 공격성' 이 아니라 이러한 추동 파생물과 관련된 자기표상이나 대상표상이라는 점이 강조되어야 한다. 원시적 자기표상과 대상표상은 실제로 원시적 대상관계의 기본 단위로 서로 연결되고(Kernberg, 1966), 경계선 내담자에게 특징적으로 나타나는 것은 자기표상과 대상표상 투사의 상황을 빠르게 넘나든다는 것인데, 한 상황에는 내담자가 자기표상을 투사하고 상응하는 대상표상과 동일시하며, 다른 상황에는 내담자가 대상표상을 투사하고 상응하는 자기표상과 동일시한다. 예를 들어, 원시적이고 가학적인 어머니상은 치료자에게 투사되고, 내담자는 자신을 겁에 질리고 공격당하며 공황발작을 하는 어린아이로 경험할 수 있다. 그다음 상황에 내담자는 완고하고 금지적이며 도덕적인 그리고 극단적으로 가학적인 원시적 어머니상으로 자신을 경험하고, 치료자는 죄책감을 느끼고 방어적이며 겁에 질렸지만 반항적인 어린아이로 여겨질 수 있다. 이러한 상황은 '상보적 동일시(complementary identification)' 의 한 예이다(Racker 1957).

이러한 상황에서 위험한 것은, 내담자가 표현하는 강한 공격성의 영향 때문에 전이-역전이 상황의 현실적 측면이 원래 투사된 내재화된 자기상과 대상상의 상호작용이 재구성되는 것과 위험할 정도로 가까워진다는 것이다. 이런 상황에서 악순환이 일어난다. 내담자는 자신의 공격성을 치료자에게 투사하고, 투사된 공격적 추동 파생물 영향하에서 심하게 왜곡된 치료자상을 재내사한다. 그리하여 병리적 초기 대상관계가 영속화된다. Heimann(1955b)은 편집적 방어를 논의하면서 투사적 동일시와 왜곡된 치료자를 재내사하는 이러한 악순환을 예시하였다. Strachey(1934)는 해석 효과의 본질적 측면으로, 특히 초자아 수정과 관련하여 분석가를 정상적 및 병리적으로 내사하는 것에 대한 일반적 주제를 언급하였다. 이것은 '변형적 해석(mutative interpretation)' (Strachey, 1934)이 치료동맹의 수립과 유지에 미치는 영향과 관련된 문제로 이끈다.

앞에서 경계선 성격 구조 내담자에 있어서 자아 취약성의 한 측면은 관찰하는 자아가 상대적으로 부재한 것이라고 하였다. 우리는 이제 이러한 요인이 내담자가 부정적 전이의 영향하에서 과도한 투사 기제로 인해 갖게 되는 치료자에 대한 왜곡에 의해 혼합된다는 것을 덧붙여야 한다. 치료자와 치료동맹을 수립하는 것은 위험하고 강력한 적인 치료자에게 복종하는 것과 같게 되고, 이것은 관찰하는 자아의 활성화 능력을 감소시킨다.

경계선 내담자의 심리치료에 관한 메닝거 재단의 심리치료 프로젝트의 반복된 관찰은 치료자가 잠재적인 부정적 전이로부터 멀리 떨어져 있으려고 할 때, 그리고 그러한 부정적 전이를 부인하는 분위기에서 내담자와 치료적 관계를 수립하려고 시도할 때 상당한 대가를 치러야 한다는 것이다. 이러한 상황에서는 종종 정서적으로 얕은 치료적 관계가 되고, 치료자가 요구한 것으로 경험되는 내담자의 거짓 복종이 있게 된다. 치료자 생각에 내담자가 치료자와 '동일시를 수립' 하거나, 치료자의 '가치 체계를 내재화' 했다고 보지만, 내담자는 정서적으로 거리를 두는 시기 이후에 심한 행동화나 치료의 중단이 있게 된다. 이러한 측면에서 외현적 및 잠재적 부정적 전이의 일관된 무효화(undoing)는 관찰하는 자아를 확장하고 치료동맹을 공고히 하는 데 중요하고 필수적이라고 할 수 있다.

갈등과 무관한 자아 영역을 점진적으로 확장하고 치료를 통해 관찰하는 자아를 확장하는 것은 전이에서 가학적 자기상과 대상상을 투사하고 재내사하는 악순환의 붕괴를 촉진한다. Stratchey(1934)는 변형적 해석을 기술하면서 이러한 해석의 두 단계를 밝혔다. 첫 단계는 내담자의 초자아를 질적으로 수정하는 것이고, 두 번째 단계는 내담자가 자신의 충동을 좀 더 자유롭게 표현하게 하는 것이다. 그리하여 치료자를 원시적 환상 대상으로 보는 내담자 견해와 실제 외부 대상으로서의 분석가 사이의 차이에 대해 분석가가 주의를 기울일 수 있다. Stratchey는 내담자의 초자아 금지가 감소함에 따라 우선 내담자 자신이 좀 더 자유롭게 공격성을 표현하도록 허용해야 한다고 보았다. 그럴 경우에만 내담자는 외부 대상에 대한 자신의 공격성이 과도하고 부적절하다는 것을 자각할 수 있고 자신의 반응의 기원에 대한 통찰을 얻을 수 있다. 그러므로 그러한 공격성을 분석가에게 다시 투사할 필요성이 점차 줄어든다. 필자는 초자아의 수정 단계 및 내담자의 환상 대상과 분석가를 다른 대상으로 구분하는 단계에서 모두 관찰하는 자아가 필요하다는 언급을 덧붙이고 싶다. 그러므로 관찰하는 자아와 투사-내사 순환을 해석하는 것은 서로를 강화하게 된다.

투사적 동일시에 대한 논의는 전이에서 공격적 추동 파생물의 투사와 재내사의 강도가 자아의 관찰하는 기능을 얼마나 방해하는지에 관한 논의로 이끈다. 이러한 방해 자체가 전이 퇴행에 기여한다. 그러나 전이 퇴행에 기여하는 투사적 동일시의 가장 중요한 방식은 자기상과 대상상 투사의 빠른 변동이다. 이러한 빠른 변동은 치료자와의 상호작용에서 내담자의 자아 경계의 안정성을 손상시킨다.

1장과 다른 논문(Kernberg, 1966)에서 필자는 초기의 내사와 동일시의 일부인 자기표상과 대상표상 간 구분에 대해 언급했었다. 이러한 자아 경계의 구분과 관련된 구조 기능이 강조되었다. 정신병에서는 자기상과 대상상의 구분이 충분하게 일어나지 않고, 자아 경계가 상당한 정도로 상실된다. 반면, 경계선 성격 구조를 보이는 내담자에서 이러한 구분은 충분히 일어나고 자아 경계도 더욱 안정적이다. 경계선 내담자는 자기와 외부 대상, 내적 경험과 외적 지각을 구분할 수 있고, 현실검증도 상당한 정도로 유지된다. 경계선 내담자의 이러한 능력은 전이 퇴행에서 상실된다.

자기상과 대상상을 빨리 바꾸어 투사하는 것은 병리적으로 내재화된 초기의 대상관계를 나타내는데, 이것은 치료자와 상호작용하는 내담자의 경험에서 무엇이 '내적' 이고 무엇이 '외적' 인지에 대한 혼동을 야기한다. 내담자는 치료자와 다르다는 어떤 존재감을 항상 유지하지만, 이와 동시에 내담자와 치료자는 각자의 성격을 서로 바꾼다. 이것은 상호작용에서 자아 경계의 상실을 반영하는 위협적인 경험이고, 결과적으로 전이에서 현실검증의 상실이 있다. 전이에서 현실검증의 상실은 환상과 현실, 전이에서 과거와 현재를 구분하는 내담자의 역량을 가장 강력하게 방해하고, 또한 현실적인 인간으로서의 치료자와 투사된 전이 대상을 구분하는 역량을 방해한다. 이러한 상황에서 변형적 해석이 효과적일 가능성은 심하게 위협된다. 임상적으로 이것은 내담자가 다음과 같은 어떤 경험을 할 때 나타나는데, '그래요, 내가 엄마를 보듯이 선생님을 본다는 선생님 말씀이 맞는데, 그건 엄마와 선생님이 정말로 똑같아서 그런 거죠.' 앞에서 언급한 전이 정신병이 도달하는 지점이 바로 여기이다.

이 지점에서 치료자와 전이 대상은 동일하게 되고, 현실검증의 상실로 망상이 발달되며, 심지어는 환각이 전이 반응에 나타날 수도 있다. 치료자는 부모상과 동일시될 수 있는데, 어떤 내담자는 치료자가 자신의 아버지가 되어 자기를 강간하려 한다고 느꼈다. 다른 순간에 치료자는 투사되고 해리된 자기표상과 동일시될 수 있는데, 어떤 내담자는 분석가가 자기 어머니와 관계를 맺었다고 확신하고 그를 죽이겠다고 위협하였다.

'전이 정신병' 은 전이 내에서 현실검증이 상실되고 망상적 자료가 나타나는 경우에 쓰는 용어인데, 치료 세팅 바깥에서의 내담자 기능에는 아주 뚜렷하게 영향을 미치지 않는다. 치료 동안에 다른 정신병적 붕괴와 구분되지 않는 정신병적 탈보상을 보이는 내담자가 있는데, 이것은 치료 상황뿐만 아니라 일반적인 생활에도 영향을 미친다. 전이에서의 퇴행이 이러한 붕괴에 기여하는 것 같지만, 전이 정신병이 항상 이러한 상황에 근거하는지는 의문이다. 오히려 전형적으로 전이 정신병을 보이는 내담자는 치료 시간 내에 망상적 사고와 정신병적이라 할 수 있는 행동이 발달하지만, 치료 시간 밖에서는 이러한 것을 보이지 않는다. 이러한 내담자는 입원이 때로 필요하고, 전이에 한정된 정신병 반응을 더 넓은 의미의 정신병 반응과 구분하기가 상당히 어렵다. 그럼에도 불구하고 많은 경계선 내담자는 이러한 경계가 꽤 용이하고, 심리치료 내에서 이 전이 정신병을 해결하는 것이 종종 가능하다(Holzman & Ekstein, 1959; Little, 1958; Reider, 1957; Romm, 1957; Wallerstein, 1967). 치료 관계 내에서 전이 행동화를 통제하는 것은 매우 중요하다.

치료 관계 내에서의 전이 행동화는 치료 세팅 내에서 전이 반응을 행동화하는 것이다. 어떤 내담자는 자신에 대한 느낌을 성찰하기보다는 전이 퇴행의 일부로 치료자에 대해 행동하는 경향이 있다. 예를 들어, 강한 분노 감정을 언어적으로 표현하고 이러한 분노의 의미와 원천을 성찰하기보다는 치료자에게 소리치고 무례하며, 언어적이기보다는 직접적인 행동으로 자신의 정서를 표현할 수 있다. 이것이 몇 주 또는 몇 달 지속될 수 있다. 물론 이것이 경계선 내담자에 국한된 것은 아니다. 신경증 내담자의 전형적인 분석 치료에서 이런 행동화는 오랜 시간 이후에 심한 퇴행 시점에 일어나고, 해석으로만 해소될 수 있다. 하지만 경계선 내담자에서는 이렇지가 않고, 특히 전이 정신병과 연결되어 있을 때 해석으로 치료 관계 내의 행동화를 다루려는 노력은 실패하게 된다. 이것은 앞서 언급한 투사-내사 순환에 의해 관찰하는 자아가 상실되었기 때문에 그러하며, 자아 경계의 상실 및 현실검증의 상실 때문에 그러하다. 하지만 상당한 정도로 잔인한 전이 행동화는 해석에 상당히 저항하는데, 이것이 또한 이들에게 특징적인 전오이디푸스기의 심한 공격적 추동 파생물과 관련된 추동 욕구를 만족시키기 때문이다. 이것은 주요 전이 저항을 나타내는 추동 욕구의 만족이다. 두 임상 사례를 제시해 보겠다.

입원한 한 경계선 환자는 처음 30분 면접 동안 병원 의사에게 소리를 질러댔고, 그녀의 목소리는 건물 안 모든 곳에서 들렸다. 거의 2주 동안 이러한 행동이 있었던 이후에 의사는 어떠한 심리치료 방법으로도 그녀에게 영향을 줄 수 없다고 느꼈는데, 의사가 면담실을 떠난 직후 그녀를 우연히 관찰하게 되었다. 의사는 여전히 몸을 떨고 있었지만 환자는 완전히 누그러졌고, 그녀가 잘 아는 다른 환자와 이야기할 때 친근하게 미소짓고 있다는 사실을 발견하였다. 병원에 입원하기 전에 환자는 수년간 부모와 심하게 다투었다. 병원에서 이러한 다툼은 의사에게만 집중되었고, 다른 사람들에게는 병원 스태프들이 놀랄 정도로 누그러진 모습을 보였다. 의사를 향한 그녀의 분노 폭발은 입원하기 전 그녀가 할 수 있었던 것을 훨씬 넘어서는 공격 욕구의 만족을 반영하였고, 이러한 만족 자체가 주된 전이 저항으로 기능하였다는 것이 점차 분명해졌다. 이러한 것이 그녀에게 전달되었을 때, 그리고 치료 시간 중 소리 지르고 모욕하는 것을 허용하는 시간을 의사가 제한하였을 때, 치료 시간 밖에서 환자의 불안은 두드러지게 증가하였고, 병원 내에서 그녀의 갈등 패턴이 점차 두드러졌다. 그리고 전이에서의 태도 변화가 두드러졌는데, 이것은 치료에서의 변화를 시사한다.

표현적 심리치료를 받았던 또 다른 내담자는 아주 심하게 화를 내면서 거만한 태도로 자신의 치료 시간을 늘려 줄 것을 요구하였다. 어느 정도 시간이 지난 다음에, 치료자는 내담자가 자신의 탐욕에 대한 죄책감을 감당하기 힘들어하고, 치료자가 자기를 미워하고 경멸한다는 환상의 형태로 이러한 죄책감을 치료자에게 투사했다는 해석을 해 주었다. 또한 치료자를 더 보겠다는 요구가 종종 치료자가 자신을 미워하지 않을까 하는 환상 속의 불신과 의심을 중성화하기 위해 치료자의 애정과 관심을 확인하려는 노력에서 나타났다고 해석해 주었다. 내담자는 이 모든 것을 이해하는 것처럼 보였지만, 자신의 행동을 변화시킬 수는 없었다. 치료자는 내담자의 구강기적 공격성이 이러한 분노발작을 통해 직접적으로 만족되었고, 이러한 발달이 전이의 고착에 기여할 수 있다고 결론지었다. 치료자는 내담자에게 치료 시간을 늘리지 않기로 했다고 말하였고, 동시에 치료 시간 중에 내담자가 자신의 감정 표현 형태와 적절성을 어느 정도 통제하면 치료를 계속하겠다는 조건을 제시하였다. 결국 이러한 기법 수정으로 인해 며칠 내에 뚜렷한 변화가 일어났다. 내담자는 좀 더 성찰적인 태도를 보였고, 결국에는 치료자에게 직접적으로 강렬한 분노를 표현하도록 허용된 것을 통해 자기가 상당한 만족을 얻었다는 사실을 인정할 수 있었다.

이러한 내담자에서 치료 관계에서 전이의 행동화는 이후 변화에 대한 주된 저항이 되고, 행동화를 통제하는 기법 수정이 치료에 도입되어야 한다. 치료자가 기법 수정을 도입할 때, 내담자의 가학적인 자기상과 대상상의 투사와 재내사 악순환에 들어갈 위험이 있다. 치료자는 내담자에게 금지적이고 가학적인 것처럼 보일 수 있다. 이러한 위험은 치료자가 전이 상황을 해석하기 시작하면 약화될 수 있고, 그때 기법 수정의 구조화가 도입되며 수정을 포기하지 않고 전이 상황을 다시 해석한다. 이러한 기법에 대해서는 급성 불안을 다루는 방법을 제시한 Sharpe(1931)의 다른 글에 예시되어 있다.

많은 경우에 치료 관계에서 전이 행동화를 일관적으로 차단하는 것 자체가 전이 정신병을 감소시키고 제한하는 데 충분한 만큼, 이후의 해석적 작업이 그것을 해소하는 데 충분할 것이다. 치료자가 확고한 태도를 취하고 치료 상황에서 구조를 만들고 이를 포기하지 않는다는 바로 그 사실이 내담자에게 자신과 치료자를 구분하게 해 주고, 내담자의 자기표상과 대상표상 투사의 빈번한 '교환'으로 인한 혼동을 무효화하게 해 준다. 또한 이러한 구조는 치료자가 자신의 역전이, 특히 경계선 내담자를 대상으로 집중적인 심리치료를 할 때 발달하는 매우 위험한 만성적인 역전이 반응을 행동화하는 것을 효과적으로 막아 준다(Sutherland와의 개인적 교신).

만성적인 역전이 고착은 분석가와 내담자 관계에서 내담자가 분석가의 안정되고 성숙한 자아 정체성을 파괴하는 데 성공한 결과이다(2장). 내담자와 정서적 접촉을 유지하기 위해 경계선 성격 구조 내담자와 작업하는 분석가는 자기 안에서의 퇴행을 체험해 낼 수 있어야 하는데, 이것은 때로 치료자의 초기 갈등 관계의 잔재를 재활성화할 수 있다. 공격적 충동이 분석가에게 나타나는 경향이 있는데, 분석가는 이를 잘 통제하고 내담자를 더 잘 이해하는 데 활용해야 한다. 이러한 역전이 작업에 가외의 노력이 요구되는 것과 내담자와 정서적 접촉을 유지하려는 노력의 일부로 분석가가 내담자에 대해 관용과 중립성을 지키는 것은 치료자에게 스트레스를 증가시킨다. 동시에 심한 전이 퇴행을 보이는 내담자의 공격적 행동은 상호작용에서 분석가의 자존감과 자기개념을 계속 손상시키고, 또한 분석가의 자아 정체성과 관련된 자아 기능의 통합을 손상시킨다. 그러므로 분석가는 자신에게서 원시적 충동이 올라오는 것과 싸우는 동시에 이러한 충동을 통제하려는 노력의 일부로 내담자를 통제하려는 경향성, 내담자의 적극적 통제 노력에 대해 피학적 방식으로 복종하려는 유혹과도 싸워야 한다(Money-Kyrle, 1956). 이러한 상황에서 병리적이고 이전에 포기되었던 방어적인 기제, 특히 분석가의 신경증적 성격 특성이 재활성화될 수 있고, 내담자와 치료자의 성격 구조는 일부러 맞춘 것처럼 서로 잘 어울리고, 안정되고 풀 수 없는 전이-역전이 묶음으로 서로 맞물린 것처럼 보이게 된다. 기법의 변형 또는 수정을 구조화하고 유지하는 것은 이 지점에서 근본적이고 보호적인 기법적 요구이며, 종종 경계선 내담자의 심리치료 과정에서 상당 기간 동안 유지되어야 한다.

입원의 적합성에 대한 주제는 6장에서 검토되었는데, 다른 식으로는 구조를 제공하는 것이 가능하지 않을 때 입원이 제공된다. 필자는 몇몇 내담자의 경우 전이 행동화를 효과적으로 통제하는 환경 구조를 만들고 유지하는 데 입원이 불가피하다고 강조하였다.

전이 정신병이 또한 과거의 무의식적이고 병인적인 대상관계의 재활성화를 나타내고, 그리하여 내담자 갈등에 대해 더 많은 정보를 제공하는가? 때로 퇴행적 전이 정신병 수준에서 전이 반응의 폭력성과 원시성이 특징인 내담자의 경우 과거 부모상과의 상호작용에서 그 증거를 찾기는 어려워 보인다. 다른 경우에 전이는 실제로 유아기와 아동기에 경험한 매우 외상적인 경험을 반영하는 것처럼 보인다(Frosch와의 개인적 교신; Holzman & Ekstein, 1959). 이러한 내담자의 전이는 관계 그 자체와 위협적 대인관계에서 자신을 구출하기 위해 활성화된 병리적 방어기제뿐만 아니라, 초기의 병인적 대상관계를 수반하는 환상 왜곡에서 기인할 가능성이 상당히 크다. 전이 정신병은 실제 경험의 응축, 환상 속에서 실제 경험의 전반적 정교화, 그리고 실제 경험을 수정하거나 이로부터 멀어지기 위한 노력을 나타낸다(Klein, 1952). 이것은 경계선 내담자의 병리적 방어기제를 다룰 때 기법적 문제들을 가져온다. 전이에 들어갈 때 이러한 병리 기제를 무효화하기 위해 시도되는 해석 작업은 전이 정신병을 해소하는 데 기여하고 자아 강도를 증가시킨다.

치료 관계에서 전이의 행동화 그 자체는 과거의 갈등, 환상, 방어기제, 내재화된 대상관계의 의미 있는 재활성화이기 때문에, 치료자는 반복적 행동화를 이러한 갈등을 훈습하는 증거로 해석하고 싶어진다. 전이 행동화로 표현되는 반복 강박은 전이 관계가 병리적인, 특히 공격적인 요구의 추동 만족을 제공하는 한 훈습으로 여겨질 수는 없다. 몇몇 경계선 내담자는 치료 외적 상호작용에서 가능한 것보다 전이를 통해 병리적 추동 욕구를 더 만족시킬 수 있다. 퇴행적 수준에서 내담자의 행동화는 '절제' 분위기를 유지하려는 치료자의 노력을 넘어선다. 다른 극단에서 전이의 발달이 모두 차단되고, 특히 부정적 전이가 숨어 있는 경직되고 통제된 치료 구조를 유지하는 것은 또한 치료 과정을 난국으로 끌고 가는 것처럼 보이는데, 이것은 검토되지 않은 전이 행동화만큼이나 부정적인 효과를 가진다. 전이에 초점을 두는 것을 조심스럽게 피하는 것으로 이해되는 '순전히 지지적인' 관계는 종종 치료 관계의 만성적인 피상성, 전이 자체로부터 분열된 치료 시간 바깥에서의 행동화, 치료자에 대한 거짓 복종, 수년 동안의 치료에도 불구하고 변화가 없는 것 등을 가져온다. 모든 노력에도 불구하고 전이 퇴행을 체험해 낼 수 없을 뿐만 아니라, 관계를 깨트리지 않으면서 의미 있는 관계를 수립하지 못하는 내담자가 있다. 그럼에도 불구하고 정서적 피상성을 무효화하고, 치료 내에서 진정한 정서적 관여를 할 때 전반적으로 심리치료적 기회가 훨씬 더 낫다. 대가가 크고 과도한 전이 퇴행의 위험을 피하기는 어렵지만, 치료 관계를 조심스럽고 일관적으로 구조화함으로써 많은 사례에서 해결할 수 없는 전이-역전이 관계의 발달을 막는 것이 가능하다.

내담자의 눈에 치료자가 얼마나 '현실적인 사람' 인 것처럼 보일 필요가 있나? 몇몇 저자는 치료자가 '현실적인 사람' 으로 보여 동일시와 초자아 내사의 대상으로 활용할 수 있도록 하는 것이 중요하다고 강조하였다. Gill (1954)은 "… 우리는 심리치료에서 분석의 비지시적 영혼을 충분히 전달하는 데 실패하였다."라고 하였다. '현실적인 사람' 이 의미하는 바가 치료자의 직접적이고 개방적인 개입, 구조와 한계를 제공하는 것, 퇴행적인 역전이 고착에 대한 적극적인 거부라면, 치료자는 진정 현실적인 사람이 되어야 한다. 하지만 '현실적인 사람' 이 의미하는 바가 경계선 내담자의 퇴행적 전이 반응이나 애정, 주의, 보호, 선물에 대한 내담자의 지나친 요구에 대해 객관적이고 전문적인 치료자-내담자 관계가 보장할 수 있는 것을 넘어서는 어떤 것을 '주는' 반응을 해야 한다는 것을 의미한다면, 치료자는 그러한 '현실적인 사람' 이 되는 것을 거부해야 한다. 이러한 내담자의 소위 과도한 '의존 욕구' 는 내담자가 누군가에게 실제로 의존할 수 없다는 것을 반영하는데, 자신과 전이에서 재활성화된 과거의 내재화된 대상상을 상당히 불신하고 증오하기 때문이다. 부정적 전이의 훈습, 내담자 자신의 불신과 증오에 직면하는 것, 그리고 치료자가 현실적으로 제공할 수 있는 것에 의존하는 능력을 불신과 증오가 어떻게 파괴하는지에 직면하는 것은 내담자의 욕구를 더 많이 충족시킨다. 임상 경험에서 반복해서 증명된 것은 치료자가 특정한 한 개인으로서 자신의 생활, 가치, 관심, 내담자에 대한 정서를 공개하는 개입은 거의 도움이 안 된다는 것이다.

상당히 부정적이고 잠재적인 전이 성향이 치료에 방해가 되고 치료 세팅 밖에서 행동화될 때, 내담자가 자신을 치료자와 동일시할 수도 있다는 가정은 상당히 의문시된다. 관찰하는 자아의 발달은 치료자가 자신을 무조건적 친구처럼 여기게 하기보다는 투사적이고 내사적인 과정의 병리적 순환, 전이 왜곡과 행동화, 자아 자체의 관찰하는 부분 등에 함께 초점을 둔 결과인 것처럼 보인다. 이러한 맥락에서 Ekstein과 Wallerstein(1956)이 경계선 아동에게서 관찰한 것은 어른에게도 해당된다.

> 이러한 치료 관계의 유지는 종종 퇴행 내에서 해석을 통해 가능하고, 그리하여 모방적인 외양을 덧붙이기보다는 동일시 과정이라는 새로운 발달의 기초가 놓인다…….

외현적 및 잠재적인 부정적 전이에 체계적으로 초점을 맞추고 분석하는 것은 공격적 추동 파생물의 영향하에 초기의 병리적 자기표상과 대상표상의 투사와 재내사의 악순환을 무효화하는 데 필수적이다. 전이 행동화의 차단과 자아의 관찰 기능에 직접적으로 초점을 두는 것과 함께, 이러한 체계적 분석은 치료에서 변화와 성장에 대한 기본 조건을 나타낸다. 게다가 부정적 전이의 해석은 '지금 여기' 수준에서 멈춰야 하고, 원래의 과거 무의식적 갈등과 그 발생기원에 대해서는 단지 부분적으로만 언급되어야 한다. 동시에 부정적 전이의 표출과 해석은 치료 관계의 바깥에서 내담자의 현재 모든 대인관계 상호작용 영역의 삶에서 부정적 전이가 어떻게 나타나는지를 체계적으로 검토하고 분석함으로써 완료된다.

이러한 주장에 대한 근거는, 전이 반응의 퇴행적 성질이 내담자로 하여금 투사된 전이 대상과 현실적인 사람으로서 치료자를 구분하기 어렵게 만든다는 것이고, 퇴행적 채널을 더 개방함으로써 발생기원적으로 재구성하는 것은 내담자의 현실검증을 더 감소시킬 수 있다는 것이다. 이것은 전이 해석에 내담자의 과거를 이끌어 내서는 안 된다는 것을 의미하지는 않는데, 이러한 경우는 과거가 발생기원적 재구성이라기보다는 내담자의 의식적 기억일 때, 그리고 이것이 과거의 현실적 국면과 전의식적 환상의 왜곡을 반영할 때이다. 때로 내담자가 현재의 치료자를 잘못 지각하는 것과 관련된 과거 경험을 다루는 것은 내담자에게 전이와 현실을 구분하게 도울 수 있다. 해석을 통해 치료의 바깥에서 광범위한 내담자의 상호작용 영역과 의식적 과거를 통합함으로써 부정적 전이를 이차적으로 '비껴 가는' 것은 내담자의 현실검증을 촉진시키고 본질적으로 표현적 심리치료 접근 내에서 상당한 지지를 가져다준다.

경계선 내담자의 '통찰'에 대한 의문이 논의될 수 있다. 불행하게도 몇몇 경계선 내담자에게서 처음에는 '심층적인' 마음 수준이고 무의식적 역동에 대한 통찰인 것처럼 보이는 것이 실제로는 자아 구조의 일반적 퇴행의 일부로서 이미 쉽게 이용 가능한 일차과정 기능의 표현이라는 것이 종종 발견된다. 노력 없이 일어나는 통찰, 내담자의 심리내적 평형에 어떠한 변화도 수반되지 않고, 무엇보다도 자신의 행동이나 경험의 병리적 측면에 대한 관심이 수반되지 않은 통찰은 의문시되는 '통찰'이다. 메닝거 재단의 심리치료 연구 프로젝트의 발견은 통찰의 개념을 제한할 것을 장려하는데, 특히 경계선 내담자에 적용될 때 그러하다. '진정한' 통찰은 자신의 심리적 경험의 깊은 원천에 대한 지적이고 정서적인 이해의 조합이며, 그러한 경험의 병리적 측면을 변화시키려는 관심과 노력이 수반된다.

'긍정적' 및 '부정적' 전이의 구분은 좀 더 자세한 검토가 필요하다. 전이를 긍정적 혹은 부정적인 것으로 분류하는 것은 상당한 과잉단순화이다. 전이는 대개 양가적이고, 무엇이 긍정적이고 부정적인지 그리고 무엇이 리비도적으로 파생되었고 공격적으로 파생되었는지를 말하기 어려운 다양한 국면이 있다. 경계선 내담자는 전이의 부정적 측면과 긍정적 측면을 해리시키는 경향이 있고, 외견상 '순전히' 긍정적이거나 '순전히' 부정적인 전이를 생성하는 경향이 있다. 이러한 경우에 분열 기제 작동의 한 예인 인위적 분리를 무효화하는 것이 중요하다. 부정적 전이의 일관적 훈습에 대한 강조가 전이 반응의 긍정적 측면의 무시를 의미하는 것으로 이해하는 것은 잘못된 것이다. 이와 반대로 부정적 전이뿐만 아니라 긍정적인 전이에 대한 강조는 공격적 추동 파생물의 영향하에서 왜곡된 자기상과 대상상을 감소시키는데, 그리고 자신의 '절대적' 나쁨에 대한 두려움을 감소시키는 데 필수적이다. 그러므로 전이의 긍정적 측면은 부정적 전이 측면의 표출과 함께 부각되어야 한다. 공격적, 리비도적 추등의 발생기원적 함의를 해석하지 않고, 부정적 전이 측면뿐만 아니라 지금 여기에서의 긍정적 측면을 다루는 것은 중요하다(Ticho와의 개인적 교신). 동시에 내담자에게 가용한 긍정적 전이 성향의 좋은 부분은 이후 치료동맹 발달의 기초로서, 그리고 관찰하는 자아의 궁극적 성장에 대한 기초로서 적절히 통제된 표현으로 남아 있어야 한다(Schlesinger, 1966).

4. 특정 방어기제에 대한 심리치료적 접근

필자는 앞에서(Kernberg, 1966, 제1장) 경계선 내담자에 특징적인 분열 기제와 이와 관련된 다른 기제(원시적 이상화, 투사적 동일시, 부인, 전능성)에 대해 언급하였다. 여기에서는 임상적 견해에 국한해서 어떻게 이러한 방어기제를 보는지를 기술하고, 이것을 다루는 심리치료적 접근을 제시하려고 한다.

1) 분 열

여기에서 '분열(splitting)'은 제한적이고 한정된 의미에서 사용된다는 점을 다시 한 번 강조할 필요가 있는데, 이것은 반대되는 성질을 가진 내사와 동일시들이 분리되어 유지되는 능동적 과정에만 국한된다. 그리고 이러한 용어의 사용은 다른 저자들이 좀 더 광범위하게 사용하는 것과는 구분되어야 한다. 분열이 어떻게 나타나는지는 한 임상 예로 제시될 수 있다.

내담자는 30대 후반의 독신녀였는데, 알코올과 약물 중독으로 입원하였다. 그녀는 초기에 반항을 보인 시기 이후에 뚜렷하게 일정한 진전을 나타내는 것처럼 보였다. 그녀는 병원에서 퇴원하기 몇 개월 전에 심리치료를 시작하였고, 외래에서 심리치료를 지속하였다. 이전의 와해된 인생과 일과는 대조적으로, 그녀는 병원 밖에서의 일과 사회관계에 잘 적응하는 것처럼 보였다. 그녀는 여러 관계를 맺었지만 모두 수개월 동안만 지속되었고, 자신을 이용하는 것처럼 보이는 사람에게 상당히 피학적 태도를 취하며 관계를 가졌다. 치료 관계는 피상적이었다. 내담자는 형식적으로 우호적이었다. 일반적인 '공허' 감은 강한 의심을 감추는 것처럼 보였다. 그녀는 이를 단호히 부인하였는데, 나중에야 심리치료자가 아니라 이전의 병원 의사에게 인정하였다. 수개월 동안의 완전한 절제 이후에, 그녀는 술을 마셨고 상당히 우울해졌으며 자살 생각을 하였다. 그리고 재입원해야만 했었다. 어떤 시점에서도 무엇이 진행되는지에 대해 그녀는 치료자가 알 수 없게 하였고, 치료자는 그녀가 병원에 입원한 이후에야 이러한 진행에 대해 알 수 있었다. 다시 퇴원한 이후에, 그녀는 전이에 관한 함축된 모든 의미와 알코올 일화에 관련된 모든 정서적 의미를 부인하였다. 그녀가 취해 있을 동안에 강한 분노와 우울 정서가 있었지만, 자신의 일부로 관련지어 느끼지 않았고 단순히 자기 것이 아니라는 느낌을 반복해서 표현하였으며, 그러한 일화가 다시 일어날 가능성에 대해 보지 않으려고 했다는 점은 유념해야 할 것이다.

이것은 치료자 쪽에서 수개월 이상에 걸친 기나긴 노력의 시작을 의미하였다. 일상의 '공허하고' '우호적이지만' 거리를 두는 내담자의 태도가 알코올 중독 위기 동안의 정서적 변화와, 특히 치료자에게 그러한 위기를 숨기려는 것과 함께 있었다. 몇 달 동안 뚜렷하게 좀 더 적응적인 행동과 좋은 기능을 보이면서 이러한 일화가 두 번 이상 일어난 이후에야 비로소 내담자는 치료자를, 더 거부적이고 공격적인 어머니로부터 그녀를 구원해 주는 것을 거절한 냉담하고 거리를 두며 적대적인 아버지로 경험하고 있다는 것이 명백해졌다. 어떤 시점에서 내담자는 어린 시절에 상당히 위험한 것으로 나중에 확인된 병으로 고통받으면서, 활동적인 사회생활을 방해받고 싶지 않았던 어머니에 의해 어떻게 집에 방치되었는지에 대해 치료자에게 정서적으로 강렬하게 이야기하였다. 내담자는 심리치료자-아버지에게 얼마나 그가 필요하고 그를 사랑했는지 실제로 표현했다면, 그녀는 그렇게 오랫동안 좌절되었던 분노만큼 강렬한 강도로 그를 파괴시켰을 것이라고 느꼈다. 그녀가 느꼈던 것을 억제하기 위한 해결책은 치료자와 거리를 둔 우호적 관계가 가장 가능한 것이었다. 반면에 애정에 대한 추구를 분열시키고, 사랑하지 않는 남자에 대한 피학적 복종을 통해 가학적 아버지 표상에 대해 복종하였으며, 치료자와 남자친구 둘 다에게 정서적으로 분노와 우울이 완전히 해리된 알코올 일화를 통해 아버지에게 반항을 하였다.

전이 관계에 이러한 모든 자료를 가져오려는 노력은 내담자의 불안을 증가시켰다. 그녀는 심리치료자를 더욱 신뢰하지 못하고 화를 내었으며, 과도한 알코올 섭취와 연합되어 남자와 혼란스럽게 관여되는 이전 음주 패턴으로 되돌아갔으며, 심리치료로 이러한 행동화를 다루려는 모든 노력이 실패하였다. 결정은 그녀를 재입원시키는 것이었다. 피상적 견해에서 보면 내담자는 심리치료 초기에 꽤 괜찮았지만 이제는 많이 나빠진 것처럼 보였다. 그럼에도 불구하고 심리치료자는 처음으로 '진짜' 사람을 다룬다는 신념이 있었다. 그는 필요한 만큼 입원 치료와 함께 심리치료를 지속시켜서 결국 위에서 개관한 안정되고 기본적인 전이 패러다임을 극복하도록 돕기를 희망하였다.

이러한 사례는 분열 기제의 강력한 우세, 좀 더 원시적이고 부정적인 것이 우세한 전이의 출현에 반하는 분열 기제의 방어적 기능, 그 결과 치료적 상호작용의 피상성과 인위성이 명백함을 예시한다. 이 내담자에게서 치료동맹은 분열 기제가 충분히 극복되기 전에는 수립될 수 없었다. 내담자가 '구획화(compartmentalized)'를 유지하는 데 적극적으로 참여하는 것을 일관적으로 해석하는 것만이 마침내 안정되고 병리적인 평형을 변화시킬 수 있었다. 독립적으로 표현된 갈등적 자아 상태를 연결하기 위해 일관된 노력이 있어야 하고, 이러한 해리를 보호하는 이차적 방어를 찾아서 치료에서 표현되어야 했다. 이러한 내담자는 무의식적이고 억압된 자료를 찾는 것이 중요하지 않고 겉보기에 정서적으로 독립적인 것처럼 보이지만, 능동적으로 변하는 두 가지 이상의 자아 상태를 연결하고 통합하는 것이 중요하다.

2) 원시적 이상화

원시적 이상화(1장)는 치료에서 극단적으로 비현실적이고 원초적인 형태의 이상화로 나타난다. 이러한 이상화의 주기능은 내담자가 부정적 전이 성향을 치료자에게 투사하는 것을 보호하는 것처럼 보인다. 치료자에게 원초적이고 '좋기만 한' 자기표상과 대상표상의 투사가 있고, 동시에 내담자의 '나쁜' 자기표상과 대상표상에 의해 이러한 '좋은' 이미지가 오염되는 것을 막기 위한 노력이 있다.

한 내담자에 의하면, 그는 치료자가 태어난 나라의 '지적 우월성'과 내담자가 오랫동안 살았던 다른 나라의 '정서적 자유'를 가장 잘 통합하는 심리치료자를 경험하는 대단한 행운을 가졌다고 생각하였다. 표면적으로 내담자는 그러한 '이상적' 치료자에게 매달리는 관계로 안심하는 것처럼 보였고, 치료자와의 마술적 결합을 통해 냉담하고 거부적이며 적대적인 환경으로 경험된 것으로부터 보호되었다. 내담자는 오래지 않아서 지속적으로 상당히 애를 쓰는 자기 기만과 자기에 대해 치료자를 속이는 것으로만 치료자와 좋은 관계를 유지할 수 있었다는 것을 느끼게 되었다. 내담자가 치료자에 대해 어떻게 느끼는지를 치료자가 정말로 알게 되면, 치료자는 내담자를 받아들일 수 없고 미워하고 무시하게 될 것이다. 이것은 치료자를 과도하게 이상화하고 요구하는 것과는 대조적으로 치료자를 좋은 초자아 내사로서 활용하는 가능성과 관련하여 과도한 이상화의 해로운 효과를 예시한다. 나중에 이러한 이상화는 치료자를 평가절하하고 무시하는 것에 대한 방어로 발달하였다는 것이 밝혀졌는데, 치료자를 공허하고 거드름 피우며, 과도하게 비판적이고 관습적인 부모상으로 여겼던 것이다.

이러한 내담자가 치료자에게 부여하는 이상화의 비현실적인 특성을 몇 마디로 전달하기는 어려운데, 이것은 보통 신경증 내담자에게서 볼 수 있는 덜 퇴행적인 이상화로 인한 전이와는 질적으로 상당히 다르다. 이러한 독특한 형태의 이상화는 자기애성 성격 구조에서 중요한 방어로 기술되었다(Kohut, 1968; Rosenfeld, 1964). 성격 구조에서 강한 자기애성 특성을 보이는 심리치료자는 때로 내담자와 일종의 마술적이고 상호적인 감탄으로 쉽게 이끌 수 있고, 이러한 방어기제가 현실적 치료동맹의 수립을 얼마나 효과적으로 손상시키는지를 쓰라린 실망을 통해 배워야 할 것이다. 긍정적인 느낌이 이러한 이상화의 일부라는 것을 여전히 인식하면서도, 이상화를 확고하게 무효화시키는 것, 전이 왜곡의 비현실적 측면에 계속해서 내담자를 직면시키는 것은 매우 어려운 과제인데, 이상화 이면에는 종종 편집적 두려움과 전이 대상에 대한 상당히 직접적이고 원시적인 공격성이 있기 때문이다.

3) 투사의 초기 형태, 특히 투사적 동일시

투사적 동일시는 경계선 성격 구조 내담자의 전이 현현에서 중심이 된다. Heimann(1955b)과 Rosenfeld(1963)는 이러한 방어기제가 임상적으로 어떻게 나타나는지를 기술한다.

이미 두 치료자에게 치료를 중단한 적이 있는 한 내담자는 세 번째 치료자에게 안정될 수 있었다. 앞의 두 치료에서 그녀는 단단하고 거의 망상적 투사에 가까운 공격성 가운데 있었고, 세 번째 치료자에게는 몇 달 넘도록 치료자가 거의 완전히 꼼짝하지 못하는 입장에 있도록 하였다. 치료자는 질문을 하는 데에도 매우 조심해야만 했었다. 내담자는 단지 눈썹을 올리는 것으로 질문이 달갑지 않다는 것을 표시하였고, 그러면 치료자는 주제를 바꾸어야만 했었다. 내담자는 자신의 삶의 주제에 대해 완전히 비밀을 유지하고 소통되지 않을 수 있는 권리를 가졌다고 생각하였다. 그녀는 표면적으로는 치료 상황을 일종의 마술적 의례처럼 이용하였고, 뚜렷하게 좀 더 깊은 수준에서 자신의 공격성을 투사한 전이 대상을 가학적으로 통제하려는 요구를 행동화하였다.

전이 대상을 완전히 가학적으로 통제하려는 내담자의 욕구와 관련된 치료 시간 내에서의 행동화는 수정될 수 없었다. 내담자의 행동화에 제한을 가하려는 시도나 그녀의 행동에 어떤 함의가 있는지를 직면시키려는 치료자의 시도는 단지 내담자에게 분노발작을 일으키고 치료를 중단하게 할 것이라고 치료자는 생각하였다.

이러한 종류의 행동화로 심리치료를 시작하는 내담자 그리고 치료자에게 비현실적인 요구에 맞닥뜨리게 하거나 치료의 지속이 위협될 정도로 치료 상황을 왜곡하려고 시도하는 내담자에게 어떻게 대처해야 하는지에 대한 의문이 제기된다. 어떤 치료자는 이후에 치료 관계가 수립되었을 때 내담자의 행동화가 점차 통제되기를 희망하면서, 내담자의 비현실적 요구에 도전하지 않고 치료를 시작하게 허용하는 것은 장점이 될 수 있다고 본다. 이러한 일련의 사례를 장기적으로 관찰한 관점에서 보면, 비현실적 조건에서는 심리치료를 시도하지 않는 것이 바람직해 보인다. 만약에 내담자의 때 이른 행동화를 통제하려는 치료자의 시도가 심리치료를 중단시킬 수 있다고 염려되면 입원의 필요성이 고려되어야 하고, 이에 대해 내담자와 논의해야 한다. 입원 치료가 필요한 경우는 심리치료 방법만으로는 퇴행적 전이 행동화를 다룰 수 없는 내담자와의 초기 심리치료 관계를 보호하려 할 때, 그리고 병리적 방어기제를 보이는 내담자를 직면시키는 것이 과도한 퇴행을 유발할 위험이 있는 경우이다. 이러한 상황에서 입원은 보호적 기능뿐만 아니라 진단적 기능도 하며, 심리치료를 하지 않아도 병원 밖에서 계속 기능할 수 있는 내담자도 고려할 수 있어야 한다. 만약 심리치료가 적합한 경우이지만 때 이른 행동화로 인해 심리치료가 비현실적으로 제한되면, 내담자에게는 스트레스가 되지만 심리치료를 하기보다 입원 치료가 더 선호된다. 동일한 병리에 의해 분명한 구조화가 요구되는 심리치료에서 필수적인 구조화가 방해되기 때문이다.

투사적 동일시는 치료 시작부터 비현실적 내담자-치료자 관계를 창출하는 주된 범인이다. 전이에서 내담자가 적대적으로 맹공격을 하고 결국에는 치료자를 역공격으로 반응하게 만드는 잔인한 노력, 치료자를 통제하려는 내담자의 가학적 노력은 치료를 마비시키는 결과를 일으킬 수 있다. 이러한 경우 치료 세팅 내의 확고한 구조, 전이 행동화의 일관된 차단, 그리고 가장 단순하게 말하자면 만성적이고 해결할 수 없는 상황으로부터 치료자를 보호하는 것이 요구된다는 사실은 이미 제안한 바 있다. 투사 기제를 감소시키기 위한 일관된 명료화 및 해석과 이러한 확고한 구조를 결합시키는 것은 힘든 과제이다.

4) 부 인

우리가 고려하고 있는 내담자에게서, 부인(denial)은 내담자의 주관적 경험 영역이나 외부 세계 영역에 대한 단순한 무시로 나타날 수 있다. 내담자는 압박을 받을 때 부인된 영역이 자각되는 것을 인식할 수 있지만, 다른 정서 경험과 이것을 통합할 수 없다. 부인 기제를 진단하기는 비교적 쉬운

데, 이것이 야기하는 유별난 현실검증의 상실 때문이다. 내담자는 꽤 다급하고 압박이 되는 현실 국면에 대해 전혀 모르는 것처럼 행동한다.

졸업 및 졸업 이후의 직업과 관련된 논문이 마감 기한에 걸린 한 내담자는 마감 기한 전 2주간 심리치료 회기 동안에 논문 관련 주제를 단순히 빠트렸다. 그는 논문을 검토하는 위원회 구성원에 대한 두려움과 공격성을 심리치료자에게 이야기한 적이 있었는데, 여기에서 그의 부인 방어는 차별받는 것에 대한 편집적 두려움으로부터, 그리고 공식적인 자리에서 자기에게 창피를 주려고 하는 선생님으로부터 자기를 보호하는 데 기여하였다. 치료자는 내담자에게 논문을 끝내는 것에 대한 관심이 부족하고, 논문을 완성시키려는 노력이 부족하다고 반복해서 직면시켰다. 이러한 무시에 관한 무의식적 함의를 해석하면서, 치료자는 실제로 논문을 완성하는 것을 방해하는 많은 방식에 대해 탐색시키고 직면시켰다.

부인 방어는 전이에서 매우 복잡한 형태로 일어날 수 있는데, 전이 욕구를 만족시키기 위해 치료 상황의 현실적 국면을 방어적으로 부인하는 것 등이다.

한 내담자는 자신의 유혹적인 시도에 반응하지 않는 분석가에게 화가 난 것을 극복하려는 시도에서, 분석가가 그녀를 유혹하려는 숨은 의도가 있다는 환상을 갖게 되었다. 그러한 환상은 그녀가 분석가와 성적으로 친밀해지고 싶다는 소망을 복종적이고 무방비적으로 표현한 직후에 생겨났다. 어떤 시점에서 이 환상은 아버지와 분석가에 의해 강간당하는 것을 실제로 즐기는 환상으로 변하였고, 한때 분석가가 실제로 자기의 아버지였고, 가학적으로 그녀를 강간하였으며, 이것이 재앙을 일으켰다는 강한 신념과 함께 상당한 불안이 생겨났다. 이러한 전이 발달에 대한 몇 가지 함의 중에, 그녀의 성적인 제안에 대해 분석가가 반응을 보이지 않았다는 현실과 이와 관련된 분노를 부인하려는 욕구가 두드러졌다. 분석가는 그녀에게 다음과 같은 사실을 지적하였는데, 그녀의 한 부분은 분석가가 그녀의 아버지가 아니고 그녀를 강간하려고 하지 않았다는 사실을 잘 알고 있었으며, 이러한 환상이 위협적인 것은 그만큼 그녀의 성적 요구에 반응하지 않는 분석가에 대한 분노를 여전히 부인한다는 것이다. 분석가의 언급에서 오이디푸스적 함의는 잠시 배제되었다. 내담자는 거의 즉각적으로 긴장을 풀었으며, 이 시점에서 분석가는 그녀가 약혼자와 친밀한 관계를 맺는 것을 꺼리는 이유에 대한 언급을 하였다. 즉, 그녀가 약혼자에게 비현실적으로 화가 나서 요구할 경우 이것이 성적으로 즐기는 것을 방해할지도 모른다는 두려움 때문에, 그리고 자신의 분노를 약혼자에게 투사해서 실제의 친밀감을 가학적 강간 위협으로 바꾸어 버릴지 모르기 때문이라는 것이었다. 이러한 언급은 현실뿐만 아니라 공격적 충동의 부인에 대해 그녀를 더욱 통찰하게 하는 길을 터 주었다.

마지막 예는 경계선 내담자에게 두드러진 병리적 방어의 일관된 훈습이 이루어지는 것을 예시한다. 이러한 방어의 훈습은 현실검증을 증가시키고 퇴행을 유도하기보다는 자아의 강화를 가져온다. 이러한 예는 또한 전이 해석의 부분적 성질을 예시하고 치료 관계 밖으로 전이가 비껴 가는 것을 예시한다.

때로 내담자는 전이의 긍정적 측면을 부인할 필요가 있는데, 긍정적 느낌의 표현을 하면 위험하게 치료자와 가까워질지도 모른다는 두려움 때문이다. 내담자는 이러한 과도한 친밀감이 그를 향한 치료자의 (투사된) 공격성뿐만 아니라 전이에서 그의 공격성을 자유롭게 할 것이라는 사실을 두려워한다. Schlesinger(1966)는 이렇게 독특한 부인 기제의 사용을 예시하면서 긍정적 전이 반응 영역에서 부인 방어가 존중되어야 한다고 주장하였는데, 이것이 내담자에게 치료자와 적절한 거리를 유지하는 것을 허용하기 때문이다.

5) 전능과 평가절하

전능과 평가절하라는 밀접하게 관련된 두 방어기제는 과도하게 이상화된 자기표상과 대상표상 및 자아 이상의 원시적 형태에 대한 내담자의 동일시를 말하는데, 이것은 위협적인 요구와 타인의 관여에 대한 보호이다. 이러한 '자기-이상화'는 대개 전능이라는 마술적 환상을 의미하는데, 이것은 받을 권리가 있는 모든 만족을 결국에는 내담자가 다 받을 것이고 좌절, 질병, 죽음이나 시간의 흐름이 자신을 건드릴 수 없다는 확신이다. 이러한 환상의 귀결은 타인을 평가절하하고, 치료자를 포함한 타인에 대한 내담자 자신의 우월성을 확신하는 것이다. 이러한 마술적 전능을 치료자에게 투사하는 것, 그리고 전능한 치료자와 마술적으로 결합하는 느낌이나 복종은 이러한 방어기제가 일어날 수 있는 다른 형태이다.

이 방어기제는 앞에서 언급한 원시적 이상화와 실제로 관련된다. 경계선 내담자에 특징적인 방어기제를 완전히 분리된 형태로 분류하는 것은 이러한 내담자의 기능을 명료화할 수 있지만 이 주제를 과도하게 단순화시킬 수 있다. 이러한 모든 방어기제는 복잡하게 서로 얽혀 있고, 다양한 조합을 보인다.

한 내담자는 상당히 뚱뚱하였고 사회적 상호작용에서 강한 불안정감을 느꼈다. 그녀는 자신이 원하는 모든 것을 먹을 권리가 있고, 외적인 형태가 어떻든지 간에 그녀는 여전히 칭찬받고 소중히 여겨지며, 사랑받기를 기대할 권리가 있다는 깊은 확신을 가지고 있다는 것을 마침내 자각하게 되었다. 그녀는 뚱뚱한 것이 남성을 매혹시키는 능력을 감소시킬 수 있다는 인식을 단지 빈말로만 하였고, 이러한 고려가 현실적으로 스트레스가 되면 치료자에게 매우 화를 내었다. 내담자는 치료자와 어떤 시간에도 약속을 할 수 있고, 대기실에 있는 잡지를 집에 가져갈 수 있으며, 집기 위에 담뱃재를 남기는 것에 전혀 주의할 필요가 없다는 억측을 하면서 심리치료를 시작하였다. 이러한 모든 행동의 함의가 그녀에게 처음 지적되었을 때, 그녀는 치료자의 '지각' 에 인정하듯이 미소를 지었지만, 어떤 변화도 일어나지 않았다. 치료자가 참을 수 있는 명확한 한계가 있다는 것을 그녀에게 매우 분명하게 한 이후에, 그녀는 상당히 화를 내기 시작했고, 자신이 위대하다는 느낌을 보완했던 치료자를 끌어내리는 생각을 더욱 노골적으로 표현하였다. 이 내담자의 의식적 경험은 사회적 불안정감과 열등감이었다. 기저의 전능감은 상당히 오랫동안 무의식적으로 남아 있었다.

5. 추동의 운명과 치료 방략

경계선 성격 구조 내담자의 추동 발달에서 두드러진 특징은 전성기기적 추동, 특히 구강기적 공격성이 과도하게 발달하고, 과도한 공격 욕구의 영향하에 전성기기와 성기기 목표의 특정한 병리적 응축이 있다는 것이다. 이러한 추동 발달은 경계선 내담자에 대한 치료적 접근과 직접적 연관성을 가진다. 파괴적이고 자기파괴적인 추동을 드러내는 가운데에 성장과 발달의 숨겨진 잠재력이 있고, 표면적으로는 파괴적이고 자기파괴적인 성적 행동처럼 보이는 것이 이후의 리비도 발달과 심화되는 대인관계의 뿌리를 담고 있을 가능성에 대해 치료자는 특히 기억해야 한다.

정신분석 이론과 실제의 함의와 관련하여 전형적으로 잘못된 이해로 성적 활동 그 자체가 치료적 요인이라는 가정을 한 때가 있었다. 우리는 이러한 잘못된 이해로부터 멀어져 상당한 진전을 하였고, 종종 표면적으로 성적 활동처럼 보이는 것이 실제로 공격적이고 전성기기적 목표에 기여한다는 것을 배우게 되었다. 경계선 성격 구조 내담자 경우, 자신의 억제된 성적 지향을 극복하려는 노력을 인식하지 않고 단지 전성기기적 파괴적 목표만 보려는 정반대의 위험은 빈번하게 나타나는 임상적 문제이다.

성적으로 문란한 경향이 있는 한 젊은 이혼녀는, 수년 동안의 와해된 행동에 뒤이은 정신병적 퇴행 이후에 입원하였는데, 병원에서 남자 환자와 접촉이 금지되었다. 가끔 관찰되지 않은 몇 분 동안도 그녀는 낯선 다른 환자와 충동적으로 성교하기에는 충분한 시간이었다. 여러 달 동안 이 환자는 규칙적으로 통제되었고, 치료 회기에서 병원 의사는 그녀 행동의 함의를 '충동 통제의 부족' 과 '부적절한 행동' 으로만 논의하였다. 새로운 병원 의사가 그녀의 성적 행동의 함의를 더 평가하려고 시도했을 때 그녀의 성적 행동이 깊은 피학적 함의가 있다는 것을 이끌어 내었는데, 이것은 매춘부가 되는 환상의 행동화를 나타내었다. 병원 의사는 모든 성적 자유가 매춘을 의미하지는 않는다는 입장을 취하였다. 그녀와 이 주제에 대해 토론하였을 때 환자는 치료자가 '비도덕적' 이라고 말하면서 화를 내었고, 치료자가 제한을 풀었을 때 그녀는 매우 불안해하고 그에게 화를 내었다. 그녀는 도발적으로 몇몇 다른 환자와 성적으로 관여하였고, 이 모든 것에 대해 병원 의사는 직면시켰는데, 피학적 환상과 매춘부가 되는 패턴에 대해서, 그리고 금지적이고 결합된 부모상을 나타내는 원시적이고 가학적인 초자아에 복종하는 것의 함의에 대해서였다. 그녀는 결국 한 환자와 좋은 관계를 수립할 수 있었고, 사랑에 빠졌으며, 2년 동안 관계가 지속되었다. 그리고 결국은 결혼을 계획하였다. 2년 동안의 후반부에 그들은 성관계를 가졌는데, 그녀 인생에서 처음으로 한 사람을 향한 성적 느낌뿐 아니라 다정함을 가질 수 있었으며, 이전의 행동과는 대조되게 임신이 되지 않도록 조심하였다.

병리적인 성적 행동 안에 있는 정상적이고 진보적 경향을 전성기기적 목표에서 분리시키는 것은 말처럼 쉬운 것은 아니다. 이것은 이런 내담자와 작업하는 심리치료자에게 지속적 관심사가 되어야 한다.

6. 치료 방법에 대한 부가적 언급

이러한 특정 형태의 표현적이고 정신분석 지향적 심리치료는 고전적 정신분석과는 다른 치료 접근이다. 여기에서는 전이 신경증이 완전히 발달되는 것을 허용하지 않고, 해석만으로 전이가 해소되지 않는다. 이것은 무의식적 요인이 고려되고, 특히 부정적 전이와 병리적 방어를 일관되게 작업하는 데 초점을 둔다는 점에서 표현적 심리치료 접근이다. 기법의 변형이나 기법의 수정이 전이 행동화를 통제하는 데 필요할 때 사용된다. 이러한 변형 중에 몇 가지는 치료 과정 중에 해소되지만 모두를 그렇게 하는 것은 가능하지도 않을 뿐만 아니라 바람직하지도 않다. 또한 이 접근에는 분명히 지지적 요소의 함의가 있다. 우선 치료 상황의 조정인데, 치료자는 필요한 구조화의 일부로 이것을 수행해야 한다. 치료 빈도, 시간 밖에서의 접촉에 대한 허용 내지는 제한, 내담자가 자신을 표현하는 데에서의 제한, 이 모든 것이 치료에서 요구되는 것으로서 변화될 수 있는 요인의 예로 볼 수 있다. 두 번째로 치료자의 의사소통에서 현실의 명료화가 중요한 영역을 차지한다. 그리고 이러한 상황에서 직접적 제안과 함축적 충고를 주는 것을 피하기는 어렵다.

치료자는 가능한 한 중립적으로 남아 있으려고 노력해야 하는데, 여기에서 중립성은 비활동성을 의미하지는 않으며, 특정 정도의 활동을 넘어서 치료자가 여전히 중립적인지 아닌지의 문제는 진부하게 되었다. 일반적으로 이러한 종류의 치료는 현실적 측면을 강조하기 위해 대면 상황을 선호하지만, 카우치에 눕거나 혹은 치료자 앞에 앉는 것 그 자체가 마술적인 것은 아니다. 카우치에서 수행되는 치료 중 정신분석이라기보다는 사실상 정신분석적 심리치료도 있다.

자아 강화를 목표로 하는 것은 표현적이고 정신분석 지향적 치료에서 항상 있어 왔다. 경계선 성격 구조에 특징적인 병리적 방어의 혼습을 통해 억압 및 기타 좀 더 높은 수준의 자아 조직화와 관련된 방어가 좀 더 낮은 수준의 자아 취약적이고 병리적인 방어를 대체하도록 한다. 이것은 그 자체로 자아를 강화한다. 갈등 해소는 부분적이지만, 때로 이러한 종류의 치료적 접근으로 많은 것들이 달성될 수 있다.

한 가지 매우 중요한 마지막 질문이 남아 있다. 치료 초기부터 이러한 내담자가 분석이 가능한가 아니면 일종의 예비 심리치료 기간 후에 가능한가? 이와 관련된 견해 차이는 앞서 문헌 개관에서 언급되었다. 경계선 성격 구조를 보이는 많은 사람 중 어떤 내담자는 표현적이고 정신분석 지향적 치료 접근에서 별다른 이득을 얻지 못한다고 필자는 제안한다. 그리고 수정되지 않은 정신분석이 처음부터 치료로 선택되는 경우가 있다. 이것은 자기애성 성격 구조를 가장 전형적으로 보이는 내담자에게 특히 해당된다.

이러한 내담자는 타인과의 상호작용에서 지나치게 자기를 언급하고, 사랑받으려는 요구가 많으며, 특히 다른 사람에게 칭송받으려고 한다. 그리고 매우 부풀려진 자기개념과 타인에게 과도하게 많이 받으려는 것 간의 명백한 모순을 보인다. 피상적으로 이러한 내담자는 심하게 퇴행되지 않은 것처럼 보이고, 몇몇은 사회적으로 잘 기능하는 것처럼 보일 수 있다. 이들은 보통의 경계선 성격 구조 내담자에 비해 충동 통제를 훨씬 잘한다. 이들은 꽤 성공적이고 효율적일 수 있다. 단지 피상적으로 보이는 정서 생활을 좀 더 날카롭게 보면 타인에 대한 정상적 공감의 부재, 타인으로부터 받는 것 말고는 삶의 즐거움이 상대적으로 빈곤한 것, 거대 환상, 시기심, 착취적인 방식으로 타인을 무시하고 조종하는 경향의 조합이 드러난다.

이러한 내담자는 이 책에서 제안된 치료적 접근을 사용하여 전이에서 갈등을 활성화하기가 매우 힘든 병리적 성격 구조를 가지고 있다. 이들 중 많은 내담자는 과도한 퇴행 없이 고전적 정신분석을 참아내는 것처럼 보인다. 이들 중 몇몇은 불행하게도 분석 상황을 감내할 뿐만 아니라 전이에서 그들의 경직된 성격적 방어를 활성화하려는 어떠한 노력에도 극단적으로 저항한다. Ernst Ticho(1966a)는 '영웅적 적응증(heroic indications)' 으로 불릴 수 있는 정신분석 치료가 적절한 한 집단이 존재한다고 주장하였다. 이 적응증은 정신분석이 도움이 될지는 다소 의심스럽지만, 정신분석 이외에는 어떠한 치료도 물론 도움이 되지 않는 그런 내담자를 가리킨다. 자기애성 성격이 이러한 집단의 일부이다. 정신분석이 이러한 내담자를 위해 택할 수 있는 치료라고 느끼는 다른 저자들이 있는데, 이들이 이러한 내담자의 역동과 분석에서의 기법적 어려움을 이해하는 데 결정적으로 기여하였다(Kohut, 1968; Rosenfeld, 1964). 경계선 성격 구조 내담자 각각은 진단적 검토 동안에 분석 가능성이 고려되어야 하고, 모든 부적합성(contraindication)이 조심스럽게 평가된 이후에야 비로소 정신분석이 거부되어야 한다.

이 장은 경계선 성격 구조 내담자의 일반적 심리치료 방략을 개관하려 하였다. 이러한 개관은 일련의 고정된 규칙으로 잘못 이해되거나 어쩔 수 없이 개관의 포괄적 성질 때문에 너무 일반적으로 볼 수 있는 위험도 있다. 이 개관이 경계선 내담자와 작업하고, 각 내담자가 보이는 복잡한 치료적 주제를 잘 알고 있는 치료자에게 전체적인 참조의 틀로 기여하기를 바란다.

제4장
예 후

이 장에서는 경계선 성격 구조 내담자의 집중적 장기 심리치료와 관련된 예후(prognosis)를 논의하고자 한다. 3장에서 경계선 성격 구조 내담자를 위한 치료로 선택될 수 있는 수정된 분석 절차나 정신분석적 심리치료의 유형에 대해 개략적으로 살펴보았다. 또한 이러한 내담자 중 몇몇은 분석이 가능한데, 치료 초기부터 분석이 가능하기도 하며, 아니면 제안된 심리치료 유형으로 준비시키는 기간을 거친 후 분석이 가능하다는 점을 지적하였다. 이 장에 간략히 제시되는 예후의 고려는 경계선 성격 구조 내담자에 대해 장기 정신분석적 심리치료를 할지, 이들이 분석가능한지를 결정하는 데 도움이 될 수 있다.

이것은 메닝거 재단의 심리치료 연구 프로젝트(Wallerstein et al., 1956; Robbins & Wallerstein, 1959) 중에서 필자의 임상 자료 분석과 이 프로젝트의 전반적인 양적 성과 연구 결과(Kernberg et al., 1968; Burstein et al.,

1969)를 통합한 것이다. 필자는 예후와 관련된 다음 요소들을 검토해 보고자 한다. 1. 기술적 성격 진단, 2. 자아 취약성의 정도와 유형, 3. 초자아 병리의 정도와 유형, 4. 대상관계의 질적 특성, 5. 치료자의 전문성과 인격. 필자는 경계선 성격 구조 내담자에 있어서 이러한 요소 중 어떤 측면이 예후적으로 중요하고, 어떤 측면이 예후와 관련이 없는지를 상세히 기술할 것이다.

1. 기술적 성격 진단

이 기술적(Descriptive) 진단은 경계선 성격 구조 내담자에서 핵심적인 예후 요인이다. 그러나 이것은 주로 내담자의 성격장애 진단에 적용되는 것이지, 신경증 증상 진단에 해당되는 것은 아니다. 신경증 증상은 모든 정신병리 수준에 나타나는 것이기 때문이다. 심한 성격장애를 가진 어떤 내담자는 신경증 증상이 거의 없다. 따라서 신경증 증상은 질병의 심각성에 대한 유용한 지표가 되지 못한다. 신경증 증상이 없는 경계선 내담자의 경우 예후가 나쁘다는 증거가 있다. 특히 성격장애가 심한 경우에는 내담자가 신경증적 억압이나 증상으로 고통을 받지 않으면, 신경증을 가진 비슷한 경우에 비해 도움을 찾고 치료적 노력을 계속하는 동기가 적어진다.

우리는 불안이 있는 것이 심리치료로 좋아질 수 있는 좋은 지표가 되며 (Burstein et al., 1969; Luborsky, 1962), 아마도 내담자의 치료 작업을 동기화하는 강화인으로 작용한다는 것을 발견했다. 그러나 임상적으로 일반적 불안의 정도나 신경증적 고통의 정도는 성격장애의 자아 동조성(ego syntonicity)이나 자아 이질성(ego dystonicity)보다 덜 중요한 것 같다. 대개 불안이나 고통 때문에 내담자는 치료를 받으러 오고, 치료를 지속한다고 할 수 있다. 그러나 성격장애의 자아 동조성 (부분적으로 과정 변인이며,

결국 내담자-치료자 관계에 의존한다.) 정도는 내담자가 증상을 없애길 계속 원하는지, 아니면 '위협' 이 되는 치료를 없애기를 선호할지 결정할 것이다. 다른 말로 하면, 불안이 있으면 처음에는 치료 관계를 형성하는 데 좋은 예후적 요소가 되지만, 점차 더 정확한 예후는 내담자의 성격장애에서 나온 예후적 지표로 대체되어야 할 것이다.

그러나 신경증 증상의 유형이나 강도는 경계선 성격 구조 내담자의 예후에 결정적인 가치를 지니지 않는 것 같지만, 증상이 중요한 진단적 가치를 지닌다는 점은 강조되어야 한다. 1장에서 필자는 경계선 성격 구조가 기저에 존재함을 가리키는 신경증 증상의 특징을 기술했으며, 경계선 성격 구조의 '단서가 되는(presumptive)' 진단적 요소에 이러한 증상을 포함시켰다.

경계선 장애의 중요한 예후적 요소로서 내담자의 성격 구조 진단으로 돌아가 보면, 일반적으로 성격 특성의 자아 동조성 또는 자아 이질성이 중요한 것에 더해, 예후에서 중요한 것은 성격장애의 유형(type)이다. 분명히 지금처럼 내담자를 '경계선 성격 구조' 로 진단하는 것만으로는 충분치 않다. 기술적 진단에는 우세한 신경증적 증상과 함께, 우세한 성격장애의 구성이 항상 포함되어야 한다.

1) 성격 병리의 종류

내담자가 보이는 성격 병리의 유형을 가능한 자세하게 진단하는 것이 중요하다. 내담자에 대한 기술적 진단의 좋은 예는 다음과 같다. ① 불안 증상이 있는 우울 반응, ② 경계선 성격 구조로서 편집적 성향이 있는 유아적 성격. 이러한 방식으로 공식화하는 진단은 단순히 기술적 진단에 더해, 진단의 구조적 측면 및 역동적이고 발생기원적인 측면에 대한 정보를 바로 얻을 수 있다는 장점이 있다. '경계선 성격 구조' 의 진단은 이러한 구조적 및 발생기원적이고 역동적인 고려를 포함한다(1장). 이처럼 성격 병리 유형을 자세히 진단하는 방식은 내담자의 병리에 대한 구조적 분석 및 발생기원적이고 역동적인 분석을 더하게 되는데, 성격 병리 유형에 따라 추동 및 초자아 발달의 수준, 자아의 방어기제, 내재화된 대상관계의 운명이 다르기 때문이다(Kernberg, 1970).

성격 병리 수준(Kernberg, 1970)과 우세한 병리적 성격 특성 구성으로 병리적 성격 구성을 진단할 때, 진단은 예후와 치료에 직접적이고 밀접한 관련을 갖는다. 만일 어떤 사람이 경계선 성격 구조로 진단된다면 이것은 바로 이 사례의 심리치료적 방략을 시사한다(3장). 그러면 경계선 성격 구조 내담자에게 발견되는 여러 유형의 성격 병리에서 시사되는 예후적 함의는 무엇인가?

(1) 히스테리성 성격

경계선 수준에서 기능하는 **히스테리성(hysterical) 성격** 내담자는 대개 정신분석적 심리치료의 예후가 좋다. 이러한 내담자는 구강기적으로 결정된 갈등이 우세하고, 전반적으로 또는 부분적으로 자아가 취약하며, '이중 방어기제(double-layer of defensive operations)' (Kernberg, 1970)를 빈번하게 드러낸다. 이로 인해 치료 시간 동안 갑자기 강렬하게 퇴행적인 수준으로 바뀔 수 있지만, 집중적 장기 심리치료에 아주 적합하다. 이러한 내담자 중에는 수정되지 않은 정신분석으로 치료할 수 있는 사람도 있다.

(2) 유아성 성격

유아성(infantile) 성격도 정신분석적 심리치료의 예후가 좋다(제3장). 대개 고전적 정신분석은 적합하지 않다.

(3) 자기애성 성격

자기애성(narcissistic) 성격의 경우 경계선 기능이 얼마나 두드러지는가

(overt)에 예후가 달려 있다. 자기애성 성격 구조를 가지고 표면적으로 경계선적 기능을 나타내는 사람은 표현적, 분석적 접근의 예후가 좋지 못하다. 이러한 사람들에게 분석적 접근을 하기 위해서는 거의 지지적 접근으로 오래 준비시켜야 한다. 이것은 대부분의 다른 경계선 장애에서는 거의 사용되지 않는다. 반면 구조적으로 전형적인 경계선 성격 구조를 가졌지만, 표면적으로는 경계선 수준에서 기능하지 않는 자기애성 성격은 정신분석으로 치료해야 한다. 만일 정신분석이 가능하지 못하다면, 어떤 제한을 가하든, 위기개입이든 단기 치료이든 간에 아마 다른 접근은 소용이 없을 것이다. 이들은 정서적으로 거리를 두고 치료 과정에 참여를 피하는 상당한 능력을 가졌기 때문에 전이에 들어온다고 해도 그들의 병리적 저항은 체계적으로 검토되기 어렵다.

뒷장에서 (8장 참조) 필자는 자기애성 성격의 치료에 대해, 그리고 이러한 성격과 다른 유형의 자기애성 성격 방어 간의 감별 진단에 대해 검토할 것이다. 그리고 자기애성 성격 구성을 세 유형으로 분류할 것을 제안한다.

① 일반적으로 자기애적 함의가 있는 병리적 성격 특성의 경우. 이들은 어느 정도 자존심을 보호하고 유지할 수 있다. 병리적 성격 특성이 경직될수록 이러한 특성에서 자기애적 함의가 더 드러나는데, 이것은 구조화된 심리내적 갈등의 억압을 유지하는 특정한 기능을 한다. ② 자기애성 성격 특성이 유아적 나르시시즘 수준에 고착되고 방어가 성기기나 전성기기적 갈등과 관련된 경우. 히스테리성 성격 특성과 강박성 성격 특성의 유아적이고 자기애적인 측면이 전형적 예이다. ③ 병리적 나르시시즘. 성격 구성에서 내재화된 대상관계의 특별한 장애 및 자아 구조와 초자아 구조의 특별한 왜곡이 있다. 필자는 세 번째 범주를 제외하고는 자기애성 성격으로 진단하는 것을 유보해야 한다고 제안한다. 그리고 이러한 내담자를 치료하는 데 있어서 특별한 어려움을 강조하고자 한다. 실제로 모든 경계선 내담자가 심한 성격장애를 보이고, 그리고 넓은 의미에서 [유형 ①, ②] 자기애

성 성격 특성을 보이지만, 넓은 의미로 사용되는 '나르시시즘'과 엄격한 의미에서 자기애성 성격의 특정한 병리 구조를 조심스럽게 구별하는 것이 중요하다. 일반적으로 자기애성 성격장애에서 병리적인 자기애적 구조일수록 예후가 좋지 못하다.

(4) 반사회성 성격

반사회성(antisocial) 성격은 어떠한 심리치료에도 예후가 매우 좋지 않다. 여기서 필자는 엄격한 의미의 반사회성 성격을 언급하는 것으로, 단순히 그런 반사회적 행동을 보이는 내담자를 말하는 것이 아니다. 법적 문제를 보이는 청소년의 경우 빈번히 이러한 감별 진단이 필요하다. 반사회적 행동을 보이는 성격 구성들에서 효율적 감별 진단에는 다음 사항을 고려해야 한다.

① 반사회적 행동이 진정 개인의 정신병리를 나타내는 것인가, 아니면 관습적 시각이나 사회적 편견에서 보아 '반사회적' 일 뿐인가?

② 반사회적 행동이 병리적 사회 환경에 대한 '정상적' 적응을 반영하는가? 이 질문에 '그렇다' 고 대답할 수 있다면 다소 양호하다고 볼 수 있다. 그러나 청소년기 반사회적 행동을 진단할 때는 조심해야 한다. 어느 정도 정상적 심리 발달이 이루어졌는지, 즉 청소년이 자신을 주위 사회 환경의 반사회적 하위문화에만 동일시한 것인지가 의문스럽기 때문이다. 더 심하게 사회적으로 박탈된 환경 아래서도 좀 더 정상적인 사회 가치를 내면적으로 자각하면서 자신을 반사회적 하위집단에 전적으로 동일시하지 않는 상대적으로 건강한 개인이 있다.

③ 반사회적 행동이 '청소년기의 적응 반응(adjustment reaction)'을 반영하는가? 즉, 반사회적 행동이 청소년이 당면하는 급격한 정서적 위기나 급격한 대인관계 갈등의 부산물인가? 이 경우 대개 불안이나 우울 같은 다른 신경증 증상이 있으며, 반항과 의존을 둘러싼 일반적 갈등이 있다. 반사회적 행동이 시기적으로 분명히 제한되어 있고 극단적이고 정서적으로 혼

란된 일화에 국한될 때, '청소년기의 적응 반응' 진단이 적당할 것이다. 그러나 불행하게도 이 진단이 너무 과용되는 경향이 있으며, 이 진단을 통해 종종 모든 유형의 심한 정신병리와 특히 심한 성격장애가 과소평가되거나 단순히 무시된다. Masterson(1967)과 Robins(1966)는 '청소년기의 적응 반응' 진단을 내림으로써 자주 간과하게 되는 정신병리의 심각성에 대해 인상적 증거를 제시했다. 필자 견해로는 다음의 훨씬 더 빈번하고 심각한 형태의 성격장애 여부를 배제한 뒤에 이 진단을 내려야 한다.

④ 반사회적 행동이 반사회성 성격 구조와는 다른 어떤 형태의 심한 성격 병리를 반영하는가? 아마 반사회적 행동이 들어가는 가장 빈번한 범주는 유아성 성격이나 자기애성 성격 등으로, 이 성격의 한 측면으로 반사회적 행동이 포함된다. 자연히 이 범주의 예후는 ②와 ③ 범주보다 더 심각하지만 이 장의 나중에 제시되는 다른 예후적 요소가 좋다면, 반사회성 성격이 아닌 다른 성격장애의 부분으로서 반사회적 행동은 치료가 불가능하지 않다. 이러한 경우 초자아 병리의 분석을 고려하는 것이 예후적으로 특히 중요하다.

⑤ 반사회적 행동이 반사회성 성격 구조 자체를 반영하는가? 그렇다면 이 경우 예후가 아주 좋지 않다. 이 진단은 단기간의 진단적 검토보다는 내담자의 과거력을 주의 깊게 평가한 후에 내려져야 하며, 또 내담자를 장기간 관찰한 후 진단해야 하는데, 이 과정에서 대상관계의 질과 초자아 병리의 정도와 유형이 더욱 정확하게 평가되어야 한다. 이러한 내담자는 특별하게 구조화된 환경에서, 즉 아주 안전한 감옥과 정신병원의 특성을 결합한 환경에서 치료하는 것이 어떤 경우 도움이 되며, 적어도 어느 정도 더 나은 사회 적응의 방향으로 지속적 행동변화가 일어난다고 보고된다.

(5) 성 도착

성 도착(sexual deviation)이 있으면서 경계선 수준에서 기능하는 내담자의 경우 기저하는 성격 구조에 따라 예후가 다르다. 기저의 자기애성 성격 구조와 관련된 성 도착은 자기애성 성격의 경우 분석적 치료 접근이 어렵기 때문에 일반적으로 예후가 좋지 않다. 다른 형태의 성격 병리의 경우는 예후가 더 낫다. 경계선 기능이 명백한 성 도착 내담자의 치료는 오래 걸릴 수 있는데, 퇴행 가능성이 있는 경계선 성격 구조 내담자의 경우 성 도착의 역동적 측면을 다룰 때 매우 주의해서 점진적으로 다루어야 하기 때문이다. 대상관계의 질이 모든 성 도착에서 결정적인 예후 요인이다. 비착취적인 대상관계를 유지할 수 있는 능력이 있을수록 예후가 좋으며, 대상관계가 불안정할수록 예후가 좋지 않다. 수년 동안 실질적으로 고립된 채 살아온 경계선 성격 구조 내담자나 전체 성생활이 주로 도착적 환상을 가진 자위 형태를 띤 내담자의 경우 성적 어려움에 관한 예후가 조심스럽다.

(6) 알코올과 약물 중독

경계선 성격 구조에서 자주 나타나는 증후군인 **알코올 중독**(alcoholism)과 **약물 중독**(drug addiction)으로 고통받는 내담자의 예후는 기저하는 성격 구조에 따라 다르다. 여기에서도 이러한 증상의 기저에 자기애성 성격 구조가 존재할 때 예후가 좋지 않다. 이에 더해 내담자가 충동을 얼마나 효율적으로 통제할 수 있는지와 내담자의 중독 증상 억제의 어려움을 치료 동안에 일시적으로 외부 환경이 대신해 줄 수 있는지가 중요한 주제가 된다. 내담자가 치료를 방해하는 증상이 일어나지 않도록 충분히 충동을 통제할 수 있거나 입원, 낮병동 또는 다른 형태의 치료적 시설과 같은 형태의 보호적인 환경이 가능하다면, 예후는 좋아진다.

(7) 전정신병적 성격 구조

'고전적' **전정신병적**(prepsychotic) **성격 구조**, 즉 편집성 성격, 분열성 성격, 경조성 성격 내담자는 예후가 다양하다.

① 경계선 수준에서 기능하는 **편집성**(paranoid) **성격**은, 치료가 구조화되어 내담자의 전능한 통제 욕구가 치료 관계를 왜곡하지 않을 때 예후가 좋다. 어떤 내담자는 비밀로 하기를 원하면서 치료를 시작하는 경우가 있고, 또는 치료자를 비현실적으로 통제하려고 해서 치료 관계가 왜곡되고 결국 치료가 교착 상태로 끝나기도 한다(Heimann, 1955). 이상적으로 내담자가 치료 관계로 들어가는 데 포함된 현실적 요구와 제약을 받아들일 수 없으면, 우선 치료 관계의 초기 단계가 수립될 동안 입원시키는 것도 유익하다. 이런 방식으로 편집성 환자가 많은 생활 영역에서 비밀을 가지려 하고 치료자를 전능하게 통제하려는 노력은 병원 치료진의 관찰이나 치료 팀의 상호 지지에 의해 보완될 수 있다.

② **분열성**(schizoid) **성격**은 예후에 더 주의를 기울여야 한다. 외현적으로 강한 분열적 특성이 있는 내담자는 치료적 상호작용에서도 전반적으로 거리를 두고 철수되어 있기 때문에 치료자가 내담자와 의미 있는 관계를 맺기 위해서는 부담을 많이 갖게 된다. 분열성 성격 내담자는 분열 기제를 사용하여 치료자-내담자 간 모든 정서적, 심지어 인간적 요소를 완전히 파괴 또는 없애려 하므로, 치료자는 정서적으로 얕고 공허한 분위기를 오래 참아내는 것이 매우 힘들어진다. Guntrip(1968)은 분열성 내담자의 전형적이고 역동적인 특성을 설득력 있게 개관하였는데, 이들은 치료자에게 대단한 스트레스를 제공한다는 것이다. 필자는 이들 내담자의 치료에 치료자의 성격이 매우 중요하다는 그의 관찰에 동의한다. 분열성 내담자의 예후가 기법에 반영된 치료자의 개인적 자질에 의해 특히 좌우된다는 것은 당연하다. 치료자가 내담자에게 치료자를 활용할 수 있도록 자신을 내놓는다고 해서 내담자를 도울 수 있는 것은 아니다. 오직 치료자가 자신의 자연스러운 따뜻함, 정서적 풍부함, 공감 능력을 활용하며 내담자의 방어적 철수를 체계적이고 지속적으로 분석함으로써만이 내담자를 도울 수 있다.

③ **경조성**(hypomanic) **성격**은 예후가 나쁘다. 여기서 문제는 내담자가 우

울을 제대로 체험해 낼 수 있는 정도이다. 심한 탈보상(decompensation) 없이 우울을 체험해 낼수록 예후가 좋다. 선호하는 방어기제에 있어서 경조성 성격은 자기애성 성격과 관련되며, 자기애성 성격에 기법적으로 적용되는 많은 것을 경조성 성격에 적용할 수 있다(8장 참조). 그러나 자기애성 성격보다 경조성 성격은 예후가 좋지 않다.

(8) 혼란된 또는 충동적 성격장애

소위 '혼란된' (chaotic) 또는 충동적(impulse-ridden) 성격장애는 예후가 괜찮지만, 자아 취약성이 얼마나 비특정적으로 나타나느냐에 따라 각기 달라진다. 여기에 대해서는 나중에 살펴볼 것이다. 다양한 성 도착 증상 내담자, 이성애적 또는 동성애적으로 난잡한 경향이 있는 내담자, (일반적으로 경계선 장애의 특징인) 다양한 다형도착적 성적 경향이 있는 내담자도 이 집단에 속한다. 일반적으로 성 도착 환상이나 행동이 혼란되고 복잡할수록, 그리고 이러한 성적 상호작용과 관련된 대상관계가 불안정할수록 경계선 성격 구조 진단이 확실해진다. 그러나 이와 동시에 지속적으로 성 도착이 있고 기저에 자기애성 성격을 가진 내담자에 비해 예후는 더 좋다. 이것이 시사하는 바는 혼란된 성생활이 일반적 경계선 기능을 반영하지만 기저에 자기애성 성격 구조가 없다면, 처음에 드러나는 불안정하고 광범위하며 다양한 병리적 성행동이 의미하는 것보다는 오히려 예후가 더 좋다. 그러나 다양한 성 도착 환상이나 행동이 안정된 대상관계를 수립할 수 없는 좀 더 일반적인 무능력을 나타낸다면, 바로 그 이유 때문에 예후는 더 나빠진다.

(9) 강박성 성격

강박성(obsessive-compulsive) 성격이 우세한 내담자는 경계선 수준에서 기능한다 해도 예후가 좋다. 그러나 자기애성 성격이나 분열성 성격도 표면적으로 냉담함, 주지화, 거리두기를 하기 때문에 이들을 강박성 성격 구조와 구분하는 것이 중요하다.

(10) 우울-피학성 성격

경계선 수준에서 기능하는 **우울-피학성**(depressive-masochistic) **성격**은 몇 가지 유보 사항을 고려한다면 비교적 예후가 좋다. 첫째, 가학적 특성이 있을수록, 즉 가학피학성 성격일수록 엄격한 의미의 우울성 성격보다 예후가 좋지 않다(1장). 둘째, 대인관계 행동에서 일반화된 자기 파괴성을 보이는 내담자의 주된 의도가 자기 손상, 예를 들면 만성적 자살 기도 경향, 반복적 '자해' 경향인 것처럼 보일 때에도 예후가 좋지 않다. 이것이 시사하는 바는 자기를 향한 공격성의 형태가 더 원시적일수록, 자기를 향한 공격성이 주로 초자아 구조 안에서 통합된 경우에 비해 자기와 비자기를 구분하지 못한다는 의미에서 공격성 방출이 더 확산적일수록 예후가 좋지 않다는 것이다. 몇 년에 이르는 장기간의 입원과 함께 집중적인 정신분석적 심리치료는 만성적으로 자해하는 사람을 치료하는 데 꽤 성공적일 수 있는데, 이러한 경우 치료 세팅이 내담자가 실제적이거나 위협적인 자해를 통해 자신의 환경을 전능하게 통제하려는 노력을 담아낼 수 있을 때이다(Pao, 1970).

우세한 성격 병리 유형이 예후에서 중요하므로 내담자를 진단적으로 주의 깊게 평가하는 것이 중요하다. 따라서 내담자에 대한 기술적 진단이 정확할수록 순전히 기술적 진단에 덧붙여 구조적, 발생기원적-역동적 분석이 더 확실해진다.

여기 언급된 구조적, 발생기원적-역동적 분석은 개인의 병인론적 갈등과 개인사를 재구성하려는 것이 아니라, 다양한 관점에서 이러한 갈등과 과거 생활 경험에서 비롯되었고 이제는 개인의 성격 구조의 일부가 된 좀 더 영속적인 변화를 결정지으려는 것이다. 더 일반적인 용어로, 진단을 잘 하려면 '지금 여기' 에서 상위심리학적 분석이 필요하다고 할 수 있다.

2) 자아 및 초자아 왜곡을 나타내는 성격 특성

지금까지 필자는 경계선 성격 구조의 치료에 관한 중요한 예후적 요소로서 우세한 성격 구성을 검토하였다. 이제 잠재적 예후 지표로서 몇몇 특별한 개별적인 병리적 성격 특성에 좀 더 초점을 맞추려 한다. 몇몇 원시적인 병리적 초자아 동일시가 특정 성격 특성에 의해 상연될수록, 내담자의 자아가 병리적 성격 특성에 묻힌 이러한 원시적 동일시를 관용할수록, 그리고 특히 특정 성격 특성이 자기 파괴적 의도, 즉 우리가 자아 이상으로서의 자기 파괴성이라 부를 수 있는 것을 좀 더 많이 보일수록 예후는 더욱 심각하게 된다.

성격 구조가 원초아와 초자아로부터 오는 압력과 외부 세계를 매개하지만, 보통 문헌에서는 원초아 압력이 강조된다. 그러나 필자는 자아와 초아자 압력 사이의 타협 형성으로 성격 구조의 기능을 강조하고 싶다.

■ 예시 1

한 여성 내담자는 히스테리성 성격 구조와 함께 금지하고 처벌적인 초자아를 형성하였다. 이러한 초자아는 오이디푸스기 갈등에서 연유한 위협적인 어머니상의 내사를 나타낸다. 그녀는 모든 이성애적 성의 표현과 다른 여성과의 경쟁적 추구를 환상에서 억압하였다. 이러한 초자아 형성과 함께, 내담자는 전형적으로 다른 여성과의 경쟁을 억제하고, 어머니같이 지배적인 여성에게 복종적이며, 그리고 성적 억제를 보였다. 그러므로 그녀의 피학성 성격 특성은 위협적인 오이디푸스기 어머니를 향한 복종적이고 죄책감이 깃든 오이디푸스기 어린 소녀의 자아 안에서의 구조화를 반영한다. 하지만 이러한 피학적 특성은 남성을 향한 피학적 행동 형태로 자아에 '적응적으로' 사용될 수 있다. 특히 성적 만족을 위해 심리적이거나 신체적 고통이라는 값비싼 대가가 지불되는 한 성적 만족이 허용된다. 이런 경우 피학성 성격 경향은 초자아 어머니 내사와 관련된 자기상과 자아 기능의 구조화를 반영하고, 자아의 부분이 추동 파생적 충동을 수정되고 피학적이지만 자아 동조적인 방식으로 표현하는 노력을 반영한다. 피학증의 병리적 성격 구성은 또한 내담자의 자기개념의 한 측면, 즉 자아 정체성의 한 요소가 된다. 요약하자면 초자아 내사, 즉 오이디푸스기의 금지하는 어머니는 자아 안에서 동일시 과정을 야기하는데, 초자아 어머니 내사물에 대한 보완적인 자아 구조를 나타내는 복종적이고, 죄책감이 깃든 어린 소녀와의 동일시이다.

■ **예시 2**

한 여성 내담자는 히스테리성 성격 구조와 엄격한 초자아를 보였다. 이 초자아는 금지적이고 성을 적대시하는 어머니상을 주로 내재화했다는 것을 나타낸다. 그녀는 지배적 여성에 대해서는 복종적이고 피학적인 행동을 하지만, 약한 남성에 대해서는 꽤 통제적이고 지배적인 행동을 나타낼 수 있다. 병리적 성격 구성의 한 표현으로 필자가 초점을 두고 싶은 것은 남성에 대한 후자의 행동인데, 이는 다음과 같은 몇 가지 기능을 가진다. ① '공격자와의 동일시' (Anna Freud, 1936), 즉 가학적 초자아와의 성격적 동일시를 통해 지배적인 오이디푸스기 어머니상과 동일시하는 것이다. ② 복종적이고 피학적인 자아 경향에 대한 반동이 형성된다. ③ 어머니에 대한 오이디푸스기적 거역을 나타내는 기저의 공격성 부분에 대한 합리화된 방출구이다. 이런 경우 엄격한 초자아는 처음에 충분히 관찰되지 않을 수 있다. 성격 구조 내에서 이러한 초자아와의 동일시는 자아에 대한 특정한 초자아 제약을 감소시키고, 초자아와 원초아 압력에서 나오는 공격성을 바깥으로 굴절되게 허용하기 때문이다.

■ 예시 3

더욱 심각한 형태로 이러한 종류의 발달이 한 내담자에서 관찰될 수 있다. 그는 구조화된 환경에서는 꽤 억제되고 부끄럼을 타며 복종적이었지만, 지배나 권력이 개입되는 비구조화된 사회적 상황에서는 놀라울 정도의 공격성, 거만함, 어리석은 모습을 보였다. 이 경우에는 대개 자아 기능에 억제적 효과를 보이는 단호하고 엄격한 초자아가 우세하다는 것을 발견할 수 있다. 그러나 사회적으로 편한 다른 환경에서는 공격자와의 동일시가 일어나고, 이제 초자아 기능은 가학성 성격 특성에 통합되어 나타난다. 이런 상황에서 자아는 초자아와 동일시함으로써 병리적인 자유를 얻고, 가학성 성격 특성에서 공격 충동의 합리화된 표현을 허용받음으로써 참기 어려운 충동으로부터 자유를 얻는다. 거만함은 전능한 가학적 초자아 상과의 성격적 동일시를 나타낸다. 어리석은 모습은 외적 현실의 부인을 표현하는데, 이것은 자아의 현실검증을 초자아가 억제하는 것과 같다. 다른 맥락에서 Bion(1967)은 거만함과 어리석음을 편집적 경향에 대한 방어로 기술하였다. 필자 견해로 초자아 핵의 투사와 명백한 편집 경향은 이러한 성격 형성과 공존할 수도 있고 공존하지 않을 수도 있다고 보는데, 이것은 초자아 통합 정도에 따라 다를 것이다.

언급한 세 번째 예에서 초자아의 동일시는 첫째와 둘째 예보다 더 원시적인 초자아 내사물과의 동일시를 의미한다. 이러한 성격적 동일시에서 표현된 공격성은 다소 거칠고, 어쩌면 사회적 관점에서 꽤 부적절할 수 있다. 이것은 자아가 사회적 장면에서 현실검증 기능을 부분적으로 포기했기 때문이다. 이러한 포기는 원시적 초자아와의 성격적 동일시에서 나타난 병리적으로 낯선 부분과 '조절(accommodate)'하기 위해서이다. 자아 부분이 현실검증을 포기하면 성격 구조에서 원시적 이상화가 공고해지는 심각하게 복잡한 문제가 생긴다. 이러한 공고화는 내담자의 정체성 형성이 심각하게 왜곡되었음을 나타낸다. 또한 타인을 향한 병리적 공격 행동을 보이고, 이것이 '도덕적 분개'로 정당화되는 거짓(faulty) 초자아를 반영할 수 있다. 자기와 비자기를 구분하고 이와 관련하여 심리내적 경험과 대인관계 경험을 구분하는 엄격하게 기법적인 의미보다는, 사회적 현실을 검증하는 좀 더 일반적인 의미에서 현실검증과 내성(introspection) 능력은 이러한 상황에서 모두 감소한다.

요약하건대, 성격 구조가 고차적 자아 및 초자아 기능의 상실과 함께 자아에 통합된 병리적인 원시적 초자아 동일시를 반영할수록 예후는 더 심각해진다.

또 다른 중요한 예후적 요소는 성격 구조에 통합된 갈등적 동일시를 반영하는 모순된 성격 특성을 자아(혹은 자기) 및 초자아가 관용하는 정도이다. 서로 양립할 수 없는 성격 특성이 개인 속에서 교대로 나타날 수 있는 정도는 자아 분열이 존재하는 정도의 지표가 된다. 자아에서 분열이나 이와 관련된 원시적 방어가 우세한 것은 경계선 성격 구조의 한 표시이다. 그러나 이러한 맥락에서, 자신의 모순된 행동을 합리화하려고 하지 않고, 이러한 행동이 자아와 초자아가 모순된 동일시 체계를 관용하는 것을 나타낸다면 심리치료에 대한 예후는 부정적이다.

한 예로 심각한 피학적 경향을 보이고, 항상 타인의 공격성을 탓하거나 운명으로 실패를 합리화하며, 동시에 특정 상황에서 감질나게 하는 가학적 행동을 보이는 한 내담자는, 이렇게 감질나게 하는 행동과 자신이 타인에 의해 얼마나 혹사당하는지에 대해 불평하는 경향성 간의 모순에 직면당했을 때 전혀 당황하지 않았다. 어떤 행동 패턴 내의 이러한 모순을 관용하는 것은 심각한 예후 표시이다.

또 다른 예로, 과도하게 세심하고 강박적인 내담자가 어떤 상황에서는 어떤 갈등도 경험하지 않고 상당히 부정직할 수 있었다. 이 경우 특히 우세한 것은 초자아 병리이다.

3) 성격 형성 및 부정적 치료반응으로서의 자기 파괴성

병리적 성격 특성이 자기 파괴적 이데올로기를 상연할수록, 또는 자기 파괴적이라고 부를 수 있는 것이 자아 이상일수록 이것은 치료 예후에 좋지 않은 지표이다. 또한 이 주제는 자기 파괴적 성격 병리의 기술적 분류를 넘어서 부정적 치료반응에 대한 일반적 질문과 관련된다. 다양한 형태의 구조화되고 자기 파괴적인 심각한 공격성이 부정적 치료반응의 경향으로 나타난다. 이것은 실제로 중요한 '과정' 변인 혹은 '교류(transactional)' 변인이다. 부정적 치료반응이 심리치료 관계 내에서 발달하는 정도는 진행되는 치료 과정에 대한 예후적 정보를 제공한다. 이 반응은 경계선 성격 구조에만 있는 것은 아니지만, 이러한 내담자에게서 종종 나타난다. 주로 사회적, 심리적, 신체적 자기 파괴성의 추구로 해석될 수 있는 행동의 과거력이 심각할수록 예후는 더 좋지 않다.

하지만 특정 행동에서 자기 파괴적인 결과를 가져온 경우와 자기 파괴가 주된 목적인 경우는 구분되어야 한다는 점이 강조되어야 한다. 예를 들어, 자신의 결점에 대한 직면에 위협을 느끼는 내담자는 그때마다 직업을 잃거나 공부를 중단하면서 이러한 중단을 '자기 파괴적'이라고 합리화할 수 있다. 표면적으로는 그가 옳다. 하지만 기저의 의도는 원시적 거대자기개념을 보호하려는 것일 수 있다. 아마도 만성적으로 신체적 자해 경향을 보이는 경우에서만, 이러한 증상을 원시적인 자기 파괴적 욕구가 포함된 심각한 예후 지표로 볼 수 있으며, 심각한 부정적 치료반응 잠재성을 가졌다고 확실하게 간주할 수 있다.

예를 들어, 자해 경향이 있는 몇몇 내담자는 칼로 자기를 긋거나 불로 지지는 등 자신에게 고통을 유도함으로써 어떤 원천에서 유래한 긴장을 완화시키는데, 자기를 파괴하는 힘 안에서 진짜 즐거움이나 자부심을 관찰할 수 있었다. 외적 만족으로부터 독립된 전능감이나 자부심은 상징적으로 즐거운 자기 파괴성으로 재확신되었다. 자신을 신체적으로나 심리적으로 손상시킴으로써 치료자를 포함하여 자기에게 가까운 사람을 고통받게 하거나 패배시키는 것을 의기양양하게 즐기는 내담자는 이러한 병리적 발달의 전형적 예이다. 좀 더 잘 기능하는 피학성 성격 구조, 즉 우울-피학성 성격에서 이러한 자기 파괴적 이데올로기, 자기 패배에서의 기쁨과 승리는 특정의 엄격한 가치 체계나 종교적, 정치적 집단에 대한 복종의 형태로 합리화될 수 있다. 가학적인 초자아 요구에 대한 복종의 표현으로서 무의식적 자기 패배는, 의식적으로 자기 파괴를 자아 이상으로 삼고 자신의 행복, 타인과의 좋은 관계, 성공과 만족의 희생을 요구하는 경우와 구분될 필요가 있다.

무의식적으로 증오하고 시기했던 도움을 주는 대상을 패배시키기 위해 지불해야 하는 대가로 자신을 패배시키려는 욕구는 자기 파괴적 동기와 관련되는 또 다른 유형이다. 여기에서 자기 파괴는 시기 대상에 대한 '승리'의 목적에 기여한다. 좀 더 심각한 '부정적 치료반응' 사례들(Cooperman, 1970; Freud, 1923; Rosenfeld, 1964, 1970)이 종종 이러한 내담자 집단의 일부이다. 심각한 형태의 부정적 치료반응은 이렇게 타인에 대한 '승리'와 연결되는데, 이 경우에는 치료자와 치료자의 삶을 긍정하는 경향에 대한 승리이다. Guntrip(1968)은 내담자 자아 일부에서 원시적인 나쁜 대상(Fairbairn과 Guntrip의 '반리비도적 자아')과의 동일시는 분열성 성격 내담자의 치료에서 그리 좋지 않은 예후 요인이라는 것을 지적하였다.

'부정적 치료반응' 이라는 용어는 일반적인 치료 실패나 저항이 고조된 기간 혹은 강렬한 부정적 전이를 일컫는 데 사용되지는 않는다. 필자는 여기에서 심리치료나 정신분석의 유용한 측면을 파괴하려는 욕구가 내담자의 충동 방어 구성에서 분명하게 우세한 사례에 국한해서 언급하고 있다. 이러한 반응에 대한 Freud(1923)의 고전적 기술에서는, 강한 무의식적 피학증과 과도한 무의식적 죄책감으로 드러나는 심각한 초자아 장애가 있는 사례를 언급하였다. 우울-피학성 성격 구조를 가진 많은 내담자는 이러한 유형의 저항을 나타낸다.

하지만 이와 다른 구성으로 부정적 치료반응을 나타내는 좀 더 심각한 정신병리 내담자들이 있는데, 자기애성 성격장애 내담자들이다. 여기서는 치료자를 패배시키려는 무의식적 욕구가 구강기적 시기심, 그리고 애정과 만족을 주는 잠재적 외부 원천에 대해 앙심을 품고 파괴하려는 것과 관련된다(제8장, Rosenfeld, 1964).

게다가 부정적 치료반응이 매우 우세해지는 좀 더 퇴행된 수준의 정신병리가 있다. 예를 들어, 경계선이나 명백히 정신병 수준에서 기능하는 내담자와, 강한 전성기기적 공격성이 우세하고 자기와 비자기의 경계가 다소 모호하여 공격성이 타인이나 자기를 향해 무차별적으로 표현되는 그런 내담자이다. 자신에게 고통을 유도하여 불안을 비특정적으로 완화시키는 자해를 하는 많은 내담자가 이 범주에 속한다. 경계선과 정신병 수준의 또 다른 내담자는 특히 자기를 도우려는 타인의 노력을 파괴하려는 욕구가 특별히 강한 것처럼 보이는데, 심지어 자기 자신도 이러한 과정에 압도된다.

20대 초반 미혼인 한 남성은 만성적 정신분열 반응을 보였는데, 좁은 범위의 병동 안에서는 비교적 잘 기능할 수 있었다. 그는 도움을 주려는 태도로 그에게 다가오는 모든 사람에게 일관되게 경멸적인 웃음을 지었다. 그는 병원 치료에 대해 불평하는 장문의 편지를 부모에게 썼지만, 다른 한편 병원 스태프에 대한 그의 비난이 거짓이고, 그의 편지는 부모에게 퇴원시켜 달라고 요구함으로써 치료를 중단시키려는 소망에서 쓴 것이라는 사실을 공개적으로 받아들였다. 그의 아버지는 냉담하고 거리를 두는 엄격한 사람이었다. 걱정이 많고 의심이 많은 어머니는 알코올 중독과 약물 중독으로 고통받았으며 몇 번의 정신병 일화가 있었다. 병원의 여러 의사와 심리치료자의 다양한 접근이 쓸모가 없었다. 그는 매일 웃음을 짓는 한 의사에게 "당신은 나에게 어떤 것도 할 수 없다는 것을 알게 될 거예요."라며 웃음에 답하였다. 그는 겉으로는 우호적으로 이야기하였지만, 그에게는 좋아지지 않겠다는 굳은 결심이 있었다. 과거에 그는 어머니를 폭행하였고, 자신의 음경을 자르는 시도를 하였으며, 악성 종양으로 판명된 장애를 조심스럽게 숨겼었다.

해석 과정을 통해 마침내 드러난 것은, 내담자 자신이 극단적으로 파괴적인 어머니상과 무의식적으로 동일시하였고, 좋아지는 것이 어머니로부터 분리되고 어머니를 파괴하는 것을 의미하므로, 이러한 두려움 때문에 좋아지기를 거부한다는 것이었다. 동시에 그는 어머니에 대한 분노를 자신과 그를 도우려는 모든 사람에게 돌렸다. 자기 파괴성은 자기 파괴에 대한 욕구, 모호한 공격성의 표현, 가학적 어머니상과의 동일시, 그러한 노예 입장에 있지 않은 모든 사람에 대한 시기하는 증오, 어머니로부터 자유로워지고자 할 때 어머니가 처벌할 것에 대한 두려움, 그리고 어떤 변화가 일어날 때 어머니의 삶이 어떻게 될지 두려워하는 것 등의 조합으로 보였다. 치료 팀의 몇몇 성원은 그 내담자가 '성격 암'을 보여 준다고 말하였다. 이 내담자는 주위 환경으로 하여금 그에게 적대적인 거리를 두도록 강요한다는 의미에서 스태프를 '조종'하지는 않았다. 그보다는 아주 드러내놓고 심리치료자, 병원 의사, 도움 주는 사람을 평가절하하고 파괴하였으며, 경시하기를 즐겼다. 동시에 그가 달성한 자아 통합의 정도를 강조할 필요가 있다. 그는 충분히 현실검증과 충동 통제를 했던 수준에서까지도 변화가 일어나게 하는 모든 노력에 거스르는 태도를 보호하기 위해 애쓴다는 인상을 전달하였다.

기술적 성격 측면과 예후적 함의는 대개 내담자를 진단적으로 조심스럽게 검토하는 동안에 평가될 수 있다. 그러한 검토는 내담자 성격 구조의 자세한 평가에 더하여, 병리적 성격 특성이 자아 동조적인지 자아 이질적인지의 정도가 포함되어야 한다. 또한 모순되는 성격 특성 혹은 내담자의 가치 체계와 성격 특성 간 모순을 갈등 없이 체험해 낼 수 있는 정도, 그 밖에 병리적 성격 특성의 영향하에 자아의 현실검증 기능, 자아의 관심 및 자기 보존을 내담자의 자아가 '포기하는' 정도, 그리고 무엇보다도 자아 이상으로서 자기 파괴가 자아 동조적인 정도나 자기 파괴성이 타인을 패배시키는 무기로 사용되는 정도가 포함되어야 한다.

이러한 모든 자료의 예후적 함의는 치료를 받는 동안에 일어나는 발달로 인해 변화가 발견되면 수정될 수 있다. 그러므로 예후적으로 좋지 않은 병리적 성격 특성이 치료 작업의 결과로 자아 이질적이 되는 정도, 자신 안에서 그러한 병리적 힘에 대한 자각과 관심이 내담자에게서 발달하는 정도, 자신과 자기 파괴적 욕구의 합리화를 분리시키는 역량이 발달하는 정도는 치료가 진행되면서 모든 예후를 수정할 수 있는 중요한 과정 변인 혹은 교류 변인이다.

하지만 치료자는 내담자가 장기치료를 받는 것 자체만을 예후 지표로 여기고 싶은 경우도 있다. 성격 구조에서 근본적 변화를 일으키려는 경계선 성격 구조 내담자의 집중 치료는 수개월이나 수년이 걸리기 때문에, 그리고 특정 치료자는 자기가 검토한 이러한 병리를 가진 내담자를 많이 다룰 수는 없기 때문에 집중적 심리치료를 위해서는 성격 병리에서 매우 좋은 예후 요소를 가진 내담자를 신중하게 선택할 필요가 있다.

2. 자아 취약성의 정도와 유형

1장에서 필자는 자아 취약성의 다양한 측면이 개별화되고 분화된다면, '자아 취약성' 개념이 임상적으로 유용하다고 주장하였다. 자아 취약성은 일반적 개념으로 과도하게 확장되거나 오용되어 왔다. 필자는 자아 취약성의 특정 국면을 언급할 것인데, 즉 (1) 경계선 성격 구조의 특징인 자아의 원시적 자아 방어기제의 우세, (2) 자아 취약성의 비특정적 측면인 충동 통제의 결여, (3) 불안에 대한 내성의 결여, (4) 승화 채널의 발달 부족이다. 필자는 또한 자아 취약성의 두 부가적인 측면을 언급하였는데, (5) 일차과정적 사고 경향과 (6) 현실검증의 약화이다. 이러한 모든 측면은 병리적 자아 발달의 일반적 결과와 경계선 성격 구조 내담자의 내재화된 대상관계 병리의 특정 결과를 모두 반영한다. 메닝거 재단의 심리치료 연구 프로젝트의 전체 양적 분석은 자아 강도의 예후적 중요성에 대한 강한 지지 증거를 제공하였다(Kernberg et al., 1968; Burstein et al., 1969). 자아 취약성의 각 측면의 예후적 중요성은 검토될 만하다.

1) 자아의 원시적 방어기제의 우세

자아의 특정 방어구성, 즉 원시적 방어기제(분열, 원시적 이상화, 초기 형태의 투사, 특히 투사적 동일시, 부인, 전능, 평가절하)가 좀 더 높은 수준의 방어기제(억압 및 이와 관련된 방어)에 비해 우세할수록 경계선 성격 구조로 진단되기가 쉽다(1장). 달리 말하면 우세한 자아 방어 구성의 진단적 가치가 매우 중요하다. 이러한 경계선 장애 특성의 일반적 범위 내에서 어떤 종류의 방어가 우세한지는 진단적으로 중요하지 않은 것처럼 보인다. 하지만 억압 및 '높은 수준(higher level)'의 다른 방어기제와 성격 특성(Kernberg, 1970)이 존재하는 정도는 치료 권고(분석 가능성)에서 중요하다.

2) 충동 통제의 결여

이것은 정말 중요한 예후 지표이다. 내담자가 성격의 한정된 영역에서는 제한적으로 충동 통제가 분명히 되지 않지만 이와 함께 다른 모든 영역의 심리기능에서 대개 방어적인 목적으로 충동 통제가 유지될 수 있다. 이런 경우 해석과 일시적인 기법의 변형의 조합을 통해 진단되고 해결될 수 있다.

그러나 충동 통제의 일반화된 결여는 자아 취약성을 나타내는 중요한 지표일 뿐만 아니라, 치료 시간 안팎에서 전이의 행동화 가능성을 결정한다.

3장에서 필자는 치료 관계에서, 즉 치료 세팅 안에서의 전이 행동화를 언급하며, 경계선 성격 구조 내담자는 이러한 행동화의 해석에 상당히 저항적일 수 있다고 하였다. 이는 이 전이 행동화가 이러한 내담자의 특징인 심한 전오이디푸스기적 공격 추동 파생물과 연결된 추동 욕구를 만족시키기 때문이다. 치료 내에서 이러한 추동 욕구를 만족시켜 주는 것은 주된 전이 저항이 된다. 어떤 내담자는 치료 밖의 상호작용에서 가능한 것보다 전이를 통해 병리적 추동 욕구를 더 만족시킨다.

충동 통제의 부족은 심각한 예후적 지표인데, 전이 행동화가 치료의 주된 문제가 될 수 있다는 것을 가리킨다. 충동 통제의 부족은 치료 과정 안에서 세팅이 통제되는 정도나 내담자 생활의 구조화(병원, 낮병원, 양육원 등) 정도를 결정하고, 치료가 계속되기 위해서는 치료 밖에서 이러한 시간이 필요하다. 그러므로 충동 통제의 부족은 예후적으로 심각한데, 치료 과정을 지지적인 방향으로 바꾸어야 하기 때문이다. 이것은 특히 내담자의 병리적 방어 구조를 분석적으로 지향된 방식으로 해결하려는 요구와 충돌한다. 달리 말하자면, 내담자가 충동 통제를 잘하지 못할수록 치료자가 내담자를 이끌어 갈 수밖에 없게 되며, 이에 따라 치료자의 중립성 입장은 상실된다. 중립성을 잃어버릴수록 분석적 접근이 유지되기 어렵다. 심각한 충동 통제의 상실이 있는 꽤 많은 내담자는 심리치료와 더불어 실제로 입원이 필요하다.

3) 불안에 대한 내성의 부족

불안에 대한 내성은 내담자가 경험하는 불안의 정도가 아니라, 그가 습관적으로 경험하는 것보다 증가된 불안이 이후에 증상 형성, 병리적 행동이나 퇴행을 유발하는 정도이다. 불안에 대한 내성이 부족하면 내담자가 불안의 증가를 회피하기 어려운 치료 시점에서 충동 통제의 상실을 야기할 수 있기 때문에, 충동 통제에 대해 기술된 많은 것이 이 변인에도 해당된다. 그러므로 불안에 대한 내성이 제한되어 있는 경우는 예후적으로 좋지 않은 지표이다.

그러나 안정제를 사용하면 불안에 대한 내성의 상실을 어느 정도 보상하는지에 대한 의문이 생겨날 수 있다. 일반적으로 안정제를 심리치료의 일부로 제안할 때에는, 불안 정도가 심하여 의미 있는 내담자-치료자 의사소통의 수립과 유지를 방해할 때이다. 그러나 이러한 상황은 주로 정신병에 적용된다. 필자가 언급한, 그리고 필자가 치료하거나 지도 감독한 많은 경계선 성격 구조 내담자는 이러한 목적으로 안정제를 사용할 필요가 없었다.

하지만 불안에 대한 내성이 부족한 경계선 성격 구조 내담자가 정신병적 강도의 불안을 보인다면, 안정제가 필요하다. 이 경우 내담자는 다음의 원칙에 따라 약물치료를 받아야 할 것이다. ① 안정제는 위약 효과라기보다는 약물 효과를 낼 만큼 충분한 양을 처방해야 한다. ② 약물을 충분히 긴 기간 사용하여 내담자가 기능하는 불안 수준에 대한 새로운 '기저선'을 수립할 수 있어야 한다. 약물이 일시적으로 주어질 때, 혹은 심리치료 처치의 일부로 그 복용량이 자주 변할 때, 불안 수준이 변화하여 약물 처방의 전이 함의를 평가하기 매우 어렵다. 달리 말하자면, 안정제의 도입으로 심리치료적 개입을 조절하는 기본적 과정 변인 혹은 교류 변인으로서의 불안이 상실될 수 있는데, 그 수준의 변화가 불규칙하기 때문이다. ③ 약물을 사용하는 무의식적 의미에 대해 심리치료 관계의 일부로서 다루어야 하고 이것을 심리치료 과정에 일관적으로 포함시켜야 하는데, 경계선 성격 구조 내담자의 원시적 방어기제가 약물을 상징적으로 사용함으로써 가려질 수 있기 때문이다. 그러면 전이에서 방어를 일관적으로 검토하는 것은 극히 어렵게 된다. 예를 들어, 대상을 전능하게 통제하려는 욕구가 있는 내담자가 약물을 복용할 때 전능한 통제 욕구는 그가 치료자를 통제하고 있다는 무의식적 느낌으로 표현될 수 있다. 아니면 내담자의 탐욕스러운 구강기적 욕구가 약물 치료를 받음으로써 충분히 만족될 수 있고, 그리하여 이러한 탐욕스러운 욕구의 공격적 요소가 부분적으로 감소되고 부분적으로 가려지는데, 이는 약물 치료를 하지 않았을 경우에 충족되지 않은 욕구가 생겨나게 할 수 있는 바로 그 불안이 증가하지 않기 때문이다.

약물에 대해 기술한 것이 안정제 사용을 반대하는 일반적 함의로 잘못 이해될 수 있을 것이다. 하지만 여기에서 필자는 경계선 성격 구조 내담자의 증상뿐만 아니라 기본적으로 성격 구조를 수정하기 위한 집중적이고 장기적인 심리치료의 일부로 약물을 사용하는 것에 대해 언급하였다. 증상 해소를 위한 급성적 위기 개입과 단기 심리치료는 전체 심리치료 개입의 중요한 부분으로 안정제와 다른 약물을 사용하는 것이 필요할 수 있지만, 여기에서는 그런 경우가 아니다.

4) 승화 통로의 발달 결여

이 예후 요인은 평가하기 어려울 만큼 매우 중요하다. 일과 삶을 즐기는 것, 창조적 성취 역량은 승화 역량의 주요 지표이다. 승화 역량은 효율성(efficiency)과는 구분되어야 한다. 효율성은 승화의 발달보다는 내담자의 특정 방어, 역량 또는 타고난 재능을 반영할 수 있다.

예를 들어, 경계선 성격 구조 내담자의 두 사례를 비교해 보겠다. 두 명 다 의사이고, 그러니까 심리적인 핸디캡에도 불구하고 전문적인 공부와 요구사항을 그럭저럭 달성하였다. 그러나 그중 한명은 자신의 직업을 주로 지위와 높은 수입을 얻기 위한 수단으로 사용하였고, 환자에 대해서나 그리고 전문적 기술과 지식의 지속적인 발전에 대해서는 별 관심이 없었다. 그는 와해된 기간이 길었고 전문적 기능에 대해 무관심하였음에도 불구하고 지능이 매우 높았기 때문에 전문적 요구사항과 대학원을 끝낼 수 있었다. 간단히 말해, 그는 직업에서 얻는 자기애적 만족 이외에는 자신의 전문적 직업과 관련된 가치를 대체로 알지 못했으며, 또한 자신의 전문직 안에서의 과학적 발전에 대해서는 완전히 무관심하였다. 두 번째 의사는 대인관계에 큰 어려움이 있었고, 학문적 연구와 관심사를 이용해서 사람들과 지나치게 밀접한 관계로부터 도피하였다. 그는 또한 그것들을 이용해서 그의 혼란된 내부 세계로부터 좋고 견실한 '전문적인 세계' 로 도피하려고 하였다. 그의 승화 잠재력은 훨씬 더 높았다.

일반적으로 내담자가 어떤 활동이나 전문적인 일에 순전히 자기애적 요구를 넘어서서 자신을 투여할 수 있는 정도와 이러한 활동이나 전문직에서 얻는 만족의 정도, 그리고 이러한 활동과 전문직의 내재적 가치에 대해 내담자가 관심을 갖는 정도가 승화 잠재력을 나타낸다. 그러므로 내담자의 활동과 직업의 일반적인 질에 대해, 그리고 그것에 대한 헌신이 내담자에게 갖는 기능에 대해 매우 주의 깊게 평가해야 한다. 기술과 전문직을 발전시킬 기회가 많은 높은 사회경제적 환경 출신의 내담자나 지능이 매우 높은 내담자 또는 타고난 재능이 있는 내담자에게, 그런 배경은 외견상 성공한 상태가 됨으로써 바탕에 있는 부족한 승화 잠재력을 가릴 수 있을 것이다.

이런 변인의 실제적인 예후상의 중요성은 매우 크며, 이런 연관성에서 승화 잠재력의 일반적 기원에 대해 간략하게라도 검토되어야 한다. 개인의 승화 잠재력은 자신의 이익을 넘어서 뭔가에 진정으로 헌신할 수 있는 것이라고 필자는 제안한 바 있다. 더 일반적으로 표현한다면, 그것은 다른 사람과 자기 자신에게서 좋고 가치 있는 것에 대한 관심을 가지며, 사랑으로 가치나 현실에 대해 자각하고 감사하며, 그것으로부터 상징적인 방식으로 사랑을 얻게 된다. Melanie Klein(1940)은 내담자의 죄책감과 복구 경향성을 발전시키는 일반적인 능력 및 승화 간의 관계를 강조하였다. Winnicott(1955, 1960)은 나아가 '우울 포지션' 의 훈습과 관심을 갖는 능력의 발달 간의 관계에 대해 고찰하였다.

이런 모든 관찰에서 시사하는 것은, 전통적인 정신분석적 사고와 달리 승화는 자아 및 초자아 기능의 영향 아래 추동 파생물의 방향과 활용에서 단지 경제적인 변화만을 반영하는 것이 아니라는 것이다. 승화는 내재화된 대상관계의 변화에 따른 직접적인 결과를 반영한다. 전체 대상관계를 발달시키는 능력, 타인 및 자기 자신과의 관계에서 사랑하고 미워하는 측면을 통합하는 능력은 승화가 충분히 발달하기 위한 필요조건이다. 경계선 내담자가 삶의 몇몇 영역에서 다른 사람(또는 일, 여가, 예술, 과학이나 종교)과의 관계에서 뭔가 좋고 가치있는 것을 기본적으로 신뢰할 때, 이는 매우 중요하고 긍정적인 예후적 가치를 지닌다. 자기를 넘어서는 가치를 수립하고 유지하는 능력은 비록 이것이 추상적으로 들리고 때로 평가하기 어렵다고 해도 한편으로 내재화된 대상관계의 변화와 다른 한편으로 심리치료 관계로부터 도움을 얻는 능력을 연결해 주는 매우 실제적인 고리이다.

5) 일차과정적 사고 경향

경계선 성격 구조 내담자는 대개 임상 정신상태 검사에서 형식적 사고과정 장애를 보이지는 않는다. 그러나 투사적 검사에서, 특히 비구조화된 자극에 대해서 일차과정 사고가 원시적 환상의 형태로 나타나며, 또한 검사 재료의 형식 자극에 적응하는 능력의 뚜렷한 감소로, 특히 특이한 언어화를 사용하는 것으로 나타난다(Rapaport, Gill, & Schafer, 1945-1946). 내담자에 대한 초기 평가의 부분으로서, 정신상태 검사에서 형식적인 사고장애가 확실히 발견되면, 잠정적 진단은 정신병적 반응이다. 그러나 경계선 성격 구조 내담자를 집중적으로 심리치료하는 어떤 기간에 임상적으로 일차과정 사고가 드러날 수 있다. Bion(1967)은 사고 과정의 일시적 와해가 방어 목적에서 사용될 수 있음을 시사한다. 일차과정 사고가 초기에 나타나는 것은 진단적 및 치료적 함의를 지닌다. 내담자가 일차과정 사고 잠재력이 있다면 수정되지 않은 정신분석 치료를 통해 도움을 얻을 수 있을지 여부를 평가할 때 한 번 더 고려해야 한다. 치료 과정에서 일시적으로 일차과정 사고가 나타나는 것은 예후적으로 고려할 가치가 없지만, 그것은 치료상황에서 의사소통의 왜곡이 지닌 방어적 기능에 초점을 맞추게 한다.

6) 현실검증의 약화

엄밀한 의미에서 현실검증은 심리내적인 것과 외부에서 지각된 사건을 구별할 수 있는 능력이다. 경계선 성격 구조 내담자는 이러한 자아 기능을 가졌다. 그러나 일시적으로 이들의 현실검증 능력이 상실될 수 있는데, 그것은 심한 정서적 혼란, 알코올, 마약의 영향이 있거나 전이 정신병 상황에서 일어난다. 평상시 상태에서 현실검증이 지속되느냐 하는 것은 실제 경계선 장애와 정신병을 감별 진단하는 데에 중요하다(Frosch, 1964). 정신병, 정신분열증을 진단하기 위해서 근본적으로 필요한 것은, 예를 들어 심리기능의 어떤 영역에서 현실검증이 지속적으로 상실되거나, 환각이나 망상과 같은 정신병적 요소가 '생산' 되는 것이다. 경계선 장애와 정신병을 감별 진단 할 때, 내담자가 자신의 행동, 사고 또는 정서적 반응과 관련하여 현실검증의 상실을 보이지 않고 또 정신병 징후를 산출하지 않는다면, 그는 정신병 환자가 아니다. 이 장애를 순전히 기술적 진단만 하는 것과는 달리, 역동적 고찰에 기초해서 정신분열증을 과도하게 진단 내린 것은 이 영역에서 혼란을 가중시켰다.

기이한 행동을 보이거나 심리내적인 삶이나 외부 현실에 대해 기이한 판단을 하거나 기이한 정서 반응을 보이는 내담자의 경우, 심리상태를 평가하는 한 부분으로서 문진 의사가 내담자의 이 모든 영역에서 의사가 지각하는 비정상성을 내담자에게 직면시킬 필요가 있다. 내담자가 자기 행동,

판단, 감정이 이상하다는 것을 자발적으로 인식할 수 있거나 또는 지속적으로 직면을 받은 다음 그러한 결론에 도달할 수 있다면, 위에서 정의한 엄격한 의미에서 현실검증은 아직 유지되고 있는 것이다. 그러면 정의상, 현실검증이 유지되는 것은 경계선 내담자의 특징이며, 예외적으로 위에서 언급한 조건에서는 일시적으로 상실된 것으로 볼 수 있다.

일시적으로 현실검증이 상실되는 빈도와 강도는 그것만으로는 중요한 예후 지표가 아니다. 심리치료 중에 퇴행해서 전이 정신병을 보이는 경계선 내담자는 심리치료 기법의 변화에 대해 보통 일시적이든 영구적이든 반응이 좋다. 기법의 변화는 치료 시간 안에서 구조화를 증가시키거나 내담자의 일상생활에서 구조화를 증가시킬 수 있다. 만약 내담자-치료자 관계가 잘 수립되고 과도한 역전이 반응 없이 치료자가 정신병적 퇴행을 현실적으로 다룰 수 있다면, 현실검증의 일시적인 상실은 치료에서 주된 어려움은 아니다. 달리 말하면, 비록 현실검증의 특징이 경계선 성격 구조를 진단하기 위해 필요한 것 중의 하나이긴 하지만, 현실검증은 예후 지표가 아니다. 그러나 현실검증은 경계선 성격 구조 내담자의 치료 적응증과 관련해서는 중요한 진단 변인이 된다. 현실검증 상실의 강도와 빈도는 어떤 사례에서 정신분석 치료가 가능한지 결정하기 위한 일반적 기준 중 하나이기 때문이다. 현실검증의 상실이 비록 일시적이고 치료의 구조화로 쉽게 회복할 수 있다 하더라도 자주 일어난다면 고전적 정신분석이 권고되지 않는 이유 중의 하나가 된다. 최소한 치료를 시작하기 위해서는 그렇다. 경계선 성격 구조 내담자 대부분은 특별한 구조화를 하거나 기법을 변형하는 것과 같이 기법을 수정할 필요가 있다(3장).

다른 의미로 현실검증이란 용어가 사용될 수 있다. 이는 더 일반적이고 덜 정확하지만 좀 더 미묘하게 언급되는 것으로, 내담자가 대인관계적 또는 사회적 현실에 대해 특히 다른 사람의 도덕적 가치에 대해 깨닫는 정도를 의미한다. 일상적인 사회적 상황 내에서 경계선 내담자의 미묘한 행동 변화는, 즉 자주 다른 사람의 미묘한 '메시지'를 지각하지 못하거나, 부적절한 외모에 대해 모르거나, 다른 사람의 정서적 현실을 모르거나, 가치판단이 다른 사람의 행동에 미치는 영향을 모르거나, 다른 사람이 자신을 어떻게 보는지 모르거나, 분별력이 떨어지는 것 등은 자아 및 초자아의 장애 때문에 좀 더 미묘하게 변별할 수 있는 현실검증 측면이 상실된 것을 나타낸다. 이런 넓은 의미에서 현실검증은 예후적 가치가 있지만, 우리는 여기서 복합적인 대인관계 기능 영역으로 들어가게 되므로, 이에 대해서는 나중에 다룰 것이다. 복잡한 대인관계 기능 영역은 대상관계의 질을 그 예후 지표로 삼는다. 즉, 엄밀한 의미에서 현실검증은 중요한 예후 요인이 아니다.

요약하면, 자아 강도나 취약성의 몇몇 요인은 예후상 결정적으로 중요하다. 특히 자아 강도의 일반적 특징이 중요하다. 충동 통제, 불안에 대한 내성 및 승화 잠재력이 여기에 속한다. 현실검증, 일차과정 사고가 우세한 정도 및 지배적인 방어기제 유형과 같은 요인은 경계선 성격 구조 내담자를 진단 내리는 데는 중요하지만 예후를 판단하는 데는 중요하지 않다.

3. 초자아 병리의 정도와 유형

초자아 병리의 정도와 유형은 경계선 성격 구조 내담자의 근본적인 예후 지표이다. 내재화된 대상관계와 관련된 변화가 자아와 초자아 병리를 결정한다는 사실에서, 자아와 초자아의 구조 수준이 매우 일치한다고 볼 수 있지만(Kernberg, 1970), 경계선 성격 구조 내담자의 초자아 발달에서는 자주 불규칙성을 발견하게 된다. Ticho(1972)는 내담자의 초자아 발달 수준을 진단하는 것이 중요하며, 초자아가 통합되었거나 통합되지 않은 정도, 타율적인지 자율적인지의 정도가 임상과 직접 관련됨을 강조했다. 경계선 내담자 중에는 보통 그 수준의 성격 구조에서 예상할 수 있는 것보다 초자아 기능이 높은 수준으로 통합된 경우가 있다. 그 이유는 아직도 미제로 남아있다. 아마 심한 전성기기적 갈등으로 인해 심한 자아 병리가 생긴 사례에서 후기 아동기에 특별히 좋은 환경적 영향이 이후 초자아 내사와 동일시에 긍정적 영향을 미쳤을 가능성이 있는 것으로 보인다.

대개 초자아에서 분열 기제가 우세함에도 불구하고, 초자아 핵이 편집적 경향의 형태로 재투사됨에도 불구하고, 그리고 모순된 가치 체계, 모순된 자아상태, 초자아 가치와 상당히 상반되는 병리적 성격 특성에 깊이 새겨져 있는 동일시까지 초자아가 관용함에도 불구하고, 경계선 내담자가 추상적이고 탈개인화되고 통합된 초자아 가치를 지닌 정도는 상당한 차이가 있다. 경계선 성격 구조 내담자 중 자기애성 성격 구조 내담자는(8장) 그 자아 기능이 시사하는 것보다 훨씬 더 심한 초자아 장애를 지니고 있다.

경계선 내담자가 그 자신의 만족보다는 다른 가치를 더 많이 자각할수록 더 추상적이고 탈개인화된 초자아 구조가 있을 수 있으며, 그럴수록 예후가 더 좋다. 반면 반사회적 경향성이 있고 그것이 자아 동조적이고 내담자의 성격 구성에 통합되어 있다면, 통합되고 추상적이며 탈개인화된 초자아가 덜 나타날 것이며 그럴수록 예후가 좋지 않을 것이다. 가장 넓은 의미에서 몇몇 반사회적 행동은 경계선 성격 구조 내담자에게 상당히 자주 볼 수 있다. 예를 들어, 절도, 습관적 거짓말, 기생적 생활, 착취 같은 반사회적 행동은 경계선적 자기애 성격, 특히 반사회성 성격 구조인 경우에 자주 나타난다. 엄격한 의미의 반사회성 성격은 어떤 종류의 심리치료에도 예후가 가장 좋지 않다. 다른 유형의 경계선 내담자에게는 반사회적 성향이 더 적게 나타난다. 유아성 성격이나 '~인 체하는' 성격은 병리적 거짓말을 자주 한다. '공상허언증(pseudologia fantastica)'을 보이면 히스테리성 성격 특성이 고려되곤 하지만, 실제로는 유아성 성격에서 나타난다. 중요한 것은 반사회성 성격 자체가 아니라, 그것이 시사하는 초자아 문제이다. 필자는 이전에 반사회적 행동의 감별 진단에 대해 언급한 적이 있다. 그런 행동은 기저하는 성격 병리와 초자아 구조의 관점에서 분석되어야 한다는 것이 강조될 필요가 있다.

■ 예시 1

A 씨는 치료자에게 자신의 재정상태에 대해 계속 거짓말을 했는데, 치료자가 자신을 착취하고 무자비하게 자신의 수입을 가져갈 수 있다는 강한 두려움 때문이었다. 이런 행동 때문에 치료자에게 만성적인 죄책감이 생겼고, A 씨는 치료자가 친절하게 대한다고 느낄 때마다 불안해져서 거부하였다. 치료자를 오만하게 거부하는 태도를 주의 깊게 탐색하면서 내담자의 현실적 죄책감과 그런 죄책감에 대한 방어가 점차 드러났다. 결국 내담자는 무엇이든 치료자의 일관적이지 않은 징후를 발견할 경우 이를 '특별하게' 대우받지 못했다고 분노를 폭발하는 것을 정당화하는 데 이용하였다. 내담자는 그런 치료자라면 자신이 완전히 진실하지 않았던 것이 정당하다고 다시 자신을 안심시켰다. 반면, A 씨는 보통 다른 사람과 거래할 때와 돈 문제를 다룰 때는 꽤 정직했다. 그러나 내담자에게는 그의 아버지가 '감질나게' 했던 과거력이 있었다. 내담자의 아버지는 자신의 불안정감을 보상하기 위해서 내담자의 재정적 요구를 이용했는데, 내담자로 하여금 돈을 달라고 애원하게 만들었다. 내담자는 아버지를 조종해서 어떻게 돈을 손에 넣을지 배우게 되었고, 때에 따라 거짓말을 하면서 이런 행동이 아버지에 대한 복수라고 생각하면서 자신의 죄책감을 완화시켰다. 이러한 전이 패러다임은 내담자가 치료자에 대한 자신의 행동에 대해 죄책감이 증가된 후에 표출할 수 있게 되었다. 그는 결국 '고백'을 하게 되었고, 명백한 죄책감과 우울이 고조되었다. 요컨대 반사회적 행동인 거짓말은 내재화된 도덕적 가치를 이용할 수 없는 더 심각한 종류의 초자아 장애를 나타내지는 않는다. 내담자는 제한된 영역에서 거짓말을 했는데, 이는 특별한 전이 패러다임을 표현한다. 하지만 진실한 죄책감을 느낄 수 있는 잠재력이 충분하였으며,

도덕적 가치에 대해 명백하게 헌신할 수 있었다.

▪ **예시 2**

B 씨는 어떤 기관에서 훈련을 받고 나중에 그곳의 스태프 자리에 지원했다. 그는 매우 호의적이었던 이전 상사에게 자신이 지원하는 것을 도와달라고 하였다. 그 자리를 얻기 위해서 내담자는 위법 사항이 없어야 했다. 내담자는 범죄 전과가 있다는 걸 알고 있었다. 내담자는 또한 그의 이전 상사는 그가 법문제로 곤란한 점이 있다는 사실을 전혀 모른다는 걸 알고 있었다. 그러나 그 상사는 결정을 내리는 위원회에 속해 있었다. 위원회가 내담자의 그러한 과거 정보를 알게 됨으로써 내담자는 직장을 얻지 못했다. 위원회의 결정을 알게 된 후 B 씨는 다시 그 상사에게 가서, 감추었던 정보가 드러났다는 것을 알면서도 위원회의 결정을 번복하도록 도와달라고 부탁하였다. 그는 그러한 상황이 상사를 얼마나 놀라게 하고 고통을 주는지 들었지만 조금도 당황하지 않았다. 그는 그 상황에 대해 죄책감을 느끼지 않았다. 그보다 중요한 것은 그가 상사의 슬픔과 실망을 단지 상사가 위원회에 '세뇌' 되어 더 이상 의지할 수 없는 표시로만 여긴다는 것이다. 필자는 여기서 내담자가 다른 사람의 인간적 관심과 윤리적 가치에 대해 깨닫지 못한다는 것을 강조한다. 내담자는 지능이 높고 보통의 좋은 현실검증력을 지녔음에도 불구하고, 상사가 내담자의 과거 위법 사실에 화난 것이 아니라, 오히려 내담자가 믿을 수 없고 아무렇지 않으며 상사의 감정에 무관심하다는 점을 걱정하였다는 사실을 알아채지 못했다.

▪ **예시 3**

C 씨는 훔치고 싶은 강한 충동이 있었지만, 잡힐까 봐 두려워서 그렇게 하지 않았다. 그는 다른 사람이 도덕적인 이유로 훔치지 않을 수 있다는 것을 매우 이해하기 어려워했다.

요컨대 내재화된 가치 체계의 부재, 다른 사람의 그런 가치 체계를 알지 못하는 것, 그리고 그런 가치 체계의 대인관계적 함의를 알지 못하는 것은 발전된 초자아 구조와 기능이 없다는 중요한 지표이며, 나쁜 예후 지표이다.

위에서 기술한 종류의 초자아 병리는 또한 대인관계 영역에서 더욱 미묘한 현실검증 측면의 감소와 의미 있는 통찰 능력의 감소를 시사한다. 의미 있는 통찰은 경계선 내담자의 의식적 전의식적인 심리적 생활에서 일차과정 자료를 단순히 이용하는 것과 반대로, 자신의 심리적 경험의 더 깊은 근원에 대한 지적 이해와 정서적 이해가 결합된 것을 가리킨다. 이는 그런 경험의 병리적 측면에 대한 관심과 간절히 변화시키고 싶은 마음을 수반한다(3장). 심한 초자아 병리가 있는 내담자는 특히 자기 자신에 대해, 자신과 다른 사람의 관계에 대해, 윤리적 가치의 관점에서 자신이 다른 사람에게 어떻게 하는지에 대해 관심이 없다. 다른 말로 하면, 도덕적인 자기 평가는 초자아 기능의 또 다른 한 측면이며, 만일 이러한 측면이 없으면 좋지 않은 예후를 시사한다. 죄책감과 우울감을 경험하는 역량은 관심을 경험하는 역량과 밀접하게 관련된다(Winnicott, 1963). 필자는 내담자가 우울과 죄책감을 느낄 수 있는 능력을 자기애성 성격 내담자의 치료에서 근본적 예후 요인으로 강조했으며(8장), 이것은 일반적으로 경계선 성격 구조 내담자에게도 적용된다.

공격적이고 충동적인 행동은 경계선 내담자가 나타내는 심한 정서적 동요의 일부이며, 특정한 병리적 대상관계의 공격적 요소는 어떤 내담자의 경우에 다른 모든 사람과의 관계에서 보이는 더 일반적인 무자비한 행동과는 구별되어야 한다. 이러한 무자비한 행동이 초자아 병리에 시사하는 바는 모든 사례에서 매우 주의 깊게 평가되어야 한다. 이것은 때로 검사자나 심리치료자를 긴장시킨다. 치료자가 도덕적으로 되지 않으면서도 내담자의 도덕적 가치의 관점에서 그의 내적 세계와 다른 사람과의 관계를 조사하는 것은 쉬운 일이 아니다.

심한 초자아 병리에서 두드러진 특징 중 하나는 어떤 윤리 체계에 강하게 헌신되어 있으면서, 동시에 그런 헌신에 대해 매우 모순된 행동을 보이는 내담자에게서 볼 수 있다. 이러한 모순을 평가하고 내담자가 이를 염려나 죄책감 없이 관용하는 정도에 대해 주의 깊게 평가하는 것이 매우 중요하다. 예를 들어, 한 내담자는 가톨릭 신부인데 만성적으로 난잡한 이성 관계를 맺어 왔다. 다른 내담자는 외과의로 만성적인 알코올 중독자였는데 술에 취한 상태에서 수술을 하면서도 조수들이 이를 알아차리지 않을지에만 관심이 있었다.

치료 과정 자체에서 치료자에 대한 만성적인 거짓말과 이러한 행동에 대해 내담자가 관심이 없는 것 또한 일종의 초자아 병리를 보여 주는데, 예후가 나쁘다. 내담자가 치료자에게 거짓말을 하고 있다는 것을 치료자가 알게 될 때는 언제나 이러한 행동에 대한 충분한 탐색 후에 직면과 지속적인 훈습을 통해 해결될 때까지 다른 어떤 종류의 자료보다 우선해 다루어야 한다. 내담자와 치료자 관계의 기본적인 도구, 즉 언어적 소통이 심각하게 왜곡될 때는 심리치료가 이루어질 수 없다. 좀 더 일반적인 의미에서 의식적인 저항이 분명해지기 전까지는 무의식적인 저항은 해결은커녕 충분히 검토할 수도 없다.

요약하면 통합되고 추상적이며, 탈개인화된 초자아 구조를 지니지 못한 것은 내담자가 윤리적 가치와 다른 가치를 자각하고 헌신하는 것으로 나타나며, 이는 경계선 성격 구조 내담자에게 중요한 예후 지표이다. 이 예후 지표는 동시에 그 경계선 사례가 정신분석에 적합한지 적합하지 않은지에 대한 하나의 기준이 된다.

필자는 좀 더 정상적이고 보호적인 초자아 기능을 덧붙이고자 한다. 이는 보통 초자아가 심각하게 병리적으로 발달하거나 초자아 형성이 정지된 경우에는 생기지 않는 것이다. 필자는 정상적인 초자아의 예기적 기능을 언급하고자 하는데, 그것은 불확실한 상황에서 Ticho(1972)가 '신호 죄책감(signal guilty)' 이라고 부르는 것이 촉발되는 것이다. 이러한 신호 죄책감은 실패나 실수를 했다는 환상, 책임을 다하지 못했다는 환상, 심지어는 다소 '편집증적인' 종류의 환상을 일으킬 수 있다. 이러한 환상은 그다음으로 자아의 자기 관찰 및 통합 기능을 활성화시킬 수 있고, 불확실한 상태를 맞이하는 최적의 준비를 하게 할 수 있다. 예를 들어, 보통 사람이 '상사' 로부터 예상치 않은 호출을 받으면 염려하게 되고 약간 죄책감이 드는 환상이 생길 수 있다. 그래서 자기 자각이 촉진되고 정해진 행동 과정을 약간 수정하게 될 수 있다.

심한 초자아 병리를 가진 개인은 이런 기능이 크게 결여되어 있다. 어떤 경계선 내담자는 가혹한 초자아를 가지고 있고 상당히 편집적이고 다른 사람의 반응에 비현실적으로 과민하지만 자신의 기능에 대해 불확실한 것이 더 적절할 때도 종종 민감성과 자기 비판이 전혀 없다는 것을 보여 준다. 예를 들어, 일에서 자신의 실패를 우호적인 방식으로 지적받았을 때 그런 것을 보여 준다. 이것은 마치 보통 사람에게는 '신호 죄책감' 을 일으킬 수 있는 사소하고 미묘한 환경 자극이 이런 내담자에게 영향을 미치기에는 충분치 않은 것 같다. 오직 심한 비난과 같은 강한 환경적 압력만이 이러한 압력에 대해 강하고 편집적인 왜곡을 일으킬 수 있다. 이러한 내담자는 보통의 융통성 있는 반응 대신 '흑백논리적(all or nothing)' 초자아 반응으로 반응할 것이다. 상사가 예상치 않게 불렀던 예에서 이러한 내담자는 상사의 우호적인 암시를 주목하지 못할 것이다. 그들은 좀 더 강하게 비난받아야만 반응하지만, 이를 잔인하게 공격받았거나 피해를 입었다고 느낀다.

정상적인 초자아의 예기 기능, 즉 신호 죄책감과 염려 그리고 불확실한 상황에서 가벼운 '피해' 환상이 일어나는 것은, 보통 자아가 예방적 또는 복구적 행동을 하는 것에 의해 보상된다. 뿐만 아니라 자아의 내적 선함에 대한, 그리고 다른 사람과 좋은 것이 우세한 관계를 재정립하는 역량에 대한 자아의 (또는 그보다는 자기의) 기본적 신뢰에 의해 보상된다. 초자아 압력을 보상하는 이러한 정상적인 자아 기능은 원시적 해리 기제, 투사, 전능, 부인을 재가동시키려는 경계선 내담자의 병리적 요구와 뚜렷하게 대비된다. 경계선 내담자의 자아 정체성은 혼미하고 초자아는 통합되어 있지 않고 타율적이다.

Ticho(1972)는 초자아 내에서 선택적인 동일시가 이루어지기 위해서는 자아에 통합된 자기개념이 존재해야 한다고 하였다. 필자는 자기개념의 어느 정도의 안정성은 높은 수준의 초자아 기능이 발달하는 데 선행조건이며, 특히 좀 더 현실적으로 지각된 부모의 요구와 금지 측면을 내재화하는 데 선행조건이다. 통합된 비교적 자율적인 초자아는 그다음에 안정적인 자아 정체감의 발달을 강하게 촉진시킨다. 서로 해리되거나 분열된 자아 상태 간의 불일치를 허용할 수 있는 것은 병리적 초자아뿐이다. 따라서 자기개념의 통합을 막는 자아의 과도한 분열 과정과 초자아 내의 통합 결여는 서로 강화한다.

4. 대상관계의 질적 특성

중요한 타인과의 현재 관계의 질적 특성은 내담자의 대인관계 행동과 중요한 타인과의 내적인 관계에서 볼 수 있다. 이것은 그의 과거 내재화된 대상관계의 구조적 영향과 대비된다. 과거 내재화된 대상관계는 모든 심리구조의 발달에 중대한 영향을 미친다(Kernberg, 1966). 내재화된 자기상과 대상상이 '좋은' 것과 '나쁜' 것으로 일반적으로 분열된 것, 대인관계가 지속적으로 원시화되는 것과 공격성으로 물드는 것, 정서적인 혼란, 철수하고 자신을 보호하기 위해 피상적이 되는 것뿐만 아니라 성격적으로 과도하게 관여하는 것 등은 모두 경계선 성격 구조 내담자에서 내재화된 내상관계에 심각한 병리가 있을 때 나타난다(1장).

그러나 경계선 내담자는 실제 다른 사람과 상호작용하고 자기를 관여시키는 정도와 유형에서 상당한 편차가 있다. 관계의 안정성은, 비록 그 관계가 신경증적일 수 있음에도 예후적으로 긍정적인 지표이며, 관계를 할 수 있는 능력을 의미한다. 대상관계에서 개별화(individualization) 능력이란 같은 종류의 신경증적 갈등으로 표현될 수 있는 상이한 사람들을 어느 정도 현실적으로 구분할 수 있다는 의미가 있는데, 이는 또한 대상관계의 예후가 좋을 가능성이 있는 지표이다. 경계선 내담자가 다른 전이 대상과 비교해서 치료자와 무엇이 '다른지' 알 수 있는 능력이 있다면 개별화된 관계를 할 수 있는 그러한 능력을 드러낸다.

특징적으로 경계선 내담자는 대상 항상성이나 '전체' 대상관계를 수립하는 능력에 결함이 있다. 이는 대상에 대한 양가감정을 견뎌 낼 수 있는 역량이 부족한 것으로 나타난다. 경계선 내담자가 한 사람에 대해 단순히 한 극단의 정서 반응에서 다른 극단으로 왔다 갔다 하지 않고 사랑하고 미워하는 감정을 동시에 체험할 수 있는 정도는 대상관계의 질이 더 좋은 것으로서 예후가 좋은 지표이다. 이러한 관점에서 한 사람에 대해 장기간에 걸쳐 갈등적이고 병리적인 의존성을 보이는 것은 모든 사람으로부터 전체적으로 철수하거나 거리를 두는 것보다 예후가 더 좋다.

그러나 '의존성' 에 대한 예외는 원시적인 가학적 초자아상을 반영하는 외부 대상에게 실제로 만성적이고 병리적으로 복종하는 것으로 나타나는 경우이다. 내담자의 성격 구조에 통합된 자아 이상으로서 자기 파괴성을 요구하는 원시적인 초자아상에 대한 동일시는(이전에 필자가 언급한 바 있다.) 매우 적대적이고 손해를 끼치는 사람에 대한 만성적인 복종의 형태로 표현될 수 있다. 때로 실제 부모의 한쪽 또는 둘 다 내담자의 삶에서 이러한 기능을 나타낼 수 있다. 현실적으로 파괴적인 사람에 대한 이와 같은 복종은 대상관계를 지속하는 역량과 이처럼 자기를 향한 강한 공격으로부터 도피하는 역량의 관점에서 평가할 필요가 있다.

자기애성 성격 내담자는 사회 집단에서 표면적으로는 놀랍게 잘 기능할 수 있음에도 불구하고, 특히 대상관계가 좋지 않다. 이러한 내담자는 대상관계의 질을 평가하는 것이 단순히 내담자의 대인관계 행동을 관찰하는 것과는 다르게 다른 사람에 대한 내적인 관계를 포함해야 한다는 점을 일깨워 준다. 내담자가 "진흙을 가지고 작업을 하는 게 아니라, 물 위에다 글을 쓰는" 인상을 준다고 Freud(1937)가 기술한 내담자의 대부분은 아마도 자기애성 성격을 가진 내담자였을 것이다. 자기애적 내담자는 현재 깊은 대상관계가 없으며, 병리적인 자아 구조와 초자아 구조로 표현되는 내재화된 대상관계의 심한 병리가 있지만, 표면적인 적응이 이를 덮는다.

요컨대 내담자의 실제 행동과 중요한 타인과의 내적 관계를 분석하는 것은 경계선 성격 구조 내담자에게 중요한 예후적 고려점이 된다. 내담자가 중요한 타인과 내적으로 갖는 관계가 안정적일수록, 더 분화되어 있을수록, 더 정서적으로 깊을수록 치료 예후는 더 좋다.

한 사람의 대상관계의 질은 그가 치료자와 갖는 관계의 질에서 예후적으로 가장 의미 있는 방식으로 실현된다. 이로 인해 대상관계의 질은 중대한 예후 가치를 지닌 과정 변인 또는 교류 변인이 된다. 내담자가 치료자와 맺는 관계의 질은 또한 내담자의 초자아의 질을 드러내며, 내담자가 치료자를 한 사람으로서 자각하고 관심을 갖는 능력에 의해 반영되며, 내담자가 내적인 가학적 원시적 초자아 요구에 만성적으로 복종하는 데서 자유로울 수 있는 정도에서 반영된다.

이것으로 현재 내담자가 보이는 장애와 성격에서 반영되는 예후적 요소에 대한 검토가 끝났다. 이제 필자는 예후적 시사점을 지닌 한 가지 더 결정적인 과정 변인을 검토하고자 한다. 이것은 내담자와 관련된 것이 아니라, 치료자의 전문성과 인격이다.

5. 치료자의 전문성과 인격

메닝거 재단의 심리치료 연구 프로젝트 중 치료 성과에 대한 양적 연구(Burstein, Coyne, Kernberg, & Voth, 1969)에서는 자아가 매우 취약한 내담자를 치료할 때 심리치료 기법의 중요성을 강조하였으며, 기법이 치료자의 전문성 및 인격과 관련 있음을 명확히 하였다. 이 연구의 마지막 결론 부분을 인용하면 다음과 같다. "정신분석 이론의 틀 내에서 이루어지는 치료에서 성공적인 결과를 얻기 위해서는 치료자와 내담자가 서로 '맞을(fit)' 필요가 있다. 내담자의 자아 강도가 낮을 때 서로 맞는 것이 특히 중요하다. 치료자의 전문성에는 자신의 성격 특성과 역전이 반응을 기법에 창조적으로 통합시키는 능력이 포함된다. 전문성은 심리적 기능 수준이 낮은, 즉 자아가 취약한 내담자를 치료할 때 치료 성과의 가장 결정적인 요인이다."

"전문성이 다소 떨어지는 치료자는 치료자의 전문성과 성격 특성이 치료 성과에 영향을 덜 미칠 때 치료에 더 많이 기여할 수 있다. 자아 강도가 높고 표현적인 치료 양식(즉, 치료자에게 다소 엄격하게 중립적인 입장을 지키도록 '강요하는' 양식)의 치료를 받는 내담자의 경우 치료자의 전문성이 부족해도 영향을 덜 받는 것 같다. 자아 강도가 높은 내담자는 치료와 치료자가 덜 이상적이라고 해도 자신의 문제를 열심히 작업할 수 있다."

"자아 강도가 낮은 내담자의 경우는 지지적 치료건 표현적 치료건 간에 매우 전문적인 치료자가 필요하다. 이런 결과가 시사하는 점은, 자아 강도가 낮은 내담자를 위한 치료로서 매우 전문적인 치료자가 실시하는 표현적인 심리치료의 형태를 선택할 수 있다. 표현적인 치료는 치료 관계에서 전이 현상의 작업을 강조한다."

이러한 결과들은 일부는 메닝거 심리치료 연구 프로젝트에서 도출된 임상 관찰과 또 일부는 필자의 경험에서 나온 임상 관찰에 힘을 더 실어 준다. 이런 결과를 바탕으로 필자는 이전 장(3장)에서 경계선 성격 구조 내담자를 위해 택할 수 있는 치료로서 수정된 정신분석 절차 또는 정신분석 심리치료를 제안하였다. 이러한 수정된 분석적 절차를 사용하기 위해서는 심리치료에서 정신분석 지향적인 높은 수준의 심리치료 훈련과 경험을 필요로 한다. 그리고 이러한 내담자의 주된 부정적 전이를 체계적으로 훈습하는 데 있어서 상당한 전문성을 필요로 한다. 이런 내담자를 다루는 심리치료자는 변형된 기법을 사용해야 할 필요성을 알아야 하며, 광범위한 의미에서 치료를 구조화해야 하며, 동시에 본질적인 중립성의 입장을 유지해야 할 필요성을 알아야 한다. 내담자가 행동화할 가능성이 클수록 치료자는 추가적인 구조를 더욱 숙련되게 도입해야 한다. 그러면서도 내담자의 인격과 독립성을 존중하는 분위기는 계속 유지해야 한다. 치료자가 성급하게 조언을 주는 형태로 '지지' 해 주고 싶은 유혹에 굴복할수록, 치료자가 내담자의 삶을 통제하려하면 할수록 전이 상황을 모호하게 할 위험이 더 크며, 내담자의 불안을 일시적으로 줄이는 대신 장기적 치료 목표를 희생하는 대가를 치러야 할 것이다. 반면 '분석 상황' 을 인위적으로 유지한다면, 즉 치료자가 내담자의 현재 상황을 고려하지 않고 치료 시간에 나오는 대로 자료를 해석하려 하거나 치료자가 치료 시간에 전이 행동화에 따른다면, 치료가 정체 상태에 빠진다. 치료자가 내담자에 대해 본질적으로 중립적인 입장을 지키면서 치료 시간 안에서 그리고 내담자의 삶에서 필요한 구조화를 창조하기 위해서는 많은 전문성과 경험이 필요하다. 모든 내담자는 새로운 방식으로 치료자의 전문성을 시험하고, 이에 따라 독특한 '적합성(fit)' 이 결정되며, 이는 예후적 과정 변인이 된다.

경계선 성격 구조 내담자의 치료 예후를 결정하는 데 있어서 치료자의 인격이 얼마나 중요한가? 심리치료자의 인격 특성의 영향을 역전이 요인이나 치료자의 기법과 분리하는 것은 매우 어렵다. 임상적으로 치료자의 인격, 기법의 수준, 역전이 반응 사이에는 밀접하고 상호적인 관계가 있다(Little, 1960; Winnicott, 1963). Ticho(1972)는 인격적 측면과 역전이는 그래도 구별될 수 있다고 했으며, 특히 경계선 내담자를 치료할 때 심리치료자와 분석가의 인격이 중요하다는 것을 강조하였다.

"예를 들어, 경계선 내담자 사례를 치료할 치료자에게 바람직한 인격 특성은 어떤 것인가? 경계선 내담자 사례의 치료자는 진실한 대상관계 능력을 지녀야 한다. 경계선 사례의 치료에는 치료자의 상당한 안정감이 필요하다. 그리고 신경증, 경계선 사례, 정신병의 치료가 연속선상에서 치료자가 자신의 공격성을 조절해야 할 필요성이 점점 더 커진다는 것은 의문의 여지가 없다. 내담자의 불가피한 행동화에 대한 치료자의 태도는 상당히 큰 차이를 가져온다. 분석가가 관심이 없다면, 행동화는 더 심해질 것이다. 그러나 분석가가 과도하게 관심을 갖는 것 또한 행동화를 조장한다. 또한 분석가가 도덕적 가치에 대해 명료한 감각을 지닐 필요가 있으며, 자신의 도덕적 가치에 대한 확신이 조금이라도 결여되어 있으면 치료는 어려움에 처할 수 있다. 그 반면 도덕적인 태도는 해롭다."

Ticho(1972)는 또한 일반적으로 성공적인 분석가와 치료자들은 "겸손하고, 허세부리지 않으며, 자기중심적이지 않으면서 자기수용적인 인격"을 보이는 사람이라고 하였다. Ticho의 관찰은 분석가가 자기 자신의 나르시시즘을 극복하는 것이 중요하며, 이것이 내담자를 만날 때 치료의 관계와 효율성에 영향을 미칠 것이라는 점을 지적한다. 이것이 아마 경계선 성격 구조 내담자의 치료 과정에 영향을 미치는 치료자의 인격에서 가장 중요한 측면이다.

심리치료자의 자기애적 문제는 경계선 성격 구조 내담자를 장기 치료하는데 가장 좋지 못한 예후적 요인이다. 이러한 내담자의 심각한 퇴행 가능성, 강하고 주로 부정적인 전이 반응 및 특히 치료 과정에서 일어나는 전이-역전이의 복잡성은 심리치료자에게 최대의 스트레스가 된다. 좌절을 주는 상황에서 대상관계를 유지하는 능력이 부족한 것은 자기애성 성격 내담자에게 전형적으로 나타나는데, 해결되지 않은 중요한 자기애적 경향성을 가진 치료자가 경계선 내담자를 치료하고자 할 때 크게 불리한 점이 된다.

6. 요 약

경계선 성격 구조 내담자에 대한 집중적인 장기 치료의 예후에 대해 다루었다. 내담자가 제시하는 장애와 인격에 반영되는 예후적 요인을 개관하였다. 이 예후 요인을 간략하게 요약하면, 경계선 성격 구조 내담자의 예후는 다음에 달려 있다. (1) 지배적인 성격 병리의 유형에 대한 기술적 진단과 병리적인 성격 특성에 의해 드러나는 자아 및 초자아 병리의 정도, (2) 자아 취약성이 비특정적으로 드러나는 현상. 특히 충동 통제, 불안에 대한 내성, 승화 잠재력의 정도, (3) 통합되고 추상적이며 탈개인화된 초자아 구조가 나타나는 정도. 이는 내담자의 관심, 죄책감, 우울, 통찰 등을 할 수 있는 역량, 그리고 반사회적 경향의 정도와 구조적인 함의에서 반영된다. (4) 대상관계의 질적 특성.

필자는 초기 검토에서 사용할 수 있는 예후 지표가 집중적 심리치료에 맞는 내담자의 선발을 촉진할 것임을 강조하였다. 이 내담자에게 현재 이용 가능한 제한된 치료 자원을 더 잘 사용할 수 있다. 이 예후 지표는 또한 예후가 불확실한 영역을 조명해 주며, 이는 치료 과정에서 명확해질 수 있다.

필자는 또한 예후는 나아가 몇몇 과정 변인 또는 교류 변인에 달려 있다는 점을 강조했다. 이러한 변인에는 치료 관계의 부분으로서 일어나는 발전과 변화와 관련되며, 이전의 자아 동조적인 병리적 성격 특성이 자아 이질적으로 될 수 있는 정도, 치료 과정의 영향으로 자각, 내성 및 관심 역량을 발달시킬 수 있는 정도, 치료자와 진정한 대상관계를 발달시킬 수 있는 정도, 내담자가 부정적 치료반응을 일으킬 수 있는 가능성이 해결되는 정도가 포함된다.

마지막으로 필자는 추가적인 변인, 즉 내담자에게 달려 있지 않은 중대한 과정 변인인 치료자의 전문성과 성격에 대해 검토하였다. 필자는 자아강도가 낮은 내담자의 경우 지지적 치료건 표현적 치료건 매우 전문적인 치료자가 필요하다고 강조했다. 내담자에 대해 본질적으로 중립적인 입장을 지키면서도 치료 시간과 환자의 삶에서 꼭 필요한 구조화를 하는 것은—그 이상은 아니고—치료자의 높은 전문성과 경험을 필요로 한다. 모든 내담자는 치료자의 전문성을 새로운 방식으로 시험하고 이에 따라서 독특한 '적합성'을 결정하는데, 이는 예후적 과정 변인을 구성한다. 심리치료자의 성격 특성의 영향을 역전이 요인과 기법으로부터 분리하는 것은 매우 어렵다. 임상적으로 심리치료자 또는 분석가의 인격은 경계선 내담자를 치료하는 데 결정적인 예후 변인이다.

제5장

감별 진단과 치료

1. 최근 문헌의 비판적 개관

1) 진 단

경계선 장애의 진단과 치료에 관한 문헌 개관은 다른 곳에서도(1장과 3장) 언급하였다. 여기에서는 이 문제에 관한 좀 더 최근의 논문만 살펴보겠다.

경계선 장애의 진단과 관련하여, Grinker 등의 저서인 『경계선 증후군(*The Borderline Syndrome*)』(Grinker, Werble, & Drye, 1968)은 경계선 장애의 범위를 한정시키는 데에 기여한 주요 저서이다. Grinker 등은 경계선 증후군의 전반적 특징으로서 "분노가 주된 혹은 유일한 정동이고, 정동적 관계에 결함이 있고, 자기 정체성의 지표가 없으며 우울한 외로움을 보인다."라고(p. 176) 정의하였다. 그들은 경계선 증후군에는 네 가지 하위 집단이 있다고 정의하였다. 집단 I은 '정신병적 경계선(The psychotic border)' 인데, 다른 내담자나 병원 치료진에게 부적절하고 반항적인 행동 및 정동을 특징적으로 나타낸다. 집단 II인 '핵심 경계선 증후군(The core borderline syndrome)' 은 반항적이고 혼란스러운 감정과 행동, 모순된 행동 그리고 높은 행동화 가능성을 특징적으로 보인다. 집단 III은 '적응적이고 정동이 없는 방어를 사용하는 ~인 체하는(as if) 사람' 인데, 이들은 피상적으로는 적응하지만 정동이 결여된 상호작용을 하며 '~인 체하는' 질적 특성을 갖는 부드러운 적응이 특징이다. 마지막으로 집단 IV는 '신경증적 경계선(The border with the neuroses)' 으로서 아이처럼 매달리는 우울을 나타낸다.

Grinker 등의 결론에 따르면, 일반적으로 경계선 증후군은 정신분열증과는 달리 연상적 사고 과정의 장애뿐만 아니라 자폐적 사고나 퇴행적 사고, '가성(pseudo) 상호관계' 를 가진 가족 구조나 '왜곡된' 가족 구조, 망상이나 환각, 함축된 언어 측면에서의 어떤 결핍 등을 나타내지 않는다(p. 93). Grinker 등은 경계선 증후군을 신경증과 비교하면서 "우울 정동이 몇몇 경계선 범주에서 발견되긴 하지만, 이 우울은 우울 증후군에서 볼 수 있는 것과는 다르다. 경계선 우울은 외로움과 소외감이다." 라고 말한다(p. 95).

경계선 증후군을 다른 성격장애와 구분하려는 Grinker 등의 시도는 잘 안 된 것 같다. 그들은 몇몇 저자가 본질적으로 경계선 내담자인 사람에 대해 다른 성격적 명명을 사용하는 경향을 지적하였으며(필자 생각으로는 정확한 지적으로 보인다.), 경계선 증후군에 대한 좀 더 나은 정의가 성격 병리라는 모호한 진단 영역을 명료화하는 데에 도움이 될 것이라고 생각하였다. Grinker와 그의 동료들의 연구 설계는 병원 장면 내에서 경계선 내담자의 외현적 행동 및 상호작용에 특히 초점을 두고 있기 때문에, 경계선 성격 구조를 덜 심각한 성격 병리 유형과 구분해 주는 기저의 구조적 특성은 이 연구에서 충분히 다루지 않았다. 이러한 제한점에도 불구하고, 필자는

Grinker 등의 연구가 경계선 증후군의 범위를 한정시키는 데에 매우 중요한 기여를 했다고 생각한다. Werble(1970)은 Grinker 등이 연구한 내담자를 대상으로 한 추수 연구를 보고하였다. 그는 원래 연구가 끝난 후 5년 동안 이들 내담자의 사회적 기능은 거의 개인적 변화가 없었다고 결론지었다. 이들은 좁게 제한된 범위 안에서 자신을 적응시킬 수 있었으며, 자신의 생활에서 인간관계가 거의 없었다. 그리고 (매우 중요한 점으로서) 이들 전 내담자들은 추수 연구 시점에서 정신분열증의 증거를 나타내지 않았다.

몇몇 저자는 경계선 장애를 임상적으로 분석하는 데에 기여하였다. Collum(1972)은 Grinker 등의 견해와 이 주제에 관한 필자의 제안을 결합하여, 경계선 내담자의 특징인 정체성 혼미의 중심 특성에 초점을 두었다. Cary(1972)는 경계선 장애에 대한 구조적-역동적 분석을 더욱 발전시키면서 다음과 같은 특징을 강조하였다. 경계선 증후군 속의 '우울'은 무가치감과 만연된 외로움 및 소외감이 특징이다. 즉, 배제된 느낌과 요구성 분노발작이 나타나는데, 이것은 죄책감과 자기 가치 손상이 특징인 신경증적 및 정신병적 우울증과는 구분되는 것이다. 그는 경계선 내담자의 주요 방어로서 분열적 초연함(schizoid detachment)을 강조한다. 필자는 Grinker 등과 Cary의 두 연구 모두 경계선 내담자의 주로 초기 자아 구조를 지적하고 있다고 본다. 이 경우 자기상과 대상상이 통합되지 못하였으며, 따라서 '전체' 대상관계 상태에 아직 도달하지 못한 상태이다. 이러한 원시적 자아 구조는 경계선 내담자가 보이는 우울 반응의 원시적 특성, 관심을 충분히 체험하는 능력의 부족, 그리고 이들의 만연된 공허감을 설명해 준다(7장).

Bergeret(1970, 1972)은 정신분석 관점에서 경계선 장애의 구조적 및 역동적 특징을 살펴보았다. 그는 앵글로색슨 및 최근 프랑스의 정신분석 문헌을 개관하고 임상 사례 자료를 살펴본 후에, 경계선 장애의 특징은 전성기기 갈등이 우세하다는 것과 자아 및 초자아의 원시적인 구조적 및 방어적 특성이 두드러진다는 점이라고 결론지었다. 그는 경계선 장애가 자아의

미숙한 대상관계를 특징적으로 나타내며, 신경증 구조 및 정신병 구조와는 다른 정신병리 범주를 이룬다고 강조하였다. Duvocelle(1971)은 Bergeret과 필자의 견해를 통합하여, 경계선 성격 구조에 대해 전반적인 임상적 및 이론적 개관을 하였다.

Mahler(1971)에 따르면, 분리-개별화 과정의 재접근기 동안 재접근 위기를 정상적으로 해결하지 못한 아동은 '나쁜' 내사물을 발달시킬 수 있으며, 여기에 공격 추동의 파생물이 침투된다고 보았다. 그리고 이 아동은 대상 세계를 '좋은' 대상과 '나쁜' 대상으로 다소 영속적으로 분열시킬 수 있다는 것이다. 그녀에 따르면 "이들 기제, 즉 대상 세계에 대한 강요와 분열은 대부분의 경계선 전이 사례에서 특징적으로 나타난다." 이러한 병리적 발달은 생의 세 번째 해에 정상적인 정체성이 형성됨으로써 재접근 하위단계가 해결되는 정상적인 결과와는 상반된다.

앞에 언급한 모든 저자는 경계선 장애의 전반적인 기술적 특성에 대해서, 그리고 역동적-구조적 특성에 대해서도 대체로 동의하겠지만, 경계선 장애와 다른 성격장애 유형과의 감별 진단 및 정신병, 특히 정신분열증 반응과의 감별 진단에 대해서는 최근 문헌에서 광범위하게 다루어지지 않았다. 어떤 논문(Weisfogel, Dickes, & Simons, 1969)에서는 경계선 장애의 감별 진단에 관한 문헌을 개관하고서 "이들 내담자를 정신병으로 분류한 저자가 가장 설득력 있는 개념화와 자료를 제시하였으며, 이들 내담자를 정신병으로 간주하는 것이 가장 적절한 것처럼 보인다."(p. 34)라고 결론지었다. 이 논문은 문헌에 대한 사려 깊은 개관을 제시하지만, 필자는 개관된 그 증거를 가지고는 이 결론에 동의할 수 없다.

Kohut(1971)은 경계선 구조와 자기애성 성격의 구분에 대해 언급하였으며, 필자는 경계선 장애와 자기애성 성격 사이의 복합적 상호관계를 9장에서 다루었다. 좀 더 일반적 용어로 얘기하면, 필자는 성격장애의 전반적 분류를 시도하였으며, 경계선 장애를 가장 심각하게 퇴행된 성격장애로 간주하였다(Kernberg, 1970).

Bellak과 Hurvich(1969), 그리고 Hurvich(1970)는 최근에 정신분열증을 비정신분열증 상태로부터 감별 진단해 내는 하나의 주요 차원으로 자아 기능에 대한 평가를 다루었다. 현실검증 기능은 경계선 장애와 정신병 상태를 감별 진단 하는 중요한 변인인데(Frosch, 1964; 1장), Hurvich(1970)가 이를 포괄적으로 개관하였다. 필자는 이 장의 후반부에서 경계선 장애와 정신병 상태의 감별 진단에서 현실검증의 활용에 대해 살펴볼 것이다.

경계선 구조에 대한 영어판 및 불어판 개관 이외에 스페인어로 된 개관도 출판되었다(Paz, 1969; Meza, 1970). 경계선 장애에 관한 문헌을 전반적으로 잘 개관한 책은 Arlene R. Wolberg가 쓴 최근의 책(Wolberg, 1973)에서 찾아볼 수 있다.

2) 치 료

최근 몇 년간의 정신의학 문헌에서 특히 정신분석 문헌에서는 경계선 장애의 치료를 다룬 논문이 증가하고 있다. 예전과 마찬가지로 경계선 내담자에게 지지치료를 해야 하는지, 혹은 표현적 정신분석 접근을 해야 하는지, 혹은 수정되지 않은 정신분석을 해야 하는지에 대해 의견이 나뉜다. 경계선 내담자는 지지적 심리치료로 치료해야 한다는 권고로부터 점차 이탈하는 변화가 일어나고 있다. 유일하게 Zetzel(1971)은 전이와 역전이 출현의 강도를 줄이기 위해 '정기적인 그러나 제한된 접촉(1주일에 1회는 넘지 않는)'을 권고하였다. 그리고 현실 문제와 치료 시간의 구조화가 강조되어 왔는데, 이러한 것이 함께 결합되어 본질적으로 지지적 접근을 이룬다. Zetzel은 (그녀의 접근에서) "많은 경계선 내담자의 경우, 무기한으로 확장된 기간에 걸쳐 치료자가 최소한 잠재적으로 가용한 상태로 남아 있는 것이 필요하다."라는 것을 인정하였다. 여기에서 함의는 이러한 지지적 접근이 내담자가 현실에 더 잘 적응할 수 있도록 하는 데에 효과적이긴 하지만, 끝이 없는 심리치료 관계에 기여할 수 있다는 것이다.

여러 저자는 필자가 3장에서 제안한 것과 같은 수정된 정신분석 절차나 표현적 심리치료 접근을 추천한다. Frosch(1970)는 수정된 정신분석 절차 속에 포함되는 경계선 내담자에 대한 임상적 접근을 상세히 설명하였으며, 좀 더 최근에는(Frosch, 1971) 이들 내담자에 대한 그의 전반적 치료 방략을 요약하였다. Greenson(1970)은 유사한 접근을 제안하면서 자신의 수정된 정신분석 기법을 임상 사례와 함께 예시하였다. Frosch와 Greenson은 둘 다 치료 시간에서의 내담자 지각과 치료자 개입에 대한 내담자 태도를 명료화하는 것이 중요하다는 점을 강조하였다. (필자도 기본적으로 동의하는) 이들의 접근은 기본적으로 치료자가 기법적인 면에서 중립적 입장을 취해야 한다는 것과, 설사 필요한 경우라도 그러한 중립성에서의 이탈을 최소화해야 한다는 점을 시사한다. 이와 달리 경계선 장애의 치료를 위해 정신분석에서 유래된 다른 심리치료 접근들은 기법을 더 많이 수정하였다.

Masterson(1972)의 주장에 따르면, "경계선 증후군은 버림받은 느낌의 결과이며, 이러한 유기된 느낌은 내담자가 분리와 개별화를 시도할 때 어머니가 공급을 철회함으로써 생겨난다. 내담자가 자신의 버림받은 느낌으로부터 자신을 방어하려는 요구가 발달의 정지와 임상적 그림을 만들어 낸다."(p. 35). 이러한 기초 위에 그는, "급성 증상 위기(유기 우울)를 해결할 수 있고, 분리-개별화에서 자율성에 이르는 단계들을 통해 성장을 격려함으로써 자기애적 구강기 고착에 수반되는 자아 결함을 교정하고 복구할 수 있도록" 구체적으로 맞추어진 특별한 심리치료를 고안하였다. 필자가 보기에는 그의 접근이 (자기상과 대상상의 병리적 재융합과 관련된) 공생적 융합을 둘러싼 갈등 및 그러한 융합에 대항하는 방어와, 그리고 (공격적으로, 그리고 리비도적으로 결정된 자기상과 대상상을 통합할 수 없는 무능력과 관련된) 분열을 중심으로 하는 구조적 조건에 관련된 갈등 사이의 차이를 충분히 고려하지 않은 것 같다. 그의 접근은 또한 경계선 성격 구조의 병인론에서 전성기기 공격성을 둘러싼 갈등의 중요성을 간과하였다. 더욱이 경계선 성격 구조의 수준에서는 여러 가지 성격 구조가 발견되며, 개인치료 기법은 좀 더 개인적으로 결정된, 이러한 그리고 다른 발생학적-역동적 특성을 고려해야 한다.

Arlene R. Wolberg(1973)는 적대적 전이에 대한 초기의 해석이 전이를 훈습하는 데에 도움이 되기보다는 경계선 내담자의 피학증을 만족시켜 줄 수도 있음을 제안하였다. 그녀는 '투사적 치료 기법에 의해' 적대감을 둘러싼 갈등이 간접적으로 해석될 수 있다고 제안하였는데, 이 기법은 이들 갈등이 다른 대상에게로 표현되는 것에 초점을 둔다. 그녀에 따르면, "투사적 치료기법을 통해 '타인' 을 이용함으로써 지금 여기에서의 관계가 다루어질 수 있다. 여기에서 내담자는 타인의 전이 행동이 가진 방어적 측면을 강조하면서, 과도하게 방어하지 않고 대인관계 속에서 자신이 느끼는 불안을 견뎌 낼 수 있을 때까지 분석가와의 개인적 직면을 피할 수 있다. 치료의 목적은 때 이른 직면을 통해 내담자가 그의 방어를 증가시키도록 하기보다는 방어를 그만두도록 돕는 것이다." 필자는 이러한 접근에 동의하지 않으며, 그보다는 긍정적 및 부정적 전이 측면 모두에 직접적이지만 비판적이지 않은 초점을 두는 것이 내담자로 하여금 자신의 공격성에 대한 두려움을 감소시킬 수 있도록 돕는 데에 가장 효과적이라는 점을 강조하고 싶다. 그러나 경계선 장애의 치료에 대한 Wolberg의 기법적 접근의 많은 다른 측면은 수정된 정신분석 절차를 적용하는 다른 저자들이 취하는 접근과 관련되어 있다. 필자에게는 Chessick(1971)이 추천한 경계선 장애에 대한 정신분석적 접근의 경우도 이와 마찬가지인 것처럼 보인다.

Masterson(1972)은 몇몇 경계선 청소년 내담자의 입원 필요성을 지적하였으며, 이들의 방어와 갈등을 다룰 수 있는 주위 환경을 구체적으로 설계하였다(pp. 105-109). Adler(1973)는 단기치료 병동에 입원한 경계선 내담자에게 필요한 기본적 구조를 간명하게 기술하였다. 그는 병원 세팅 속에서 나타난 갈등의 행동화가 내담자의 병리적 요구를 계속 만족시켜 줄 정도까지 도전받지 않은 퇴행이 일어나도록 허용하는 것의 위험성과, 내담자의 정신병리를 불분명하게 만드는 과도한 한계 설정의 위험성을 강조하였다. 필자가 보기에 외래나 단기 입원만으로 치료될 수 없는 경계선 내담자에 대한 장기 입원치료의 분야는 아직 문헌에서 발견되지 않은 것 같다.

Boyer와 Giovacchini(1967)는 정신분열증과 성격장애에 대한 수정되지 않은 정신분석적 접근을 추천한다. 이들에 따르면, 최근 수년 동안 기법과 기법의 이해가 확대됨으로써 정기적 외래 치료를 받을 수 있는 심하게 퇴행된 내담자를 분석적으로 치료할 수 있게 되었다고 한다. 비록 성격장애에 관한 장에서 Giovacchini가 구체적으로 경계선 장애를(일반적인 심한 성격장애와는 대조되는) 언급하진 않았지만, 그의 관찰은 필자가 보기에 경계선 내담자는 그러할 것이라고 생각한 점에 의해 제기되는 기법 문제에 초점을 두고 있다. 그는 어떤 내담자의 경우 "매우 거친 행동화를 표출함으로써 분석에서의 예의가 방해받고 분석이 진행될 수 없다."(p. 258)라는 것을 인정한다. 임상 실제에서 Giovacchini는 분석 시간 중의 내담자 행동화에 대한 한계를 설정하고 기법의 한계를 활용하고자 하였는데, 이러한 한계는 나중에 해석을 통해 해결하려고 하였다. 그는 어떤 사례의 경우 일시적 치료 중지를 권고하였다(p. 261). 그는 "어떤 내담자는 누군가가 자신의 혼란스러운 상황을 다루어 줌으로써 스스로가 충분히 안정되고 결국 치료가 진행될 수 있게 되기를 원한다. 치료의 필요조건을 보존하면서, 분석가가 그렇게 할 수 있는지의 여부는 … 아직 해결되지 않은 문제이다."라고 인정하였다(p. 286).

Boyer(1971)는 심한 성격장애와 정신분열증 내담자의 분석 치료에서 공격 추동의 파생물을 초기에 해석하는 것의 중요성을 강조하면서, 본질적으로 수정되지 않은 정신분석 기법이 이런 내담자에게도 사용될 수 있다는 그의 초기 생각을 되풀이한다. Paz(1969) 역시 경계선 장애에게 본질적으로 수정되지 않은 정신분석적 접근을 사용할 수 있는 가능성을 강조하였다. 유사한 접근이 경계선 분열적 내담자가 나타내는 구체적 방어기제에 대한 Khan(1964, 1969)의 논문에 함축되어 있다.

메닝거 재단(1972)이 실시한 심리치료 연구 프로젝트의 양적 자료에 대한 최종 성과 연구에 기초해서, 필자는 표준 정신분석 절차가 적합한 사람은 소수이며 대다수의 경계선 내담자는 수정된 분석적 접근을 필요로 한다는 필자의 신념이 더 강해지는 것을 느꼈다. 다음에는 우선 경계선 성격 구조의 정신병리, 진단 및 치료에 대한 필자의 초기 연구를 간략히 요약하고, 이어서 이들 사례에서 전이의 변천, 장기 치료 방략, 정신분열증과의 감별진단에 관한 어떤 추가적인 임상적 기여를 제시하겠다.

2. 이전 연구 요약

정신분석의 효과성의 한계에 관한 질문을 제기하는 내담자 자아의 구조적 변화를 지칭하기 위해 가장 빈번히 사용되는 두 가지 용어는 '자아 왜곡(ego distortion)'과 '자아 취약성(ego weakness)'이다. 모든 실제적 목적을 위해 이 두 가지 용어는 같은 유형의 내담자에게 적용된다. 자아 왜곡은 이들 내담자가 나타내는 고도로 병리적이고 경직된 성격 패턴에 초점을 두며, 반면에 자아 취약성은 내담자가 나타내는 어떤 정상적 자아 기능의 부적절성이나 결핍에 초점을 둔다. 연구 관점에서 보면, 자아 취약성이란 용어는 그것의 양적인 함의로 인해 더 선호된다. 이 용어는 메닝거 재단의 심리치료 연구 프로젝트에서 한편으로는 구조적 변화와 자아 기능의 부적절성 사이의 관계를 평가하기 위해, 다른 한편으로는 정신분석과 정신분석 심리치료의 효율성을 평가하기 위해 사용되었다(Kernberg, 1972). 경계선 장애의 진단, 예후 및 치료에 대한 필자의 연구는 그 프로젝트에서 나왔다.

이 장에서 필자는 자아 취약성이란 용어를 초기의 자아 장애에서 기인된 자아의 구조적 변화를 지칭하기 위해 사용하였으며, 다음과 같은 내용을 간략히 살펴볼 것이다. 1) 경계선 성격 구조에서 전형적으로 나타나는 자아 취약성의 임상적 징후, 2) 자아 취약성의 기원에 관한 몇 가지 가설, 3) 자아가 약한 내담자를 분석할 때 제기되는 복잡한 문제와 이들의 치료에 대한 기법적 함의, 4) 이들 사례에서 분석 가능성을 개선시키거나 악화시키는 몇몇 조건.

필자는 앞의 몇몇 장에서 발전시킨 각각의 분석에 대해 몇 가지 점에서 새로운 자료를 도입하면서, 경계선 성격 구조의 진단적 특성과 치료적 특성을 강조할 것이다. 마지막으로 필자는 전이 정신병의 몇 가지 임상적, 이론적 함의를 요약하고, 정신분열증과의 감별 진단을 더욱 명료화시킬 것이다.

1) 경계선 성격 구조의 임상적 징후

임상적으로 경계선 내담자에 대해 얘기할 때, 우리는 대인관계에서 심각한 어려움을 나타내고 현실 경험이 약간 변질되기는 하였지만 근본적으로는 현실검증이 유지되는 그런 내담자를 가리킨다(1장). 이들 내담자는 모순되는 성격 특성, 의식 속에 있는 원시적 '원초아 내용'에 대한 방어와 직접적 표현이 혼란스럽게 함께 있음, 이것과 연결된 갈등적 특성을 자각하지 못하는 것에 대한 실제적 관심이 없는 자신의 성격에 대한 일종의 가짜 통찰, 그리고 분명한 정체성의 결여와 타인에 대한 깊이 있는 이해의 결여를 나타낸다. 이들 내담자는 억압 및 이와 관련된 방어 대신에 원시적 방어기제를 나타내며, 무엇보다도 초기에 병리적으로 내재화된 대상관계의 '소화되지 않은' 지속을 반영하는 모순적 자아 상태들의 상호 해리를 나타낸다. 이들은 또한 자아 취약성의 '비특정적' 표현을 나타낸다. '비특정적' 이란 용어는 충동 통제의 결여, 불안 내성의 결여, 승화 역량의 결여, 일차과정 사고의 존재를 가리키며, 이들 자아 취약성의 징후가 정상적 자아 기능의 일반적 부적절성을 나타낸다는 것을 보여 준다. 이와 반대로, 이들 내담자의 원시적 방어기제와 이들의 모순되고 병리적인 성격 특성은 자아 취약성의 '특정적' 표현이다. 간단히 말하면, 이들은 충동과 방어에 대한 고도로 개인화되고 적극적인 타협 형성을 나타낸다.

2) 자아 취약성의 기원에 대한 가설

초기의 자아가 연이어 신속하게 성취해야 하는 두 가지 근본적 과제는 첫째, 대상상과 자기상의 구분, 둘째, 리비도와 공격성에 의해 결정된 자기상과 대상상의 통합이다.

첫 번째 과제는 일차적 자율성 발달의 영향을 받아 부분적으로 성취된다. 지각과 기억 흔적은 자극의 기원을 분류해 내고 자기상과 대상상을 점진적으로 구분해 내는 데에 도움이 된다. 정신병의 경우 이러한 첫 번째 과제가 성취되지 못하는데, 그것은 자기상과 대상상 사이의 병리적 융합으로 인해 자아 경계의 구분이 실패하고, 결국 자기와 비자기를 구분할 수 없기 때문이다. 이와 달리 경계선 성격 구조의 사례에서는 대상상으로부터 자기상을 구분해 냄으로써 통합된 자아 경계가 확립되고, 이에 수반되어 자기와 타인의 구분이 이루어지게 된다.

두 번째 과제는 리비도적 추동 파생물 및 관련 정동의 영향으로 형성된 자기상과 대상상을 공격적 추동 파생물 및 관련 정동의 영향하에서 확립된 상응하는 자기상 및 대상상과 통합하는 것이다. 그러나 경계선 내담자는 대부분 이 두 번째 과제에서 실패하는데, 그것은 주로 전성기기적 공격성이 병리적으로 우세하기 때문이다. 결과적으로 모순되는 자기상과 대상상을 통합할 수 없게 되는데, 이로 인해 자기개념의 통합이 방해받고 대상 항상성이나 '전체적' 대상관계의 확립이 방해받게 된다. 이제 이들 가설을 좀 더 상세하게 살펴보겠다.

충분히 좋은 어머니 역할은 어머니가 아직 유아에게 가용하지 않은 자아 기능을 불러일으키고 자극하고 그리고 보완해 주는 것을 의미한다. 예를 들어, 어머니가 아기를 직관적으로 다룬다면 통증, 두려움, 좌절의 원천을 일찍 포착할 수 있게 되며, 뿐만 아니라 아기의 기본적인 요구를 만족시켜 주면서 최적의 만족스럽고 즐거운 경험을 가질 수 있게 된다. 심리내적으로 보면 이것은 만족과 즐거움의 핵심 경험이 아기 속에 자리 잡는 것을 의미하는데, 이것은 유쾌한 정동에 의해 강력하게 강화되고 그러한 경험과 연결된 고유 수용기적 및 외부 수용기적(proprioceptive & exteroceptive) 지각에 의해 점진적으로 표출된다. 기본적 신뢰를 결정하는 기본적이고 융합된 자기-어머니상은 이러한 핵심 경험에서 나온다. 기본적 신뢰는 유쾌한 어머니-아이 관계에 대한 인식을, 그리고 나중에는 이 관계에 대한 기대를 포함한다. 기본적 자아 장해는 충분히 강하고 융합된 '좋기만 한' 자기대상상 혹은 '좋은 내적 대상'을 확립하는 것의 실패이다.

리비도에 의해 결정된 좋은 자기대상상은 과도한 좌절에 의한 불안과 혼란을 감소 혹은 중화시켜 준다. '나쁜' 융합된 자기대상상은 이러한 과도한 좌절과 함께 나타날 수 있다. 어머니와의 정상적 관계는 이러한 융합된 좋은 내적 자기대상상의 확립에 의존할 뿐만 아니라 그것을 강화한다.

심한 좌절과 그 결과로 나타나는 공격성에 의해 결정된 '나쁘기만 한' 융합된 자기대상상의 우세는 다음 발달 단계, 즉 좋은 자기대상상의 영역에서 대상 요소와 자기 요소를 점진적으로 구분해 내는 것을 방해할 수 있다. Jacobson(1954)이 지적하였듯이, 과도한 좌절과 분노로부터 보호하기 위해 원시적이고 좋기만 한 자기상과 대상상을 방어적으로 재융합시키는 것은, 만일 그것이 초기 유아기 발달 단계를 넘어서도 지속되고 있다면 정신병적 동일시의 전형이다.

리비도에 의해 결정된 자아 핵 영역과 나중에 공격성에 의해 결정된 자아 핵 영역에서 자기상과 대상상을 구분할 수 있게 되면, 이것은 미래의 비정신병적 자아 구조와 정신병적 자아 구조를 구분하는 어떤 중요한 단계가 이루어진 것이다. 다음 단계는 모순되는(즉, 리비도에 의해 결정된 것과 공격성에 의해 결정된 것) 자기상들을 점차적으로 통합해 가는 것인데, 이는 이제 통합되어 가는(동일한 외부 대상과 관련된 좋은 그리고 나쁜 대상표상이 통합된다는 의미에서) 대상상에 의해 둘러싸인 중심 자기를 구체화시키는 것과 함께 이루어진다. 이것은 또한 양가성에 대한 내성이 발달되기 시작하는 시점이기도 하다. 그러한 통합이 이루어지면 통합된 자기상이나 자기개념은 통합된 대상상과도 연결이 된다. 투사와 내사에 의해 자기개념과 대상상 모두에 대한 연속적인 재형성과 재확인이 이루어지는데, 이러한 투사와 내사는 아이가 그의 어머니 및 주변의 다른 사람들과 맺는 실제 대인관계와 연결되어 있다.

통합된 자기개념 및 이와 관련된 통합된 대상표상은 넓은 의미의 자아 정체성을 구성한다. 안정된 자아 정체성은 다시 자아의 안정성, 통합 및 유연성의 중요한 결정인이 되며, 또한 좀 더 높은 수준의 초자아 기능(초자아의 추상화, 탈개인화, 개별화)이 충분히 발달하는 데에 영향을 준다.

리비도에 의해 결정된 그리고 공격성에 의해 결정된 자기상과 대상상을 통합하는 데에 실패하면 이것은 비정신병적 자아 장애의 주요 원인이 되며, 이것은 다시 분석 가능성의 한계를 결정한다. 이러한 통합의 결여는 공격성에 의해 결정된 자기상 및 대상상이 병리적으로 우세한 것으로부터, 그리고 본래 융합되어 있는 좋은 자기대상상 주위에 충분히 강한 자아 핵심이 자리잡지 못한 것으로부터 기인된다. 그러나 자기상과 대상상이 구분되지 않은 조건(정신병)과는 달리, 일반적으로 경계선 장애로 지칭되는 자아 왜곡의 경우에는 굳건한 자아 경계의 확립을 위해 자기상과 대상상이 충분히 구분된다. 이 시점에서 문제는 공격성에 의해 결정된 자기상 및 대상상의 강도, 그리고 방어적으로 이상화된 좋기만 한 자기상 및 대상상의 강도가 통합을 불가능하게 한다는 것이다. 자기와 의미 있는 타인에 대한 극도로 상반되는 사랑하는 상과 미워하는 상을 함께 결합시키는 것은 좋은 내적 및 외적 대상관계에 대한 암묵적 위험으로 인해 참기 힘든 불안과 죄책감을 유발할 것이다. 따라서 그러한 모순적인 자기상과 대상상을 적극적이고 방어적으로 분리하게 된다. 다시 말해 원시적 해리나 분열이 주된 방어기제가 된다.

자기표상과 대상표상의 통합 결여가 처음에는 초기 발달의 정상적 특성이다. 그러나 나중에는 그러한 통합 결여가 모순되는 자아 상태들을 적극적으로 분리시키는 데에 사용된다. 분열은 모순되는 자아 상태들을 적극적이고 방어적으로 분리시키는 것이다. 분열과 연결된 원시적 방어기제(부인, 원시적 이상화, 전능, 투사, 투사적 동일시)는 분열을 강력하게 강화하며, 자아의 점증하는 통합을 희생시킴으로써 사랑과 미움 사이의 참을 수 없는 갈등에서 자아를 보호한다. 임상적으로 경계선 내담자로 발전할 수 있는 아동은 당면한 환경 속의 중요한 타인과의 관계에서 혼란스럽고 모순되며, 매우 좌절스럽고 두려운 정서 경험이 될 수 있는 것 사이의 정서적 연결을 적극적으로 단절시키면서 매 순간 살아간다.

견디기 어려운 갈등과 내재화된 대상관계의 관련된 병리로부터 자아를 보호하기 위해 형성된 이들 원시적 방어기제는 몇 가지 중요한 구조적 결과를 나타낸다. 첫째, 통합된 자기개념이 발달하기 어려우며, 외부 대상에 대한 만성적 과잉의존이 나타날 수 있다. 이것은 행동, 사고 및 감정에서 그것들을 연결시키는 어떤 연속성을 성취하기 위한 노력이다. 자기개념의 통합 결여는 정체성 혼미 증후군을 결정한다. 둘째, 모순되는 성격 특성들이 발달하는데, 이것은 모순되는 자기상 및 대상상을 나타내며, 나아가 미래의 경계선 내담자의 대인관계 속에서 혼란을 만들어 낸다. 셋째, 초자아 통합이 어려움을 겪게 되는데 그것은 통합된 자아 정체성의 안내 기능이 없기 때문이다. 과장되고 모두 좋기만 한 이상적 대상상과 극도로 가학적이고 모두 나쁘기만 한 초자아 전조 사이의 모순은 초자아 통합을 방해한다. 따라서 자아 통합을 촉진하게 될 초자아 기능 또한 없으며, 이것은 편집적 경향성의 형태로 초자아 핵이 과도하게 재투사된 병리적 결과를 강화한다. 넷째, 통합된 대상표상의 결여는 자신의 권리를 가진 한 개인으로서의 타인에 대한 깊은 공감을 방해한다. 자기개념의 통합 결여는 나아가 타인에 대한 충분한 정서적 이해를 방해한다. 마지막 결과는 결함 있는 대상항상성이나 혹은 전체적 대상관계를 확립할 수 없는 무능력이다. 다섯째, 자아 강도의 비특정적 측면은(불안 내성, 충동 조절, 승화 잠재력) 약한 자아 및 초자아 통합으로 인해 고통받는다. 자아 강도는 추동 에너지의 중화에 달려 있다. 그러한 중화는 근본적으로 리비도 및 공격성에서 기인한 자기상 및 대상상의 통합 속에서 이루어진다.

3) 경계선 내담자 분석에서 특수한 문제점과 치료기법의 함의

자아가 약한 내담자의 경우, 원시적 초기 갈등이 억압되지 않는다. 모순되는 원시적 내용 사이의 의식적 상호 해리가 억압을 대체하고, 방어와 충동의 정상적인 '저항 대 만족(resistance versus content)' 구조를 대체한다. 원시적 자료를 의식하는 것은 통찰을 반영하는 것이 아니라 분열 기제의 우세를 반영하는데, 이러한 분열은 신경증 내담자에게서 볼 수 있는 억압을 중심으로 하는 것과는 다른 방어이다.

또한 자아 강도의 비특정적 표현의 부족은 치료 중 증가된 갈등 자각에 필요한 내성을 방해하며 과도한 행동화 경향을 유발한다.

더욱이 자기개념의 분화 결여와 대상의 분화 및 개별화 결여는 현재 대상관계와 과거 대상관계의 구분을 방해한다. 전이와 현실은 혼동되며, 원시적 투사가 우세하기 때문에 분석가를 전이 대상과 구분하지 못한다. 분석가를 자신의 고유한 권리를 가진 통합된 하나의 대상으로 볼 수 있는 역량의 결여와 번갈아 일어나는 자기상과 대상상의 투사가 병리적으로 증가하는 것은 (전이에서 서로의 역할이 쉽게 바뀔 수 있게 되고) 전이에서 자아 경계를 약화시키고 전이 정신병을 촉진한다.

마지막으로, 치료 관계는 일상생활을 쉽게 대체할 수 있다. 그것은 치료 관계가 가진 만족시켜 주고 보호해 주는 특성이 전이와 행동화 속에서 원시적 병리적 요구를 충족시키려는 유혹을 강화하기 때문이다.

이러한 요약은 경계선 성격 구조의 전형적 구조와 이들 내담자가 제시하는 전형적 치료적 어려움을 나타낸다. 비록 몇몇 저자는 이들 조건하에서도 표준 정신분석을 실시할 수 있고 또 해야 한다고 믿지만, 필자를 포함한 다른 사람들은 여기에 의문을 가진다. 그러나 필자 생각에 이들 내담자에 대해 이상적으로 맞추어진 치료는 저항과 전이에 대한 해석을 강조하고 분석가가 근본적으로 중립적인 태도를 고수할 것을 강조하는 정신분석적으로 도출된 절차이다.

필자는 경계선 내담자에 대한 정신분석적 심리치료에서 다음과 같은 기법적 필요조건을 제안하였다(3장). ① 완전한 발생학적 재구성을 시도하지 않고 단지 '지금 여기'에서 부정적 전이를 체계적으로 상세히 다루는 것, ② 이들 내담자가 부정적 전이를 보이기 시작할 때 그들의 방어기제를 해석하는 것, ③ 전이의 행동화를 막기 위해 한계를 설정하기, 그리고 분석가의 중립성을 보호하기 위해 치료 시간 밖의 내담자 생활에 대해 필요한 만큼 구조화하기, ④ 치료동맹의 점진적 발달을 촉진하기 위해 긍정적 전이의 덜 원시적이고 완화된 측면에 대해서는 해석하지 않기 등이다.

4) 경계선 내담자의 분석가능성

경계선 성격 구조의 심각한 자아 왜곡이라는 맥락 속에서 정신분석의 예후를 호전시키거나 악화시키는 것은 구조의 발달에 달려 있다. 구조 발달은 경계선 성격 구조를 복잡하게 하는데, 이것은 다시 내재화된 대상관계의 변천에 따라 달라진다(4, 8, 9장).

만일 경계선 내담자가 어떤 좀 더 높은 수준의 초자아 통합, 추상화 및 탈개인화를 성취하였다면, 초자아는 자아 통합을 촉진하는 기능을 수행할 만큼 여전히 충분히 강하다고 할 수 있으며, 따라서 자기개념의 통합 결여(정체성 혼미)를 보완해 줄 수 있다. 몇몇 유아성 성격은 놀랄 만큼 좋은 내재화된 가치 체계를 발달시키며, 자기 요구의 만족을 넘어서서 윤리적, 직업적 그리고/혹은 예술적 가치와 동일시할 수 있는 능력과 이러한 가치, 직업 혹은 예술을 다루는 데 있어서의 개인적 통합을 발달시킨다. 높은 지능과 특정 재능도 도움이 되는 요소이지만, 이러한 발달에 가장 중요한 것은 대상관계의 가용성이다. 그것은 진전된 초자아 구조의 발달이 정점에 달했을 때에(4~6세 무렵에, 그리고/혹은 청소년기 동안) 중요한 것으로 보인다. 여기에서 이들 초자아 구조는 그들의 원시적 갈등에 의해 완전히 통제되지는 않으며, 어떤 현실적 요구와 금지의 좀 더 조화로운 통합을 허용하는 것이다. 일반적인 의미에서 정직성과 통합은 유아성 성격과 경계선 성격 구조 내담자가 수정되지 않은 정신분석 절차를 견뎌 낼 수 있도록 해 주는 가치 있는 예후 요인이다.

경계선 성격 구조를 복잡하게 만드는 예후적으로 부정적인 발달은 '좋기만 한' 자기상과 초기의 이상적 자기상 및 대상상과의 병리적 융합이다. 내재화된 대상관계가 가진 모든 '좋은' 측면의 병리적 융합은 이상화되고 고도로 비현실적인 자기개념으로 구체화된다. 이 자기개념이 어떤 현실 상황(비상한 재능, 신체적 아름다움, 지능과 같은)에 의해 촉진될 경우 현실에 의해 강화될 수 있으며, 역설적으로 '특별함(specialness)' 에 대한 더 나은 현실 적응을 촉진할 수 있다. 이러한 발달은 자기애성 성격의 특징이다(8, 9장). 사회적 기능이 이런 상황에서 상당히 향상될 수 있지만, 이 향상은 자기와 자아 이상 사이의 정상적인 분화를 상실하는 희생을 (따라서 매우 중요한 초자아 구조를 희생하여) 치르게 된다. 심각한 초자아 결함은 자기애성 성격에서 전형적으로 나타나며, 이들의 분석가능성을 손상시킨다.

이상화된 자기개념이 자기의 평가절하된 나쁜 측면을 부인하고 투사하는 원시적 방어기제의 좀 더 강한 활성화를 필요로 한다는 것은 강조하지 않아도 될 것이다. 따라서 이들 방어는 자기개념의 현실적 통합 부족을 영속화시킨다. 그러나 바로 이러한 표면적 기능의 개선은 기저의 정신병리가 가진 심각성이 드러나지 않게 할 수 있으며, 결국 자기애성 성격은 변화 없이 수년간의 정신분석을 받을 수 있다. 필자는 이들 내담자가 정신분석을 받아야 된다는 사실을 언급하였고, 또한 이들의 분석을 위한 특별한 기법적 필요조건을 강조하였다(8장).

정신분석과 정신분석적 심리치료의 예후를 악화시키는 특히 좋지 않은 발달은 경계선 내담자의 성격 구조에서 고도로 가학적 성질을 띠는 원시적 초자아 전조와의 동일시가 발달하는 것이다. 이러한 상황에서는 원시적인 파괴성 및 자기-파괴성이 자아 구조로 편입되고, 초자아에 의해 중재되며, 이들 내담자의 심리적이고 신체적인 생활을 심각하게 위협할 수 있는 조건하에서 공격적 충동의 직접적 표현을 허용한다. 원래 원시적이고 전성기기적 공격성을 나타냈던 자기-파괴성이 자아 이상이 되어 내담자의 전능감을 만족시킬 수 있는데, 그것은 이제 더 이상 좌절과 고통을 두려워할 필요가 없다는 점에서 그렇다(고통은 이제 본질적으로 즐거움이다.). 그러한 공격성은 무작위적인 파괴성에 의해 표현될 뿐만 아니라, 내담자가 자신의 만족과 향상을 위해 의지하는 사람을 향한 선택적 파괴성에 의해서도 표현된다. 따라서 내담자는 특히 자신이 의지하는 사람을 시기하는데, 이들 대상이 내적으로 사랑을 가지고 있고 심지어 내담자를 포함한 타인에게 선(善)을 제공하고 싶어 하기 때문이다. 이들 내담자는 예후적으로 가장 나쁜 형태의 공격자와의 동일시를 나타낸다(4장).

3. 치료에 관한 추가 고려 사항

1) 전이 해석, 퇴행 및 재구성

필자는 이제 이들 내담자의 치료에서 다음과 같은 측면을 강조하고자 한다. 첫째, 자아가 약하다는 것은 자아의 견고한 방어기제가 없다는 의미라기보다는 오히려 경직된 원시적 방어가 적극적으로 존재한다는 것임을 기억해야 한다. 이들 방어는 그러한 약한 자아를 유발하고 지속시키는 데에 기여한다. 둘째, 좀 더 높은 수준의 방어를 강화하려 하거나 내담자 적응을 직접적으로 지지하려는 시도보다는 특히 전이가 시작됨에 따라 이러한 원시적 방어기제를 일관성 있게 해석하는 것이 도움이 된다. 왜냐하면 이들 방어의 해석은 자아 성장이 재개되도록 허용하고 높은 수준의 방어 작용이 우세해지도록 허용하기 때문이다. 셋째, 해석은 분석가 개입에 대한 내담자 왜곡을 동시에 체계적으로 살펴볼 수 있도록 공식화해야 하며, 지금 현실에 대한 내담자의 왜곡과 특히 그 시간 중의 내담자 지각 왜곡이 체계적으로 명료화될 수 있도록 공식화해야 한다. 이러한 명료화는 제안하기, 조언 제공 또는 분석가의 개인적 일을 내담자에게 드러내는 것이 아니다. 그보다는 분석가가 내담자와의 '지금 여기' 에서의 상호작용을 어떻게 보는가에 대한 분명한 설명이다. 이것은 내담자가 '지금 여기' 에서의 상호작용을 어떻게 해석하고 있는가에 대해 분석가가 추측하는 것과는 다른 것이다. 따라서 지각의 명료화 그리고 해석에 대한 내담자 언급의 명료화는 본질적으로 해석적인 접근에서 중요한 요소이다. 이 접근에서는 원시적 방어기제가 전이에 들어오면 그러한 방어를 체계적으로 분석하고자 한다.

종종 경계선 내담자의 진전된 치료 단계에서, 내담자가 이전에 보고했던 외상적 상황이 실제가 아니었으며, 만성적으로 외상을 주는 다른 실제의 부모-아이 상호작용이 있었다는 것이 밝혀진다. 이것은 내담자가 이전에는 결코 의식적으로 자각하지 못했던 것이다. 밝혀진 바에 따르면 가장 해로운 영향은 내담자가 당연한 것으로 받아들였던 것이며, 이러한 영향이 없어지면 내담자는 놀랍게도 새로운 삶의 조망이 시작되는 것으로 경험한다. 다음 사례는 경계선 내담자의 전이 속에서 지금 현실과 과거 왜곡의 관계성을, 그리고 그 시간 중의 내담자 지각을 명료화시킬 필요성을 예시해준다.

어떤 내담자가 부모 모두와 가졌던 친밀한 신체 접촉을 회상하였는데, 그것은 그녀의 마음속에서 가족이 함께 한 난교 파티와 같은 것이었다. 그녀는 점차 이 기억의 환상적 성질을 알아차리게 되었다. 나중에 그녀는 자신에게 너무 당연한 것이어서 보고하지 않았던 경험을 회상하였다. 내담자는 분석가가 그녀의 어떤 언어적 혹은 비언어적 의사표현을 이해하지 못했다는 말을 할 때마다 화를 냈다. 그녀는 그를 믿지 않았다. 그녀는 그가 자신의 마음을 실제로 읽을 수 있다고 생각했고 그녀가 화나도록 하려고 일부러 이해하지 못한 척할 뿐이라고 생각하였다. 분석가가 그녀의 마음을 읽을 수 있다는 가정을 일관되게 탐색한 후에야, 그녀는 어머니가 그녀 마음을 진짜로 읽을 수 있다고 말했던 것을 기억해 냈다. 자기에게는 틀린 것으로 보이는 해석에 대한 그녀의 거부는 그녀에게 어머니에 대한 반항으로 경험되었다. 어머니의 암묵적 전능함, 가학적 침입, 아동기와 청소년기 동안 그러한 의사소통 스타일에 대한 내담자의 수동적 수용 그리고 이러한 패턴의 이차적 전능적 활용은, 그녀 아동기의 현실적이고 매우 외상적인 측면을 반영하는 것으로 밝혀졌다. 전이 속에서 부모에 대한 환상 경험과 그것에 대한 방어를 훈습한 후에, 내담자는 치료 관계의 좀 더 현실적 측면을 지각할 수 있었다. 그녀는 부모와의 관계에서 실제로 있었던 병리적 상호작용을 자각할 수 있게 되었는데, 이것은 이전까지 그녀에게 당연한 것처럼 보이던 것이었다.

필자가 강조하고 싶은 이러한 관찰의 함의는 이 내담자의 현실검증 장해가 전이 현상의 두 가지 층과 관련되어 있다는 것이다. 그것은 첫째, 초기 자아 장해와 관련된 환상적 내적 대상관계를 반영하는 (때로 거의 정신병적 성질을 띠는) 고도로 왜곡된 전이, 둘째, 현실 경험과 관련된 좀 더 '현실적' 전이, 즉 고도로 부적절한 부모-아이 상호작용이다.

치료 관계에서 활성화되는 원시적 방어기제에 대한 해석은 내담자 심리적 기능의 즉각적이고 인상적인 개선을 유발해 내기 때문에, 이 방법은 본질적으로 정신병 내담자로부터 경계선 내담자를 구분해 내는 진단 과정에서 사용될 수 있다. 그 시간의 분열 기제 해석과 같은 원시적 방어기제에 대한 체계적 탐색은 경계선 내담자의 기능을 즉각적으로 개선시키겠지만, 정신병 내담자의 경우에는 명백한 정신병 증상으로의 퇴행을 유발할 것이다. 다음 사례는 진단 과정에서 나타난 그러한 개선이나 퇴행을 보여 준다.

병원에서 필자는 20대 초반의 미혼 여대생을 면접하였다. 그녀는 어색하고 기이한 행동, 아이 같은 과장된 몸짓, 정서적 폭발, 자살 생각을 보였고, 사회적 관계와 학업 성취에서 기능이 떨어진 상태였다. 그녀의 첫 진단은 히스테리성 성격이었다. 그녀는 사회적 및 정치적 문제에 매우 관심을 보였고, 자신이 입원해야 된다는 사실에 대해 울음을 터뜨렸다. 그러나 그녀는 동시에 자신의 자살 환상을 얘기하는 동안 완전히 무관심한 것처럼 보였고, 마치 졸리거나 약 먹은 것처럼 행동하였다. 그녀는 면접을 지루해하는 분명한 표시를 드러냈고, 스스로 자신에 대한 마음을 수습할 수 없다고 호소하였다. 필자는 그녀에게 자신에 대한 관심을 사회적 및 정치적 상황에 대한 관심으로 대치시킨 것, 면접자를 평가절하하는 표현을 한 것, 그리고 다른 사람이 그녀 대신 책임을 떠맡도록 하기 위해 혼란스럽고 게으른 행동과 자신에 대한 관심을 해리시킴으로써 자신의 책임을 효과적으로 회피하고 있다는 것을 그녀에게 지적하였다.

기법적 용어로 말하면, 필자는 원시적 방어기제가(분열, 부인, 전능, 평가절하) 필자와의 '지금 여기' 에서의 상호작용에서 나타날 때 그것을 해석하였다. 면접 과정에서 내담자는 거의 정신병적 모습을 보이며 비록 매우 불안하긴 하지만 그래도 사려 깊고 통찰력 있는 신경증 내담자로 변화하였다. 최종 진단은 경계선 특성을 가진 유아성 성격이었다.

필자는 이 사례와 대조되는 또 다른 20대 초반의 미혼 여대생을 면접하였는데, 그녀의 첫 진단은 경계선 수준에서 기능할 가능성이 있는 강박 신경증이었다. 전체 상호작용은 이론적이고 철학적인 생각으로 채워졌다. 더 개인적이고 정서적인 자료를 살펴보기 위한 노력은 단지 뒤따르는 얘기 내용의 추상적 성질을 증폭시킬 뿐이었다. 필자는 그녀의 이론화가 갖는 회피 기능을 해석하고자 하였으며 그녀가 이론적 철학적 용어로 표현한 몇몇 정서적 경험을 탐색하였다. 필자는 그러한 경험의 직접적이고 개인적인 영향이 그녀에게 너무 버겁지는 않았는지, 그녀의 이론화가 거리를 만들어 줌으로써 그녀에게 안전함을 제공하는지가 궁금하였다. 예를 들면, 그녀는 남자친구와의 불행한 관계의 성질을 탐색하면서 죄책감에 관한 신학 이론을 논의하였다. 필자는 그녀가 남자친구 관계에서 경험했던 죄책감을 탐색하는 것이 힘든 것인지 궁금하였다. 필자가 그녀의 방어 노력을 직면시켰을 때, 그녀는 더욱 불안해하고 노골적 불신을 보였으며 오히려 더 추상적으로 되었다. 면접이 끝나갈 무렵 형식적 사고장애의 직접적 증거가 있었고, 정신분열증적 반응이라는 진단이 최종적으로 확인되었다.

필자가 강조하고 싶은 이러한 관찰의 함의는 다음과 같다. ① 경계선 내담자의 우세한 방어기제를 해석하는 것은 자아 기능을 강화시킬 수 있지만, 같은 접근을 정신병 내담자에게 적용한다면 퇴행이 더 심해질 수 있다. ② 현실검증, 방어기제 효율성 및 직접적 대인 상호작용은 밀접하게 관련되어 있다.

방어기제의 해석이 정신병 내담자의 퇴행을 증가시킬 수 있다는 사실이 그들에게 해석적 접근을 시도하지 않아야 된다는 의미는 아니다. 그보다 그러한 접근에는 정신분석과 경계선 내담자에게 추천되는 수정된 접근, 이 두 가지와는 다른 특정한 수정된 분석 기법이 필요하다는 것을 의미한다. 자기상과 대상상 사이의 경계가 흐려지고 이어서 자아 경계를 상실한 정신병 내담자 역시 분열 및 다른 관련된 원시적 방어기제를 사용한다. 그러나 그는 완전한 삼켜짐(engulfment)이나 자아 해체(ego-dissolution)라는 위협적인 원시적 위험에도 불구하고 표면적 적응을 유지하기 위해 그러한 방어를 사용한다. 그의 문제는 미움과 사랑을 완전히 분리시키는 것뿐만 아니라 정동에 대한 자각의 강화를 피하는 것이다. 왜냐하면 어떤 정서적 관계의 바로 그 강도가 자기상 및 대상상의 재융합을 일으킬 수 있기 때문이다. 따라서 정신병 내담자의 원시적 방어기제에 대한 해석은 현실검증을 더욱 상실하게 하고 정신병적 퇴행을 유발할 수 있다.

원시적 방어기제, 특히 정서의 자각을 어렵게 만드는 병리적 형태의 분열과 투사는 정신병 내담자의 빈약한 사회 적응을 보호한다. 자기와 대상 간의 분화 결여가 불분명해진다. 정신병 내담자에 대한 집중적 심리치료는 이러한 자기와 대상의 융합을 강조해서 다루며, 경계선 장애에 요구되는 것과는 다른 치료적 접근을 필요로 한다.

정신병, 특히 정신분열증 내담자의 집중적 정신분석 심리치료는 강력한 역전이 반응을 체험해 낼 수 있는 치료자 능력을 필요로 하는데, 이러한 역전이 반응은 전이 속에서 내담자의 융합 경험에 의해 발생한다. 치료자는 자신의 역전이 경험을 최대한 이용할 수 있어야 하는데, 이는 내담자 경험을 이해하기 위해, 자신이 이해한 것을 내담자에게 언어적으로 전달하기 위해, 내담자의 경험과 치료자의 현실 사이나 내담자 과거와 현재 전이 사이에 존재하는 암묵적 차이를 점진적으로 상세히 나타내기 위해서이다. 이와 달리 경계선 내담자를 치료하는 치료자는 원시적인 투사적 기제, 특히 투사적 동일시를 해석할 필요가 있다. 투사적 동일시는 내담자가 자기상과 대상상을 교대로 투사하는 데에, 그리고 치료자와의 상호작용 경험에서

'내부에' 있는 것과 '외부에' 있는 것의 경계를 흐리게 하는 데에 강력히 기여한다. 경계선 장애의 전이에서 전이의 행동화와 원시적인 정서적 요구의 과도한 만족은 통제될 필요가 있으며, 치료자는 본질적으로 중립적 태도를 유지해야 한다.

다음의 결론적 언급은 구체적으로 경계선 내담자에게 적용된다. 전이 속에서 활성화된 원시적 수준의 내재화된 대상관계를 훈습함으로써 실제 아동기 경험과 관련된 좀 더 높은 수준의 그리고 좀 더 현실적 형태의 내재화된 대상관계가 점차 우세해질 수 있다. 손상된 자아 기능을 개선하기 위해서 내담자는 자신의 인생 초기 수년 동안 그가 겪었던 매우 실제적이고 심각한 한계와 어떤 시점에서는 화해해야 한다. 여기에는 신체적 및 심리적 결함과 타협하는 문제도 포함된다. 경계선 내담자에게는 초기 삶에서의 실패라는 사실과 궁극적으로 화해하는 것이 어려울 수 있다. 이것은 마치 선천적인 혹은 초기에 결정된 신체적 결함을 가진 환자가 자신의 결함을 인정하고 애도하고 그리고 화해하는 것이 어려운 것과 마찬가지이다. 경계선 내담자는 자신의 부모가 어떻게 자신을 실망시켰는지 점차 자각하게 된다. 치료 시작 무렵 그가 환상 속에서 생각했던 것처럼 부모는 왜곡되고 이상한 방식으로 그를 실망시킨 것이 아니다. 그보다 그의 부모는 사랑을 주고받는 단순한 인간적 방식에서, 그리고 아이에게 문제가 생겼을 때 통합과 이해를 제공하고 직관적으로 도와주는 방식에서 아이를 실망시킨 것이다. 경계선 내담자는 과거 부모와의 완벽한 관계에 대한 매우 이상화되고 비현실적으로 보호적인 환상을 포기하는 것을 배워야 한다. 이들에게는 부모와 실제로 분리하는 것이 신경증 내담자의 경우에 비해 훨씬 더 어렵고 두려운 기대이다. 이들 내담자는 또한 전이 속에서 이상화와 마술적 기대를 훈습해야 하며, 분석가를 한계를 가진 한 사람의 인간으로 현실적으로 받아들이는 것을 배워야 한다. 이러한 고통스러운 학습과정은 기법의 변형을 분석함으로써 혹은 치료 상황에서 기법의 수정과 분석가가 그렇게 수정한 이유에 대해 현실적으로 살펴봄으로써 이루어진다. 자기 과거의 심각한 결핍과 화해하기 위해서는 애도할 수 있는 능력과 그러한 애도를 훈습할 수 있는 능력이 필요하다. 그리고 외로움을 받아들일 수 있는 능력과 자신은 결코 충분히 보상할 수 없었던 것을 다른 사람이 가질 수 있다는 점을 현실적으로 받아들이는 능력이 필요하다. 아마 그러한 능력은 치료의 전 과정을 통해 발달해 갈 것이지만, 이러한 발달이 어느 정도까지 일어날 수 있는지 예측하는 것은 어려운 일이다.

2) 전이 정신병

필자는 앞에서 자기개념의 분화 부족, 그리고 대상의 분화 및 개별화 부족이 과거 대상관계와 현재 대상관계의 구분을 방해하며 전이 정신병의 발달에 기여한다는 점을 언급한 바 있다. 전이 정신병은 경계선 성격 구조를 가진 내담자의 치료에서 특징적으로 나타나는 문제이다. 경계선 내담자가 나타내는 전이 정신병과 집중적 치료에서 정신병 내담자의 정신병적 전이 특징 사이에는 유사점과 차이점이 있다.

경계선 내담자와 정신병 내담자가 보이는 전이 정신병의 유사점은 다음과 같다. (1) 둘 다 전이 상황에서 현실검증을 상실하고 치료자를 포함하는 망상적 사고를 보인다. 시간 중에 환각 혹은 가성 환각 경험이 나타날 수 있다. (2) 둘 다 전이에서 환상적 특성을 가진 원시적 대상관계들이 우세하다. 이들 관계는 다중 자기상과 다중 대상상의 특징을 보이는데, 즉 내재화된 대상관계의 가장 초기의 층들을 반영하는 환상 구조의 특징을 보인다. 이 층들은 전이 신경증의 이자관계 및 오이디푸스기적-삼자관계 특징보다 더 깊은 마음의 층을 나타낸다. 이것은 통합된 자아 및 초자아 맥락에서, 장애가 덜 심각한 내담자의 전이 신경증에서, 좀 더 후기의 더욱 현실적인 내재화된 자기표상과 대상표상이 우세한 것과는 대조된다. 이러한 표상은 부모와의 좀 더 현실적인 과거 상호작용을 반영한다. (3) 경계선 및 정신병 내담자의 경우, 전이에서 원시적이고 압도적인 정동 반응이 활성화되고, 치료자와 분리된 정체성을 가지고 있다는 느낌을 상실할 수 있다.

경계선 내담자의 전이 정신병과, 정신병 내담자 특히 집중적 심리치료를 받고 있는 정신분열증 내담자의 정신병적 전이 사이에는 다음과 같은 차이가 있다. (1) 경계선 내담자의 경우, 현실검증의 상실이 치료 세팅 밖의 내담자 기능에 눈에 띄는 영향을 주지는 않는다. 이들 내담자는 수일 혹은 수개월에 걸친 기간 동안 치료 시간에는 망상 사고와 정신병 행동을 보이면서도 치료 시간 밖에서는 이런 양상을 나타내지 않을 수 있다. 또한 경계선 내담자의 전이 신경증은 앞에서 설명한 치료에 극적으로 반응한다. 이와 대조적으로, 정신분열증 내담자의 정신병적 전이는 전반적인 현실검증의 상실을 보이며, 치료 시간 밖에서 정신병적 사고, 행동, 정동 표현을 나타낸다. 정신분열증 내담자의 첫 이탈은 대개 치료 시간 밖의 정신병 행동과 크게 다르지 않은 치료 시간 중의 정신병 행동에서 나타난다. 정신병 내담자가 치료자에 대해 다른 상호작용과 구분되는 특정한 강렬한 정서적 관계가 생기는 데에는 오랜 시간이 걸릴 수 있다. 그러한 일이 발생하면, 정신병적 전이는 경계선 내담자의 전이와는 다른 것이 되는데, 그것은 우리의 다음 문제이다. (2) 정신병 내담자, 특히 정신병적 전이 발달이 이미 진행된 상태에 있는 내담자는 치료자와 융합 경험을 가지며, 이로 인해 그들은 치료자와 공통의 정체성을 느낀다. 경계선 내담자와 달리 전이 속에서의 이러한 정체성 혼란은 자기상과 대상상을 오가는 급속한 투사에 기인된 것이 아니다(내담자와 치료자가 상호 역할을 교대로 상연하면서 대상관계가 활성화될 수 있다.). 그보다는 자기상과 대상상이 재융합된 결과이다. 이로 인해 자기와 비자기 사이의 분리는 더 이상 지속되지 않는다. 이것은 공생적인 자기-대상 융합이라는 좀 더 원시적 단계로 그들이 퇴행했다는 것을 반영한다. 경계선 내담자는 전이 정신병 과정에서도 자신과 치료자 사이에서 어떤 경계를 경험한다. 그것은 마치 내담자가 항상 자기가 치료자와 다르다는 느낌을 가지고 있는 것처럼 보이지만, 동시에 그와 치료자는 성격 측면을 서로 주고받고 있는 것이다. 이와 대조적으로 정신병 내담자는 항상 자신이 치료자와 하나인 것처럼 경험한다. 그러나 이러한 하나됨의 특성은 날것의 공격성과 (삼키는 사람과 삼켜지는 사람의 구분이 없는) 혼란스러운 삼켜짐이라는 두렵고 위험한 경험에서 고귀하고 신비로운 하나됨, 선함, 사랑이라는 경험의 특성으로 변화된다. 요약하면 자아 경계의 상실, 현실검증의 상실, 망상 형성을 결정하는 기저의 기제는 경계선 내담자와 정신병 내담자의 정신병적 전이에서 차이를 나타낸다.

4. 정신분열증과 경계선 장애의 감별 진단

내담자에 대한 평가의 초기 단계에서 우리는 종종 경계선 장애와 정신분열증을 주의 깊게 감별 진단해야 하는 과제에 직면한다. 그러한 감별 진단이 중요한 이유는 이 두 조건의 예후와 치료에서 차이가 있기 때문이다. 많은 사례에서 치료의 초기 단계 동안, 어떤 사례에서는 더욱 확장된 기간 동안 집중적인 정신분석지향 심리치료를 고도로 구조화된 병원 환경 프로그램과 결합시킨 특별하게 고안된 치료 프로그램을 진행하면서 필자는 경계선 내담자의 예후에 대해 낙관적이 되었다. 반면에 만성적인 정신분열증 내담자의 예후는 물론 항상 심각하다.

경계선 장애와 정신분열증을 구분해 내는 데 있어서 두 가지 주된 고려사항은 현실검증과 전이 정신병의 문제이다. 전이 정신병에 대해서는 이미 살펴보았기 때문에 여기에서는 현실검증에 대해서만 논의하겠다.

내담자가 형식적 사고의 장애, 환각과 망상, 기괴한 행동과 정동, 그리고 사고 내용과 정동과 행동 사이의 연결의 붕괴와 같은 만성적 징후들의 전형적인 과거력을 가지고 병원에 찾아왔을 때, 대개 정신분열증적 반응으로 진단하게 된다. 그러나 대인관계의 심각하고 만성적인 장애와 혼란스러운 사회생활을 나타내는 많은 경계선 내담자와 외래에서 정신분석이나 집중적인 정신분석적 심리치료를 받고 있는 많은 경계선 내담자는 정신분열증을 의심하게 하는 일시적 정신병 반응을 보일 수 있다. 또한 오랜 기간 동안 집중적인 약물 치료를 받아 왔거나 사람들과의 사회적 상호작용에서 오랫동안 철회된 형태로 굳어져 온 (어떤 고립되고 기계적인 작업 상황에서 상대적으로 적절하게 기능하고 있다고 하더라도) 경계선 내담자와 정신분열증 내담자 모두 이러한 감별 진단이 필요하다.

필자는 경계선 내담자와 정신병 내담자 모두 내재화된 병리적인 대상관계와 원시적 방어기제가 지배하고 있지만(이것은 이들 두 범주의 내담자를 장애가 덜한 신경증이나 성격장애와 구분해 준다.), 경계선 내담자에게서 원시적 방어기제의 기능은 정신분열증에서 그것의 기능과는 다르다는 점을 앞에서 지적하였다. 경계선 성격 구조를 가진 내담자의 경우, 원시적 방어기제(특히 분열, 투사적 동일시, 원시적 이상화, 전능, 부인, 평가절하)는 강한 양가감정으로부터, 그리고 증오에 의한 모든 사랑관계의 (그가 두려워하는) 오염과 악화로부터 내담자를 보호한다. 반면에 정신분열증 내담자의 경우, 이들 방어기제는 특히 분열 기제의 병리적 발달은(이것은 그들의 심리내적 경험과 대인관계의 일반화된 파편화를 유발한다.), 자기상과 대상상이 분화되지 않았음을 반영하는 자기 경계의 총체적 상실과 타인과의 두려운 융합 경험으로부터 내담자를 보호한다.

임상적으로 이러한 공식화의 함의는 다음과 같다. 즉, 경계선 내담자에게 우세하고 원시적인 방어기제를 해석하는 것은 자아 기능을 강화시키고 현실검증을 증가시키는 경향이 있지만, 정신병 내담자의 경우 동일한 접근이 추가적인 퇴행을 유발할 수 있다는 것이다(자기와 비자기 간의 기저의 분화의 결여가 드러난다.). 앞에서 언급한 바와 같이, 이들 원시적 방어기제의 해석이 정신분열증 내담자에게서 정신병적 퇴행을 증가시킬 수 있지만, 그렇다고 이것이 정신분석적 혹은 표현적 접근을 사용하지 않아야 된다는 의미는 아니다. 전이에서 원시적 방어기제의 해석이 갖는 퇴행적 효과는 단지 단기적인 효과이다. 장기적으로 보면 결국 정신병 내담자에 대한 집중적 정신분석 심리치료는 그들이 비자기와 자기를 구분할 수 있는 능력을 개발하고 자아 경계를 강화시켜 줄 수 있다.

전이 속에서 원시적 방어기제를 해석해 줄 때 정신분열증 내담자에게서 나타나는 혼란의 일시적 증가로 인해 임상가는 이들 사례를 경계선 장애 내담자와 구분할 수 있게 된다. 경계선 내담자의 즉시적인 기능, 특히 그들의 현실검증은 원시적 방어기제가 전이 속에서 해석될 때 향상되는 경향이 있다. 실제로 이러한 접근은 경계선 장애인지 아니면 정신분열증 반응인지에 대한 감별 진단이 필요한 내담자를 진단적으로 면접할 때, 그 면접이 방어기제에 대한 이러한 검증이 가능하도록 구조화되어야 한다는 것을 의미한다.

진단적 면접에서 처음에는 어떤 형식적 사고장애나 환각, 망상이 있는지 살펴보는 것이 유용하다. 만일 그러한 것이 나타난다면 이는 그 내담자에게 정신병이 있음을 확인해 주는 것이다. 만일 면접에서 어떤 형식적 사고장애도, 또 분명한 환각이나 망상도 드러나지 않는다면, 필자는 다시 내담자의 사고, 정동, 행동의 좀 더 미묘한 측면에 초점을 둘 것이다. 그것들은 면접이라는 대인 간 상황의 맥락 속에서 부적절하거나 기괴한 어떤 특성을 보여 줄 수 있다. 내담자에게 그의 행동, 정동, 사고 내용의 미묘하게 부적절하거나 기괴한 측면을 직면시키는 것은 대개 그의 불안을 불러일으킨다. 그러나 내담자를 존중하면서 세련되게 반응한다거나 행동의 이러한 측면이 '지금 여기' 에서 면접자와의 관계에 미치고 있는 혼란스럽게 하고 방해하고 왜곡시키는 영향을 명료화하기 위해 노력하다면, 이러한 직면은 내담자를 의미 있게 지지하는 기회를 제공할 수 있다.

그러한 접근을 통해 면접자는 자신이 공감적으로 이해하고자 하는 내담자의 심리내적 생활과 내담자와 치료자의 사회적 관계로 나타나는 외부 현실의 사이에서 경계 기능을 실제로 수행할 수 있다. 이러한 접근은 첫째, 정신분열증의 진단을 확증하기 위해 분리된 증상을 고전적이고 기술적(descriptive)으로 탐색하는 것이나, 둘째, 내담자가 이러한 경험의 현실검증을 유지할 수 있는지에 상관없이 내담자의 심리내적 경험을 공감하려는 정신분석적 노력과는 상반된다.

예를 들면, 정서적으로 의미 있는 주제임에도 불구하고 내담자가 이상하게 정동을 느끼지 못한다면, 이러한 불일치를 내담자에게 지적하고 그 의미를 탐색해 볼 수 있다. 경계선 내담자는 이러한 불일치를 인식할 수 있을 것이며, 면접자의 질문이 갖는 현실적 함의를 확인하고, 그러한 점에서 더욱 현실적이 될 수 있을 것이다. 반면에 똑같은 불일치에 직면한 정신분열증 내담자는 치료자의 취지를 이해할 수 없거나 그것을 공격으로 해석하거나 혹은 정동과 사고 내용 간의 불일치를 더 증가시키는 것으로 반응할 수 있다. 즉, 그러한 접근은 경계선 내담자의 경우 현실검증을 증가시키지만, 정신분열증 내담자의 경우 오히려 현실검증을 감소시킨다.

동일한 접근이 부적절한 몸짓, 즉 심인성 틱이나 상동증(stereotype)을 나타내는 행동 표현에 초점을 둘 때, 혹은 관련된 다른 사고 내용, 정동, 행동과 심각하게 상반되는 것으로 보이는 어떤 특정한 내용에 초점을 둘 때에도 적용될 수 있다. 종종 정동, 사고 내용, 행동 사이에 여러 가지 불일치가 존재한다. 내담자와 치료자 간의 대인관계라는 전체적 정서적 상황은 '지금 여기' 에서의 관계를 왜곡시키는 긴급성과 우세성의 측면에서 이들 요소 중 어떤 것부터 살펴보아야 할지를 결정한다.

이렇게 직면시키는 접근을 통해서 현실검증이 모든 영역에서 유지되고 있음을 알게 되면, 두 번째 계열의 탐색은 원시적 방어기제와 전이에 나타나는 그것에 대한 해석에 직접적으로 초점을 둘 것이다. 예를 들어, 만일 내담자가 한편으로 철학적 혹은 정치적 문제에 매우 관심을 가진 반면에 다른 한편으로 자신의 일상생활의 중요한 당면 문제에 대해서는 전혀 무관심하다면, 부인(자신의 당면한 생활 상황으로부터 관심의 해리)을 해석할 수 있다. 만일 내담자가 공격성을 대량으로 투사하면서 면접자를 가학적으로 통제하려는 경향을 보인다면, 전이 속에서 투사적 동일시에 대한 잠정적 해석이 공식화될 수 있다. 역시 경계선 내담자는 그러한 해석에 대해 현실검증과 일반적인 자아 기능의 향상으로 반응하지만, 정신분열증 내담자는 퇴행하는 경향과 함께 그러한 해석에 대해 자기 경계를 위협하거나 흐리게 만드는 무서운 침입으로 경험하는 경향이 있다.

종종 면접자는 그러한 퇴행이 자신의 해석 노력에 대한 반응으로 일어난다는 것을 직관적으로 느낀다. 따라서 이러한 접근은 단지 진단적 목적으로만 활용된다는 점을 강조하는 것이 필요하다. 만일 그러한 접근이 내담자에게 과도한 불안을 유발한다면 심리치료자는 진단적 결론을 내린 다음에 정신병적 왜곡과 치료자의 개입 사이의 관계를 명료화함으로써 내담자의 불안을 감소시켜야 한다. 진단을 하는 심리치료자는 진단을 내리는 데에 충분할 만큼 객관성을 유지하려는 요구와 내담자를 과도한 불안에서 보호하기 위해 그에게 충분히 공감적 태도를 유지하려는 요구 사이에서 균형을 이룰 수 있어야 한다.

요약하면 사고 내용, 정동, 행동 사이의 불일치를 탐색하기 위해 전체 대인관계를 이용하는 것은 현실검증의 존재 혹은 부재를 명료화할 수 있게 해 준다. 원시적 방어기제의 해석은 특히 그러한 방어기제가 전이 상황으로 들어올 때, 현실검증의 존재 혹은 부재에 대한 탐색을 강화시켜 준다.

어떤 한 영역에서 현실검증의 상실은 정신병적 기능을 가리킨다. 현실검증에 대한 이러한 개념화는 제한되고 한정된 것이며, 내담자-치료자 관계에 의해 나타나는 외부 현실에 자신을 충분히 동일시할 수 있는 내담자 능력의 존재 혹은 부재에만 배타적으로 적용된다는 점이 강조되어야 한다.

이러한 공식화는 현실검증에는 연속선이 없으며 현실검증의 존재로부터 부재에 이르는 점진적 변화도 없다는 것을 의미한다. 그리고 경계선 성격 구조와 정신병 상태 사이에는 양적인 차이뿐만 아니라 질적인 차이도 있다는 것을 의미한다. 앞에서 언급한 바와 같이 이러한 본질적으로 질적인 차이는 경계선 및 정신병 상태의 자기상과 대상상의 변화로부터, 그리고 자기와 비자기를 구분할 수 있는 관련된 역량으로부터 비롯된다. 그러한 역량은 다시 지각과 환상을 구분할 수 있는 역량, 외부 기원에 대한 지각과 심리내적 지각을 구분할 수 있는 역량, 현실의 사회적 기준과 공감할 수 있는 역량을 결정한다.

제6장
전체 치료 방략, 세팅 및 치료의 초기 단계

다른 곳에서 (3장과 5장) 필자는 경계선 내담자의 정신분석 심리치료에 대한 전체적인 치료 방략을 다음과 같이 제안하였다. ① 발생기원적 재구성을 완전하게 하려 하지 말고 오직 '지금 여기' 에서의 부정적 전이만을 체계적으로 분명히 밝힌다. ② 부정적 전이를 나타낼 때 이런 내담자가 쓰는 방어기제를 해석한다. ③ 전이를 행동화하지 못하도록 한계를 정한다. 아울러 분석 시간 이외의 내담자의 생활에 대해서 구조화한다. 이는 분석가의 중립성을 보호하기 위하여 필수적이다. ④ 덜 원시적이고 내담자가 조율할 수 있는 측면의 긍정적 전이는 치료동맹을 발전시키므로 굳이 해석하지 않는다. ⑤ 내담자가 분석가의 개입을 왜곡시키고 따라서 현재의 현실, 특히 치료 시간에 자신의 지각을 왜곡시키는 것이 분명하게 드러날 수 있도록 체계적으로 해석한다. ⑥ 심하게 왜곡된 전이를 우선적으로 훈습한다. 이러한 전이는 때로 거의 정신병적 성격을 띤다. 심하게 왜곡된 전이는 환상의 내적 대상관계를 반영하는데, 이는 초기의 자아 장애와 관련된다. 그러한 전이를 먼저 훈습함으로써 이런 내담자의 실제 아동기 경험과 관련된 나중의 전이에 도달하게 된다. 이러한 치료 방략의 밑에 있는 일반적인 가정은 다음과 같다. 경계선 성격장애에 압도적인 원시적 방어기제와 이와 관련된 원시적으로 내재화된 대상관계를 해석함으로써 내담자의 자아를 강하게 하고 구조적 심리내적 변화를 일으킬 수 있는데, 이를 통해 경계선 성격 구조를 극복하게 한다는 것이다.

앞으로는 경계선 성격 구조 내담자를 치료하는 초기 단계에서 기법적으로 고려할 점에 대해서 서술하겠다. 이러한 숙련된 접근은 앞서 기술한 일반적인 치료 방략에서 나온 것이다. 경계선 성격 구조는 경계선 수준에서 기능하고 있는 다양한 유형의 성격 병리를 포함하는 전반적인 진단이다. 경계선 내담자에게 지배적인 성격 유형을 가능한 한 정확하게 진단하는 것이 중요하다. 특정 유형의 성격은 예후와 치료에 있어서 시사하는 바가 크다(4장). 아래에는 이 치료적 함의 중 일부, 즉 서로 다른 유형의 성격을 치료하는 시작 단계에서 기법을 수정하는 문제에 대해서 언급하겠다.

1. 전반적 치료 환경의 조정

일부 경계선 내담자는 표준 정신분석 기법을 수정하지 않고도 잘 치료될 수 있다. 그러나 필자의 경험상 대부분의 경계선 내담자는 앞 장에서 제시한 수정된 정신분석 심리치료로 더 잘 치료되었다. 따라서 다음의 치료 계획이 도움이 되었다.

필자가 보기에 앞서 제시한 전체적인 치료 방략을 소화하기 위해서 일주일에 최소한 2시간은 꼭 필요하다. 3시간이면 더 좋고, 4시간, 5시간까지도 빈도를 늘릴 수 있다. 초기 문헌에서 경계선 내담자를 치료할 때 너무 자주 만나면 퇴행을 강화시킬 수 있다고 우려를 표시한 것은 최근의 경험에서 보면 근거가 없는 것 같다. 경계선 내담자의 정신분석적 심리치료에서 퇴행 가능성이 생기는 것은 치료 상황을 충분히 구조화하지 않았기 때문이다. 또한 이와 관련되어 전이 신경증 또는 전이 정신병이 일상생활을 대체할 정도로 원시적이고 병리적인 전이 욕구가 전이에서 행동화되기 때문이다. 그러한 경우에 내담자는 병리적이고 원시적인 욕구를 일상생활의 다른 경우에서 기대할 수 있는 것 이상으로 치료 시간에서 만족시킨다. 나아가 내담자가 관찰하는 자아 능력을 충분히 갖기 전에, 그리고 내담자가 치료 시간에 왜곡된 지각을 교정할 수 있는 능력을 갖기 전에 내담자 문제를 발생기원적으로 너무 성급히 재구성하려 했을 때에도 내담자가 치료자와 전이 대상을 혼동하게 만들 수 있다. 이는 다시 내담자로 하여금 현재 및 과거의 현실과 환상적인 심리내적 현실을 혼동하게 만든다. 전이 정신병이 발달할 때 바로 이러한 특징이 나타난다.

적절한 기법의 적용을 통해 이러한 위험을 피할 수 있다면 필자는 고빈도 치료 회기 자체가 퇴행적이라고는 생각하지 않는다. 일주일에 4~5회 미만으로 치료를 할 때 좋은 점도 있다. 그러면 치료자는 내담자가 분석에서 했던 작업을 치료 회기 사이에 어떻게 다루는지 잘 관찰할 수 있다. 내담자가 치료 회기 사이에 심리치료 작업을 어떻게 활용하는지를 집중적으로 관찰하는 것은 관찰하는 자아와 치료동맹의 발달, 그리고 또한 은근한 형태의 부정적 치료반응이 발달하는 것을 평가하는 데 무엇보다 중요하다. 부정적 치료반응은 정서적 의미와 치료를 통해 배운 것을 파괴하고 중화시키려는 무의식적 경향이다.

내담자의 무의식적 욕구, 예를 들면 정서적 공급을 파괴시키려는 무의식적 욕구를 해석하기보다는 지나친 병리적 의존 욕구를 만족시키는 일종의 '지지적' 접근은 내담자가 치료자에게 현실적으로 의지할 수 있는 능력을 방해하며 당연히 퇴행을 강화시킨다. 다시 말해 경계선 내담자의 특징인 원시적인 방어를 체계적으로 해석하고, 치료에서 행동화하는 것을 통제하며, 기법적으로 중립적인 위치를 단호하게 고수하는 것이 치료 횟수와 상관없이 내담자가 지나치게 퇴행하지 않도록 보호할 수 있다.

경계선 내담자를 주 1회 혹은 그 이하로 만날 경우 주로 외부 현실에 초점을 맞추는 것이 불가피하다. 이때에는 해석 작업을 거의 할 수 없다. 그렇지 않고 전이에 초점을 맞추면 이는 외부 현실과 너무 비현실적으로 해리되기 때문에 장기적으로 보아 지지적 접근이 불가피해진다. 왜냐하면 치료자가 현실에 대한 충분한 지식이 없기 때문이다. 해석의 초점을 전이에 맞추는 것과 대조적으로 순전히 지지적이기만 한 치료는 회기를 거듭할수록 흔히 내담자의 외부 현실과 치료 상황을 분열시키고 주된 원시적 방어를 물밑에 있게 하며, 최대한 무의식적인 잠재적 부정적 전이 수준으로 전이를 고정시킨다. 결국 '무기수'가 발달하도록 한다. '무기수'는 외부로부터 공급받는 것을 그만둘 수도 없고 자율적으로 기능할 수 있는 능력을 충분히 발달시킬 수도 없기 때문에 몇 년이고 치료를 받아야만 하는 내담자를 말한다. 이러한 증후군은 때로 이러한 치료방식 때문에 일어난다.

치료의 초기 단계에서 주된 이슈는 너무 빨리 폭력적인 행동화가 일어나 내담자의 생활이나 다른 사람의 삶 또는 지속적인 치료가 방해받지 않도록 내담자와 치료 상황을 보호하기 위하여 외적인 구조가 얼마나 필요한 것인가이다. 최근의 정신병 에피소드 직후나 혹은 현재 정신병 에피소드 중에 치료를 시작한다면, 이때 경계선 내담자는 약이나 술 때문에, 혹은 전이 정신병 때문에 지나친 정서적 혼란을 경험할 수 있으므로 며칠이나 몇 주 동안 병원에 입원시킬 수도 있다. 잘 구조화된 병원환경 프로그램(milieu program)은 즉각적으로 현실을 검증시키며 환자를 잘 이해해 주면서도 한계를 분명히 하는 환경적 접근을 취한다. 생활환경이 전반적으로 혼란스럽고 내담자가 치료자에게 그의 생활에 대해 의미 있는 정보를 제공하지 못한다면 역시 단기간의 입원을 고려해 볼 수 있다. 심한 자살 위협 혹은 시도, 사회적 상황의 악화, 심한 행동화로 인해 법적 문제를 일으키는 경우 모두 내담자의 생활과 지속적인 치료를 위협하는 전형적인 예이다. 이러한 경우에 단기간의 입원이 필수적일 수 있다. 그러면서 위에 언급한 대로 집중 심리치료를 시작하거나 지속할 수 있다.

구조화의 정도와 관련되어 가장 중요한 목적은 치료자가 중립성을 견지할 수 있도록 전반적 치료 환경을 조정하는 것이다. 즉, 치료자가 외부 현실과 내담자의 초자아, 추동 요구 및 (관찰하는 자아가 아닌) 행동하는 자아(Freud, 1936)로부터 똑같은 거리를 유지할 수 있도록 하는 것이다. 때로 이를 위해 시간제 입원(part-hospitalization)이나 입양 가정 시설, 내담자가 사는 지역의 사회사업가가 개입하는 방법 등을 사용할 수 있다. 일부 경계선 내담자는 강도 높은 외래 정신분석 심리치료를 받기에 충분한 정도의 관찰하는 자아가 없다. 예를 들어, 많은 경계선 내담자는 치료에 대한 동기가 극히 낮고, 불안 내성이나 충동 통제 능력이 극히 결여되어 있으며, 대상관계가 아주 좋지 못한데, 이들에게 표현적 심리치료가 가능하기 위해서는 이들의 삶을 장기간에 걸쳐 환경적으로 구조화해야 한다. 이러한 내담자 삶을 장기간 구조화하는 것은 수개월간의 입원 또는 시간제 입원이 될 수도 있고, 기타 외부 사회단체가 내담자의 생활에 필요한 제한된 세팅을 제공하거나 이와 동일한 목적으로 내담자 가족을 지지할 수 있다. 내담자가 통제할 수 없는 심한 만성적 행동화, 자살 또는 일반적인 자기파괴 성향은 이러한 장기간의 외부적 구조화를 필요로 할 수 있다.

많은 경계선 내담자는 그들의 삶을 외적으로 구조화하지 않아도 치료와 그들의 안전을 위협하는 행동화를 제한하는 치료 세팅에 능동적으로 참여할 수 있다. 때로 심리치료자는 외래 정신분석 심리치료가 지속되기 위해 내담자가 지켜야만 하는 조건이 무엇인지 명시해야만 한다. 그러한 조건을 설정한다는 것은 당연히 심리치료자의 중립성을 포기함을 의미하며 기법의 변형을 설정한다는 의미이다. 그러한 기법의 변형은 최소한일 필요가 있다. Eissler(1953)도 이를 강조하였다. 그리고 치료자는 기법의 변형과 그것이 전이에 끼치는 영향을 궁극적으로 해석해야 한다는 것을 명심해야 한다. 임상 실제에서 기법적 중립성 위치에서 지나치게 벗어났음을 나타내는 기법의 변형은 기법의 수정으로 간주될 수 있다. 때로 해석을 통해 이를 궁극적으로 줄여 나가는 것이 불가능할 때도 있다. 공감적 명령이나, 금지, 암시, 조정 등이 기법 수정의 전형적인 예이다. 결국 그러한 기법의 수정은 값비싼 대가를 치른다. 심리치료자를 병적으로 이상화하는 것도 해석에 대한 저항일 수 있다. 내담자의 심리치료자에 대한 복종이 전이에서 갖는 의미는 내담자가 자신의 전이 대상과의 퇴행적 연결로부터 궁극적으로 자신을 자유롭게 하는 것을 방해하는 것이 될 수 있다. 그렇다고 모든 금지가 치료자의 중립성을 함부로 포기했다는 의미는 아니다. 정반대로 현실의 중대한 요구라는 맥락에서 어떤 제안을 하였을 때 이는 치료자가 내담자의 관찰하는 자아를 분명히 동일시한 것이다. 예를 들어, 내담자가 분석 시간에 소리 지르지 못하게 하고 자신의 분노를 보통의 언어적 소통으로 표현하도록 하는 것, 심리치료자의 사무실에 있는 기물을 파손시키지 못하게 금지하는 것, 치료 시간 외에 심리치료자의 생활을 통제하지 못하게 하는 것은 필자가 보기에 때로 치료자 쪽에서 중립적인 치료 분위기를 보호하기 위해 필요한 노력이며, 줄여 나갈 수 있는 기법의 변형들이다.

어떤 경우 내담자는 밤에 자꾸 전화하거나 실제로 치료자나 그의 가족을 미행하거나 심지어는 제삼자를 통하여 치료자의 개인적 · 전문적 생활에 은근한 영향을 끼치려고 하면서 치료자의 생활을 조종하려고 할 수 있다. 이렇게 표현되는 모든 전이는 제일 먼저 해석되어야 한다. 그리고 해석만으로 이러한 것이 줄어들지 않는다면 금지해야 한다. 이것이 치료자 생활의 경계와 치료 관계의 정상적인 경계를 보호하는 데 필수적이라면 그렇게 해야 한다.

만약 내담자가 자살 시도의 전력이 잦거나 자살하겠다고 위협함으로써 치료자를 포함하는 자신의 환경을 조종하려 한 적이 있다면 이러한 상황을 내담자와 충분히 의논해야 한다. 내담자는 자살하고 싶은 마음이나 충동을 치료 시간에 말로 표현할 자유는 있다. 그렇지 않더라도 내담자가 자살하고 싶은 마음을 실제로 나타내는 것은 충분히 통제할 수 있어야 한다. 아니면 그러한 자살 충동을 통제할 수 없을 것 같다고 느낄 경우 입원이나 시간제 입원과 같은 외적인 보호를 기꺼이 요청해야 한다. 다시 말해 환자가 스스로 결정하거나 혹은 그의 가족이나 사회사업가가 결정하더라도 몇 번의 단기 입원이 치료 상황을 유지하는 데 필요한 외적 구조를 부가적으로 제공해 준다. 그렇게 하는 것이 치료자가 중립성 기법 내에서 해석을 주로 하는 접근을 포기하는 방향으로 기법을 바꾸는 것보다 낫다.

이와 비슷한 상황이 내담자가 쉽게 약물 중독에 빠지거나 자가-투약하는 경우이다. 일반적으로 볼 때 필자는 중추신경계에 영향을 끼치는 어떠한 약이라도 앞서 언급한 경계선 내담자에 대한 장기의 집중 정신분석 치료에 금기라고 생각한다. 내담자는 자유롭게 약을 복용함으로써 자신의 불안이나 우울 수준, 전반적인 심리적 기민성과 반응성에 영향을 주지 않을 책임을 져야 한다. 이는 특히 알코올 중독이나 약물 중독 환자의 경우에 해당된다. 그러한 경우 만약 스스로 증상을 통제할 수 없으면 장기적인 입원과 함께 심리치료를 시작하는 것이 가장 좋을 수도 있다. 반사회적 행동은, 특히 법적인 문제를 일으킨 경우는 치료를 시작하면서 통제가 필요한 또 다른 상황이다. 왜냐하면 경계선 내담자의 반사회적 경향성은 일반적으로 예후가 좋지 않기 때문이다. 이러한 근본적인 주제는 치료 초기 단계에서부터 통제되어야 한다.

건강을 유지하기 위해서나 생명을 유지하기 위해서 내담자가 지속적으로 관리해야 하는 신체적 병이 있는 것도 경계선 내담자의 치료에서 어려운 문제이다. 예를 들어, 당뇨병이 있는 내담자는 엄격한 식이요법과 약물치료를 받아야 하는데 식사와 약을 통해서 자신의 생명 또는 죽음을 은밀하게 통제할 수 있다. 이런 내담자는 자신을 돌보는 것을 게을리 함으로써 치료자에 대한 공격성을 표현할 수 있고 그럼으로써 치료자를 '지지적' 위치로, 자신의 건강과 안전을 책임지는 위치로 몰아넣으려 할 수 있다. 매우 오랫동안 그런 것이 발달하면 전이를 분석할 수 있는 가능성이 차단되고 치료가 교착될 수 있다. 내담자가 생명을 유지시키는 약의 복용을 중단함으로써 간단히 죽음을 초래할 수 있는 힘을 가진 경우, 일반적으로 전능이라는 원시적 기제와 심각한 유형의 부정적 치료반응이 강력하게 강화된다. 이러한 모든 경우 내담자가 스스로 자신을 책임지겠는지, 아니면 치료 세팅의 중립성을 유지하기 위하여 어떤 외적인 구조화나 통제가 필요하겠는지를 가능한 한 빨리 결정해야 한다.

반대로 내담자의 생명이나 치료를 위협하지 않는 한 많은 다른 잠재적 자기 파괴적 증상을 오랫동안 건드리지 않을 수도 있다. 예를 들어, 심한 비만의 경계선 내담자가 비만을 잘 통제할 수 있기까지 수년이 걸릴 수도 있다. 학교에서의 낙제, 직업적 실패, 대인관계의 어려움 등 이러한 모든 것이 내담자의 정신병리를 표현하는 것일 수 있는데, 이것이 치료의 초점이 되기까지 수년이 걸리기도 한다. 때로는 즉각적인 치료 세팅의 구조화가 필요한 증상과 그렇지 않은 증상을 구분하기 위해 오랫동안 관찰해야 하기도 하다. 예를 들어, 가벼운 정도의 식욕부진증과 신경성 식욕부진증을 구분해야 한다. 성적 난잡함도 보통은 치료 상황을 위협하지 않지만 때로는 무의식적으로 임신하려고 하거나 또는 사회적으로 다른 복잡한 문제를 야기시켜 치료가 지속되는 것을 위협할 수 있다.

때로 세팅을 구조화하는 것은 만약 그러지 않았다면 미래에 있을 수 있는 통제 불가능한 행동화를 예방하는 접근이 될 수 있다. 이러한 경우 그 일이 일어나기 전에 세팅의 한계를 정하는 것은 변형된 기법이다. 이는 더 심한 전이 왜곡이 일어나기 전에 미리 공식화할 필요가 있다. 나중에 금지하려면 복잡하기 때문이다. 예를 들어, 자해했던 전력이 있는 내담자는 다시 또 자해하고 싶은 충동이 되살아나거나 치료 중 어느 때에 자해 충동이 매우 강해질 가능성이 있다. 치료를 시작할 때 이에 대해 신중하게 의논해야 한다. 치료자는 내담자에게 자해하고 싶은 마음을 분석에서 솔직하게 의논하고 이를 실행하지 않을 책임을 지기를, 혹은 그러한 충동을 참을 수 없을 것 같으면 즉시 입원시켜 달라고 요청하기를 바란다고 단호하게 말해둘 필요가 있다. 이러한 의논을 통해 치료자는 내담자가 행동이 아니라 말로 자기를 표현하기를 바란다는 것을 분명히 한다. 따라서 치료자는 기법을 변형시킬 수 있지만 결국에는 해석을 통하여 복원시켜야 한다.

2. 기본적 치료 세팅

필자가 앞서 제시한 전반적인 치료 방략은 수정된 정신분석 절차이지만 치료자가 기법적으로 중립적 위치를 지키고, 전이의 발생기원적 의미는 제한적으로만 해석하면서 '지금 여기'에서 전이를 체계적으로 해석해야 한다는 것을 가장 강조한다. 이러한 치료는 표준 정신분석 세팅에서 이루어질 수 있다. 즉, 내담자가 카우치에 누워 자유연상을 하도록 지시할 수 있다. Boyer(1971), Frosch(1971), Giovacchini(1972)도 이 방법을 선호하였다. 표준 정신분석 세팅을 견지하는 것이 좋은 점은 중립성이 최대한으로 보장된다는 것이다. 그리고 대면 면접과 달리 분석가의 익명성이 보호된다. 정신분석 세팅은 분석가가 역전이를 행동화하지 않도록 보호해 준다. 역전이를 행동화하는 것은 심하게 퇴행된 내담자를 분석 치료하는 데 있어 매우 위험한 일이다. 그러나 표준 정신분석 방법을 적용할 수 없는 많은 경우 필자는 대면 상담으로 치료하길 선호한다. 그렇게 하는 주된 이유는 퇴행이 많이 된 내담자일수록, 따라서 원시적 성격 방어가 지배적일수록 내담자의 행동에서 비언어적 측면이 지배적인데, 대면 상담에서는 치료자가 내담자의 의사소통에서 비언어적인 측면을 좀 더 잘 관찰할 수 있기 때문이다. 경계선 성격 구조 내담자는 원시적 방어를 구사하는 심한 성격 병리를 항상 가지고 있기 때문에 분열, 투사적 동일시, 전능, 평가절하와 같은 원시적 방어기제가 분석 중 언어적 내용에서뿐만 아니라 비언어적 행동에서도 흔히 표현된다. 또한 때 이른 전이적 퇴행이 치료자와의 모든 상호작용에서 나타나므로 첫 번째 회기에서부터 내담자의 행동에 초점을 맞추는 것이 매우 중요하다. 다시 말해 성격 병리가 신경증 수준에서 경계선 수준으로 갈수록 내담자의 비언어적 행동이 전체 자료에서 좀 더 많은 측면을 차지하는데, 대면 상담에서는 내담자와 치료자의 상호작용을 전반적으로 분석하는 속에서 내담자의 비언어적인 행동 자료를 충분히 관찰할 수 있다.

대면 상담의 가장 큰 위험은 치료자가 자신의 역전이 반응이 나타나는 것을 잘 통제할 수 없다는 것이다. 그리고 내담자 쪽에서 치료자에 대한 통제를 더 많이 할 수 있다. 치료자가 카우치 뒤에 앉아서 하는 것은 치료자나 내담자 모두 전이와 역전이 자료의 지나친 영향을 받지 않도록 해 주는데, 대면 상담을 하면 이러한 보호적 측면이 줄어든다. 그리고 내담자가 치료자의 현실적 특징을 더 잘 인식하도록 하여 일련의 방어기제, 특히 투사적 동일시나 원시적 이상화와 평가절하 등을 구사하도록 할 수 있다. 그러나 내담자가 치료자를 좀 더 현실적으로 지각할 수 있기 때문에 오는 이점도 있다. 이는 치료자의 적절한 기법과 결합된다면 전이에서 자기와 대상을 더 잘 구별할 수 있게 해 줄 수 있다.

치료 시간에 무엇을 할 것인지에 대하여 필자가 처음 내리는 지시는 무엇이든지 이 시간에 마음속에 떠오르는 것이나 일상생활에서 문제가 되는 것을 자유롭고 솔직하게 말하도록 하는 것뿐이다. 엄격한 의미에서 자유연상을 강조하기보다 필자는 내담자 자신이 중요하다고 생각하는 것에 대해서 충분하고 솔직하게 의사소통할 것을 강조한다. 필자가 내담자에 대해서 이해해야 하는 것은 바로 내담자에게서 나온다. 따라서 필자는 내담자가 자신도 잘 이해하지 못하는 자신의 측면을 탐색할 수 있도록 도울 뿐이다. 초기에는 주로 내담자에게 설명하고 분명히 하고 격려하는 일을 하고, 그 다음에 나타나는 저항에 대해서는 표준적이고 해석적인 방식으로 다룬다.

경계선 내담자의 경우에는 '고르게 떠 있는' 주의를 유지하며 경청하기가 어렵다. 이들의 언어적 의사소통은 모순적이고 혼란스럽기 때문이다. 그리고 또한 이들은 많은 경우 비언어적으로 의사소통하는데, 이것이 언어적 자료와 모순되거나 잘 통합되지 않기 때문이다. 필자가 보기에 분석가를 '컨테이너(container)'로 보는 Bion(1967)의 개념이 내담자가 내놓은 자료를 조직화하는 치료자의 기본 임무를 공식화하는 데 도움이 되는 것 같다. 치료자가 언제나 내담자의 언어적 의사소통과 비언어적 의사소통에서 모순되는 것이 무엇인지, 내담자의 생각과 감정, 표현 속에서 혼란된 것은 무엇인지 등을 평가해야 하는 것은 이것이 지배적인 감정과 관련 있기 때문이다. 그리고 다른 무엇보다 우세한 이 자료는 내담자의 전체 의사소통 맥락 안에서 이해될 수 있다.

발생기원적인 자료를 다른 제시된 자료와 분리하여 너무 일찍 해석하는 것은 위험하다. 일차과정 사고가 의식 수준에 나타나고 원시적 정서적 자료가 이와 역동적, 구조적으로 관련된 다른 자료와 분리되어 표현될 경우 이러한 위험이 더 커진다. 원시적 자료를 다루기에 앞서 치료자는 항상 '이 내담자가 이 이야기를 왜 지금 하는 것일까?'에 의문을 가져야 한다. 그리고 항상 그 대답은 종종 치료자가 기이하고 모순적인 의사소통을 내적으로 동화하여 전체 자료가 내담자와 치료자 간에 이해할 만한 인간적인 소통으로 환원될 수 있을 때 찾아진다. 이렇게 접근함으로써 발생기원을 지적으로 재구성하는 함정에 빠지는 것을 피할 수 있다. 그리고 또한 내담자 측면에서는 원시적 환상과 관련된 현재의 갈등을 직면하지 않고 그러한 환상을 충족시키도록 하지 않을 수 있다.

종종 모순적이고 기이한 의사소통은 치료자의 내성(intropection) 노력을 어렵게 한다. 바로 그러한 때 치료자는 그가 내담자에 대하여 관찰한 것, 그리고 무엇이 일어나고 있는지 그 의미를 모르겠다는 것을 내담자와 함께 나누어야만 한다. 이러한 접근은 그때까지 치료자가 이해한 것과 이해하지 못한 것을 함께 나누지 않고 자료를 직접적이고 권위적으로 해석하는 방식과 대조된다. 권위적으로 해석하면 내담자가 원시적으로 이상화하고 치료에 대해 마술적으로 기대하는 것이 더 커진다. 심리치료는 내담자와 치료자가 공동으로 수행하는 작업이다. 따라서 이는 경계선 내담자가 전이에서 유아적으로 기대하는 것을 좌절시킬 수 있다. 그러나 궁극적으로 이렇게 해야만 그들의 관찰 자아와 치료동맹이 발전함으로써 자아의 성장을 도모할 수 있다.

내담자가 어떻게 보이는지, 특히 의미 있고 잘 이해가 안 되는 혼란스러운 점이나 모순이 어떻게 느껴지는지를 치료자가 지속적으로 명확히 하고 그러한 혼란과 모순의 의미를 탐색하도록 내담자를 자극해 나가면 내담자가 더 불안해질 수 있다. 원시적 방어기제와 편집적 혹은 우울적 공포로 인해 내담자는 치료자의 탐색을 공격이나 거부로 경험할 수도 있다. 따라서 이를 분명히 하는 과정에서 내담자가 치료자의 개입을 어떻게 지각하는지를 해석해야 한다. Frosch(1970, 1971), Greenson(1970)이 지적한 것처럼 일반적으로 치료 시간에 내담자가 어떻게 지각하였는지를 명확히 한다는 것은 특히 치료자가 말한 것의 의미를 내담자가 마음속에서 잠재적으로 왜곡시키는 것을 해석한다는 것을 가리킨다.

종종 내담자는 치료자의 말을 원시적 전이 소망을 충족시키는 '마술적 손길' 로 이해한다. 따라서 내담자가 치료자의 말을 하나의 가정으로 두고 자신에게 무엇이 일어나는지 더 탐색하지 않고 직접적인 전이를 만족시키는 것으로 사용하려고 하는 것을 끊임없이 해석해야 한다. 치료자의 언급에 대해서 내담자의 의식적, 무의식적 태도가 어떠한지를 해석하는 것은 어떤 구체적 갈등이나 어떠한 전이가 일어나는지를 해석해 가는 모든 작업과 함께 진행하는 것이 필요하다. 내담자가 치료자의 개입을 어떻게 느끼는지를 그렇게 계속 명확히 하면 비록 내담자는 종종 더 불안해지지만 그렇게 해석을 계속함으로써 치료자의 주 기능이 내담자의 관찰하는 자아를 활성화시키는 것임을 확실히 전할 수 있다. 또한 이렇게 해석을 계속하는 것은 치료자가 언젠가는 내담자 스스로 자신과 자신의 관계를 이해할 수 있게 되고 그러한 자기 이해를 통해서 자신의 느낌과 생각, 행동이 어떠한 영향을 끼치는지를 알 수 있게 된다고 확신한다는 것을 전달할 수 있다.

이 외에도 내담자가 치료자의 개입을 어떻게 지각하는지를 명확히 하는 과정에서 치료자도 자기 표현을 할 수 있고 또 불안을 유발하지만 새로운 영역을 탐색할 수 있는 자유가 증가한다. 또한 치료자는 만약 그것이 가장 도움이 되는 의사소통이라면 그가 잘 모르겠다는 것, 혼란스럽다는 것을 좀 더 자유롭게 표현할 수 있다.

일반적으로 이렇게 접근하는 것이 가져오는 주된 결과는 서로 해리되어 있거나 혹은 전반적으로 조각난 내담자의 갈등 측면이 원시적으로 내재화된 대상관계의 의미 있는 부분으로 서서히 통합된다는 것이다. 대상관계의 각 부분은 어떠한 자기상과 대상상, 그리고 이 둘을 연결하는 주된 정동 경향성으로 이루어져 있다. 내재화된 대상관계의 이러한 부분은 전이에서 활성화된다. 그리고 내재화된 대상관계의 이런 부분이 관련된, 다른 혹은 모순적 부분과 해석되고 통합될 수 있을 때, 특히 리비도적으로 점유된 부분과 공격적으로 점유된 부분이 통합될 수 있을 때, 전이를 훈습하는 과정이 일어나고 경계선 내담자에게 특징적인 원시적 방어기제가 해결되어 가는 과정이 시작된다. 다음에 예시하는 사례는 내담자가 모순된 언어적, 비언어적 자료를 의미 있는 인간적 상호작용으로 통합해 가는 과정을 보여 준다. 이것이 의미 있는 내재화된 대상관계를 이해하는 첫 번째 단계이다.

내담자는 20대 중반의 여성이었는데, 오랫동안 말을 하지 않다가 또 간헐적으로 종잡을 수 없는 말을 하였다. 그러다 갑자기 처음으로 자신이 남자가 되는 성적 환상과 페니스를 가지는 환상에 대하여, 그리고 이러한 상황에서 필자같이 되는 환상에 대하여 이야기하기 시작하였다. 그러면서 그녀는 마치 지루한 것처럼 초조하게 자꾸 시계를 쳐다보는 것 같은 몸짓을 취하기 시작하였다. 이러한 전반적인 모습을 보고 필자는 혼란스러웠다. 내용은 중요하게 보이는데도 마치 전혀 그녀와 상관없다는 듯이 제시하고 있었다. 그리고 아마도 이 회기의 시간과 관련된 다른 생각이 그녀를 사로잡고 있는 것처럼 보였다. 필자는 그녀에게 이러한 다양한 모습을 필자가 어떻게 느끼는지에 대해서 이야기하였다. 그리고 그녀에게 이 모든 것을 어떻게 이해하는지 물었다.

그녀의 태도는 급변하였다. 다소 거부적인 어조로 그녀는 필자가 자신이 말한 것에 대해서 관심이나 있는지 물었다. 그녀는 필자가 그녀의 행동과 그녀가 시계를 쳐다본 것을 지적한 것으로 보아 필자가 다른 데 주의가 가 있고 그녀가 말한 것에 충분히 집중하지 않았다고 느꼈다. 필자는 그녀가 그녀 자신의 행동, 그녀가 몇 분 전에 보였던 반응을 필자에게 뒤집어씌운다고 지적하였다. 그녀는 오랫동안 필자가 정말로 자신에게 관심이 없다고 생각했기 때문에 그녀는 필자의 관심을 집중시킬 수 있는 자신의 환상을 계속 찾고 있었다고 했다. 그러다가 그녀의 성적인 환상에 대하여 이야기하기로 생각한 것이었다고 대답하였다. 만약 필자가 그 자료에도 관심이 없으면 그녀로서는 필자의 관심을 불러일으킬 수 있는 것은 그 시간에 아무것도 없다고 느꼈다고 했다. 그래서 그녀가 필자의 사무실을 떠나기 전까지 얼마나 시간이 남았는지에 집중하는 것이 당연하다고 했다. 그녀가 행동으로 표현하는 지루함과 짜증 속에서 그녀가 내적으로 이 시간을 평가절하한다는 것이 또한 드러났다. 이는 필자를 무관심하고 거리가 있는 사람으로서 경험하는 두려움에 대한 방어기제이기도 하였다. 그녀가 필자를 거리 있는 사람으로 고통스럽게 경험하는 것이 전이에서 직접적이고 지배적인 징후였다. 그리고 그녀의 성적 환상은 결국 한편으로는 필자의 페니스를 가짐으로써 필자가 되고 싶은 소망으로 이해할 수 있는데, 이는 더 깊숙이 들어가 보면 필자에게 사랑과 보살핌을 받고 싶은 소망에 대한 방어로 볼 수 있다. 그리고 다른 한편으로는 필자의 사랑과 보호에 보답하기 위하여 성적으로 필자에게 응하려고 하는 소망으로도 이해할 수 있었다. 이는 이 내담자의 기본적인 피학적 패턴이다. 또한 이 예에서 생각과 행동 및 감정이 해리되는 분열 기제와 투사 기제가 우세하게 나타나는 것을 볼 수 있다. 그리고 함축적으로 필자의 전체적인 정서적 반응을 활용하여 내담자의 자료를 '담으려고(contain)' 필자가 노력한 것을 볼 수 있다.

그 시간에 직접적이고 감정적으로 중요하게 일어난 것을 통해 치료자가 지배적인 전이 구성을 이해할 수 있으면 자기상, 대상상 및 그에 담긴 정동을 명확히 하고 해석할 수 있다. 이를 통해 내재화된 대상관계의 중요한 부분을 진단하는 단계로 나아갈 수 있다. 이 모든 요소를 분명히 하는 것이 중요하다. 왜냐하면 장기 치료에서는 서로 분열된 내담자의 자기개념과 서로 분열된 중요한 타인표상을 진단해야 하기 때문이다. 자기와 대상을 통합하고 이를 통해 내재화된 대상관계의 전체 세계를 통합하는 것은 경계선 성격 구조 내담자를 치료하는 데 있어서 주요한 전략적 목표이다.

내담자와 의미 있는 대상 간의 환상의 혹은 실제의 인간관계와 이와 관련된 정동을 통합하는 것이 이 작업의 또 다른 측면이다. 내담자의 정동 소인은 어떠한 내재화된 대상관계에 대한 리비도적 혹은 공격적 점유를 나타낸다. 그리고 분열되고 조각난 정동 상태를 통합하는 것은 분열되고 조각난 내재화된 대상관계를 통합하는 것에 수반되어 있다. 다음의 예는 원시적으로 내재화된 특정한 대상관계가 전이에서 활성화된 것을 보여 준다.

내담자는 18세 소녀이다. 치료 중에 갑자기 그녀는 전에 그녀에게나 필자에게나 정서적으로 매우 중요해 보였던 것을 단조롭고 주저하는 말투로 이야기하였다. 갑자기 필자는 내담자가 무관심하고 지루한 인상을 주는 것을 다루고 있음을 알게 되었다. 그만큼 필자도 그녀의 이야기를 듣는 데에서 자꾸 산만해지는 것과 투쟁하고 있었다. 필자가 이 문제를 아무리 내담자와 명료화하고 탐색하려고 반복적으로 노력하여도 내담자를 다른 곳으로 이끌지 못했다. 한동안 좌절과 실망만을 반복하다가 마침내 어느 순간 전혀 그 자료를 이해할 수 없다고 느끼면서 필자는 포기해 버렸다. 비유적으로 말해서 필자가 드러누워 버리자 상황이 갑자기 변하였다. 내담자는 하나의 직접적인 현실 상황, 즉 어머니의 방문에 대해서 강력히 도와달라고 하기 시작했다. 내담자는 이 방문을 여러 측면에서 도와달라고 하였다. 필자는 내담자가 제기한 문제들을 대부분 사소하고 중요하지 않게 느꼈다. 그녀가 도와달라고 하는 언어적 요구는 점점 높아지고 있는데, 필자는 점점 더 인내심이 없어지고 내담자와 멀리 떨어진 것처럼 느꼈다. 그 순간 필자는 역할의 반전이 일어났고 어떤 특별한 관계가 전이에서 상연되었음을 깨달았다.

내담자는 처음에 그녀의 어머니상을 상연했다. 그녀의 어머니는 멀고 냉담하며 무관심한 분이었는데, 내담자는 어머니에게 제발 좀 관심을 갖고 사랑하고 이해해 달라고 빌곤 했었다. 필자는 처음에는 의미 있는 관계를 소원하는 아이, 좌절되고 요구하는 아이로서의 내담자의 자기상을 나타냈다. 그러다 필자는 무관심하고 거부하는 어머니 위치로 밀어 넣어지고 내담자는 좌절되고 요구하며 고집스러운 아이로서 자기상을 연출하였다. 이 상황을 전체적으로 해석할 수 있게 되자 어머니에 대한 내담자의 갈등에 즉각적으로 좀 더 날카롭게 초점을 맞출 수 있게 되었다. 그리고 결국에는 내담자가 때로는 요구하고 화내고 탐욕스러운 아이같이 행동화하고, 때로는 남을 경멸하고 거만하며 거절하는 어머니처럼 행동화하면서 스스로 이 갈등에 참여한다는 것을 이해하게 되었다. 전자는 내담자의 오래된 자기상이고 후자는 내담자의 자기상에 상응하는 대상상이다.

이 두 사례가 시사하는 바는 좀 더 많다. 이 두 사례는 모두 치료의 초기 단계였다. 첫째, 경계선 내담자의 치료에서 전이는 즉각적으로 주요한 저항이 되므로 해석할 필요가 있다. 특히 외현적이거나 잠재적인 부정적 전이 징후는 곧바로 치료동맹을 수립하지 못하도록 위협한다. 경계선 내담자의 경우에 전이의 부정적 측면을 '지금 여기' 에서 해소함으로써만 '치료동맹' (Zetzel, 1956)이나 '작업동맹' (Greenson, 1967)은 강화될 수 있다. 치료의 초기 단계에 그렇게 제한적인 방식으로만 전이를 작업하는 것은 내담자의 관찰 자아를 강하게 하고 동시에 치료동맹도 강하게 만든다. 이러한 접근은 무의식적인 부정적 전이에 도전하지 않고 그대로 두어 밑으로 숨어 버리게 하며 비분석적이고 지지적인 방법으로만 내담자와의 작업 관계를 강하게 하고자 기대하는 것과 대비가 된다. 둘째, 치료자가 치료의 초기 단계에서는 전이 자료를 다루는 데 매우 적극적일 필요가 있다. 그렇다고 해서 이것이 중립성을 포기함을 의미하는 것은 아니며, 치료자의 개입이 내담자에게 미치는 여러 가지 효과에 대하여 끊임없이 초점을 맞추어야 한다. 덧붙여 필자의 방법은 내담자 쪽에서 심리치료 작업에 동참할 것을 계속적으로 요구하고 있다. 그리고 내담자가 그러한 작업을 수행하지 않을 때 전이적 의미를 해석한다. 치료 시간에 내담자의 의무에 초점을 맞추는 것은 심리치료 작업의 장기적 효과를 가져오는 데 기여한다. 특히 내담자가 치료 시간 사이에 계속적으로 수행하는 작업의 효과에 더 그렇다.

3. 초기 단계에서 일어나는 문제

1) 자료의 의식적 유보

내담자가 의식적으로 정보를 내놓지 않거나 거짓말을 할 때 심리치료자의 첫 번째 우선순위는 교육적 수단이 아닌 해석적 수단에 의해 이러한 정보의 억제를 충분히 해석하고 감소시키는 것이어야 한다. 이것은 특히 반사회적 특성을 가진 사례의 경우 수주에서 수개월이 걸릴 수 있다. 아무리 긴 시간이 걸릴지라도 현실과 내담자 거짓말의 전이적 함의를 충분히 해결하는 것은 생명을 위협하는 행동화를 제외하고는 어떤 다른 자료보다도 우선권을 갖는다. 그러나 거짓말은 행동화를 포함하는 모든 다른 문제에 대한 심리치료적 접근을 방해하기 때문에, 만일 습관적으로 거짓말하는 내담자가 생명 혹은 치료를 위협하는 행동화의 증거도 보인다면, 장기간의 입원과 같은 내담자 생활의 충분한 구조화로 치료를 시작하는 것이 더 바람직할 수 있다. 습관적인 거짓말로 심각한 초자아 악화의 증거를 보이는 내담자는 도덕적 가치에 대한 자신의 태도를 심리치료자에게도 투사하여 치료자를 부정직하고 타락한 사람으로 생각하는 경향이 있다. 따라서 거짓말의 전이 기능에 대한 해석적 접근은 내담자가 자신의 부정직을 치료자에게 투사하는 것과 이러한 현상이 '지금 여기'에서 갖는 전이적 함의에 초점을 둔다.

거짓말의 해석에는 내담자의 거짓말이 심리치료 관계의 가까운 및 장기적 미래에 미치는 잠재적 결과에 대한 탐색이 포함된다. 가까운 미래의 맥락에서는, 예를 들면 내담자가 치료자에 대한 자신의 우월성을 주장하고 치료자의 노력을 좌절시키기 위해서, 치료자를 통제하기 위해서, 자신이 감추고 싶은 부분을 치료자가 알게 되었을 때 치료자가 보복할 위험성을 두려워하여 자신을 보호하기 위해서, 혹은 도움 받고자 하는 것이 아닌 다른 목적에 치료 관계를 이용하기 위해서 거짓말을 할 수 있다. 장기적인 조망에서 거짓말은 내담자-치료자 관계의 인간적 본질을 기본적으로 왜곡함을 함의하며, 내담자가 자기 문제를 정직하게 논의하는 것이 도움이 될 수 있는 가능성에 대한 어떤 희망이나 믿음을 최소한 일시적으로라도 버렸다는 것을 나타낸다. 거짓말은 또한 내담자의 마음속에서 심리치료자가 치료라는 패러디에 참여하는 무능한 바보이거나 부정직하다는 것을 의미한다.

이것은 다시 어떤 진정한 인간관계에 대한 기본적 희망 상실 혹은 비가용성을 나타낸다. 만일 거짓말의 단기적 및 장기적 함의 모두에 대한 충분한 탐색이 이루어질 수 있다면, 실패할 치료를 의미 있는 치료 관계로 변화시키는 중요한 기초를 제공할 수 있다.

2) 자기가 받은 모든 인간적 도움에 대한 지속적 평가절하

이 문제는 거짓말하는 경향과 공존할 수 있다. 그러나 자신에 대한 전체 정보를 제공하는 일반적 정직성과 함께 자신을 도우려 애쓰는 모든 사람에 대한 의식적, 무의식적 평가절하가 공존하는 내담자가 많다. 자기애성 성격의 우세한 방어기제인 평가절하는 대개 전능과 함께 나타난다. 그것은 자기애성 성격에게서 전형적으로 나타나는 심각한 종류의 부정적 치료반응의 일부일 수 있다. 부정적 치료반응은 도움의 원천에 대한 무의식적 시기심과 관련된다.

자기가 받은 모든 도움에 대해 내담자가 즉각적으로 평가절하하는 것은 도움의 원천에 대한 깊고 무의식적인 불신과 같은 다른 이유에서 비롯된 것이다. 이러한 원천은 궁극적으로 두려워하고 미워하는 원시적 부모상이 전이에서 활성화된 것이다. 유아성 성격과 좀 더 많은 도움을 만성적으로 요구하는 태도를 보이는 내담자도 이 부류에 속한다. 일반적으로 '과도한 의존성' 이란 타인 및 그들로부터 받은 것에 대해 실제로 의존하는 것이 내적으로 어렵다는 것을 반영하는 것으로 밝혀졌다. 자기가 받은 도움을 이렇게 무의식적으로 평가절하하는 것은 의존성에 대한 원시적이고 마술적 기대에 의해 이상화된 부모상으로부터 받은 것을 무의식적으로 이상화하는 것의 상대물이다. 두 경우 모두에서 내담자는 심리치료자로부터 받은 것을 현실적으로 함입하는 데에 실패할 수 있으며, 그것의 직접적 영향은 내담자의 불만족감, 좌절감, 공허감 그리고 치료 회기 사이에 노력하지 않는 것으로 나타날 것이다. 자기애성 성격 내담자가 심리치료자 및 치료 상황에서 일어난 모든 학습에 대해 평가절하하는 것은 심각하고 만성적인 부정적 치료반응을 나타내는 첫 번째 지표가 될 수 있다. 이것은 매우 다루기 어려운 문제이며, 어떤 경우에는 내담자가 정신분석 심리치료로부터 배울 수 있는 능력이 없다는 것을 반영한다.

필자는 8장과 9장에서 자기애성 성격의 치료는 내담자의 일반적 자아 기능 수준에 따라, 치료의 시작 시점부터 계속해서 원시적 분노를 직접 표현하는 정도에 따라, 부정적 치료반응의 정도에 따라 치료적 접근이 달라진다는 점을 지적하였다. 비경계선 수준에서 기능하는 자기애성 성격은 수정되지 않은 정신분석 절차에 의해 치료받는 것이 이상적이다. 필자 생각에 이들 사례에는 기법의 변형이 필요하지 않으며 자기애성 성격 구조를 해결하기 위한 유일한 수단으로서 전이 속의 자기애적 방어에 대한 일관된 해석이 필요하다.

명백하게 경계선 수준에서 기능하는 자기애성 성격 내담자는 일반적으로 경계선 내담자에게 권고되는 수정된 정신분석적 심리치료에 반응이 좋다. 특히 이들의 전능과 평가절하 방어기제, 그리고 심리치료 경험의 '축적' 결여가 상당 기간 동안 훈습될 수 있을 때에 그렇다. 문제는 이들 내담자가 필요로 하는 상당히 장기간의 치료가 주어진다 해도 수년간에 걸친 주 2, 3회기의 심리치료가 어떤 기본적인 변화를 촉진하지 못할 수 있다는 위험이다. 따라서 필자는 이제 이들 사례에 대해 1년을 넘지 않는 제한된 시험적 심리치료를 선호한다. 그러한 시험적 기간이 지난 후에도 방어 구조에서 어떤 기본적 변화가 이루어질 수 없다면 좀 더 지지적인 접근으로의 변화가 필요하다. 이들 내담자에게 만족스러운 결과는 순수하게 지지적인 접근을 통해 얻을 수 있다(9장).

마지막으로 치료 시작 시부터 강한 분노 반응을 보이며, 그리고 이들 분노 반응의 일부로서 치료에 대한 강한 평가절하를 보이는 경계선 수준에서 기능하는 자기애성 성격은 일정 기간의 구조화된 치료(때로는 입원에 의한)가 이루어진 후에 역시 좀 더 지지적인 접근을 필요로 한다. 간단히 말하면, 필자는 모든 명백한 경계선적 자기애성 내담자에게 처음에 표현적 심리치료 접근을 시도하지만, 진행되는 것을 기초로 상황을 재평가한다.

매 치료 시간의 처음 몇 분 동안 경계선 내담자의 행동에 대해 일관되게 예리한 초점을 맞추는 것은 내담자가 치료 시간 밖에서 해 온 작업에 관한 중요한 정보를 제공한다. 우리는 내담자가 의미 있는 방식으로 시간을 활용하여 그 시간을 즉시 시작할 것으로 기대하게 된다. 내담자가 처음부터 긴 침묵으로 귀중한 시간을 잃는 경향과 그 시간을 잘 활용하는 것에 대한 책임을 치료자가 갖게 하려는 그들의 의식적 무의식적 노력, 혹은 일반적인 수동성 및 치료자가 얘기하도록 만들려는 만성화된 노력은 어떤 다른 의미를 갖는 것에 덧붙여 치료 과정에 대한 내담자의 적극적 평가절하를 나타낼 수 있다. 치료 시간 시작부터 그러한 수동성을 일관되게 해석하는 것은 이전에 감추어져 있던 부정적 전이의 중요한 측면을 드러낼 수 있다. 이는 특히 자기애성 성격 내담자의 경우에 그렇다.

3) 치료적 상호관계에서 만성화된 '무의미함'

필자는 여기에서 여러 가지 원인에 따른 다양한 상황을 언급할 것인데, 이 모든 상황은 일반적으로 공허하고 무의미하고 혹은 만성적으로 혼란스러운 치료 상황으로 나타난다. 이런 문제를 보이는 한 집단은 이른바 부적절한 성격으로서, 상징적 언어를 소통 수단으로 타인과 관계 맺는 데에 많은 어려움을 가진 경계선 수준에서 기능하는 내담자이다. 이들 내담자는 지지적 심리치료로 치료받아야 하며, 종종 일생 동안 지지가 필요하다. 그러나 만남의 빈도는 점차 감소할 수 있다. 분열성 성격은 또한 오랜 기간 동안 치료 시간에서 만성적으로 '공허한' 질적 특성을 유발할 수 있다. 이들 내담자에게는 정서적 소산의 방어적 기능에 대한 체계적 해석과 잠재되어 있고 부정적이고 종종 솔직히 편집적인 전이 성향의 방어적 기능에 대한 체계적 해석이 중요하다. 정서적 의미가 나타나지 않는 짧은 기간이 대부분의 경계선 성격 구조 내담자의 치료 시간 중에 나타나는데, 이때에는 앞에서 설명한 일반적인 기법적 접근이 필요하다. 이러한 접근은 분열되고 파편화된 내용, 행동 및 정동을 감소시키고 심리치료자와의 인간적 상호작용이라는 통합된 단위로 변화시키기 위한 것이다.

오랜 기간에 걸쳐 치료자가 완전히 혼란스러운 자료의 조합처럼 보이는 것을 구분해 낼 수 없다면, 이러한 혼란이 (1) 내담자의 특정 방어기제, (2) 역전이 반응, (3) 치료자를 혼란시키려는 내담자의 무의식적 노력 중 어떤 원인으로부터 기인된 것인지를 평가하는 것이 중요하다. 내담자와 함께 이런 치료 상황을 개방적으로 탐색해 봄으로써 그 해결에 중요한 단서를 발견할 수 있다.

4) 편집적 통제와 유보

어떤 경계선 수준의 편집성 내담자는 치료자에 대한 편집적 환상을 나타내는 표현의 일부로서 자료에 대해 의식적으로 알리지 않음을 인정한다. 예를 들면, 어떤 내담자는 수주 동안 자신의 진짜 이름을 말하지 않았다. 치료 초기에 명백한 편집적 사고가 우세해질 때마다 치료자는 내담자가 경계선 장애인지 아니면 편집성 정신병인지를 주의 깊게 평가해야 한다. 정신병적 편집증 내담자는 전이 정신병이 발달하게 되면 심각한 공격적 행동화를 나타낼 수 있기 때문에, 치료자가 초기에 주의 깊은 감별 진단을 내리는 것이 매우 중요하다. 그리고 정신병 내담자를 치료할 때 예상되는 모든 결과를 분명하게 이해하지 못한 상태에서는 집중적 심리치료를 시작하지 않는 것 역시 마찬가지로 중요하다. 때로 경계선 수준의 편집성 내담자의 초기 치료에서 이러한 진단적 질문이 명료화되기 어려운 경우에는 상황을 좀 더 평가하기 위한 단기 입원과 함께 심리치료를 시작하는 것이 더 바람직할 수 있다. 초기의 단기 입원이 갖는 장기적 이익은 그 입원과 관련된 내담자 일상생활에서의 불안과 전이 왜곡 및 다른 복잡한 문제의 증가를 보상해 준다. 어떤 경우이든 심리치료자는 내담자가 치료 상황을 병리적인 방식으로 통제하도록 허용하지 않는 것이 중요하다. 그렇게 되면 심리치료자의 중립성뿐만 아니라, 단순한 인간적 수준에서 치료자의 가용성에도 영향을 줄 것이기 때문이다. 때로 불가능한 조건에서 치료하는 것보다는 아예 내담자를 치료하지 않는 것이 더 낫다. 투사적 동일시는 편집성 내담자에게 우세한 방어기제이다. 객관적으로 치료자가 내담자의 통제로부터 자유로울 때에만 암묵적 가학적 통제를 해석할 수 있다.

5) 때 이른 심한 행동화

경계선 내담자의 행동화 가능성은 심리치료가 시작된 후에야 충분히 평가할 수 있는 경우가 많다. 문제는 치료 상황에 대한 충분한 구조화를 어떻게 제공하는가이다. 이것은 치료자가 행동화의 범위를 충분히 알아차리지 못했을 때 어려워질 수 있다. 행동화 범위가 시간 중의 내담자 행동을 통해 단지 약간의 기미를 알 수 있을 뿐일 경우도 있다. 치료 실제에서는 치료 상황 밖의 심각한 정서적 혼란을 나타내는 치료 시간 속의 사소한 지표들을 매우 심각하게 고려해야 한다. 이러한 지표가 처음 나타날 때 치료자는 언뜻 보아서는 일상생활의 사소한 문제처럼 보이는 것이라도 내담자와 함께 충분히 탐색해야 한다. 치료자의 직관, 비슷한 성격 문제를 가진 다른 내담자를 치료한 경험, 그리고 치료 시간 밖에서 일어난 것에 대한 당황스러움과 관심의 개방적 표현은 그 시간의 내용으로부터 해리되었던 자료를 전이 속으로 다시 가져오게 하는 데에 도움이 될 수 있다. 특히 중요한 단서는 성격적 방어인데, 이것은 치료 시간의 첫 몇 분 동안 반복해서 나타나며, 일관된 치료 작업에도 불구하고 수정되지 않은 채 남아 있는 것들이다.

예를 들면, 한 내담자가 매 시간을 시작할 때마다 잠시 침묵하였다. 그러고는 자신에게 중요한 문제와는 직접 관련되지 않은 질문을 하는데, 그 질문은 그녀 마음속에 무엇이 있는지를 치료자가 '추측' 해야 하고 '추측이 맞은' 경우에만 보상을 받을 수 있는 그런 질문이었다. 이 미묘한 행동 패턴은 그것을 해석하려는 치료자의 반복된 노력에도 불구하고 수개월 동안 지속되었다. 결국 이 행동은 이전에 파악되지 않았던 일반화된 행동화를 반영하는 것으로 밝혀졌다. 그것은 내담자가 치료 받을 문제로 언급하지 않았던 습관적 행동 패턴의 하나로 드러났다. 이 패턴은 사회적 상황에서 나타났는데, 그 경우 그녀는 고집스러운 침묵으로 철수해 버리곤 하였다. 그녀는 이러한 유리한 위치에서 중요한 사람들에게 흥미로운 질문을 제기함으로써, 그리고 그들만이 직관을 가지고 그녀를 도울 수 있다는 것을 전달함으로써 그들의 독점적 관심을 받고자 하였다. 이 행동으로 인해 내담자 주위에는 선의를 가진 여러 친지 및 친구가 모여들었다. 이들은 그녀의 질문에 기꺼이 대답하고자 하였고 모든 종류의 화제에 관해 광범위한 정보를 제공하려고 하였다. 그녀는 자신의 일반적 초연함을 잃지 않고서 종종 신비한 미소를 띤 채 그녀가 '통제력' 을 유지하는 데에 도움이 된다고 느끼는 것을 그들에게서 '빼내곤' 하였다. 치료 중 이 행동이 심해진 것은 이 행동의 전이 저항으로서의 기능을 반영하였다. 치료 시간 밖에서 나타나는 이러한 전능적 통제의 행동화를 해석함으로써 이 성격 방어를 치료 시간 속으로 끌어들일 수 있게 되었으며, 이제 치료에서 그것을 좀 더 충분히 훈습할 수 있게 되었다.

물론 그러한 문제가 치료 초기에만 관련된 것은 아니지만, 치료자가 미묘한 성격 방어를 진단하기에는 치료의 초기 단계가 더 용이하다. 치료자가 그러한 방어에 익숙해지면 그것을 알아차리기가 어려워진다. 초기 단계에서 치료자가 내담자를 충분히 알기 어렵기 때문에, 치료자는 내담자의 모든 외적 상호작용에 일관된 초점을 맞춤으로써 이후의 파괴적이고 통제하기 어려운 행동화를 예측하거나 예방할 수 있다.

6) 심리치료에 대한 사전 정보 및 '심리치료 용어'의 오용

경계선 내담자는 복합적이고 장기적인 치료적 조정을 필요로 하고 전이 행동화로 인해 치료가 어려워지거나 치료자를 바꾸는 일이 빈번하게 일어나기 때문에, 치료자는 종종 이전에 치료받은 경험이 있는 내담자를 만나게 된다. 치료의 초기 단계에서 다른 치료자와의 이전 치료 경험에 대해 주의 깊게 탐색하는 것은 이전의 조기 중단을 유발했던 상황의 반복을 예방하는 데에 도움이 된다. 그러나 경계선 내담자의 경우 이전 심리치료자의 부분적 측면과의 원시적이고 왜곡된 동일시가 이전 치료자를 진실하지 않고 작위적이라고 공격하는 자료 속에 반영될 수 있다. 자신의 정서적 경험에 대한 내담자의 기술은 부분적으로 사실일 수 있다. 종종 경계선 내담자는 자기 정동의 정확한 본질을 알아차리지 못할 수 있다. 그들은 자기 정동을 이전에 심리치료자에게서 들었던 것에 따라 명명하는 경향을 보였다. 이러한 상황에서는 내담자가 느끼는 것과 그 느낌을 말하는 방식의 진실성 문제가 매우 중요한 것이 된다.

7) 분리 반응의 질적 특성

치료자와의 분리에 대한 내담자 반응은 중요한 진단적, 예후적 및 치료적 함의를 가진다. 주말, 휴일, 질환, 휴가 등과 연결된 분리는 이러한 분리에 대한 내담자의 우세한 반응 수준을 활성화시키는 경향이 있다. 여러 가지 유형의 분리 반응을 내재화된 대상관계의 가장 심각한 왜곡으로부터 최소한의 왜곡에까지 이르는 하나의 연속선 위에 배열해 볼 수도 있을 것이다. 가장 예후가 좋지 않은 반응은 내담자가 치료자와의 분리에 대해 전혀 어떤 정서 반응도 실제로 경험할 수 없지만, 다른 내담자의 정서 반응을 모방해서 그것을 다양한 행동화에 대한 합리화로 활용하는 경우이다. 이들은 대체로 강한 반사회적 특징을 가진 자기애성 내담자이다. 이 연속선에서 다음에 오는 것은 치료자와의 분리에 대해 어떤 정서 반응도 경험하지 못하는 것을 개방적으로 인정하는 경우인데, 이것은 자기애성 성격 구조를 가진 대부분의 내담자가 보이는 특징이다. 경계선 수준에서 기능하는 몇몇 자기애성 내담자에서 특히 평가절하적으로 강한 분노를 보이는 유형은 단기적으로는 좋지 않은 함의를 가질 수 있지만, 만일 일정 기간 동안 훈습된다면 실제로는 오히려 치료자와의 강한 정서적 관계 능력의 시작을 의미할 수 있다.

덜 심각한 함의를 갖는 것은 많은 경계선 내담자가 치료자와의 긴 분리에서 경험하는 강하고 때로는 혼란스러운 분리 불안이다. 이것은 유아성 성격의 내담자가 전형적으로 나타내는 반응 유형이다. 이 경우 치료자와의 분리에 대한 두려움은 병리적 의존성 요구를 반영할 뿐만 아니라, 치료자와의 분리로 인한 좌절이 불러일으키는 분노 때문에 내재화된 치료자상이 파괴될지 모른다는 두려움도 반영한다. 이와 같은 분리 불안의 무의식적 함의에 대한 해석은 초기 단계부터 계속해서 치료의 중요한 부분이 된다. 연속선의 다음에 위치하는 것은 병리적으로 강한 애도 반응을 보이는 경우가 될 것이다. 이것은 내재화된 대상관계가 좀 더 잘 통합되어 있고 예후도 일반적으로 더 좋은 경계선 내담자의 특징이다.

마지막으로 치료자와의 분리에 대한 정상적인 애도 반응을 체험해 낼 수 있는 능력은 경계선 내담자에 대한 진전된 치료단계의 특징이자 일반적으로 덜 심각한 성격장애 형태를 가진 내담자의 특징이다. 내담자가 긴 분리를 견뎌 내기 어려울 경우 치료가 조기 중단될 위험이 있으며, 분리 반응에 전이 및 대상관계 질에 관한 중요한 정보가 함의되어 있기 때문에 내담자의 분리 반응에 대한 주의 깊은 탐색은 매우 중요하다.

8) 병원 스태프와 심리치료자의 관계

경계선 내담자의 치료가 치료의 초기 혹은 후기 단계 동안 입원과 결합하여 이루어진다면, 심리치료자는 병원 관리 팀장과 친밀한 관계를 유지하는 것이 중요하다. 이것은 비밀보장, 전이에서 분열을 보일 위험 그리고 병원치료와 심리치료의 일반적 협조와 같은 문제를 제기한다.

필자는 경험을 통해 치료자가 내담자의 병원 내 상호작용에 관한 전체 정보를 정기적으로 받아 볼 수 있고 내담자에게도 이것에 대해 알려 주는 것이 도움이 된다는 것을 알게 되었다. 따라서 심리치료자는 내담자의 병원 내 상호작용에 관한 중요한 정보를 내담자 자신과 공유할 수 있고, 그것을 그의 전이 분석에 통합할 수 있다. 동시에 심리치료자는 내담자가 자신에게 제공한 모든 정보의 비밀을 지킬 것이며, 단지 치료자가 병원 팀과 함께 조사해야 하는 특정 문제만 예외로 한다는 점을 내담자에게 알려야 한다. 그러나 그렇게 하기 전에 내담자에게 구체적으로 허락을 얻어야 한다. 다시 말해 치료자가 어떤 정보를 병원팀과 공유할 수 있도록 내담자가 구체적인 권한을 위임하지 않는다면, 일반적인 비밀보장은 지켜져야 한다. 마지막으로 필자는 내담자나 다른 사람의 생명에 대한 위협이 있는 상황에서는 비밀보장의 의무를 준수하지 않을 것임을 내담자에게 분명히 알린다. 이런 상황에서 필자는 병원팀에게 얘기해 줄 필요가 있다고 느끼는 정보의 본질에 대해 먼저 내담자와 나눌 것이다.

이 접근의 일반적 함의는 심리치료 중에 입원이 필요해서 입원을 시켰다면 이것을 포함하는 전체 치료가 통합되어야 한다는 것이다. 실제에서 이것은 분열 기제로 인해 전이의 일부가 병원 치료팀에 표현되는 것을 감소시키거나 예방하는 데에 도움이 된다. 외래로 치료받는 내담자의 경우 가족의 압력과 같은 사회적으로 복잡한 문제가 나타날 수 있는데, 내담자와 관련된 친지나 다른 사람이 심리치료자와 직접 접촉하려고 할 수 있다. 이 경우 사회적 기관이나 심리측정 사회사업가에게 요청하여 그간 발전되어 온 전체 치료 상황을 포함하면서 동시에 심리치료자가 내담자의 외부 사회적 환경으로부터 분리되어 있을 수 있는 구조를 제공받을 수 있을 것이다. 이 상황에서도 심리치료자는 가족을 만나는 사회사업가와 개방적 의사소통을 유지해야 한다. 그러나 사회사업가와 공유할 정보에 대해 심리치료자는 내담자와 반드시 논의해야 한다.

필자의 요지는 어떤 정보를 치료팀의 다른 멤버와 공유하는 것의 위험이나 복잡한 문제보다 치료 상황에서 감독받지 않은 행동화와 분열의 위험성이 더 중하다는 것이다. 때로 그러한 복합적인 치료적 조정은 치료가 지지적 접근으로 변화하는 만큼 치료자의 중립성을 방해할 수 있다. 다른 경우 그러한 복합적인 조정은 치료자가 내담자 생활에 대한 의사결정을 해야 하는 부담을 경감시켜 주고, 그렇지 않으면 참기 어려웠을 역전이 반응을 완화시켜 주는데, 간단히 말하면 치료자의 중립성을 보호해 줄 수 있다. 이 문제에 관한 각각의 의사결정에 너무 많은 변인이 개입되기 때문에 이 분야를 일반화하는 것은 실제로 어려운 일이다.

결론적으로 초기 치료 단계의 필요조건과 조정에서 경계선 내담자에 대한 치료방략 및 기법의 중요한 측면을 표현하였다. 초기 치료 단계의 전체 목적은 양호한 환경에서 장기 심리치료를 가능하게 하는 조건을 만드는 것이다. 그러한 환경에는 내담자 장애의 잠재적으로 파괴적이고 자기파괴적인 결과로부터 내담자를 보호하기 위한 조치와, 내담자에게 필요한 해석 초점에서 벗어난 지지적 모델을 강요받는 것으로부터 치료자와 심리치료적 방략의 중립성을 보호하기 위한 조치가 포함된다. 이러한 전체 맥락에서 심리치료자는 내담자 행동에 대한 해석, 그의 주관적 경험, 그의 현재 어려움이 갖는 전이적 함의에 대한 해석을 통합하려는 노력을 해야 한다. 이것은 내담자와 치료자 사이에서 발전하고 있고 심화되고 있는 진정한 인간 경험의 관점에서 이루어져야 한다.

제7장

주관적인 공허감의 체험

정상적인 통합된 자기개념과 이와 관련된 통합된 타인개념은(통합된 대상표상은) 시간이 바뀌고 상황이 달라지더라도 자기와 대상이 연속적이라는 느낌을 보장해 준다. 또한 통합된 자기표상과 대상표상은 인간관계망에 속하는 느낌을 줌으로써 삶을 의미 있게 만들어 주며, 우리가 당연하게 받아들이고 있는 보통의 '자기감정(self-feeling)' (Jacobson, 1964)을 보장해 준다. 이런 자기감정은 보통 가장 극단적이고 흔치 않은 심리사회적 외상이나 삶에 위협적인 상황에 의해서만 위협을 받는다. Jacobson에 따르면, 이러한 자기감정은 통합된 자기를 자각함으로써 얻어지는 것으로서 통합된 자기에 리비도가 점유된 '자존감(self-esteem)' 이나 '자기존중(self-regard)' 과는 구별되어야 한다고 하였다(Jεcobson, 1964).

통합된 자기표상과 대상표상(내적 대상 세계) 간의 정상적 관계가 여러 가지 이유로 위협받을 때, 내적 대상에 의해 소위 내적으로 자기가 버림받거나(abandonment) 또는 내적 대상이 상실될 때 고통스럽고 혼란스러운 병리적인 주관적 체험이 생겨난다. 이러한 체험에는 삶이 공허하고 쓸모없이 느껴지는 것, 만성적으로 안절부절못하는 것과 지루해하는 것, 외로움을 체험하고 극복하는 정상적인 능력이 상실된 것이 포함된다.

주관적으로 고통스럽고 혼란스러운 체험에 대해 이야기하는 내담자는 자주 공허감을 호소한다. 전형적인 사례에서 이러한 공허감은 주관적 체험의 기본 형태처럼 보인다. 이러한 공허감에서 벗어나기 위해서 어떤 내담자는 많은 활동을 하거나 광적인 사회적 상호작용에 참가하거나, 마약이나 술을 복용하거나, 또는 성과 공격성, 음식을 통해서 추동을 만족시키려 하거나 강박적 행동을 통해 내적 체험에 덜 집중하게 됨으로써 추동 만족을 얻으려고 한다. 반면, 다른 내담자는 이러한 공허감 체험에 굴복하는 것처럼 보이며, 기계적인 생활방식이라 할 만한 것을 지니게 된다. 일상적인 활동의 동작을 하면서 비현실적인 죽은 감각을 갖거나 주관적으로 흐릿해지는 체험을 한다. 그럼으로써 그들은 그들을 둘러싼 무생물적 혹은 인간적 환경에 융합되어 가는 것 같다.

주관적인 공허감 체험은 다양한 형태를 띨 수 있다. 만성적인 신경증적 우울증 내담자나 우울성 성격 구조를 가진 내담자는 이러한 주관적 체험을 간헐적으로만 이야기하는데, 이때 그것을 다른 주관적 체험과 뚜렷이 대비되게 진술한다. 이런 내담자는 공허하게 느끼는 기간 동안 다른 사람과 관계를 상실한 느낌을 지닌다. 이제 다른 사람들은 닿을 수 없을 만큼 멀고 가용하지 않고 자동기계처럼 느껴지며, 한편 자기 자신에 대해서도 비슷하게 느낀다. 삶은 더 이상 이치에 맞는 것 같지 않고, 미래의 만족이나 행복에 대한 희망도 없고, 추구하고 동경하고 열망할 것이 아무것도 없다. 이런 내담자는 더 이상 아무도 사랑하지 않을 뿐만 아니라 아무도 자신을 사랑할 가치가 없다고 느낄 수 있다. 인간 세상에는 사람 간에 의미 있는 관계가 없거나 아니면 최소한 이런 내담자에게는 의미 있고 사랑하는 관계가 없는 것이다. 오히려 그의 무생물 대상 세계는 분명하게 경계가 정해져 있는데, 마치 그런 대상이 통상적인 주위 배경에서 두드러지게 부각되어 있고, 그 안으로 들어가 이해할 수 없고, 의미가 결여되어 있거나 또는 닿지 않는 성질을 지니고 있는 것 같다. 그들의 일상적인 환경에서 보통 그들이 인정하고 사랑하는 무생물 대상들은 낯설어지고 고통스럽게도 무의미해진다.

이런 우울한 내담자의 공허감은 외로움에 가깝다. 그 차이점은 외로움에는 동경의 요소가 있고, 다른 사람과 그의 사랑이 필요하지만 지금 그 사람이 옆에 없다는 것을 느낀다는 것이다. 정신분석적 탐색을 통해 잘 밝혀진 사실은 우울증 내담자가 무의식적 죄책감에 시달린다는 것과 그들의 '텅 빈 것 같은' 주관적 체험은 초자아가 자기를 공격하는 것을 반영한다는 것이다. 초자아에 의한 가혹한 내적 처벌은 자기 자신이 사랑받고 인정받을 만한 가치가 없고, 혼자 내버려질 운명이라는 암묵적 단정으로 이루어진다. 좀 더 깊은 수준에서, 심한 경우 초자아 압력에 의해 만들어진 우울한 내담자의 내적 환상은 자신의 악함으로 인해 스스로 내부 대상을 파괴해 왔고, 그럼으로써 이제 사랑 없는 세상에서 혼자 내버려지게 된다는 것이다.

다른 내담자, 분열성 성격 구조를 가진 많은 내담자는 공허감을 다른 사람과 다른 내적 특성으로서 체험할 수 있다. 다른 사람과 달리 그들은 아무것도 느낄 수 없고 사랑, 미움, 부드러움, 동경, 애도의 감정에 닿을 수 없다는 점 때문에 죄책감을 느낄 수 있다. 분열성 내담자는 다른 사람에게서는 이런 감정을 보고 이해하지만 자기 자신이 체험할 수는 없다. 이런 분열성 내담자에게 공허감 체험은 우울 내담자의 경우보다 덜 고통스러울 수 있다. 그 이유는 그들이 공허감을 느끼는 기간과 다른 사람과 정서적 관계를 맺는 다른 기간 사이에 차이가 적기 때문이다. 표류하는 느낌, 주관적 비현실성, 바로 이런 비현실성을 통해 얻게 된 진정시키는 특성에 대한 내적인 감각은, 분열성 내담자가 공허감 체험을 좀 더 잘 견뎌 낼 수 있게 해 주며, 타인에 대해 수동의존적 반응을 채택하게 하며, 그래서 그들은 주관적 체험보다 외부 현실을 알아차리기 위해 시간을 보낸다.

공허감을 체험하는 분열성 내담자에 비해 우울증 내담자를 만날 때 치료자는 주관적 체험에서 뚜렷한 차이를 느낀다. 우울성 성격 구조나 만성적인 신경증적 우울감을 보이는 내담자와의 관계에서, 치료자는 강렬한 인간적 접촉감과 주관적 공감 체험을 할 수 있고, 동시에 내담자가 치료자를 현실적인 사람으로 자각함에도 불구하고 치료자의 정서적 가용성을 받아들일 수 없음을 알게 될 수 있다. 우울증 내담자가 무의식적 죄책감으로 인해 자신에게 제공되는 사랑과 관심을 받아들이지 못하는 것이 전이로 그리고 전이에 대한 치료자의 정서적 반응으로 나타난다. 이에 비해 주관적 공허감을 호소하고, 다른 모든 사람과의 관계와 삶 일반에서 정서적 의미가 없다고 하는 분열성 내담자를 만나는 치료자는 내담자와의 상호작용에서 내담자와 비슷한 소외감과 거리, 닿지 않음을 체험할 수 있다.

강한 분열성 특징을 지닌 한 여성 내담자가 수개월의 치료를 받은 후, 한 상담 회기에서 자신은 어떤 감정도 느낄 수가 없다고 말했다. 그리고 필자에 대한 그녀의 감정을 필자가 해석한 것을 보면 그녀가 얼마나 아무것도 느낄 수 없는지를 필자가 모른다는 것을 보여 준다고 말했다. 그녀는 사촌 집을 방문한 것에 대해 말했는데, 다른 사람들은 사촌의 남편을 매우 매력적인 남자라고 하였다. 내담자가 자신의 사촌, 사촌의 남편, 그들 주변의 다른 사람 사이의 상호작용에 대해 말하는 방식을 들으면, 그들 간에 어떤 성욕화된(sexualized) 긴장이 있다는 막연한 느낌이 들었다. 그러나 필자는 누가 누구에게 성적인 매력을 느꼈는지 그리고 이 모든 사람이 내담자 자신과 어떤 관계가 있는지 실제 구분할 수 없었다.

내담자에게 이런 질문을 했을 때 그녀의 대답을 들어 보면, 그녀가 사촌을 방문한 전체 주제가 부적절하다는 느낌이 들었고, 그 순간에 좀 더 적절해 보이는 다른 어떤 것도 찾아낼 수 없었다. 필자는 점점 더 혼란스러워졌고, 자료의 다양한 측면 간의 모든 연관성을 잃어버리는 느낌이 들었다. 필자에게 분명했던 유일한 생각은 내담자가 필자에 대한 성적인 감정을 방어하고 있다는 것이었다. 하지만 필자에게는 아무런 직접적인 증거가 없었고, 이것은 기계적인 종류의 지적인 추측이기 때문에 해석의 근거가 될 수 없다는 고통스러운 느낌이 들었다.

다음에 내담자는 사촌과의 그 사회적인 일에 참가해야 하는 것과 자신이 몰입하고 있고 참여하고 있고 흥미를 갖고 있는 것처럼 보이려고 애쓰는 것이 얼마나 피곤한 일인지를 얘기하기 시작하였다. 그때 사실 그녀는 멀리 있는 것처럼 느꼈고, 내적으로 반응하려는 노력 없이 기계적인 과제를 수행하면서 단지 일만 하는 것을 좋아했었을 것이다. 그녀는 또한 어디선가 강간 사례였거나 아니면 고통스러운 성적 체험과 관련된 다른 뭔가에 대해 읽었다고 말했다. 다시 한 번 필자는 혼란스러워졌고, 그녀가 무슨 말을 하고 있는지 그 연관성을 잃어버렸다. 동시에 필자는 상담실로 햇빛이 들어오는 것과 가구의 윤곽과 그림자를 보고 있었다. 그리고 필자 앞에 앉아 있는 내담자가 거의 무생물 대상처럼 보인다는 것을 깨닫고, 아니 그보다는 그녀가 그 순간 필자에게 비인간적이고 낯설고 기계적인 존재가 되었다는 것을 깨닫고 충격을 받았다. 달리 말해서, 그녀는 사촌 및 주위의 다른 사람과의 상호관계에서 기술하였던 그 공허감과 부적절감을 필자에게 유발한 것이었다.

그때 필자는 내담자에게 그녀 안에 있는 뭔가가 그녀의 모든 인간관계를 흩어지게 하고 파편화시켜서 인간관계의 의미가 상실되었고, 더 이상 아무것도 이해되지 않게 되었다는 생각이 든다고 말했다. 또한 그녀가 자신의 성적인 환상을 두려워하기 때문에, 이러한 흩어짐이나 파편화를 통해 그녀가 사촌의 남편에게 지녔던 매우 현실적인 성적 감정으로부터 자신을 지키려고 했을 수 있다고 생각한다고 말했다. 그리고 이와 동일한 과정이 이 순간 필자에게도 일어났을 수 있다고 말했다. 그러자 곧바로 내담자는 그녀가 필자를 껴안고, 필자가 아버지와 같은 방식으로 그녀를 안을 때 성적으로 흥분되는 환상을 체험한 적이 있다고 밝혔다.

이 사례는 분열성 성격 내담자의 치료 관계에서 종종 만성적으로 저항적이고 좌절을 주는 상황을 해결해 가는 과정을 보여 준다. 이들 내담자의 경우 모든 인간관계에서 정서가 흩어지고 파편화되며, 내담자에게서 그리고 그런 내담자를 상대하는 치료자에게서 만성적인 공허감이 유발된다. 분열성 내담자가 체험하는 공허감은 외로움과 유사하지 않다. 외로움을 느낀다는 것은 다른 사람과 의미 있는 관계를 맺을 수 있는 가능성을 강렬하게 충분히 알고 있음을 의미한다. 이 내담자는 치료에서 오랫동안 이런 관계를 이용하지 못한다.

또 다른 내담자도 정신병리의 주요 측면으로서 공허감을 느낀다. 바로 자기애성 성격 구조 내담자, 즉 병리적 나르시시즘 성격을 가진 내담자이다. 자기애성 내담자는 병리적 거대자기가 수립되고, 모든 내재화된 대상관계가 심하게 악화된 특징을 보인다. 앞에서 언급한 우울성 내담자 및 분열성 내담자와 비교해서, 자기애성 내담자는 공허감에 더해서 매우 지루해하고 안절부절못하는 특징이 있다. 자기애성 내담자는 분열성 내담자와 그리고 훨씬 더 많게는 우울한 내담자가 그들 나름의 방식으로 보존하고 있는 어떤 측면의 인간관계 능력을 이용하지 못한다. 우울성 성격 구조의 내담자와 심지어 분열성 내담자조차도 다른 사람과 관련된 인간적인 감정과 체험을 깊게 공감할 수 있고, 다른 사람과 관련된 사랑과 정서로부터 배제되었다고 고통스럽게 느낄 수 있지만 그 사랑과 정서를 공감할 수 있다.

예를 들어, 우울성 성격의 한 내담자는 소설과 연극의 정서적 의미와 음악에 대해 강한 반응을 보였고, 자기 자신을 문학 속 인물과 깊게 동일시할 수 있었다. 앞에서 언급한 분열성 내담자는 철학적 및 종교적 사상에 관심이 매우 많았으며, 거리를 갖고 '자유롭게 떠다니는' 방식으로 친구와 가족의 삶에 대해 예리하게 알고 있었고 몰두해 있었다. 그녀는 자신이 다른 행성에서 이 행성 사람들의 '삶과 행동' 을 바라보는 관찰자인 것처럼 느꼈다.

반면 자기애성 성격의 내담자는 인간의 체험을 깊게 공감하는 능력이 없다. 그들은 감탄받고 싶은 욕구를 사회생활을 통해 현실이나 환상에서 인정받을 기회를 얻게 되며, 직접적으로 추동을 만족시킬 수 있게 된다. 이를 통해 즉각적인 삶의 의미를 얻을 수는 있지만 일시적일 뿐이다. 곧바로 만족하지 못하면, 그들은 금세 공허해하고 안절부절못하며 지루해한다. 이제 세상은 감옥이 되며, 감옥에서 벗어나기 위해서는 오직 새로운 흥분이나 감탄 또는 공급되는 것들의 함입, 통제, 승리를 의미하는 새로운 경험만이 탈출구가 된다. 그들은 예술에 대한 깊이 있는 정서적 반응이 어려우며, 자기애적 목적의 만족을 넘어서는 가치체계나 창조성에 헌신하지 못하는데, 이것은 그에게 사실상 낯선 것으로 느껴진다.

치료 관계에서, 자기애성 성격 내담자는 치료자에게 두 가지 반대되는 극단적인 정서적 반응을 유발하는 경향이 있다. 어떤 때는 내담자가 자신의 거대성을 치료자에게 투사할 때가 있다. 이때 치료자는 자기 자신이 내담자 삶의 중심이 되고, 끝없는 만족과 지혜를 줄 수 있는 원천이 된 것처럼 체험할 수 있다. 이를 통해 내담자는 충분히 만족하고 자신이 생생하게 살아 있다고 느낄 수 있다. 그러나 다른 때에는 (이런 것이 초보 치료자에게는 예상치 않은 충격이 될 수 있다.) 치료자는 자만하고 독선적인 전능한 내담자 앞에서 자신이 공허하고 무력하고 패배한 것처럼 느낄 수 있다. 이런 과정은 매우 갑작스러우면서도 미묘하고 오랫동안 지속적으로 일어나서, 치료자는 꽤 오랫동안 자신에게 무슨 일이 일어났는지 모를 수 있다. 이러한 상황에서 치료자는 자기애적 내담자를 치료할 때 만성적인 공허감, 비현실감과 지루함을 느낄 수 있는 동시에, 지루함을 느낀 것에 대해서 강한 죄책감을 체험할 수 있다. 그리고 치료자가 일정 기간이 지난 후에야 깨달을 수 있는 것은 자신의 지루함이 내담자가 진정으로 존재하지 않았다는 것을 알게 됨으로써 나타났다는 것이다. 그리고 내담자는 전능하고 치료자는 무가치한 부속물로서 취급되는 거짓 관계가 지루함으로 표현된 것임을 깨달을 수 있다. 치료자의 지루함은 치료 시간에 의미 있는 대상관계가 없었다는 것을 나타낸다. 또한 치료자의 지루함이 경고해 주는 것은 내담자가 훨씬 더 일반화되고 만성적인 지루함을 느끼고 안절부절못한다는 것이며, 이는 내담자의 대상관계가 일반적으로 결여되어 있음을 나타내 준다.

많은 경계선 내담자도 공허감을 일시적으로 체험하긴 하지만, 자기애성 내담자와(경계선이든 아니든) 강한 분열성 성격의 내담자만큼 만연되어 있지는 않다. 자기애성 및 편집성 특징이 결합되어 있는 내담자에게는 두 종류의 기간이 번갈아 나타난다. 먼저 싸워서 물리쳐야 할 잠재적인 적과 강렬하게 주관적인 정서적 관여를 체험하고, 그 과정에서 살아 있음을 느끼는 기간이 있다. 다른 기간에는 공허감과 삶의 무의미감을 고통스럽게 체험하는데, 이때는 자기애적 특징이 우세하고 눈앞에 적이 없는 상태이다. 자기애성 내담자 중에서 병리적 나르시시즘을 통해 원시적인 편집적 경향을 방어하는 경우가 있으며, 편집성 내담자 중에서 잠재적인 적과 관계하는 것이 공허감의 고통을 방지하는 경우가 있다. 병리적 나르시시즘이 지배적인 모든 경우에, 공허감 체험은 외로움 체험의 반대 극을 나타낸다. 자기애성 내담자는 종종 다른 사람과 중요한 관계가 가능하다는 것을 동경하거나 깨닫지 못하며, 그런 관계를 그리워하지 못한다.

필자는 공허감 증상에 대해 지금까지 말해 온 모든 것이 다음과 같이 일반화될 수 있다고 생각한다. 주관적 공허감 체험은 자기표상 및 대상표상과의 정상적 관계를 일시적으로 또는 영구적으로 상실한 것을 나타낸다. 대상표상, 즉 이 내적 대상의 세계는 다른 사람과의 중요한 체험이 심리내적으로 고정된 것이고, 자아 정체감의 기본적 구성요소가 된다. 자아 정체감이 정상적으로 구성되어 있고, 그래서 우울성 성격 구조에서처럼 안정되고 통합된 자기와 안정되고 통합된 내적 대상 세계를 지닌 내담자가 이런 과정을 보여 줄 때가 있다. 즉, 심한 초자아 압력으로 인해 그들이 내적으로 사랑받을 가치가 없다고 느끼기 때문에 내적 대상에 의해 버림받을 것이라고 위협을 받는 기간에 그렇다. 그러나 이러한 상황에서 정상적인 대상관계 능력은 항상 남아 있으며, 전이와 다른 대인관계 체험에서 발휘될 수 있다.

반면 통합된 자기가 결여되어 있고 자기와 통합된 내적 대상과의 정상적 관계가 결여되어 있을 때, 일상생활에 대한 좀 더 뿌리 깊고 만성적인 공허감과 무의미한 느낌이 뒤따른다. 그러므로 (정체감 위기가 아닌) 정체감 혼미 증후군의 모든 내담자는 공허감을 체험할 가능성이 있다. 이런 체험은 심리내적 갈등을 방어하기 위해 원시적인 해리나 분열과 같은 적극적 기제가 지배적일 때 특히 강해진다. 분열 과정이 특히 강하고, 자기와 중요 대상이 포함된 내적 및 외적 관계뿐만 아니라 정동까지도 방어적으로 흩뜨리고 파편화시키는 분열성 성격 내담자는 강한 공허감을 드러낸다. 자기애성 성격을 가진 내담자의 경우, 통합된 자기와 통합된 내적 대상 간의 정상적 관계가 병리적 거대자기와 내적 대상의 악화로 대체되었을 때, 공허감 체험이 가장 강하고 또 끊임없이 계속된다. 이러한 경우 공허감, 안절부절못함과 지루함은 병리적인 자기애적 체험의 기저선으로 볼 수 있는 것이 된다. 요약하면 공허감은 복잡한 정동 상태를 나타내는데, 이는 모든 내재화된 대상관계의 기본 단위인 자기와 대상 간의 정상적인 극성(polarity)이 파괴된 것을 반영한다. 공허감은 동경, 슬픔과 외로움의 중간에 놓여 있다. 이는 한편으로는 중요한 대상관계를 재수립하려는 희망을 나타내며, 다른 한편으로는 대상과의 좋은 관계가 상실된 것을 감당할 수 없을 때 '좋기만 한' 자기상과 대상상을 퇴행적으로 정신병적으로 융합한 것을 나타낸다.

전이에서 내담자의 주관적인 공허감 체험은 내담자와 치료자 관계의 변화로 반영된다. 치료자는 전이와 역전이 상황을 분석함으로써 공허감 체험의 바탕에 있는 내재화된 대상관계 병리의 특성을 확인할 수 있다. 그런 분석은 중요한 진단적 및 치료적 함의를 지닌다. 그것을 통해 지배적인 구조적 심리내적 병리 및 관련된 방어 과정의 특성이 명확해진다. 경계선 성격 구조의 내담자와 자기애적 병리를 지닌 내담자가 모두 심한 자기표상 병리와 대상표상 병리를 보이는 한, 그들의 전이를 다루는 데 있어서 특정한 전반적 치료 방략이 요구된다.

다음에서는 그런 방략에 대해 개관하고자 한다. 첫 번째 단계로서, 치료자는 치료 시간에 내담자와 치료자 모두의 기본적 체험으로서 무의미하게 느껴지거나 쓸모없게 느껴질 가능성에 대해 경계해야 한다. 이와 같은 치료 관계의 탈인간화(dehumanization)는 관련 기제를 고려하여 진단되어야 한다. 여기에는 분열 기제, 원시적인 전능, 무의식적 죄책감 또는 치료자에 대한 무의식적 시기심 등이 우세한 정도가 포함된다. 그리고 전이에서 중요 대상관계에 대한 이들 방어와 함께 그 동기를 해석해야 한다.

두 번째 단계에서, 치료자는 방어의 결과로서 생겨나는 원시적 대상관계를 평가해야 한다. 이때 이들 방어는 관련된 자기상 및 그에 상응하는 대상상의 관점에서 훈습된다. 치료자는 내담자의 해리된 자기의 측면이나 원시적 대상관계의 측면을 상연할 수 있다. 그리고 내담자와 치료자는 각자의 자기상이나 대상상을 교대로 상연할 수 있다. 자기표상과 대상표상의 이러한 측면이 해석될 필요가 있으며, 전이에서 명료화된 각각의 인간관계가 해석될 필요가 있다.

세 번째 단계에서, 전이에서 활성화되는 이런 특정한 '부분대상' 관계는 다른 '부분대상' 관계와 통합되어야 하며, 그래서 내담자의 현실적 자기와 내적 대상 개념이 통합되고 공고화될 수 있어야 한다. 이러한 여러 단계는 본질적으로 경계선 성격 구조와 자기애성 성격의 내담자가 일으키는 원시적 전이를 훈습할 때 필요한 순서를 나타낸다.

술이나 마약을 통해 공허감을 피해 보려는 내담자에 대한 정신분석 연구는 관련된 심리내적 구조의 특징을 추가로 보여 준다. 필자는 마약과 알코올의 영향이 개인의 기본적인 심리내적 구조에 따라 달라질 것으로 생각한다.

우울성 성격 구조의 내담자는 술을 마셨을 때 주관적 안녕감과 고양감을 체험할 수 있다. 내담자는 무의식적으로 이를 잃어버렸던, 금지된, 이제는 용서하는 부모상과의 재결합으로 해석한다. 이 부모상은 이전에는 무의식적 죄책감과 우울감을 일으켰었다. 우울성 성격의 내담자가 술을 마신 후 고양되거나 우울해지는 것, 팽창되거나 애도하는 것이 함께 나타나는 것은 죄책감, 대상과 관계를 복구하고 싶은 욕구 및 대상과의 다시 만남을 축복하는 것이 환상 속에서 훈습되는 것을 보여 줄 수 있다. 이에 비해 많은 경계선 내담자의 경우에는 마약을 복용했을 때 안녕감과 선한 느낌이 활성화된다. 이는 분열되어 떨어져 나간 '좋기만 한' 자기상과 대상상을 활성화하고, '나쁘기만 한' 내재화된 대상관계를 투인하게 하며, 이를 통해 감당할 수 없는 죄의식이나 내적 박해감에서 벗어날 수 있게 해 준다. 자기애성 성격 내담자의 경우, 알코올이나 마약 섭취는 병리적 거대자기를 '재충전'하고, 만족과 감탄을 바로 얻기 어렵고 좌절을 줄 수 있는 적대적 환경으로부터 병리적 거대자기의 전능함을 보존하고 보호하기 위한 지배적인 기제가 될 수 있다.

필자의 생각에 중독 가능성은 자기애성 성격 구조 내담자가 가장 높다. 그리고 자기애성 성격 내담자의 중독 치료 예후는 자기애성 성격 특성이 없는 경계선 성격의 중독 내담자의 예후나 또는 우울성 성격처럼 덜 퇴행된 성격 구조 내담자의 치료 예후보다 훨씬 더 나쁘다. 일반적으로 말한다면, 알코올이나 마약의 심리적 기능은 심리내적으로 구조화된 대상관계의 지배적인 특성에 의해 강하게 영향을 받는다는 것이다.

한편으로 주관적으로 쓸모없고 공허하게 느끼는 체험과 다른 한편으로 사회적 안정성 및 문화적 가치의 급격한 와해나 변화 간의 관계에 대해 중요한 질문이 제기되어 왔다. 현대 사회와 문화의 변화가 대상관계 패턴에 영향을 미쳤는지에 대해 질문이 제기되어 왔다. 필자가 지금까지 말해 온 것을 바탕으로 한 분석에 기초해서, 필자는 현대 문화의 변화가 대상관계의 패턴에 영향을 미친다고 생각하지 않는다. 만약 우리가 대상관계를 단지 한 사람과 다른 사람과의 실제 상호작용의 관점에서 정의하는 게 아니라, 그런 상호작용을 좌우하는 심리내적 구조의 관점에서, 그리고 타인과 깊이 있게 관계하는 내적 능력의 관점에서 정의할 때 그러하다. 많은 저자가 소위 이 '소외의 시대'에 대해 이야기해 왔으며, 사회적 및 문화적 소외가 타인과 깊이 있게 관여하는 능력을 와해시킬 수 있다고 시사되어 왔다.

Keniston(1968, 1970)은 소외된 젊은이와 반항적인 젊은이를 비교해서, 다른 사람과의 관계로부터 대체로 철수하는 것과 깊고 지속적인 관계를 맺지 못하는 것이 청년 문화를 직접적으로 반영하는 것이 아니라, 초기 아동기 갈등과 가족 병리에서 비롯되었음을 나타내는 중요한 사회학적 증거를 제시해 왔다. 마찬가지로 필자는 현대의 도덕성 변화가 친밀감에 대한 욕구와 능력을 다양한 형태로 변화시켰다고 생각하지 않는다. 아동기의 초기 발달이 영향을 받을 정도로까지 문화적 패턴의 변화가 가족 구조에 영향을 준다면, 친밀감 패턴의 그런 변화가 몇 세대 동안에 일어날 수 없을 것이라고 말하는 것은 아니다. 사회적 와해, 가족 구조의 심각한 파괴, 초기 아동 발달의 영향(이런 것은 모두 성격 발달에 결정적인 영향을 준다.), 변화하는 사회적 및 성적 관습에 반영되는 급격한 문화적 변화의 영향을 구분해야 할 것이다. 만약 유아기와 초기 아동기로부터 유래하는 내재화된 대상관계의 심한 병리가 존재하지 않는다면, 이러한 사회적 및 성적 관습은 공허하고 쓸모없다는 만성적 체험을 일으키지 않을 것이다.

제2부
자기애성 성격장애

제8장
자기애성 성격의 치료

이 장에서 필자는 자기애성 성격 구조 내담자를 치료하는 데 있어 병인론, 진단, 예후 및 그 외 몇 가지를 논의하려 한다. 필자는 이 주제를 총망라할 수 있다고 생각하지는 않는다. 그러나 어느 면에서 새로운 관점을 보여 주길 바란다. 이 논문은 주로 나르시시즘의 임상적인 문제를 다룰 것이며 상위심리학적 설명은 병리적 나르시시즘의 병인론과 관련해서만 짧게 다루어 보겠다. 정신분석에서 나르시시즘 이론과 관련된 더 광범위한 문제는 10장에서 검토해 보겠다.

제1장에서 필자는 기술적 용어로서의 자기애적이라는 단어가 오용되고 과용되었다고 했다. 그리고 주요 문제가 대상관계에서의 특정한 장해와 관련된 자기 존중 장해이며 거의 순수하게 병리적 나르시시즘의 발달로 볼 수 있는 집단이 있다고 하였다. 필자가 자기애성 성격장애라고 부르는 집단이 이런 내담자이다. 외적으로 이들은 심하게 혼란된 행동을 보이지 않

는다. 그들 중 대부분은 사회적으로 잘 기능하고 충동 조절도 유아성 성격보다 더 잘한다.

이런 내담자는 타인과 상호작용할 때 유별나게 자기를 언급하고 타인의 사랑과 감탄을 받고자 하는 욕구가 강하다. 그리고 자신을 매우 부풀리면서도 타인의 갈채를 받고자 하는 욕구가 지나치다는 점이 겉보기에 이상한 모순처럼 보인다. 이들의 정서 생활은 피상적이다. 타인의 감정에 거의 공감하지 못하고 타인에게서 받는 찬사나 자신의 거대 환상 외의 다른 생활에서는 즐거움이 거의 없으며, 외적인 화려함이 줄고 자기 중요성을 만족시킬 자원이 더 이상 없으면 안절부절못하고 지루해한다. 타인을 시기하고, 자기애적 지지를 해 줄 것이라 기대하는 사람을 이상화하며, 종종 전에는 우상이었지만 기대할 것이 없는 사람을 비하하고 경멸한다. 대체로 타인과의 관계는 확실히 착취적이고 종종 기생적이기도 하다. 그들은 마치 타인을 통제하고 소유할 권리가 있는 것처럼 느끼고 죄책감 없이 착취한다. 그리고 마음을 끌고 매력적인 이면에 냉담함과 무례함을 매우 자주 볼 수 있다. 이들은 타인에게서 찬사와 감탄을 요구하므로 의존적으로 볼 수도 있으나, 더 깊은 수준에는 타인에 대한 깊은 불신과 비하 때문에 어느 누구도 의지할 수 없다.

분석적으로 탐색해 보면 오만하고 거대하며 통제적인 행동이 구강기적 분노가 투사된 편집성에 대한 방어라는 것을 매우 자주 볼 수 있다. 구강기적 공격성은 이들에게 중심되는 정신병리이다. 표면적으로 이들은 대상관계가 거의 없어 보인다. 더 깊은 수준에서 이런 내담자의 상호작용은 매우 강렬하고 원시적이다. 그리고 내재화된 대상관계가 위협적이며, 내재화된 좋은 대상에 의존할 수 없다. 반사회성 성격은 자기애성 성격장애의 하위 집단으로 볼 수 있다. 반사회성 성격 구조는 앞에서 필자가 언급한 특징의 일반적인 양상에 더해 초자아 병리도 심각하다.

자기애성 성격의 주요 특징은 거대성, 극단적인 자기중심성, 타인에게서 감탄과 인정을 갈망하면서도 타인에 대한 공감과 관심이 없는 것이다. 이 내담자는 자기한테 없는 것을 가지고 있거나 혹은 자기 생활을 즐길 뿐인 사람을 매우 시기한다. 이들은 정서의 깊이가 부족하고 타인의 복합적인 정서를 이해하지 못한다. 그리고 자기감정도 분화되어 있지 않고 쉽게 타오르고 쉽게 꺼져 버린다. 특히 슬픔 및 애도적 동경과 관련된 진실한 감정이 부족하다. 우울 반응을 경험할 수 없는 것은 이들 성격의 기본적 특징이다. 타인에게서 거부되거나 실망하면 표면적으로 우울해 보이지만, 좀 더 자세히 보면 고마운 사람을 상실했다는 생생한 슬픔이 아니라 복수하고 싶은 분노와 원망이 나타난다.

자기애성 성격 내담자는 의식적으로 매우 불안정하고 열등하다고 느낀다. 때로 이러한 열등감과 불안정감은 위대한 느낌과 전능한 환상으로 바뀌기도 한다(Reich, 1960). 혹은 분석이 한참 진행된 후에 무의식적인 전능환상과 자기애적 거대성이 전면에 나오기도 한다. 극단적인 모순이 이들의 자기개념에 존재한다는 것은 표면에서는 매끄럽고 유능하게 사회생활을 하지만 그 이면에는 자아와 초자아의 심한 병리가 숨겨져 있다는 첫 번째 임상적 증거이다.

이 내담자의 방어 구조는 일반적으로 경계선 성격 구조와 매우 유사하다. 즉, 분열, 부인, 투사적 동일시, 전능감, 원시적 이상화와 같은 원시적 방어기제가 우세하다. 또한 이들은 경계선 내담자가 보이는 강렬하고 원시적인 구강기 공격적 갈등을 보인다. 자기애성 내담자가 일반적 경계선 내담자와 다른 점은 사회적으로 더 잘 기능하고 충동 조절이 더 잘되며 그리고 '가성승화적(pseudosublimatory)' 잠재력이 있다는 것이다. 따라서 특정 영역에서 능동적이고 지속적으로 일할 수 있고 거대성의 야망을 부분적으로 실현하고 타인에게서 찬사를 받을 수 있다. 매우 지적인 자기애성 성격 구조 내담자는 자기 영역에서는 매우 창의적으로 보인다. 이들은 종종 산업체나 학술연구소에서 지도자로 있다. 또한 어떤 예술 영역에서 뛰어난 성취를 보이기도 한다. 그러나 그들의 생산성을 장기간 자세히 관찰해 보면 일에서 피상적이고 깊이가 없으며 화려함 이면의 공허를 볼 수 있다. 사람들을 놀라게 한 '유망한' 천재가 평범하게 발달하는 것에서 이를 볼 수 있다. 그들은 또한 불안을 유발하는 환경에서 통제를 잘해서 우선은 불안 내성이 높아 보인다. 그러나 분석적으로 탐색해 보면, 이들의 불안 내성은 자기애적 환상을 부풀리고 '빛나는 고립'으로 철수하는 대가를 치르고 얻어진 것이다. 이 불안 내성은 괴로운 현실과 함께하는 진정한 능력이 아니다. 간단히 말해 자기애성 성격장애 내담자는 보통의 경계선 내담자보다 표면적으로 더 잘 기능한다. 그러나 분석을 받으면 정신병적인 수준으로 퇴행해서 분석가를 놀라게 한다.

1. 병인론적 역동적 양상

리비도 유형의 한 형태로 자기애성 성격장애를 분류하려는 초기의 시도(Freud, 1931)는 대체로 Fenichel(1945)이 언급한 이유로 받아들여지지 않았다. Van der Waals(1965)는 '병리적 나르시시즘' 문제를 분류하면서 심한 나르시시즘이 초기 자기애적 단계에 고착되어 대상 사랑을 향한 정상 발달 과정이 일어나지 않은 것만을 나타내는 것은 아니라고 했다. 그는 병리적 자기 사랑과 대상 사랑의 형태가 동시에 발달한다고 지적했다. Van der Waals에 따르면, 정상적 나르시시즘은 정상적 대상관계와 동시에 발달되며 병리적 나르시시즘은 병리적 대상관계와 함께 발달한다. 그는 또한 정신분석 문헌에서 나르시시즘의 임상적 문제가 상위심리학적 문제로서의 나르시시즘의 문제와 얽혀 있어서 병리적 나르시시즘을 이해하는 데 방해가 된다고 보았다.

Jacobson(1964)은 정신병적 퇴행과 초기의 자기표상 및 대상표상이 방어적으로 재융합되는 것과의 관계를 설명한다. Jacobson에 따르면, 초기 발달단계에서 자기상과 대상상이 서로 분화되면서 현실검증과 자아 경계가 발달할 때 초기의 중요 대상과의 관계에 심한 좌절을 경험하면 자기상과 대상상이 재융합된다. 재융합은 대상을 원하는 것과 대상을 두려워하는 것 간의 갈등을 피할 수 있게 하는 기제이지만 너무 위험하다. 이때 자아 경계가 흐려지고 현실검증이 상실되어 정신병적 퇴행이 일어나게 된다. 이런 현상은 자아 경계가 안정되고 현실검증이 유지되는 자기애성 성격 내담자에게는 일어나지 않는다. A. Reich(1960)는 자기애성 성격장애에서는 퇴행적 융합이 원시적 자아 이상과 자기 간에 일어난다고 하였다.

필자는 내재화된 자기상과 대상상의 재융합 과정이 자아 경계가 이미 안정되게 발달된 자기애성 성격장애에서 일어난다고 본다. 이 점에서 이상적 자기, 이상적 대상과 현실적 자기상의 융합이 대인관계에서 견딜 수 없는 현실에 대한 방어로 일어난다. 이때 외부 대상과 대상상의 평가절하와 파괴도 함께 일어난다. 환상에서 이 내담자는 외부 대상과 내재화된 대상표상에 대한 정상적인 의존성을 부정하고 자기 스스로를 자기 이상상과 동일시한다. 즉, 다음과 같이 말하는 것 같다. "내 이상에 따라 살지 않아서 거부될까 봐 두려워할 필요가 없어. 그게 나를 사랑할 이상적인 사람에게 사랑받을 수 있게 하는 유일한 것이라도 말이야. 왜냐하면 이상적인 사람, 그 사람에 대한 나의 이상상, 나의 현실적 자기는 모두 하나이기 때문이지. 그리고 그것은 내가 사랑받고 싶은 이상적인 사람보다 더 낫기 때문에 나는 더 이상 다른 사람을 필요로 하지 않아." 즉, 팽창된 자기개념이 만들어지면서 현실적 자기, 이상적 자기와 이상적 대상 간 정상적인 긴장이 제거된다. 팽창된 자기개념에는 현실적 자기, 이상적 자기 및 이상적 대상이 혼돈된다. 동시에 받아들일 수 없는 나머지 자기상은 억압되고 외부 대상에 투사되어 평가절하된다. 이 과정은 이상적 자기상과 이상적 대상상 간의 정상적인 분화와는 현저히 다르다. 둘 모두 대상의 내재화된 요구를 나타낼 뿐만 아니라 그 요구가 채워진다면 이 대상에서 만족을 얻을 수 있다는 것을 나타낸다. 정상적 초자아는 이상적 자기상과 이상적 대상상을 통합한다. 현실적 자기상과 그렇게 통합된 이상적 자기상 간의 긴장은 자아와 초자아 간 긴장이 된다. 그러나 병리적 나르시시즘 내담자는 이상적 자기, 이상적 대상 및 현실적 자기상 간의 융합으로 인해 초자아를 통합할 수 없다. 왜냐하면 이상화 과정이 매우 비현실적이어서 그러한 이상화된 상들이 실제 부모의 요구와 공격적 초자아 전조를 응축될 수 없게 하기 때문이다. 또한 자아 구조의 부분인 현실적 자기상은 초자아 전조와 병리적으로 응축되어 초자아와 자아 간 정상적인 분화를 방해한다. 어떤 초자아 요소는 금지하는 부모 요구와 같은 것으로 내재화되지만, 이들은 왜곡되고 원시적이며 공격적인 특성을 갖게 된다. 왜냐하면 정상적으로 이상적 자기상과 이상적 대상상에서 오는 초자아의 사랑하는 측면과 통합되지 않았고 따라서 이들에게 초자아의 사랑하는 측면이 없기 때문이다(Schafer, 1960). 또한 다른 초자아 전조와도 통합되지 않았기 때문에 대체로 공격적 원시적 초자아는 쉽게 편집적 투사의 형태로 재투사된다. 필자는 초자아의 원시적, 공격적 특성이 결국 강한 구강-공격적 고착에 연유할 것이라는 사실을 강조하고 싶다. 성격적으로 자기애적 내담자는 환경의 도덕적 요구에 스스로 적응한다. 왜냐하면 순응하지 않으면 공격받을 것이라 두려워하고 그리고 복종이 영광과 감탄받는 것에 대해 지불하는 대가일 것 같기 때문이다. 그러나 반사회적 행동을 전혀 보이지 않았던 내담자도 스스로를 '사기꾼' 으로 생각하고 벌을 피할 수만 있다면 반사회적 행동도 할 수 있다고 생각한다. 또한 이들은 당연히 타인이 기본적으로 정직하지 못하고, 믿을 수 없으며 혹은 단지 외적 압력 때문에 신뢰롭게 행동한다고 여긴다. 이러한 자신과 타인에 대한 개념은 전이에서 매우 중요한 역할을 한다.

이상적 자기, 이상적 대상 및 현실적 자기상을 방어적으로 융합한 결과 중 하나는 외부 대상뿐 아니라 내재화된 대상상의 비하와 파괴이다. 실제로 이 과정은 외부 대상에 대한 내재화된 표상이 없다는 것까지 가지도 않는다. 따라서 이러한 상황에서 산다는 것은 아마 불가능할 것이다. 타인에게서 감탄과 사랑 받기를 원한다는 것은 타인이 최소한 외적으로뿐 아니라 내적으로도 약간은 살아 있어야(alive) 한다. 남은 내재화된 대상표상은 실재하지만 생명 없는 그림자 같은 사람의 특징을 가지게 된다. 필자가 보고 있는 내담자는 매우 빈번하게 타인, 특히 이상화되지 않은 사람을 생명 없는 그림자나 꼭두각시로 경험한다. 이 내담자가 의존하고 있는 것처럼 보이는 이상화된 사람은 언제나 과장된 자기개념을 투사한 것으로 드러난다. 자기에 대한 이상화된 표상, 타인이라는 '그림자', 앞으로 보게 될 두려운 적이 이런 내담자의 내적 세계에 존재하는 것 같다. 자기애적 내담자는 타인과 관계를 '레몬을 짜고 찌꺼기를 내버리는' 것처럼 순전히 착취적으로 경험한다. 이들에게 타인은 짜낼 수 있는 잠재적 음식이 안에 들어 있는 사람이거나 아니면 이미 비어 버려 가치 없는 사람으로 여겨진다. 더욱이 내담자가 자신의 초자아와 착취적이고 원시적인 특성을 타인에게 투사하면, 그림자 같은 외부 대상은 종종 크고 위험한 힘을 가지게 되는 것 같다. 타인에 대한 그의 태도는 비하적이거나, 즉 원하는 모든 것을 짜내고 치워 버리거나, 혹은 타인이 그를 공격하고 착취하고 복종을 강요할지 모른다고 두려워하는 것이다. 이러한 이분법의 기저에는 외부 대상과의 더 깊은 관계상이 있는데, 정확히 얘기하면 내담자는 그 관계상에 대항해서 이러한 모든 다른 병리적 구조를 세운 것이다. 그것은 배고프고 노엽고 텅 빈 자기상으로서, 좌절에 대한 무력한 분노로 가득 차 있고 내담자 자신만큼이나 증오에 차 있고 복수심에 불타는 것처럼 보이는 세상을 두려워하는 것이다.

자기애적 내담자의 자기개념에서 가장 깊은 수준에 해당하는 이 모습은 정신분석 치료의 후반기가 되어야 나타난다. 그러나 외적으로 경계선 양상을 보이는 자기애적 내담자의 경우에는 매우 초기에 나타난다. 이러한 성격구조 내담자를 분석한 영국의 정신분석가들은 기본적으로 공격과 파괴에 대한 두려움이 중심이 된다고 본다. 덜 혼란된 내담자, 즉 비교적 강한 자아를 가진 자기애성 성격장애도 결국에는 전이에서 공허감, 분노 및 공격받을 것에 대한 편집적 두려움을 보인다. 덜 퇴행된 수준에서도 그러한 나머지 자기상은 언제나 '밖에' 버려져 있는 것처럼 느끼는 가치 없고 빈곤하며 공허한 모습이다. 그리고 먹을 것, 행복 그리고 명성을 가진 사람에 대한 시기 때문에 삼켜질 것처럼 느낀다. 종종 원시적 자기상의 나머지는 평가절하된 대상상의 그림자 같은 면과 구분되지 않는다. 이렇게 평가절하된 자기개념은 특별히 자기애성 내담자에게서 볼 수 있는데, 이들은 세상을 유명하고 부자이며 훌륭한 사람과 혐오스럽고 가치 없는 '평범한 사람'으로 나눈다. 이런 내담자는 훌륭하고 부자이며 힘 있는 부류에 속하지 않을까 봐 두려워한다. 그리고 말 그대로 '평균(average)'이 아니라 가치 없고 혐오스러운 것을 의미하는 '평범한(mediocre)' 부류에 속할까 봐 겁낸다. 몇 년 동안 분석 치료 후에 한 내담자는 '평균'이 되고 싶어 하기 시작했다. 그것은 그가 보통 사람으로 즐길 수 있기를 원한다는 의미이다. 즉, 그는 이제 무가치감과 비하감을 느끼지 않기 위해 대단하고 중요해야 할 필요성을 느끼지 않는다.

이상적 자기, 이상적 대상 및 현실적 자기상의 병리적 융합이 일어나게 하는 것은 무엇인가? 자기애성 성격장애 내담자는 구강기적 공격성이 병리적으로 강하게 발달되어 있다. 그리고 이러한 발달이 공격 충동과 관련해서 어느 정도까지 기질적으로 결정된 강한 공격 추동 때문인지, 기질적으로 결정된 불안 내성 부족으로 인한 것인지, 혹은 생후 첫해의 심한 좌절 때문인지 평가하기 어렵다.

이들 내담자의 배경에는 흔히 만성적으로 차갑고 드러나지 않지만 강렬한 공격성을 가진 부모가 있다. 필자가 치료한 많은 내담자는 부모상, 대개 어머니 혹은 어머니 대리자가 피상적으로는 잘 정리된 집에서 자기 역할을 하지만, 냉담함, 무관심, 비언어화된 원망에 찬 공격성을 일관되게 나타낸다. 이런 환경에 있는 아이한테 구강기적 좌절, 원망, 공격성이 심하게 일어나면 아이는 우선 강한 시기와 증오에 대해 방어하게 된다. 여기에서 이런 내담자는 다른 경계선 내담자와 구별되는 매우 특정한 양상을 보인다. 그들의 개인력을 보면, 각 내담자는 객관적으로 타인의 시기와 감탄을 유발할 수 있는 어느 정도의 타고난 자질을 가지고 있다. 예를 들면, 뛰어난 신체적 매력 혹은 어떤 특별한 재능은 사랑받지 못하고 복수에 찬 증오의 대상이 될 것 같은 감정을 피할 수 있는 피난처가 될 수 있다. 때로 차갑고 적개심에 찬 어머니가 아이를 자기애적으로 이용하게 된다. 즉, 어머니는 아이를 특별하게 만들어 보상이 되는 감탄과 대단함을 추구하도록 내몰고 타인을 멸시하고 비하하는 성격 방어를 조장한다. 예를 들면, 두 사례에서 어머니는 아이에게 옷을 잘 차려 입혀 '예술품' 처럼 만들어 거의 우스꽝스럽게 대중에게서 감탄을 받게 했다. 그 결과로 힘과 위대함이 과시적 경향과 연결되는 환상이 생기고 이것이 구강기적 분노와 시기심을 보상하는 중심적 역할을 하게 되었다. 이들은 종종 가족 구조에서 중심을 차지한다. 즉, 독자, '명석한' 유일한 아이 혹은 가족의 갈망을 이룰 것이라는 기대를 받은 아이의 위치에 있다. 그리고 이들 중 많은 사람이 아동기에 가족원 중 '천재' 의 역할을 한 개인력을 보인다.

필자는 이러한 관찰이 전체를 설명한다고 생각하지는 않는다. 그러나 이상적 자기, 이상적 대상, 자기상의 방어적 융합이 작용하며 그것이 자기 감탄, 타인 비하, 그리고 모든 실제적 의존성의 부정에 매우 효과적이라는 점은 분명하다. 이 내담자의 가장 큰 공포는 누군가에게 의지하게 되는 것이다. 이들에게 의지한다는 것은 증오하고 시기하게 되는 것이고 스스로를 이용당하고 혹사당하며 좌절될 위험에 노출시키는 것을 의미한다. 치료 과정에서 이들의 주요 방어는 분석가에게 의지할 가능성에 대항해서 가동되고, 의지한다고 느끼게 되면 즉시 초기 아동기의 위협이 되었던 상황으로 되돌아간다(Rosenfeld, 1964).

다른 사람에게 의지할 수 없는 특성이 바로 중심적인 특성이다. 이런 내담자는 종종 영웅이나 뛰어난 사람을 감탄하고 표면적으로는 그 사람한테 의존하고 있는 것으로 보인다. 그러나 이들은 실제로 자신을 이 뛰어난 사람의 부분으로 경험한다. 치료를 해 보면 거의 언제나 감탄받는 사람은 단지 자신의 확장이라는 점을 알 수 있다. 상대방이 거부하면 이들은 즉시 증오와 공포를 경험하고 전에는 우상이었던 사람을 비하한다. 감탄을 받던 사람이 사라지거나 '폐위되면' 이들은 즉각 그를 버린다. 즉, 감탄받는 사람에 대한 어떤 실제적인 관여도 없으며 단지 자기애적으로 사용할 뿐이다. 자기애성 성격 내담자 자신이 객관적으로 중요한 위치에 있을 때, 예를 들어 정치권이나 사회 집단의 장으로 있으면, 새로운 감탄을 받을 수 있는 동안은 자기를 감탄하는 사람들에게 둘러싸여 있는 것을 좋아한다. 일단 원하는 모든 감탄을 얻었다고 느끼면, 이들은 자신을 감탄했던 사람을 다시 한 번 그림자로 지각하고 무자비하게 이용하고 혹사한다. 동시에 이 내담자는 자신의 '노예' 중 한 사람이 해방되기를 원하면 극단적으로 화를 낸다. 분석 상황에서 이 관계는 지속적으로 재상연된다. 종종 이 내담자는 분석가를 이상화해서 자신의 분석가가 지구상에서 가장 위대한 분석가라고 확신한다. 동시에 더 깊은 수준에서는 자신을 그 분석가의 유일한 내담자로 경험한다. 필자는 치료회기 밖에 있을 때 분석가가 사라져 버렸거나 죽었거나 더 이상 '훌륭하지' 않다는 환상을 몇몇 내담자가 가졌다는 것을 알게 되었다. 전형적으로 주말과 휴가 동안 이 내담자는 분석가를 완전히 잊고 분석가와의 분리로 인한 애도 반응을 스스로에게 허용하지 않는다. 신경증적 사례는 전형적으로 애도반응을 보인다. 이상화된 분석가는 단지 자신의 확장이며 혹은 자신이 이상화된 분석가의 확장이다. 어느 경우든 같은 상황이다. 이런 '가까운 관계(closeness)' 에서 얻는 만족감 때문에 이들 내담자는 매우 의존적으로 보일 위험이 있다. 여러 해 동안 자신의 치료자를 끊임없이 칭찬하고 감탄하면서 회기에 오는 것을 행복해하는 것으로 보였던 내담자가 아주 작은 이유나 좌절에 갑자기 관계를 단절하고 싶어

하고 또 단절할 수 있다는 것은 치료자에게는 놀라울 뿐이다.

이 내담자의 공허감과 권태감은 자아 발달 문제로 우울을 경험할 수 없는 것과 긴밀하게 관련된다. 많은 저자가 지적하였듯이 상실된 좋은 대상 혹은 상실된 이상적 자기상에 대해 애도할 수 있는 능력은 우울을 견딜 수 있는 능력과 관련된다. 이 능력은 정서 발달에 중요한 선행조건이며 특히 감정의 확장과 심화에 중요하다. 또한 병리적 나르시시즘 문제가 있는 내담자가 대상과 대상상을 비하함으로써 대인관계에서 공허감이 계속되고 공허감의 내적 경험이 강화된다. 이들은 자신들이 받는 것은 무엇이든 비하해서 스스로 시기를 경험하지 못하게 한다. 이것이 이 내담자의 비극이다. 이들은 아주 많은 것을 타인에게서 얻고자 하지만 동시에 그들이 받는 것을 인정하지 못한다. 왜냐하면 시기심을 유발하기 때문이다. 따라서 언제나 공허하게 된다. 한 내담자가 자기 생각에 매우 아름답고, 재능 있고, 따뜻한, 즉 완전히 만족스러운 여자와 사랑에 빠졌다. 그는 그녀가 그렇게 완벽하다는 이유로 얼마나 그녀를 증오하는지 아주 잠깐 동안만 자각하곤 했다. 그것도 그녀가 그한테 반응하고 결혼하기로 결정하기 전에만 그러했다. 결혼 후에 그는 그녀한테 싫증을 냈고 완전히 무관심하게 되었다. 분석을 받으면서 그는 자신이 얼마나 유사한 방식으로 분석가를 대했는지 알게 되었다. 그는 시기심과 증오가 나오는 것을 막기 위해 분석가에게서 받는 것은 무엇이든 비하했다. 그 후 이 내담자는 아내가 자신이 갖지 못한 모든 것을 가졌다고 느꼈고 그런 아내를 점차 심하게 불신하고 증오하게 되었다. 그리고 그는 아내가 그를 버리고 떠날까 봐 두려워했다. 동시에 그는 처음으로 아내가 표현하는 사랑과 부드러움을 느끼고 감동받을 수 있었다. 아내와 분석가를 공격적으로 무력화시킨다는 것을 자각하게 되고 타인을 자각하지 못하게 하는 방어를 하지 않고도 증오심을 견디는 능력이 커졌다. 따라서 아내와 분석가는 독립적 존재의 생생한 사람으로 '살아나게' 되고, 결국에는 아내와 분석가에 대해 증오뿐 아니라 사랑도 경험할 스 있게 되었다.

2. 감별 진단

자기애성 성격의 기술적 특징은 자기애성 성격 방어가 있는 다른 성격 병리와 구별된다. 모든 성격 방어는 여러 가지 기능 중 하나로 자기애적 기능을 가지고 있다. 이 기능은 자기 존중감을 보호하는 것이다. 나아가 모든 종류의 성격장애 내담자도 자기 존중감을 보호하거나 고양하기 위하여 두드러진 성격 방어를 쓰기도 한다. 그러나 이러한 경우 '자기애성 성격 방어'는 본질적으로 비자기애성 성격 구조 위에 있다. 이들은 이 책에서 쓰이는 좁은 의미의 자기애성 성격과는 구별되어야 할 것이다. 예를 들면, 강박성 성격의 완고함과 반항성은 강한 자기애적 특징을 가지고 있다. 비록 두 성격 모두 겉으로 보기에는 매우 '차갑지만' 강박성 성격의 경우 자기애성 성격에 비해서 대인관계가 훨씬 안정되고 깊이가 있다. 또한 자기애성 성격장애는 가치 체계가 일반적으로 타락하기 쉬운 데 비해 강박성 성격은 도덕성을 엄격히 고수한다.

자기애성 성격 구조와 히스테리성 성격 구조를 감별 진단하는 것도 그리 어렵지는 않다. 과장 같은 자기애성 특징은, 특히 과시적 성향과 관련된 것은 히스테리성 성격에서도 아주 많이 볼 수 있다. 그러나 비록 히스테리성 성격에서도 감탄받고 관심을 집중받으려는 요구가 있지만, 이는 보통 남근 선망에 대한 자기애적 반동형성이고, 이와 동시에 다른 사람과 깊고 지속적인 관계를 맺을 수 있는 능력이 있다. 자기애성 성격의 여성은 지극히 교태를 부리고 노출적이므로 표면적으로는 매우 '히스테리' 처럼 보일 수 있지만 이들이 보이는 유혹은 차갑고 빈틈없이 계산적이다. 반면 히스테리에서 보이는 가성과잉성욕은 훨씬 더 따뜻하고 정서적인 특징을 띤다.

A. Reich(1953)는 Freud(1914)가 고전적 논문인 「나르시시즘에 대하여」에서 여성의 자기애적 대상 선택 유형에 대하여 분석한 것을 더 나아가

두 가지 유형으로 기술하였다. 이는 한쪽은 자기애적 방어를 하는 히스테리 여성, 다른 한쪽은 이 책에서 묘사된 자기애성 성격으로 구별되는 것과 대체로 일치한다. Reich가 묘사하는 첫 번째 유형의 여성은 그녀의 유아적인 거대 자아 이상을 표상하는 남성에게 극도로 순종하게 된다. 이들은 이상화된 남자와 융합하고 이러한 방식으로 거세된 존재로서의 체험을 극복하고 싶어 하는 것 같이 보인다. 이런 여성은 남성과 의미 있는 대상관계를 형성할 수 있다. 그리고 이들이 남성과 융합하고 이상화하는 것은 적어도 대상을 어느 정도 현실적이고 분별력 있게 평가한 기초 위에 있다. Reich가 묘사한 두 번째 유형의 여성은 '~인 체하는' 성격이다. 이 여성은 일시적으로 남성과 열정에 빠지는 것 같이 보이나, 이 열중은 쉽게 평가절하되고 분화가 덜된 대상과 원시적이고 자기애적으로 융합하는 것에 가깝다. A. Reich는 이 후자의 대상선택 유형이 매우 심한 수준의 병리와 자아 이상이 분화되지 않았음을 반영한다고 하였다. 그리고 이는 초자아가 충분히 발달되지 않은 것과 "자아 이상의 기초가 되는 대상에 대한 공격성이 지배적인 것"과 궤를 같이한다고 하였다(1953).

자기애적 전이 저항을 해석할 때 어떤 종류의 새로운 전이가 나타나는가는 진단과 예후의 관점에서 매우 중요하다. 구조를 고려하는 좋은 진단적 연구는 자기애성 성격과 자기애적 양상을 띠는 다른 성격 구조를 구별하는 것이 가능해야 한다. 자기애적 전이 저항을 지속적으로 해석하고 그 뒤에 나타나는 결과를 보면 성격 구조가 모호한 사례를 확실하게 진단할 수 있다. 예를 들어, 어느 강박성 내담자는 분석을 시작했는데, 오이디푸스기적 공포나 가학피학적 경향성에 대하여 강한 자기애적 방어를 나타낼 수 있다. 혹은 히스테리 여성의 경우 처음에는 오이디푸스적 내용, 특히 남근 선망에 대하여 강한 자기애적 방어를 보일 수 있다. 이러한 모든 경우 이 자기애성 성격 방어를 분석하면 곧 기저의 전이 경향성으로 가는 길이 열리고 강렬하고 상당히 분화된 전이적 내용이 나타난다. 이는 자기애성 성격 내담자의 사례에서 진행되는 과정과는 대조된다. 후자의 경우 자기애적 방어는 다른 전이 패러다임으로 변화되지 않고 원시적인 구강-공격적 추동 파생물 및 이와 관련된 원시적 방어기제가 완강하게 지속된다. 여기에서 보이는 전이의 특징은 한편으로는 자기애적 거대성 및 무관심과 다른 한편으로는 원시적이고 주로 편집적인 경향성을 오락가락하는 것이다. 내담자는 몇 달에서 몇 년씩 분석가를 독립적인 대상으로 경험하지 못한다. 이것이 자기애성 성격의 특징이다. 그리고 이는 다른 성격 병리에서 보이는 전이 양상과 뚜렷이 대조된다. 다른 성격 병리의 경우에 전이는 다양한 심리성적 발달의 아주 특수하고 서로 상이한 갈등으로 전환되며, 내담자는 분석가가 독립적인 대상이라는 것을 매우 잘 인식한다.

구조적인 관점에서 보면 자기애성 성격과 다른 형태의 성격장애의 주된 차이는 자아 이상의 본질과 기능이 다른 것이다. 정상적으로는 우선 이상화된 부모상과 이상화된 자기상이 자아 이상에 응축되고(Jacobson, 1964), 그 후 현실적으로 지각된 부모의 요구와 가학적인 초자아 전조 및 좀 더 발달된 금지적인 초자아가 여기에 통합되고 함입되어 수정이 일어난다. 이렇게 '부드러워지고' 덜 거대하고, 더 성취 가능한 자아 이상이 정상적인 자기애적 만족을 가능하게 하여 자기 존중감을 강화하고 자신의 선함에 자신이 생기며 대상관계를 만족시킬 수 있다는 믿음이 생기게 한다. 자기애성 성격장애가 아닌 성격장애에서 자기애성 성격 방어가 과도하게 발달한 것은 초기의 유아적 자아 이상이 여러 가지 갈등에 대한 두려움 및 죄책감에 대한 방어로서 과도하게 사용되었을 때이다. 예를 들어, 많은 여성 히스테리성 성격의 경우, 아름답고 싶고 강하고 싶은 내적 환상을 충족시키려는 요구는 남근 선망과 거세 불안에서 유래한 열등감을 보호하기 위한 것일 수 있다. 또한 강박성 성격에서 완벽함과 깨끗함이라는 원시적 이상을 충족시키려는 것은 항문-가학적 죄책감과 갈등을 가장 효과적으로 보호하려는 것일 수 있다. 이 모든 경우 유아적 자아 이상이 악화되거나 이에 고착되어도 이런 자아 이상과 자기개념이 원시적으로 융합되지는 않으며, 또한 대상표상과 외부 대상에 대한 평가절하도 수반되지 않는다. 그러나 자기애성 성격의 경우 자아 이상과 자기가 원시적으로 융합되고 동시에 외부 대상과 대상상을 평가절하하는데, 이는 원시적 구강기적 갈등과 좌절에서 자기를 보호하기 위한 것이다. 정상적인 유아적 나르시시즘 수준에 고착되는 것은 어느 경우에나 병리적이긴 하지만, 자기애성 성격에서 일어나는 더 심각한, 특히 모든 내재화된 대상관계가 왜곡되는 것과는 구별되어야 한다.

다음의 두 사례는 비자기애성 성격의 자기애성 성격 방어를 잘 예시해 준다. 첫 사례는 히스테리성 성격 구조의 여자 내담자인데, 그녀는 자기의 몸과 성기가 추하고 혐오스럽다고 생각하였지만 그 밑에는 자신의 몸과 성기가 독특하고 매우 아름다워 남자들이 경의를 표하고 싶어 한다는 확신이 비록 깊이 억압되어 있었지만 강하게 존재하고 있었다. 더 깊은 수준에서 그녀는 자신이 이 세상에서 가장 매력적인 '어머니, 여왕, 여신' 이고 이상적이며 위대한 '아버지, 남편, 아들' 과 완벽한 관계를 할 것이라는 환상을 가지고 있었다. 전이에서 내담자는 분석가-아버지에게 기꺼이 사랑을 주려고 했는데, 분석가가 그녀의 완벽함과 통합성을 전혀 의문시하지 않고 내담자를 숭배하면서 그녀가 생각하는 그녀의 완벽한 이미지에 동조했을 경우에 그러하였다. 내담자는 분석가의 해석을 자기상에 대한 위협이자, 자기존중감에 대한 심한 타격, 충격적인 비난으로 받아들이면서 매우 우울해졌다. 그녀는 거만하고 경멸적인 태도로 분석가를 대하였는데, 이는 그녀의 자기애적인 자기 과장의 일부분이었다. 분석가가 이를 지적하자 그녀는 화를 내고 우울해졌다. 그리고 바로 그때 분석가를 자기애적이고 자기중심적이며, 거대한 아버지처럼 느꼈다. 그녀의 반응은 실제로 그녀가 아동기 오이디푸스기 발달의 절정기에 아버지에게 느꼈던 것을 일부 반영하였다. 내담자는 분석가-아버지가 그녀를 '공격' 할 때 느꼈던 것에 실망하였고, 이 이상화된 아버지를 잃어버린 것 같고 거절당한 것으로 느꼈다. 그리고 환상 속에서 다른 이상화된 여성-어머니와 아버지를 사이에 둔 경쟁에서 패배했다고 느꼈다. 그 후 그녀는 충분한 오이디푸스적 전이를 발전시켰다. 이 전이는 그녀의 자기애성 성격 방어가 제거된 후에야 나타났는데, 이는 남근 선망에 기원을 둔 것이다. 그러나 이 내담자는 어떤 순간에도 전이 대상을 완전히 평가절하하지 않았다. 그리고 어느 때는 원시적이고 구강기적인 편집적 전이를 나타내거나 또 다른 때에는 원시적으로 자기를 이상화하면서 자기애적으로 철수하는 쪽으로 오락가락하지도 않았다. 이러한 요소가 없기 때문에 그녀의 자기애적 전이 저항이 자기애성 성격 구조를 나타내지 않는다고 결론지을 수 있다.

자기애성 성격 방어의 두 번째 예는 강박성 성격 구조를 지닌 남자 내담자이다. 그는 분석가에게 매우 경멸적이었는데, 이는 자기가 자기 자료를 직접 해석하고 분석가는 이런 해석과 통찰을 칭찬하고 감탄해 주는 기능만 하는 배경의 인물로만 보는 데서 드러나곤 하였다. 그러나 이런 태도를 체계적으로 탐색하고 지속적으로 이러한 방어를 직면시키자 좀 더 새로운 양상의 깊이 있는 전이를 나타냈다. 이 새로운 전이에서 내담자는 분석가를 차갑고 무관심하며 사랑이 없는 어머니상으로 보고 슬퍼하며 외로워했는데, 이는 이상화된 어머니에 대한 어린 시절의 그리움을 나타내는 것이었다. 두 번째 사례에서도 자기애성 성격 방어가 해체되자 다른 양상의 전이가 나타났다. 내담자는 분화된 대상관계를 유지하였고 대상을 평가절하하거나 이상화된 자기상으로 도망가지도 않았다. 요약하면 이 두 사례는 모두 자기애성 성격 방어가 해체되자 새롭게 분화된 전이 관계를 발달시켰다. 반면에 자기애적 내담자는 분석가를 독립된 대상으로 인식하지 못하고 비록 굴곡은 있지만 계속적으로 완강하게 분석가를 자신의 자기개념의 단순한 확장으로만 보았다.

3. 치료 기법

경험이 풍부한 많은 임상가들이 자기애성 성격은 분석하기에 좋은 내담자가 아니라고 하면서 동시에 정신분석 외의 다른 치료법으로는 거의 가망이 없다고도 한다. 이렇게 극단적으로 예후를 신중하게 보는 견해와 달리 Stone(1954)은 이런 내담자의 분석 가능성에 대하여 좀 더 낙관적인 견해를 피력하였다. E. Ticho(1966)는 이런 사례의 문제와 어려움을 모두 인정하면서 자기애성 성격은 '정신분석의 영웅적 적응증'라고 제안하였다. 필자가 보기에 어떤 자기애성 성격 내담자는 정신분석으로 치료가 될 뿐만 아니라 극적으로 좋아지기도 한다. 따라서 이들 사례의 치료 기법과 예후 측면을 좀 더 철저히 연구하려고 노력해 볼 만하다.

Jones(1913)는 1913년에 일찍이 병리적 자기애성 성격 특성에 대한 논문을 발표하였다. Abraham(1919)은 1919년에 이들의 전이 저항에 관한 첫 번째 논문을 썼는데, 여기서 그는 자기애성 성격 방어가 정신분석 과정에 위험한 영향을 끼치는 것에 대해서 치료자에게 경고하였다. 그는 이런 내담자는 분석가를 경시하며 분석가를 자신의 독립적인 '분석' 작업의 청중으로 이용하는 경향을 일관되게 해석할 필요가 있음을 지적하였다. Riviere(1936)는 부정적 치료반응에 대한 그녀의 고전적 논문에서 정신분석 과정을 패배시켜야만 하는 내담자에 대해서 묘사하고 있다. 그녀에 의하면 이들은 좋아졌다는 사실을 참지 못하는데, 왜냐하면 좋아졌다는 것은 다른 누군가의 도움을 받았다는 것을 인정하는 것을 뜻하기 때문이다. 그녀는 이런 내담자는 분석가에게서 무언가 좋은 것을 받는 것을 견디지 못하는데, 이는 그들 자신의 기본적인 공격성에 대해서 견딜 수 없는 죄책감을 가지고 있기 때문이라고 하였다. Rosenfeld(1964)는 자기애성 성격 구조 내담자가 의존한다는 사실을 견디지 못하는 것이 얼마나 기본적인지를 강조하였다. Kohut(1968)은 이러한 성격 구조의 내담자가 분석가가 자기와는 다르고 독립적인 사람이라는 것을 얼마나 견디지 못하는지를 잘 보여 주고 있다. 이러한 논문은 모두 자기애적 내담자의 전이 저항이 극심함을 강조하고 있다.

필자는 사례를 통해 전이 저항의 문제를 예시하겠다. 어느 자기애성 성격 구조 내담자가 필자에게 몇 달 동안 매시간 분석이 재미없고 지루하다고 하였다. 그리고 연상에서도 같은 내용을 계속 말하고 또 말하였으며, 치료가 완전히 가망 없는 일이라고 하였다. 그러나 동시에 분석 시간 외의 생활에서는 좀 좋아진 것을 느꼈고 충분하지 않은 느낌, 불안정한 느낌이 줄어든 것을 느꼈다. 그러나 그는 어떻게 그렇게 되었는지를 이해할 수 없었다. 필자는 그가 정신분석에 대해서 말하면서 필자를 쓸데없고 바보 같은 치료를 하는 사람으로 말한다고 지적하였다. 내담자는 처음에는 이를 부인하면서 분석이 안 되는 것은 필자의 문제가 아니라 자기의 문제라고 강조하였다. 그래서 필자는 치료 초기에 그가 자신보다 훨씬 분석을 많이 받았던 필자의 다른 내담자를 매우 시기했었고, 이제는 다른 모든 내담자에게 아무런 시기심을 느끼지 않는 것이 이상하다고 지적하였는데, 특히 그는 분석에서 도움을 받을 수 없는 것이 오직 자신의 문제라고 말했었다. 필자는 또한 그가 전에 필자를 매우 시기하던 것이 완전히 사라졌는데 그가 그 이유를 잘 모른다는 것을 지적하였다. 그러자 내담자는 그가 사실은 분석이 실패한 것(그에 따르면)이 완전히 필자 때문이라고 생각하고 있다는 것을 자각하였다. 그는 지금 자신이 필자를 그렇게 무능하다고 생각하면서도 치료를 계속하는 것에 만족한다는 사실에 놀랐다. 필자는 그가 그의 인생에서 필자가 실패자가 되고 그는 성공한 사람이 되는 것을 대단히 만족스러워한다고 지적하였다. 또한 마치 필자가 그의 무가치한 자기가 되고 그는 필자의 감탄스러운 자기를 인수받은 것 같다고 지적하였다. 그러자 그는 매우 불안해하면서 필자가 그를 미워하고 복수할 거라고 두려워하였다.

그는 필자가 그의 상관과 경찰에게 그가 부끄러워하는 일을 고발하는 환상을 떠올렸다. 필자는 그에게 필자가 그를 공격할 것이라고 두려워하는 것이 그가 분석에 들어오지 못하게 하는 하나의 이유이며, 그가 분석 시간 동안 아무 일도 일어나지 않는다고 확인함으로써 정말 환자가 아니라고 스스로 안심시킨다고 지적하였다. 그러자 내담자는 필자에 대한 존경심을 느꼈는데, 그가 반복적으로 분석이 실패라고 했음에도 불구하고 필자가 혼란스러워하거나 실망하지 않았기 때문이다. 그러나 다음 순간 그는 필자가 매우 영리하고 '전형적인 분석적 속임수'를 써서 내담자를 '따라잡을' 줄 안다고 생각하였다. 그러고 나서 그는 스스로가 자신을 깎아내리려는 사람들에게 비슷한 기법을 쓰곤 한다는 것을 생각해 냈다. 그래서 필자는 그가 '좋은' 해석을 받고 자신이 도움을 받았다는 것을 알자마자, 필자에 대한 그의 공격에 죄책감을 느끼고 또다시 필자의 '좋음'을 시기한다고 지적하였다. 그래서 그는 필자를 깎아내리면서 필자의 해석을 '훔쳐' 그가 다른 사람에게 사용해야 했다. 이는 필자에게 어떤 좋은 것이 남아 있다는 것을 인정하지 않게 해 줄 뿐 아니라 필자에게 감사해야 하는 의무를 피하기 위해서이기도 하였다. 그러자 내담자는 굉장히 불안해졌고 그러다가 완전히 '멍해'졌다. 그는 다음 시간에 이전 시간에 진행된 것에 대해서 아무런 감정도 느끼지 못한다고 완전히 부인하였고 분석이 지루하고 효과가 없다고 반복적으로 선언하면서 또다시 똑같은 순환고리를 반복했다.

이런 식의 상호작용이 얼마나 자주, 반복적으로 지속되는지를 상상하기 어려울 것이다. 분석한 지 2, 3년이 지나서도 지속되니 말이다. 치료에 대한 이런 저항을 보면 자기애적 내담자가 어떠한 의존적 관계도 얼마나 강하게 부인해야 되는지를 알 수 있다. 부정적 전이를 계속적으로 검토하는 것이 분석을 받는 다른 어느 내담자보다 이런 내담자에게는 한층 더 중심적이다. 이런 자기애적 내담자는 반복적으로 분석 과정을 평가절하하려 하고 그들의 정서적 삶의 현실을 부인하려 하며 분석가가 그들과 독립된 사람이 아니라는 환상을 확인하려 한다. Ingmar Bergman의 최근 영화 페르소나(Persona)에 보면 미성숙하지만 기본적으로는 정직한 젊은 여자 간호사가 우리가 전형적인 자기애성 성격으로 기술한 심한 심리 장애가 있는 여성을 돌보면서 소진되어 가는 것이 나온다. 젊은 간호사는 차갑고 악의적인 착취를 겪어야 했고 그녀는 서서히 심리적으로 붕괴되어 갔다. 그녀는 병든 여자가 사랑에 미움만을 돌려주고 자신에게 표현되는 어떤 사랑이나 인간적 감정도 완전히 느낄 수 없다는 사실을 직면할 수 없었다. 병든 여인은 단지 그녀가 다른 사람에게 있는 가치 있는 것을 파괴할 수 있을 때, 그리고 오직 그때에만 살 수 있는 것처럼 보였다. 비록 그 과정에서 그녀 자신이 인간으로서 스스로를 파괴하면서 끝을 내도 말이다. 극이 전개되면서 간호사는 병든 여인에게 강한 미움을 키워 갔고 한순간 그녀를 잔인하게 다루었다. 마치 병든 여인 안에 있던 모든 미움이 도와주는 사람에게 옮겨져 도와주는 사람을 그 안에서부터 파괴하는 것 같았다.

이 영화는 본질적으로 심한 자기애적 내담자를 치료하는 과정에서 일어나는 전이와 역전이 상황을 재현한다. 내담자의 모든 노력은 분석가를 패배시키고 분석을 의미 없는 게임으로 만들어 버리고 분석가에게서 경험한 좋은 것과 귀한 것을 모두 파괴시키는 데 쓰이는 것 같이 보인다. 몇 달 혹은 몇 년 동안 내담자의 '부속물' 취급을 받은 후에(이 과정은 너무나 은근히 진행되어 오랫동안 알아차리지 못할 수 있다) 분석가는 이런 사례의 작업에서 정말로 자신이 '쓸모없다' 고 느끼게 될 수 있다. 그의 의견과 치료 개입은 모두 무의미한 것으로 해체되어 버리는 것 같고, 그가 내담자에게 공감적 감정을 느꼈던 것도 나중에 모두 체계적으로 파괴되어 버린다. 오랫동안 비성공적인 치료 후에 분석가 편에서 내담자를 방어적으로 평가절하하게 되기도 한다. 이는 내담자가 분석가를 위험하고 피하고 싶은 대상의 하나로 느끼는 감정을 강화시켜 준다. 혹은 몇 가지 사소하게 좌절한 것이 내담자 편에서 분석가를 더 이상 조종할 수 없다는 일반적인 인식으로 커지게 되기도 한다. 이 시점에서 치료가 중단될 수도 있다. 즉, 내담자는 이 밉고 좌절을 주는 전이 대상한테서 도망친다. 결국 그는 전이 대상을 한 번 더 그림자로 만들어 버린 것이다. 분석가는 이에 상응하여 역전이로 마치 내담자가 존재하지 않았던 것처럼 '공허감'을 느낀다.

위의 고찰은 기법과 관련하여 몇 가지 시사점을 던진다. 우선 분석가는 이러한 사례에서 드러나는 전이의 특징에 끊임없이 초점을 맞춰야 한다. 그리고 전능한 통제와 평가절하하려는 내담자의 노력을 끊임없이 중화시켜야 한다. 또한 분석가는 장기적으로 어떤 역전이가 일어나는지 신중하게 살펴보아야 한다. 분석가는 분석 과정에 역전이를 활용해야 되는데, 이는 자신이 어떻게 느꼈음을 내담자에게 밝힌다는 것이 아니라 내담자 행동에 숨어 있는 의도가 무엇인지를 끊임없이 역전이에서 확인한다는 것이다. 예를 들어, 내담자가 오랫동안 분석가의 모든 해석을 일일이 거부한다면 분석가는 그 결과 무능함을 느낄 수 있다. 그리고 이를 통해 마치 분석가가 패배감과 무능감을 느끼게 하려는 듯이 분석가를 대하고 있음을 내담자에게 지적할 수 있다. 혹은 내담자가 반사회적 행동을 하는 것에 대해 내담자보다는 분석가가 그 결과를 걱정하게 된다면 분석가는 이를 통해 다음과 같이 지적할 수 있다. 즉, 내담자는 분석가가 내담자의 행동을 걱정하게 하는데, 내담자 자신은 그런 감정을 견딜 수 없기 때문이라는 것이다. 이런 내담자는 분석가를 마치 자신의 연장이거나 자신이 분석가의 연장인 양 대하기 때문에 분석가의 감정은 내담자가 내적으로 투쟁하는 것을 보통의 경우보다 더 확실하게 나타내 준다. 따라서 역전이 반응은 치료에서 많은 것을 드러나게 해 준다.

기법적으로 어떻게 해야 할지 분석가가 다루기 어려운 한 가지 문제는 내담자의 정서적 태도가 갑자기 '바뀌어' 버린다는 것이다. 특히 이해되거나 완화된 순간 이후에 내담자는 분석가가 그를 도와준 것에 대해서 감사함을 느끼거나 특정 주제에 대하여 더 깊이 이해하려고 하기보다는 완전히 자기만의 문제에 빠져 버리곤 한다. 분석가를 평가절하하는 것도 이 시점에서 일어나고, 이와 함께 분석가의 해석을 훔치려고 한다. 이렇게 불과 몇 분 전만 해도 혹은 한 회기 전만 해도 중요한 문제로 보이던 것이 갑자기 '사라지는 것' 에 대하여 매우 주의해야 한다.

기법에 대하여 마지막으로 한마디 하겠다. 이런 내담자를 한꺼번에 많이 치료하려고 하면 안 된다. 왜냐하면 이들은 분석가에게 많은 스트레스와 요구가 되기 때문이다. 덧붙여서 이런 내담자의 전이에서 활성화된 병리적 성격 구조를 뚫고 들어가기 위해서는 아주 오랜 기간의 정신분석적 치료가 필요하다는 것을 명심하는 것이 좋다.

과거에 몇몇 임상가는 이런 내담자는 전이를 일으키지 않으며 분석가에 대하여 '자기애적으로 비관여' 하면서 분석 작업을 방해한다고 여겼다. 그러나 사실은 이런 내담자는 위에서 묘사한 것과 같은 아주 강한 전이를 일으킨다. 겉으로 보기에는 거리를 두고 관여하지 않는 것처럼 보이지만 그 밑에는 평가절하, 경멸, 훼손시키기 등 적극적인 과정이 진행되고 있다. 이러한 전이 저항의 효과를 무효화시키면 보통 의심, 미움, 시기 같은 강한 편집증이 일어난다. 그러다가 결국 몇 달, 어떨 때는 몇 년의 치료 끝에 내담자는 죄책감과 우울을 느낀다. 즉, 분석가에 대한 자신의 공격성을 자각하게 되며 죄책감을 느끼고, 한 인간으로서 분석가를 좀 더 인간적으로 염려하게 된다. 그리고 이와 더불어 죄책감과 우울을 느낄 수 있는 능력이 일반적으로 증가한다. 이것이 이런 내담자를 치료하는 데 있어서 매우 중요한 시점이며 동시에 예후에서 본질적인 요인을 나타낸다. 치료를 시작할 때 어느 정도 죄책감과 우울을 느낄 수 있는 내담자는 이러한 감정을 전혀 견딜 수 없는 내담자보다 더 낫다. 이러한 관찰을 통해 다음의 주제로 갈 수 있다. 즉, 이런 내담자의 정신분석에서 예후라는 일반적인 주제이다.

4. 예 후

자기애성 성격장애의 전반적인 예후는 조심스럽다. 이러한 성격 구조의 사람들은 어느 정도 견고하고 부드럽게 기능하는데, 이것이 분석 과정에 커다란 장애물이다. 내담자의 병리 관점에서 볼 때 의미 있는 인간관계로부터 완전히 성격적으로 '고립' 되어 있는 것이 주는 이점은 포기하기가 어렵다. 이런 내담자는 가장 심한 분열성 성격처럼 효과적으로 사회생활로부터 심리적으로 철수할 수 있다. 그러면서도 그들은 흔히 사건의 중심에 있는 것 같다. 좀 더 의미 있는 정서적 교류를 하는 데서 오는 고통스러운 경험에서는 자신을 은근히 보호하면서 '자기애적 공급' 은 효과적으로 뽑아내는 것 같다.

필자는 3장에서 자기애성 성격이 크게 보아 방어기제는 경계선 성격과 비슷하지만 이 범주의 내담자에게 알맞은 표현적, 정신분석적 치료법으로는 거의 효과를 보지 못한다고 하였다. 그리고 정신분석만이 자기애성 성격에 대한 치료적 선택이라고 하였다. 이런 내담자 중 일부는 분석을 견디지 못하고 지나치게 퇴행해 버릴 뿐 아니라 전이에서 나타나는 그들의 경직된 병리적 성격 방어를 움직여 보려는 어떤 노력에도 과도하게 저항하기 때문에 분석에 의해서도 거의 변하지 않는다. 다양한 증상을 가지고 있고, 불특정 영역에서 심한 자아 약화가 나타나며, 일차과정 사고로 퇴행을 보이는 자기애성 성격 내담자와 뚜렷한 경계선 성격 내담자는 정신분석이 금기이다. 이런 내담자는 심한 퇴행과 아주 초기의 병인적 갈등이 전이에서 재활성되는 것을 보통 견디지 못한다. 이러한 측면은 정신분석 치료에 필수적인데 정신병으로 가지 않고도 이를 견뎌 내야 한다. 이런 집단에는 좀 더 지지적인 치료 접근이 가장 좋아 보인다. 정신분석을 받을 수 있을 것 같은 자기애적 내담자의 경우에는 다음의 예후를 고려하는 것이 개별 사례에 유용하다고 필자는 생각한다.

1) 우울과 애도를 체험해 낼 수 있는 능력

우울할 수 있고 애도할 수 있는 내담자는 예후가 좋은데, 특히 우울 속에 죄책감 요소가 있을 때는 더 그렇다. 예를 들어, 한 자기애적 내담자는 한 여인과 사귄 것에 대해서 후회감을 토로하면서 치료를 시작하였다. 그녀는 세 아이가 있었는데 내담자를 깊이 사랑했고 아이들도 그를 사랑했다. 그는 갑자기 자신이 친절함과 사랑하는 분위기에 '둘러싸인' 것을 알아차렸는데, 이런 분위기 때문에 평소에 그가 하던 대로 여자를 '손에 넣은' 다음에 '버리는' 행동을 할 수 없었다. 이러한 감정의 전이 함의는 치료 후기에야 다루어졌다. 이 내담자는 몇 년간의 분석을 받고 아주 좋아질 수 있었다.

이 내담자를 치료하는 데 일어났던 두 가지 사건을 통해 그가 죄책감을 느끼고 우울할 수 있는 능력이 점차 증가한 것을 볼 수 있다. 치료 첫해 후, 그리고 그가 여성과 맺는 관계의 착취적인 본성을 탐색한 후, 내담자는 위의 여인과 충동적으로 결혼해서 몇 달간 분석을 중단하였다. 그는 나중에 그렇게 한 이유가 분석가가 자신의 결혼 결정을 방해할까 봐 두려웠기 때문이라고 설명하였다. 이 시점에서 결혼은 그의 죄책감이 깊어지는 것에 대한 방어이자 행동화를 의미했다. 2년 뒤 우리는 매우 자주 반복되는 어떤 에피소드를 검토하였다. 내담자는 직업상 여러 지방을 다녔는데 그 지방에 가면 어떤 여자와 잠시 사귀다가 거기를 떠나면 완전히 잊어버리곤 하였다. 분석받은 지 2년째 되던 해 그는 한 도시를 방문하게 되었는데 거기서 그는 몇 년 동안 만나곤 했던 어떤 여자를 만나러 가지 않기로 결심하였다. 그녀는 아직도 그가 자신과 결혼할 거라고 생각했고, 그가 만나러 오면 언제나 행복한 것처럼 보였고, 그가 그녀의 인생에 있는 한 다른 남자와 사귈 수 없을 것 같은 인상을 주었다. 분석에서 우리는 그가 그녀와 관계하는 방식이 착취적이라는 것과 그가 그녀에 대해 죄책감을 방어할 필요를 검토하였다. 그 도시에서 호텔에 도착한 뒤 내담자는 그가 한 번 더 떠나가면 그녀가 얼마나 가슴 아파하며 실망할지 생각했다. 그러면서도 성적으로 너무 흥분되어 그녀를 보러 가고 싶어졌다. 몇 시간 동안 이 두 감정이 그의 안에서 투쟁을 했고 결국에는 그와 그녀 모두에게 슬픔과 비애를 느끼면서 울음을 터뜨렸다. 그는 그녀를 보러 가는 것은 헛된 희망만을 불어넣는 것이며 그녀를 위해서나 자기의 좋은 면을 위해서도 나쁘다고 생각하였다. 그는 또한 그가 성적으로 흥분하는 것은 그녀를 성적으로 만족시키고 싶은 바람이며, 이를 통해 그녀에 대한 죄책감을 가라앉히려는 소망, 그리고 문제 전체를 보지 않은 채 도망가려는 시도임을 자각하였다. 그는 마침내 그녀를 만나지 않기로 결심하였다. 그러자 그녀에 대한 사랑과 감사의 느낌이 더 커지는 것을 느꼈다. 이와 함께 그녀를 잃어버린 선한 대상으로 느끼게 되면서 슬픔과 애도의 감정이 올라왔다. 이제 그녀와 새로운 삶을 시작하기에는 너무 늦었다는 것을 느낀 것이다. 필자는 그가 그녀를 만나고 싶어 하는 것을 단 한 번도 방해하지 않았다는 것을 강조하고 싶다. 그가 그녀를 만나지 않는 것은 필자의 의지에 순응한 것이 아니다. 이 사건 후 내담자는 자신들의 강한 감정 때문에 행동을 취할 수 없는 사람들에게 훨씬 더 너그럽게 되었다. 예전에 그는 이런 사람을 항상 무시했었다.

2) 분석 치료에서 이차적 이득

불행히도 어떤 사회적, 전문적 조건은 분석 방법을 '학습하는' 것이 강한 이차적 이득을 주게 된다. 내담자가 분석가에게 주어야 할 것을 분석가에게 '훔치는' 방어적 기제는 이러한 '학습' 상황에서 아주 큰 강화를 받는다. 이는 분석가에 대한 시기심과 분석가에 대한 의존을 인정하고자 하는 요구에서 자신을 방어하기 위해서이다. 어떤 성직자가 문란한 성 행동 때문에 분석을 받게 되었다. 그는 분석이 주는 전망에 대해서 매우 만족해 했는데, 즉 분석이 그가 종사하는 전문 분야의 교육 면에서 그에게 이득이 되기 때문이었다. 이렇게 느껴지는 이득은 풀기 어려운 저항이 된다. 즉, 분석을 '배우는' 것에 대한 만족 때문에 기저에 분석가를 깔보는 마음과 자신을 내담자로 인정할 수 없는 마음이 아주 잘 보상된다. 정신분석 연구소의 수련기 분석가는 자기애성 성격 구조여서는 안 되지만(Sachs, 1947), 용케도 어떤 수련기 분석가는 이런 성격이어도 정신분석 훈련이 허용될 수 있는데, 특히 지적으로 매우 뛰어난 자기애성 성격은 독창성과 지적 호기심 덕분에 아주 전도가 유망할 수 있기 때문이다(Tartakoff, 1966). 이런 수련기 분석가는 분석에서 비록 정서적 공허감이 지속되어도 계속 분석을 받을 수 있고 심지어는 자기애적 특징에 뚜렷한 변화가 없이 용케 훈련을 마치기도 한다. 정신분석가가 된다는 궁극적인 만족감이 '줄 수 있는' 분석가에 대한 시기심과 미움을 충분히 가릴 수 있었고, 수련기 분석가는 분석가에게 의존할 능력이 없는 것과 기본적인 구강-공격적 갈등 수준에서 충분한 전이 신경증을 형성할 능력이 없는 것이 건드려지지 않은 것이다. 자기애성 성격 구조를 지닌 대부분의 수련기 분석가는 궁극적으로는 분석 치료를 그만둔다. 그들이 연구소를 졸업하여도 그렇다. 왜냐하면 그들은 내담자에게 관심을 가질 수 없고 관여할 수 없기 때문에 정신분석이 그들에게는 지루한 것이 되기 때문이다.

3) 죄책감에 대한 전이 잠재력과 편집적 분노에 대한 전이 잠재력

Riviere(1936)는 이런 내담자는 분석가에게 의존하는 관계를 견디지 못한다고 강조하였다. 왜냐하면 깊이 묻혀 있지만 언제나 있는 무의식적인 죄책감 때문이다. 반면에 Rosenfeld(1964)는 기저의 편집적 소인과 강한 구강-가학적 전이가 뒤에 있어 내담자가 의존을 견디지 못한다고 하였다.

자기애적 내담자는 기저의 전이 잠재력이 모두 제각각이다. 일단 전형적인 전이 방어로서 분석가와 마술적이고 자기애적으로 융합하고, 독립된 인간으로서 분석가를 평가절하하며, 이와 함께 분석가에게 진정으로 의존하지 않으려는 투쟁이 풀리고 나면, 어떤 내담자는 전이에서 강한 편집적 반응을 보이지만 반면에 다른 내담자는 그가 분석가에게 하고 있는 것에 대해서 적어도 약간의 죄책감과 관심을 경험할 수 있는 것으로 보인다. 비록 이들의 이전 발달력에서 의식적인 죄책감의 증거를 찾을 수 없을지라도 이 두 번째 유형의 내담자가(Riviere가 묘사한 유형을 닮은) 전이에서 순수한 편집적 반응을 경험하는 유형보다 예후가 훨씬 좋다.

4) 승화 잠재력의 질

삶의 특정한 영역에서 실제로 어떤 창의적 발전을 할 수 있었던 내담자가 이런 점에서 전혀 역량이 없는 내담자보다 예후가 좋다. 간혹 이 요인을 평가하는 것이 어렵지만, 내담자의 관심과 야망에 세심하게 관심을 갖는다면 이 정보를 알 수 있을 것이다. 예를 들어, 한 내담자는 고대 예술의 수집품을 모으는 것에 대해서 생생하게 오랫동안 환상을 보고했으며, 도자기 및 자기류 용품을 소유한 사람들을 매우 시기했었다. 그러나 그는 그런 가치 있는 것과 삼류 모방품을 구별하는 데 완전히 무능했으며, 품질 문제에 대해서 충분히 알지 못했고 알려 하지도 않았다. 요컨대 그는 단지 골동품을 수집하는 사람처럼 집을 꾸미고 싶었고 그들이 꾸미는 집을 시기했었다. 필자가 강조할 필요가 있는 것은 골동품을 수집하는 것은 개인적 부와 관련된 그의 주된 야망이며, 단지 피상적인 관심이었다는 것이다. 다른 내담자는 실존 철학에 관심을 보여서 이에 대해 매우 많은 이야기를 했는데, 몇 개월의 치료가 지난 후에 드러난 것은 그가 이 특정한 철학을 대중적으로 알린 몇 권의 책만을 읽었다는 것이다. 세 번째 내담자는 많은 양의 독서와 정규 교육을 요구하는 매우 높은 전문가적 수준에 도달했지만 시험에 필요한 이상은 어떤 것도 읽지 않았고, 일단 졸업하자마자 더 이상 아무것도 읽지 않았다. 이 마지막 사례의 경우 일단 다른 사람들이 알고 있다는 것과 그들이 기여할 수 있는 것에 대한 시기심의 문제가 분석되자 내담자는 그가 전에 읽었던 것에서 읽고 배울 수 있게 되었다. 동시에 그 자신의 분석으로부터도 배울 수 있게 되었다.

방금 언급한 이 모든 사례에서 내담자들은 피상적으로는 특별한 재능이나 관심을 가지고 있음에도 불구하고 승화 잠재력이 낮았다. 다음의 몇 사례는 승화 잠재력이 더 높았고, 예후가 더 나으리라고 전망할 수 있었다. 이전에 언급한 대로 분석의 초기 단계에서 충동적으로 결혼한 내담자는 상인이었는데 역사에 홍미가 있었다. 그의 관심은 진실한 것으로 보였으며 그에게 진실한 기쁨의 근원이 되었다. 그는 이 분야에 정말로 깊이를 획득했지만 자신의 성취를 평가절하했는데, 왜냐하면 그가 어떤 것에서든 성공하면 다른 사람의 시기가 이를 파괴할 것이라고 무의식적으로 두려워했기 때문이다. 다른 내담자는 아마추어 음악가였는데 그가 피아노를 칠 동안은 자신에 관해서 좋았던 것이 수면으로 떠오른다는 것을 분석의 초기 단계에서 자주 언급하였다. 그에게 음악은 신비하지만 이상적인 동반자였던 것이다. 내담자는 그가 음악을 깊이 있게 감상하거나 연주할 때면 언제나 선함에 대해서 어떤 막연한 믿음이나 신뢰가 재확인됨을 느꼈다.

5) 초자아 통합의 정도와 유형

필자가 이미 언급했듯이 자기애성 성격은 초자아가 잘 통합되어 있지 않다. 이들의 초자아는 주로 원시적이고 공격적이고 왜곡된 부모상의 파생물만을 포함하고 있으며, 이상적 자기와 이상적 대상상의 공격적 전조가 정상적으로 통합되지 않았으며, 후기 단계의 초자아 탈개인화나 추상화가 이루어지지 않았다. 그러나 이런 내담자는 어떤 영역에서는 탈개인화되고 추상화된 초자아를 보인다. 예를 들어, 이들은 돈이나 약속을 지키는 것이나 정서적으로 관여되지 않은 타인과의 일상사에서는 정직할 수도 있다. 이들은 대인관계에 관련된 사소한 전통을 깨었을 때 죄책감까지는 아니더라도 수치심을 경험할 수 있다. 이런 내담자는 '최소한의 양심' 이 거의 남아 있지 않은 사람보다 훨씬 예후가 좋다. 오랜 기간 동안 다른 사람뿐 아니라 분석가에게도 거짓말을 하거나, 다른 형태의 반사회적 행동을 보이는 내담자는 예후가 나쁘다. 반사회성 성격 구조는 이런 초자아 발달의 극단적인 형태를 나타내는데 가장 예후가 좋지 않다. 반사회성 성격이 분석 치료에서 절대적으로 가망이 없음을 언급하는 것은 전혀 새로울 것이 없지만 그러나 여기서는 자기애성 성격과 반사회성 성격 간의 연속체에 대해서 강조하고자 한다. 필자는 반사회성 성격은 병리적 나르시시즘의 극단적인 형태로 다른 무엇보다도 우선 통합된 초자아가 온전히 결여된 것이 특징이라고 생각한다. 반대로 강박적 양상을 띠는 자기애성 성격은 예후가 좋다. 그래도 자기애적 내담자의 강박적 특성을 진단하는 데 주의해야 하는데, 왜냐하면 이들이 강박적인 사람이라는 잘못된 인상을 주기 때문이다. 이는 특히 아주 지적이고 교양 있는 자기애성 성격의 경우에 그렇다. 이들의 사고과정은 매끄럽고 차가우며 정서적 반응이 결여되어 있으므로 강박적 특징으로 오해될 수 있다. 그러나 진정한 강박성 성격에서는 강렬하고 깊은 정서 반응을 볼 수 있는데 이는 바로 불안한 순간에, 그리고 정서적 갈등의 대체물이 나타나는 순간에서이다. 예를 들어, 강박성 성격은 사회적, 문화적, 정치적 주제에 대하여 강렬하게 느낄 수 있고 겉으로는 매우 '차가워' 보이지만 타인의 정서적 깊이를 놀랄 만큼 잘 이해할 수 있다. 반면에 자기애성 성격은 빠르고 일시적인 피상적 감정을 나타내지만 그 배경에 있는 것은 정서적 지루함과 무관심이다.

6) 예외적 성격의 자기애적 만족을 허용하는 삶의 상황

나쁜 예후를 만드는 내담자 생활 상황의 한 요인은 권력과 사회적 중요성, 존경에 대한 내담자의 요구를 행동화할 수 있는 기회가 내담자에게 주어지는 것이다. 권력 지향적인 자기애적 내담자는 이미 그의 직업이나 사회적 삶에서 그런 지위를 획득해서 그에게는 그것이 너무나 '정상적' 일 수도 있으며 그래서 이런 형태의 '만성적 행동화' 를 분석하는 것이 어렵다. 정신분석 연구소의 수련기 분석가가 분석을 전문적 지위로 올라가는 사다리로 쓸 수 있는 것과 같은 식으로 어떤 내담자는 분석 관계 밖에서 이미 존재하는 배출구를 통하여 그의 병적인 자기애적 요구를 충족시키고 또 이를 통해 분석에서 괴롭게 느껴지는 좌절을 보상함으로써 그 결과 치료의 막다른 골목에 다다를 수 있다.

7) 충동 통제와 불안에 대한 내성

자기애적인 내담자는 보통 거의 모든 영역에서 비교적 충동 통제력이 좋은 편인데, 타협 형성이 일어나 병리적인 자기애적 욕구를 충족시켜 주는 몇 가지 영역은 예외적이다. 예를 들어, 한 내담자는 충동 통제력이 아주 좋았는데, 동성애가 행동화되는 기간만은 예외였다. 이 기간에 내담자는 매우 충동적으로 일시적인 파트너를 만나곤 했는데 그 정도가 스스로의 사회적 지위를 위험에 빠뜨리게 하고 법에 저촉될 위험을 감수할 정도였다. 이 내담자는 그의 여자친구가 자신을 좌절시킬 때 느끼는 분노에서 도망가기 위해 동성애 경험을 이용했다. 만약 여자친구가 그에게 비판적인 것 같으면 그는 차는 그대로 두고 공공 화장실에서 남자를 꼬셔 자신에게 구강성교를 하도록 하고는 역겨움을 느끼며 그 남자를 버리고 긴장이 풀려 집으로 돌아오곤 했다. 동성애 관계에서 그는 자신의 남근을 빠는 남자가 그를 끔찍하게 원하며, 내담자가 그 관계에서 가용한 모든 사랑과 만족의 소유자라는 환상을 가진다는 것이 점차 드러났다. 그는 그의 사랑을 다른 남자에게 줄 수도 있었는데, 이는 자신이 풍부하다는 것을 증명하는 것이었다. 나중에 그의 파트너를 갑자기 버리고 무시하면서 내담자는 자신이 시기하고 미워하는 적대적이며 경멸적인 어머니와, 그리고 그 어머니를 나타내는 여자친구와 자신을 동일시했다. 전체 행동을 통해서 내담자는 자신이 여자친구-어머니(girlfriend-mother)를 성적으로 원하지 않는다고 스스로 재확인하면서 그녀에게 복수를 했다. 이 사례에서 표면적으로 충동 통제가 부족해 보이는 것은 분석적으로 이해되고 해결될 수 있는 특수한 방어 구조이다. 이런 내담자의 경우는 충동 통제력이 빈약하거나 아예 없는 내담자보다 예후가 좋은데, 후자의 경우는 행동화하면서 충동 통제력을 상실하는 소위 '혼란스러운' 성격이거나 아니면 일종의 성 도착이 충동 신경증, 예를 들면 알코올 중독, 약물 중독 등과 결합된 사람들이다. 불안하면 곧 일반적인 행동화를 하거나 다른 증상이 심화되는 내담자도 예후가 조심스럽다. 즉, 불안 내성이 아주 낮은 사람들이 그렇다.

8) 일차과정적 사고로의 퇴행

필자는 위에서 뚜렷한 경계선 특징과 자기애성 성격 구조가 결합된 것은 정신분석 치료에 금기라고 제안하였다. 어떤 자기애적 내담자는 거의 증상이 없고, 충동 통제력이 좋으며, 심지어 불안 내성이 너무 낮지도 않지만 일차과정 사고가 놀라우리만치 표면에 가까웠다. 예를 들어, 한 내담자는 아주 잘 생활했지만 몇 년 동안 그에게 뭔가 '예수님 같은' 것이 있다는 즐거운 환상을 가지고 있었고 그가 예수님과 공유하고 있는 특징에 대해서 곰곰히 생각하는 것을 즐겼다. 그는 이런 환상이 비현실적이라고 올바르게 평가했지만 그러나 동시에 이것이 매우 즐겁다고 생각했다. 치료가 시작되자 이런 환상의 강도는 점차 증가되어 내담자는 결국 그가 예수가 아닌지를 의심했다. 그리고 그는 갑자기 퇴행하여 정신분열증 반응을 보였는데, 이는 만약 그가 표현적 심리치료를 받지 않았더라면 이 시점에서 일어나지 않았을 것이다.

내담자의 퇴행 가능성과 관련되어 또 다른 점이 있다. 뚜렷한 경계선 특징을 보이는 내담자, 특히 충동 통제력이 결여되어 있고 불안을 견딜 수 없으며 일차과정 사고 경향성이 있는 내담자는 비록 그가 죄책감을 느끼고 우울을 경험할 수 있는 잠재력을 보이더라도 이런 사례에서는 정신분석이 금기가 된다. 왜냐하면 이런 사례에서 치료를 받으면서 생겨나는 우울이 정신병적 우울이나 심한 자살 시도로까지 퇴행할 수 있기 때문이다. 성공적으로 치료되기 위해서 모든 자기애성 성격은 심한 우울과 자살 환상의 시기를 겪어야 하는데, 이를 견뎌 낼 수 있을 만큼 충분한 자아 강도를 갖고 있지 않다면 삶이 심각한 위험에 빠질 수 있다. 자아가 약한 이런 사례에는 지지적 심리치료가 권장된다. 메닝거 재단의 심리치료 연구 프로젝트에서 연구된 내담자 중에서 심한 자기애성 성격 구조이면서 뚜렷한 경계선 기능을 보이는 내담자의 경우 순수하게 지지적인 접근으로 아주 성공적으로 치료되었다.

9) 치료 동기

이런 내담자의 동기를 확실하게 검증할 수 있는 것은 어느 정도 분석을 하고 난 다음이다. 흔히 받아들일 수 있는 치료 동기, 즉 증상을 없애고 싶은 소망 같은 것은 자기애성 성격의 내담자에게는 아주 겉치레의 것으로 드러날 수 있다. 이들은 사실 '완벽하게' 되기를 바라고 이런 기대로 분석에 들어올 수 있다. '완벽' 이 이들에게 증상으로부터의 자유를 의미하는지, 그래서 이들이 어느 누구보다도 우위에 있을 수 있는지, 아니면 그것이 이들의 무기력한 정서적 삶을 근절하려는 소망으로 바뀌어 나갈 수 있는지에 대한 질문은 치료 초기에 대답하기는 어렵다. 어떤 경우라도 그가 공허감과 타인을 공감하는 데서의 어려움, 그의 내적인 차가움을 극복하고자 하는 소망을 많이 가지면 가질수록 예후는 좋다.

5. 치료의 결정적 단계

내담자가 병적 나르시시즘의 방어기제를 체계적으로 훈습하면 그의 원시적 구강기적 갈등이 표면으로 나오게 되어 있다. 위험하고 공격적인 어머니상에 대해 그가 느끼는 강렬한 미움과 두려움은 분석가뿐 아니라 삶의 다른 모든 중요한 존재에게 투사된다. 내담자는 어머니가 자신을 공격할까 봐 무서워하는 것이 사실은 자신의 공격성이 투사된 것이며, 이는 어머니로부터의 좌절에서 비롯된 분노와 연결되어 있다는 것을 어느 순간 인식하게 된다. 또한 자신에 대한 이상적 개념은 모든 다른 사람과의 이런 무서운 관계로부터 그를 보호해 주는 환상의 개념이며, 그의 이상적 자기개념은 그를 구출하기 위해서 오는 이상적 어머니에 대한 절망적 갈망과 사랑을 간직하고 있다는 것도 인식하게 된다. 이런 이상적 어머니에 대한 깊은 소망과 사랑, 그리고 왜곡되고 위험한 어머니에 대한 미움은 어느 순간 전이에서 마주치게 되며, 내담자는 두려워하고 미워하는 분석가-어머니가 사실은 동경하고 갈망하던 분석가-어머니와 하나라는 사실을 인식하게 된다.

이 시점에서 내담자에게 지극히 위험한 정서적 상황이 일어나게 된다. 그는 이전에는 부인하고 평가절하했던 분석가(어머니)의 좋은 측면을 현실적으로 평가해야 하며, 전에 분석가를 공격했기 때문에 산산조각 날 것 같은 느낌의 죄책감을 이야기해야 한다. 내담자는 그가 분석가와 그의 삶에서 중요한 사람들을 모두 잘못 대했기 때문에 절망을 느낄 수 있고, 그가 사랑했고 또 그를 사랑한 사람들을 정말로 파괴해 버렸다고 느낄 수도 있다. 이제 그는 심각한 자살 사고와 의도를 가질 수도 있는데, 그러나 만약 그가 자아 강도가 좋기 때문에 분석을 받게 되었다면 분석가가 성급하게 안심시켜 주지 않아도 이 갈등을 훈습할 수 있을 것이다. 자기애적인 내담자가 이 결정적인 기간을 잘 훈습해 나가면 그는 분석가를 독립된 존재로 인식하게 되고 사랑과 감사를 느낄 수 있다. 이와 동시에 내담자는 그의 삶에서 다른 중요한 사람들의 독립적인 존재를 인식하게 된다. 처음으로 그는 다른 사람이 어떤지 진정한 호기심과 관심, 그리고 만족을 보이게 된다. 이는 마치 사람들이 내담자의 내적 대상 세계와 자기 경험, 즉 그의 '표상 세계' 뿐 아니라 그의 외부 세계에서 살아나는 것과 같다(Sandler, 1962). 분석에서 이 단계는 내담자의 환상과 정서적 세계에서 이전에 보이던 공허감과 뚜렷한 대조를 이룬다.

자아에 기여하는 정상적인 퇴행은 하나의 특별한 차원, 즉 과거의 내적 대상 세계를 재활성화시키는데, 이는 위기가 닥치고 외부 지지가 없거나 외로울 때 내적 지지를 제공해 주는 근원이 된다. 보통은 과거 다른 사람과 행복한 관계에서 파생된 정서적 풍요는 타인의 현재 행복을 공감적으로 즐길 수 있도록 할 뿐 아니라 현실이 자기 존중감의 상실을 초래할 위험이 있을 때에도 내적 위안의 근원이 된다. 자기애적인 내담자는 이런 방식으로 자신의 과거에 의지할 수 없다. 만약 이들이 성공적으로 치료된다면 이들은 더 깊고 의미있는 삶을 실현하게 되고 새롭게 발전하는 내재화된 대상관계의 세계에서 힘과 창의성의 근원을 끌어내기 시작한다.

다음 사례는 한 특정한 내담자의 결정적인 치료 시기를 잘 보여 준다. 어느 순간 이 내담자는 그가 언제나 분석가를 자신의 '거울' 처럼 취급했으며, 분석가가 마치 알라딘의 램프라는 이야기 속의 지니와 같이 완전히 내담자의 시중을 드는 막강한 노예인 것처럼 분석가에게 의지해 왔다는 것을 자각하게 되었다. 그는 마치 내담자가 간직해 둘 수 있는 병 속에 분석가가 갇힌 것처럼 회기 사이에 분석가가 단지 잠재적인 존재로 사라져 버리는 느낌을 가졌다는 것을 자각하게 되었다. 이 시점에서 몇 년의 분석 후에 처음으로 내담자는 분석가의 삶에 호기심과 분석가의 사적인 삶에 시기심을 느꼈다. 그는 주말 동안 분석가에게서 떨어져 있는 것에 대한 분노와 유감을 인식하게 되었으며 또한 그의 오랜 경멸적인 행동에도 불구하고 분석가가 기꺼이 '끝까지 그에게 충실했다.'는 것에 대해서 감사의 감정을 느꼈다. 이 내담자는 언제나 문학, 특히 시와 '강하고 냉정하고 쓸모 있는 사실'을 다루지 않는 모든 것을 폄하하였다.

그러더니 어느 날 그는 그가 어린 시절에 감명을 받았지만 그 이후로 완전히 잊었던 옛날 얘기를 기억해 냈다. 그것은 바로 안데르센(Andersen, 1952)의 '나이팅게일' 이야기였는데 상상력이 없는 사람인 내담자가 자발적으로 여러 날에 걸친 연상과 꿈으로 그 이야기를 해석하였다. 그는 자신이 이 이야기에 나오는 중국 황제라고 이해했는데, 왜냐하면 그는 황제처럼 모든 사람을 깔보았기 때문이다. 이야기에서 중국 그 자체도 내담자의 환상 세계와 비슷했는데 왜냐하면 그 안에서는 모든 사람이 다른 사람을 얕보았기 때문이다. 나이팅게일(살아 있는 진정한 것)만이 세상에서 따뜻하고 사랑스러운 존재였는데 황제는 그것을 사랑할 수 없었다. 비록 그는 나이팅게일의 노래를 좋아했지만 반짝거리는 보석으로 뒤덮인 기계 나이팅게일이 그에게 바쳐지자 그는 나이팅게일을 버렸다. 기계 나이팅게일은 황제(내담자) 자신의 기계적이고 생명력 없는 자기를 나타내는 보석과 금으로 덮여 있었다. 황제가 아프게 되고 다시 좋아지기 위해서 나이팅게일의 노래를 그리워하자 기계 새는 부서지고 더 이상 쓸모가 없어졌다. 왜냐하면 황제 자신, 즉 내담자가 그의 주변에 있는 모든 것을 파괴했기 때문이다. 어느 날 밤 황제가 거의 죽어 갈 때 그의 삶에서 모든 좋은 행위와 나쁜 행위가 돌아와서 그를 아프게 했다. 내담자는 황제가 마지막으로 그의 나쁜 면과 그가 저지른 모든 잘못을 원상태로 되돌릴 수 없는 것에 절망을 느끼게 되었음을 표현한 것으로 이것을 이해했다. 내담자는 실제로 살아 있는 나이팅게일이 결국 되돌아와서 죽어 가는 황제의 창에서 노래를 불러 그의 생명을 구한다는 것에 깊은 감명을 받았다. 내담자는 그가 어린 시절 이 이야기를 듣고 왜 감동의 눈물을 흘렸는지 이제 이해가 된다고 통렬한 감정으로 말하면서 울었다. 이 이야기에서 살아 있는 좋은 나이팅게일의 생존은 황제, 즉 내담자의 탐욕과 파괴에도 불구하고 아직도 가용하고 죽임을 당하지 않은 좋은 존재에 대한 내담자의 믿음을 재확인시켜 주었다. 황제는 구원받았는데 왜냐하면 자신의 안에 이렇게 좋고 용서하는 대상을 간직하고 있었기 때문이다. 나이팅게일은 또한 내담자의 파괴성에도 불구하고 죽지 않았던 좋은 분석가를 나타낸다.

이 예는 내담자가 자신 안의 결정적인 문제를 이해한 것뿐 아니라 정서적인 삶에 대한 인식이 전반적으로 깊어진 것을 잘 예시해 준다. 처음으로 그는 이전에 얕봤던 문학을 받아들일 수 있었다. 내담자가 치료 동안에 생생해지고 처음으로 타인과 자기 자신의 내적 삶에 대해서 진정한 관심과 흥미를 느끼기 시작한 것은 분석가에게도 만족스러운 경험이었다. 이는 이 내담자가 공허감과 무의미함으로써 분석 상황을 침몰시키려 했던 몇 달 또는 몇 년을 보상해 준다.

이 장에서 예후에 대하여 살펴본 것은 자기애성 성격 구조 내담자를 정신분석으로 치료하는 데에서의 한계와 어려움을 보여 준다. 비록 우리가 많은 이런 내담자를 성공적으로 치료할 수 없었더라도 적어도 이들은 덜 심각한 총체적인 성격 병리의 내담자가 보이는 자기애적 방어를 우리가 더 잘 이해하고 해결하도록 해 준다. 이런 사례를 조심스럽게 선택하는 것이 처음에는 절망적으로 생각되어 치료받지 못한 사람과 혹은 보통의 성격 신경증 범주에 속한다고 잘못된 가정을 하고 몇 년간의 분석 작업 후 실망하게 되는 사람들에게 고무적인 치료 결과를 가져올 수 있을 것이라고 믿는다.

6. 요 약

자기애성 성격 구조의 원인론에 관한 일반적인 가설을 제시하였고, 그 안에 병리적 나르시시즘과 병리적 대상관계 간의 관계를 포함한다. 자기애성 성격을 정신분석적으로 치료하는 데서 기법적 문제를 연구했으며, 특히 이들의 전형적인 전이 저항과 예후의 준거를 약술하였다.

제9장
자기애성 성격의 임상적 문제

이 장에서는 특수한 구조의 성격 병리, 즉 자기애성 성격의 진단 및 정신분석 치료에 대한 앞의(1, 4, 8장) 연구를 계속할 것이다. 최근 들어 이 병리적 성격 구조에 대한 정의와 정신분석이 치료적 선택으로 적절한지에 대하여 점차 의견 일치를 보이고 있다(Jacobson 1964; Kernberg 1971; Kohut 1966, 1968, 1971; Rosenfeld 1964; Tartakoff 1966; Ticho 1970; Van der Waals 1965). 그러나 이 집단의 기술적, 임상적 특징에 대해서는 일치가 늘어나고 있지만 기저의 상위심리학적 가정과 정신분석적 치료 양식에서 최적의 기법적 접근이 무엇인지에 대해서는 서로 의견이 엇갈리고 있다. 특히 자기애성 성격장애의 정신분석 치료 접근에 대한 Kohut(1971)의 접근은 필자가 앞서(8장) 기술한 접근과 매우 다르다. 필자의 접근은 Abraham (1919), Jacobson(1964), Riviere(1936), Rosenfeld(1964), Tartakoff (1966), van der Waals(1965)와 좀 더 가깝다. 따라서 이 장에서 필자는 자기애성 성격을 이해하고 치료하는 데 있어서 필자의 이론과 Kohut의 접근이 일치하는 점 및 불일치하는 점에 초점을 맞춰 기술해 보겠다.

1. 성격장애의 특정 유형으로서 자기애성 성격장애의 임상적 특징

자기애성 성격장애의 임상적 특징에 관해서는 Kohut의 관점과 필자가 앞서 언급한 다른 저자 및 필자의 관점이 모두 일치한다. 필자가 보기에 자기애성 성격장애가 있는 내담자는 지나치게 자기에 몰두해 있고 표면적으로는 사회적 적응을 잘하고 효율적으로 보이지만 다른 사람과의 내적인 관계가 심하게 왜곡되어 있다. 그들은 강한 야망, 거대 환상, 열등감, 외적 숭배나 찬사에 과도하게 의존하는 양상을 다양하게 나타낸다. 그리고 지루함, 공허감을 느끼면서 빛남, 부, 권력, 미에 대한 갈망을 끊임없이 추구하지만 남을 사랑하고 남에게 관심을 갖는 능력은 심하게 결핍되어 있다. 이들이 피상적으로는 사회적 적응을 잘하는 것을 고려해 볼 때 타인을 공감하고 이해할 수 있는 능력이 이렇게 결핍되어 있다는 것은 놀라움으로 다가오곤 한다. 자신에 대한 만성적인 불확실함과 불만, 타인에 대한 의식적 혹은 무의식적인 착취와 무례함 또한 이 내담자들의 특징이다. 필자의 기술이 Kohut의 이론과 다른 것 중 하나는 이런 많은 내담자가 피상적으로는 적응적으로 행동함에도 불구하고 내적 대상의 속성이 병리적임을 필자가 강조한다는 것이다. 이에 덧붙여 필자는 이들의 정서적 삶의 주된 특징이 만성적이며 강렬한 시기와 이 시기에 대한 방어, 특히 평가절하, 전능한 통제, 자기애적 철수 등이라는 것을 강조한다.

2. 자기애성 성격장애, 경계선 장애 및 정신병의 관계

이 점에 대하여 필자와 Kohut의 접근 사이에는 중요한 차이가 있다. Kohut은 자기애성 성격장애를 정신병 및 경계선 상태와 구별하였지만, 정신분열증적 정신병과 '경계선 사례'를 구별하지는 않았다(Kohut, 1971: 18). 그러나 필자는 자기애성 성격의 방어기제는 경계선 성격 구조와 매우 비슷하면서도 어떤 점에서 아주 다르다고 생각하는데, 이에 대하여 아래에서 살펴보겠다. 또한 필자는 Kohut의 이론과는 대조적으로 경계선 성격 구조와 정신병 구조 간에는 중요한 구조적 차이가 있다고 보고 있으며, 경계선 장애에 대한 치료 선택으로 정신분석을 배제하지 않는다.

자기애성 성격과 경계선 장애의 방어기제에서 유사점은 이들이 분열이나 원시적 해리 기제를 주로 쓰기 때문에 해리되거나 분열된 자아 상태가 공존한다는 것이다. 그래서 오만한 거대성, 수줍음, 열등감 등이 서로 영향을 주지 않으면서 공존할 수 있다. 이런 분열 기제들은 투사, 특히 투사적 동일시, 원시적이고 병리적인 이상화, 전능한 통제, 자기애적 철수와 평가절하 등으로 유지되고 강화된다. 역동적 관점에서 보면 성기기적 요구와 전성기기적 요구가 병리적으로 응축되어 전성기기적 특히 구강기적 공격성에 의해 지배적인 영향을 받는 것이 자기애성 성격과 경계선 성격 구조의 일반적 특성이다.

이와 관련하여 Kohut이 "의식은 되지만 분열되어 나간 거대성의 측면들"(Kohut, 1971: 179)의 존재를 인식하고, "심층적으로 서로 다른 성격 태도가 나란히 존재"(p. 183)하는 것을 자세히 기술하면서 분석가는 분열되어 나간 부분을 성격의 중심 부분과 연결시킬 필요가 있다고 한 것은 흥미로운 부분이다. 그러니까 Kohut은 임상 실제에서 분열이 주요 방어기제로 사용된다는 인식은 한 것이다. 비록 이를 자아의 구조 발달을 촉진하는 특정한 힘과 연결시키지는 않았지만 말이다.

자기애성 성격 구조와 경계선 성격 구조 간의 차이는 자기애성 성격에는 비록 매우 병리적이고 거대하지만 통합된 자기가 있다는 것이다. 필자가 이전에 제안했듯이(8장) 이 거대자기는 현실적 자기와 이상적 자기와 이상적 대상의 어떤 측면들이 병적으로 응축된 것이다. 현실적 자기는 어린 시절의 경험에서 강화를 받았던 아이의 '특별함' 이고, 이상적 자기는 권력, 부, 전능함, 미에 대한 환상과 자기상으로 이는 어린아이가 경험하는 심한 구강기적 좌절과 분노와 시기심을 보완해 준다. 이상적 대상은 끊임없이 주고 끊임없이 사랑하고 받아 주는 부모에 대한 환상으로 아이의 현실 경험과 대조된다. 즉, 평가절하된 실제 부모상의 대체물이다. 필자는 여기서 Kohut이 제안한 '거대자기' 라는 용어를 채택하겠다. 왜냐하면 이것이 필자가 전에 병리적 자기 구조라고 언급한 것 혹은 Rosenfeld(1964)가 '전능한 미친' 자기라고 부른 것의 임상적 함의를 더 잘 표현해 준다고 생각하기 때문이다. 이 통합된 병리적 거대자기는 정상적인 자기개념이 통합되지 못한 것을 보완해 주는데, 이렇게 정상적인 자기개념이 통합되지 못한 것은 기저의 경계선 성격 구조의 일부이다. 이것은 이런 내담자가 분열 기제 및 이와 관련된 원시적 방어기제를 주로 구사하고 대상표상의 통합이 결여되어 있음에도 불구하고 비교적 자아 기능이 좋고 피상적으로는 적응을 잘하는 모순을 설명해 준다. 이 병리적인 거대자기는 이전에 언급한 대로 임상 장면에서 대부분의 저자들이 많이 관찰하는 현상에서 잘 나타난다. 그러나 Kohut과 필자는 이 거대자기의 기원과 관련해서 기본적인 관점이 서로 다르다. 즉, Kohut은 이것이 원초적인 '정상적' 원시적 자기에 고착된 것이라고 보는 반면 필자는 이것이 정상적 유아의 나르시시즘과는 명확히 다른 병리적 구조를 가지고 있다고 본다.

이 견해에서의 차이를 알아보기 전에 특별한 내담자 집단을 언급할 필요가 있다. 필자가 보기에 이들은 경계선 성격 구조와 병리적 거대자기의 발달 간의 밀접한 관계를 가장 잘 예시해 준다. 이들은 명백한 자기애성 성격 구조임에도 불구하고 필자가 명백한 경계선이라고 부르는 수준, 즉 경계선 성격 구조의 특징인 일반적 자아 취약성 현상과 함께 앞서 언급한 유사한 방어기제 양상을 일반적으로 보이는 자기애성 성격장애자이다. 이 자기애성 내담자는 불안에 대한 내성이 심하게 결여되어 있고, 충동 통제력이 일반적으로 약하고, 승화할 수 있는 통로가 놀탈 만큼 부재하며, 심리검사상에서 일차과정 사고가 분명히 드러나고 전이 정신병을 발달시키는 경향을 보인다. 이런 내담자는 병리적 자기애적 구조가 사회적 기능을 잘할 수 있을 만큼 충분히 통합되어 있지 않기 때문에 보통 분석이 부적합한 것으로 되어 있다. 때로는 필자가 대부분의 경계선 성격 구조 내담자에게 추천한 수정된 정신분석도 맞지 않다. 이런 내담자는 반복적이고 만성적으로 강한 분노 반응을 나타내면서 무례한 요구와 비하적인 공격, 즉 '자기애적 분노'를 나타낸다. 경계선 내담자도 이런 강한 분노 폭발을 나타내지만, 이는 보통 전이에서 '좋기만 한' 그리고 '나쁘기만 한' 대상관계가 교대로 활성화되는 것의 일부분임을 알 수 있다. 그러나 무자비하게 비하하는 이 분노의 특징은 치료자와의 전체 관계에 영향을 주어 모든 잠재적인 좋은 측면을 오랜 기간 동안 완전히 평가절하하고 악화시켜서 치료의 지속을 위협한다.

다음 사례는 이렇게 전개된 과정을 잘 예시해 준다. 내담자는 20대 초반의 미혼 여성으로 비교적 전형적인 자기애성 성격의 소유자였는데 학업 수행과 사회적 관계에 점차로 문제가 심해지면서 정신과 병원에 왔다. 그녀는 성적으로 문란한 경향이 있었는데, 그녀가 완전히 통제할 수 없으면 어떤 남자와도 관계를 끊는 경향이 있었다. 그녀의 부모 모두 다소 자기애적이었고 철수되어 있었으며, 약간의 반사회적 경향성을 보였다. 위의 언니는 반사회적 경향성 때문에 치료를 받고 있었다. 내담자가 타인과 의미 있는 관계를 맺지 못하는 것은 유치원 때부터 시작되었고 사회 환경을 통제하고 조정하려는 어머니의 중재 노력으로 좀 나아졌다가 내담자의 사회 생활, 직업, 성 관계가 혼란스러워지면서 정점에 달했다. 치료가 시작된 지 두 달 동안 내담자는 치료자와 모든 치료진을 미묘하게 평가절하하였고 계속적으로 치료진을 조종하고 분열시키는 양상을 주로 보였다. 그러다 치료자가 일주일간 내담자를 잊어버리는 일이 있었는데, 그 후 내담자는 평가절하를 해도 어느 정도 통제했던 데서 마구 화내고 분노하는 것으로 바뀌었다. 치료진이 가까스로 그녀의 부모에게 두 달 후면 퇴원할 수 있을 것이라고 노력했음에도 불구하고 말이다. 이 기간 내내 내담자는 지속적인 공격과 평가절하, 다시 말해 자기애적 분노를 치료자에게 나타냈는데, 이는 표현적 접근으로는 치료될 수 없었다.

자기애성 성격의 경우 구강기적 공격성을 둘러싼 갈등과 관련된 원시적 대상관계에 대한 방어를 분석에서 충분히 다룬다면 나중 치료 단계의 전이에서 이러한 분노 반응을 보일 수도 있다. 간혹 이전에는 대부분 무관심하지만 온화하고 외적으로 잘 통제된 자기애성 성격이 이렇게 공공연하고 만성적으로 화를 내는 사람으로 바뀐다는 것은 아주 놀라울 수 있다. 그러나 보통 이는 치료가 아주 진전된 단계에서만 작업해 나갈 수 있으며, 중요한 진전이 있음을 나타낸다고 할 수 있다. 이와 관련해서 이런 내담자의 과거사를 세심하게 분석해 보면 이들이 과거에 분노발작(temper tantrums)과 공격적 폭발을 보였음을 알 수 있는데, 이는 그들이 좌절되었을 때, 특히 그들이 안전하게 상황을 통제할 수 있다고 느낀 조건에서, 그리고 더 커서는 그들이 분노 대상에 대해서 스스로 우월하다고 느끼거나 이들을 통제할 수 있다고 느낄 때이다.

그러므로 자기애적 분노가 초기의 임상 증상의 일부로 나타나는 사례와, 외적으로 경계선 수준에서 기능하는 자기애성 성격에서 이 분노가 치료의 후기 단계에서 병리적 나르시시즘을 해결하는 과정의 일부로 발달되는 사례를 비교해 보면 상황이 다르다. 처음부터 그리고 공공연히 자기애적 분노를 표현하는 것은 치료에 심각한 위협이 될 수 있다. 경계선 수준에서 기능하는 자기애성 성격의 소유자가, 반사회적 양상이나 성적 이용 대상에게 공공연한 신체적 폭력을 행사하는 것 같은 강한 가학적 경향이 있는 성도착을 보이는 사례는 특히 위험할 수 있다. 또한 반사회적 행동을 나타내는 자기애성 성격 구조의 청소년이 이런 분노 반응을 보일 수 있다.

외적으로 경계선 수준에서 기능하는 자기애성 성격의 경우에, 특히 이전에 언급한 것처럼 예후가 비교적 조심스러운 자기애적 분노의 사례에 지지적 접근이 치료 선택이 될 수 있다. 이상적으로 치료는 필자가 이전에 제안한 대로 경계선 내담자를 치료할 때 필요한 일반적인 접근법, 즉 자기애적 분노의 기원뿐 아니라 전이에서 이를 표현함으로써 얻는 이차적 이득에 대해서도 지속적으로 해석하고, 해석 방법만으로 이런 이차적 이득을 피할 수 없을 때는 한계를 설정하는 접근법으로 바뀔 수도 있다. 이런 방법으로 내담자의 외적인 삶을 구조화하는 게 가능하면, 즉 자기애적 분노의 행동화가 통제되고 치료상황이 보호되어 분석가가 비교적 중립적인 입장을 유지할 수 있으며, 분석가를 향한 공격성을 표현하는 방어적 기능을 체계적으로 해석하는 것이 가능하면 궁극적으로는 자기애적 분노를 해결할 수 있다. 이런 분노 반응은 원시적 공격성의 직접적 표현이기도 하지만 방어적인 기능, 즉 분석가에 대한 원시적인 공포, 분석가에 대한 압도적인 죄책감, 분리 불안으로부터 내담자를 보호해 주는 기능도 한다.

자기애적 분노가 치료의 후기에 드러나는 자기애성 성격 내담자의 경우 전기에 나타나는 경우에 비해 전이에서 그 분노의 기원과 기능을 분석하는 것이 덜 어렵다. 내담자가 분석가에게 실제이든 환상이든 사소한 좌절로 분노 폭발을 하는 것은 자기애적 저항의 특징인 분석가에 대한 모호한 평가절하에서 중요한 진전이라고 할 수 있다. 중요한 대상이지만 한편으로는 두렵고 부러우며, 내담자가 절망스러울 정도로 의존하고 싶어 하는 분석가를 제거하기 위해서, 분석가에게 화를 내면서 평가절하하는 것이 이 분노 반응의 특징적인 기능이다. 분석가의 내적인 안정감과 분석가 자신이 내담자에게 현실적으로 해 줄 수 있는 것에 대한 확신이 내담자 자신의 압도적인 공격 환상에 대해서 내담자를 안심시키는 데 매우 중요하다.

요약하면 병리적 거대자기는 일반적인 원시적 방어기제의 '자아 취약성' 효과를 보완하는데, 이 병리적 거대자기는 자기애성 성격과 경계선 성격 구조 내담자의 공통적 특성이다. 병리적 거대자기는 자기애성 성격이 경계선 수준으로부터 성격장애의 잘 통합된 좋은 유형까지 다양한 외적 기능을 보이는 사실을 설명해 준다. 자기애성 성격과 다른 유형의 성격장애를 감별 진단 하는 것은 보통 임상 양상을 자세히 분석해 보면 알 수 있다. 필자는 다른 곳에서 자기애성 성격을 히스테리성 성격, 유아성 성격, 강박 성격과 감별 진단하는 것에 대해서 알아보았다(1장, 8장, Kernberg, 1970). 계속 의심되는 사례나 혹은 치료가 시작되기 전에 진단을 내릴 수 없는 경우 자기애적 전이의 특징적 발달을 통해서 자기애성 성격을 다른 일반적인 전이 신경증과 구별할 수 있다. 이 점에서 필자와 Kohut은 일치하는 것 같다.

3. 정상적 나르시시즘과 병리적 나르시시즘

1) 발달 정체인가 병리적 발달인가

Kohut은 자기애성 성격은 "원초적 거대자기 구조 그리고/혹은 원초적이고 과대평가되고 자기애적으로 점유된 대상에 고착되어 있다."라고 본다(Kohut, 1971: 3). 그는 병리적 나르시시즘과 정상적 나르시시즘이 연속적이라는 것을 분명히 하였는데, 그중 거대자기는 원초적인 형태로서 정상적으로, 그리고 치료 과정에서 연속적인 과정을 통해 정상 자기가 될 수 있다고 하였다. 그는 거의 리비도 점유 발달의 변천에만 분석의 초점을 맞추고 있으며 공격성의 변천에는 관심을 두고 있지 않다. Kohut(1971)은 "특별히 이 연구는 자기애성 성격의 분석에서 거의 리비도 힘의 역할에만 집중적으로 논의하였다. 공격성의 역할에 대해서는 나중에 논의하겠다."라고 하였다(p. XV). 또한 Kohut은 나르시시즘을 거의 대부분 추동 점유의 질이란 관점에서 연구하였다. 그는 두 개의 서로 완전히 다른 리비도 추동, 즉 자기애적인 리비도와 대상지향적인 리비도가 있다고 하였는데 나르시시즘은 리비도 추동 점유의 목표(자기 혹은 대상)보다는 고유의 질에 의해서 결정된다고 보고 있다. 그가 쓴 것을 보면(p. 26) "필자의 전반적인 견해에 따르면, 나르시시즘은 추동 점유의 목표, 즉 그것이 주체 자신이냐 혹은 타인이냐에 따라서가 아니라 추동 점유의 질적 특성에 따라서 정의된다." Kohut은 이 진술의 핵심을 나중에 반복하면서(p. 39의 각주), 대상 사랑의 발달은 낮은 수준의 나르시시즘에서 성숙한 형태의 나르시시즘까지 나르시시즘과는 상당 부분 무관하다고 하였다(pp. 220, 228, 297). Kohut은 정상적이거나 병리적인 나르시시즘의 변화와 정상적이거나 병리적인 대상관계의 변화가 대부분 내재화된 대상관계의 변천에 달려 있다고 보기보다는, 리비도 점유의 질에 달려 있는 것으로 본다는 인상을 준다.

필자는 Jacobson(1964), Mahler(1968), van der Waals(1965)처럼 Kohut의 이런 입장에 반대하는데, 필자의 생각에는 정상적이고 병리적인 나르시시즘의 연구를 리비도와 공격적 추동 파생물의 운명이나 내재화된 대상관계의 구조적 파생물의 발달과 분리시킬 수 없을 것 같다. 앞으로 이러한 관점을 지지하는 임상적 자료와 이론적 고찰을 제시하겠다.

(1) 자기애성 성격의 내담자가 보이는 특수한 자기애적 저항은 보통의 성인 나르시시즘이나 정상적인 유아적 나르시시즘에 고착되거나 퇴행한 것과는 다른 병리적인 나르시시즘을 나타낸다. 자기애성 성격이 아닌 내담자가 보이는 성격 방어를 해석하는 중에 나타나는 자기애적 저항은 병리적 자기애 내담자의 자기애적 저항과는 본바탕이 다르며 다른 기법이 필요하

고 예후가 다름을 암시한다.

(2) 병리적 나르시시즘은 리비도 추동과 공격 추동의 파생물이 어떤 운명을 가졌는지를 함께 분석해야 이해할 수 있다. 병리적 나르시시즘은 단순히 대상 대신 자기에게 리비도를 점유하는 것이 아니라 병리적 자기 구조에 리비도를 점유하는 것이다. 이 병리적인 자기는 기저의 리비도와 공격성으로 점유된 원시적 자기상과 대상상에 대하여 방어적인 기능을 하는데, 이렇게 원시적인 자기상과 대상상은 사랑과 공격성을 둘러싸고 전성기기적 갈등이 매우 강하고 압도적임을 나타낸다.

(3) 자기애성 성격의 구조적 특징은 단순히 초기 발달 수준에 고착되었다거나 특정한 심리내적 구조 발달이 결핍되었다거나 하는 등으로 이해할 수 없다. 이는 자아와 초자아 구조가 정상이 아닌 병리적인 분화와 통합을 거쳐 발달되었다는 것이다. 이는 정상이 아닌 병리적인 대상관계에서 유래된다.

이 세 가지 관점을 하나로 종합하면 다음과 같다. 자기에 대한 점유인 자기애적 점유와 타인 표상 및 타인에 대한 점유인 대상 점유는 동시적이며 서로 긴밀하게 영향을 끼치는데, 그렇기 때문에 나르시시즘의 운명이 어떻게 되었는지는 대상관계의 운명을 제쳐 두고 연구할 수 없다. 마찬가지로 정상적이고 병리적인 나르시시즘의 운명은 관련된 내재화된 대상관계 발달을 리비도 및 공격 추동의 파생물 모두와 연결시키지 않고는 연구할 수 없다.

2) 유아적 및 병리적 나르시시즘의 질적 차이

다음에는 이와 관련된 임상적 관찰을 제시하였다. 자기애성 성격을 강박, 우울-피학 및 히스테리 성격, 즉 다른 유형의 성격 병리를 가지고 비교적 잘 기능하는 자기애적인 내담자와 감별 진단해 보면 자기애성 성격 내담자가 자기 자신을 과도하게 사랑할 뿐 아니라 잘못, 흔히 스스로의 품격을 떨어뜨리는 방식으로 그렇게 하는 것이 잘 드러난다. 따라서 이런 내담자가 자기 자신을 자기가 관계 맺는 다른 사람보다 더 잘 대접하는 것이 아니라는 것을 알 수 있게 된다(van der Waals 1965). 이들은 자신이 '엉터리' 라고 생각하고, 정직하게 자신을 탐색한다면 무엇이든 근본적으로 좋고 가치 있는 것이 나타날 수 있다는 확신이 매우 결여되어 있으며, 정직함, 품위, 가치에 대한 신념의 면에서 때로 놀라우리만치 '공적 이미지' 를 관리하지 않는데, 이러한 것이 자신을 잘 사랑하지 못하는 방식이다.

다음에 제시하는 특징은 병리적 나르시시즘과 어린아이의 정상적 나르시시즘을 구별해 준다. (1) 정상적인 어린아이의 거대 환상은 화가 나서 어머니를 통제하려고 하고 모든 사람에게 관심을 받으려 함에도 불구하고, 자기애성 성격의 경우보다 좀 더 현실적인 특징을 띤다. (2) 어린아이는 비록 비판, 실패, 비난에 과잉 반응하고 관심의 중심이 되려고 함에도 불구하고, 좌절하지 않을 때에는 대상에 대하여 진정한 사랑과 감사, 관심을 보이고 또한 무엇보다도 중요한 대상에 대하여 대상을 믿고 의지할 수 있다. 두 살 반 된 아이라도 잠시 떨어져 있을 동안 어머니에게 리비도를 점유할 수 있는 능력이 있는데, 이에 비해 자기애성 내담자는 놀라우리만치 대조적으로 즉각적인 요구를 충족시킬 때 말고는 분석가를 포함하여 다른 사람에게 의지할 수 없다. (3) 정상적인 유아적 나르시시즘은 아이가 현실적인 요구와 관련하여 요구하는 데서 나타나지만, 병리적 나르시시즘의 요구는 절대로 충족될 수 없으며 받은 것을 내적으로 파괴하는 과정의 부산물로서 정기적으로 나타난다. (4) 병리적 나르시시즘을 보이는 내담자는 사회적으로 호감을 줄 수 있는 능력이 발휘되지 않을 때 차갑고 무관심하며, 잠재적으로 자기애적 공급을 제공할 수 있는 존재로서 다른 사람을 일시적으로 이상화하는 것 외에는 다른 사람을 무시하는 경향이 있고, 대부분의 인간관계에서 경멸과 평가절하가 지배적인 데 반해, 어린아이의 자기중심성은 따뜻한 특징을 지니고 있다. 이러한 관찰에 따라 자기애성 내담자의 개인력을 분석해 보면, 이들은 2~3세부터 정상적인 따뜻함이 없고 남과 교류하지 않으며 쉽사리 비정상적으로 파괴적이고 무례했다는 것을 알 수 있다. (5) 힘과 부, 미에 대한 정상적인 유아적 자기애적 환상은 전오이디푸스기에서 유래하는데, 그래도 이 세상에서 가치 있고 부러운 모든 것을 자기만이 소유해야 한다고 하지는 않는다. 정상적인 아이는 자기만이 이런 보물을 소유했기 때문에 모든 사람이 자신을 감탄할 것을 요구하지 않는다. 그러나 자기애성 성격은 특징적으로 이러한 환상을 꿈꾼다. 정상적 유아적 나르시시즘에서 자기애적 승리와 거대성은 이런 가치를 획득하면 아이가 사랑하고 또 사랑받기를 원하는 사람에게서 사랑받고 받아들여질 것이라는 소망과 섞여 있다.

이 모든 것이 시사하는 바는 병리적 나르시시즘은 정상적 나르시시즘과 매우 다르다는 것이다.

3) 분석 상황에서 드러나는 병리적 나르시시즘의 유형

자기애성 성격장애자가 전이에서 보이는 자기애적 저항의 주된 기능은 독립적이고 자율적인 인간으로서 분석가의 존재를 부인하는 것인데, 그러면서도 동시에 더 퇴행된 내담자의 전이에서 볼 수 있는 융합이 없다. 이는 마치 분석가가 일종의 '위성적 존재(satellite existence)'를 견뎌야 하는 것과 같다. 몇 달 혹은 몇 년 동안에 전이 관계에서 흔히 역할 반전이 일어나지만 전체적인 전이는 근본적으로 변하지 않는다. 거대자기는 분석가에 대한 의존을 부인하게 한다. 그러나 이 방어기제를 작업할 수 있을 때 정기적으로 드러나는 것은 다음과 같다. 즉, 분석가에 대한 의존을 부인하는 것은 내적 표상이 없다는 것이나 대상에게 점유할 능력이 없다는 것을 나타내는 것이 아니라, 더 원시적이고 병리적인 대상관계에 대한 방어이다. 이 대상관계는 자기애적 분노와 시기, 그리고 이 분노로 인한 두려움과 죄책감, 그러면서도 증오에 의해 파괴되지 않을 사랑하는 관계에 대한 절실한 소망 등으로 둘러싸여 있다. 이러한 방어기제는 다른 유형의 성격 병리에서 자기애적 방어가 활성화되는 것과 전적으로 다르다.

자기애성 성격 구조가 아닌 내담자도 성격 분석을 해 나가는 과정에서 분석가에게 분노와 실망, 창피와 부끄러움 등을 나타내지만 이는 일시적이고 그렇게 강렬하지 않다. 그리고 이들의 반응은 전이에서의 분리 불안이나 애도 반응에서 나타나는 것처럼 분석가에게 분명히 의존할 수 있는 능력과 공존한다. 반면에 자기애성 성격의 소유자는 분석가를 전반적으로 평가절하하고 경멸하며 이를 '실망' 으로 합리화한다. 분석가의 주말, 휴가, 병가에도 분리 불안이나 애도 반응이 없으며, 그래서 분석가에 대해 뚜렷한 이상화를 할 때에도 이들이 보이는 이상화와 다른 전이에서 보이는 이상화는 사뭇 다르다.

자기애적이지 않은 내담자도 성격 방어를 분석하는 과정에서 부적 전이가 두드러지게 나타날 때 분노와 노여움을 보일 수 있지만 분석가를 광범위하게 평가절하하지는 않는다. 그러나 분석가를 광범위하게 평가절하하는 것은 바로 자기애성 성격에서 보이는 전형적인 현상이다. 자기애적이지 않은 내담자는 화가 났을 때 어린아이같이 요구하더라도 다시 사랑과 감사, 죄책감에서 비롯된 이상화를 보이는데, 이는 전이에 전혀 다른 특성을 부여한다. 자기애성 성격은 당장 필요한 것과 관련된 것 외의 영역에서는 몇 달 혹은 몇 년씩 분석가의 삶에 관심이 없다. 비록 유아적이기는 하지만 표면적으로 '정상적' 으로 보이는 이상화를 하면서도 분석가를 완전히 안중에 두지 않는 것이 정상적인 이상화와 병리적인 이상화의 차이이다. 자기애성 내담자가 다른 사람에게 의지할 수 있는 능력이 없는 것은 경계선 내담자가 다른 사람에게 매달리면서 의존하고 넓은 범위의 대상관계를 할 수 있는 것과 대비된다. 그리고 이는 외현적으로 경계선 수준에서 기능하는 자기애성 내담자를 보통의 경계선 내담자와 감별 진단하는 데 핵심이 된다. 자기애성 성격 사례를 감별 진단하는 데 있어서 다른 요인은 병리적 이상화의 특징이 있는지, 전능한 통제, 특히 경멸과 평가절하가 지배적인지, 자기애적 철수를 보이는지 등이다. 다시 말해 분석 상황은 정상적인 유아적 나르시시즘, 비자기애성 성격 병리를 지니면서 유아적 나르시시즘에의 고착을 전형적으로 보이는 내담자, 그리고 자기애성 성격에서 나타나는 병리적 나르시시즘의 근본적인 차이에 대해 풍부한 임상 자료를 제공한다.

4) 병리적 나르시시즘의 기원

이러한 차이점은 정신분석 치료 과정에서 이러한 내담자가 보이는 자기애적 저항 및 이와 관련된 성격 방어가 어디에서 기원하였는지를 분석해 보면 더 분명해진다. 이 기원을 분석해 보면, 유아적인 자기애적 발달 단계에 고착된 것은 어머니상이나 다른 중요한 아동기 대상이 준 좌절 및 실패와 직접적으로 관련되지만, 이에 비해 자기애성 성격장애는 전이에서 중요한 외부 대상과 심리내적 표상을 평가절하하는 어린 시절의 과정을 반복한다. 여기서 이 심리내적 표상은 기저의 구강기적 분노 및 시기와 관련된 갈등이 이차적으로 정교화되고 방어된 것이다. 이들은 사랑과 만족을 주는 원천을 파괴하고 싶어 하는데, 이는 동시에 시기의 근원이 되고 투사된 분노의 근원이 되는 원천을 없애 버리기 위한 것이다. 그러면서 그들은 거대자기로 철수하는데, 이것이 이상화된 부모상과 이상화된 자기상의 원초적 재융합을 의미하기 때문이다. 그럼으로써 이들은 노여움, 좌절, 만족을 줄 수 있는 잠재적 원천을 공격적으로 평가절하하는 악순환을 피할 수 있지만, 여기에는 내적 대상관계의 심한 손상이라는 희생이 따른다. 요약하면 전이에서 '실망' 으로 합리화되는 평가절하 과정은 부모상을 병리적으로 평가절하하는 것을 반복하는데, 그러면서도 거대자기라는 방어 구조는 이러한 갈등적인 대상관계에서 생긴 요소를 병리적으로 응축시킨 것이다.

필자가 이전에 언급한 대로(8장), 여기에 타고난 공격 추동의 강도가 얼마나 관련되는지는 의문이며, 이 병리는 차갑고 자기애적이면서 과잉보호적이기도 한 어머니상이 주된 발생론적 원인인 것 같다. 이 어머니가 어린 시절의 특정한 발달 단계에서 아이를 어머니의 자기애적인 세계로 끌어들임으로써 아이의 '특별함' 에 대한 소인이 만들어지는데, 이를 핵으로 해서 거대자기 환상이 형성된다. 자기애성 성격 방어는 내담자를 자신의 강렬한 자기애적 분노로부터 보호하며 그뿐만 아니라 무가치함에 대한 깊은 신념, 음식과 사랑이 결여된 위협적인 세계상, 죽이고 먹고 생존한다는 배고픈 늑대라는 자기개념으로부터 내담자를 보호한다. 이 모든 공포는 내담자가 분석가에게 의존할 수 있을 때 전이에서 활성화된다. 이제 내담자는 분석가를 파괴적으로 시기할까 봐 두려워하며, 사랑하고자 하는 요구가 분석가에 대한 공격적인 맹공을 이겨내고 이보다 더 우세할지 자신 없어 한다. 이렇게 하여 매우 양가적이고 위협적인 전이 패러다임이 발전되는데, 이것을 훈습해 나가야 한다.

5) 이상화 유형 그리고 자기애적 이상화와 거대자기와의 관계

병리적인 자기애성 내담자의 방어기제 특성과 관련하여, 필자는 이미 이들 내담자의 분석가에 대한 이상화가 경계선 내담자의 원시적 이상화 및 다른 유형의 성격 병리 내담자의 이상화와 뚜렷하게 다르다는 사실을 시사해 왔다. 경계선 장애는 필자가 말했던 '원시적 이상화' 에 의해 특징지어진다. 즉, 원시적으로 좋고 강력하게 만족을 주는 대상으로서 비현실적인 '좋기만 한' 분석가상은 편집적 투사에 의해 '나쁘기만 한' 가학적인 원시적 대상으로 분석가를 '오염시키는 것' 을 방지하는 것으로서 사용되었다. 다른 말로 하면 이러한 원시적인 수준의 이상화는 분열 기제가 지배적인 것과 관련된다. 이에 비해 자기애적이지 않은 성격 유형 및 증상 신경증에서, 분석가를 좋고 사랑스럽고 용서하는 부모상으로서 이상화하는 것은 내담자의 양가성, 죄책감 및 분석가에 대한 강렬한 사랑과 미움이 동시에 존재하는 것에 대한 염려와 관련된다. 이런 높은 수준의 이상화에서, 분석가는 모든 것을 이해해 주고 참아 주며 내담자의 '나쁨' 에도 불구하고 사랑해 주는 부모상으로 여겨진다. 이러한 높은 수준의 이상화 다음에는 추상적이고 탈개인화된(depersonified) 가치 체계를 다루는 높은 수준의 초자아 기능을 이상화된 대상에게 투사하는 훨씬 더 성숙한 유형의 이상화가 뒤따른다. 이는 본질상 정상적인 현상으로 특히 청소년기에 그리고 사랑에 빠질 때 보이는 특징이다.

이러한 상이한 이상화 유형들은 정상적인 원시적 기능이기도 하고 정상적인 성인 기능이기도 한 연속선으로 볼 수 있다. 그러나 이 모든 것은 분석가에게 내담자의 거대자기를 투사하는 자기애성 성격 내담자의 이상화와는 현저하게 대비된다. 자기애성 내담자는 자기 자신의 거대성을 확장하여 분석가를 자신에게 포함시키며, 그래서 언뜻 보기에 분석가 앞에서 자유연상을 하는 것 같지만, 실제로는 거대한 '자기-관찰적인' 인물로 확장시킨 자기 자신에게 말하는 것이다. 내담자가 그 인물에게 일시적으로 애착이 되거나 위성이 되는 것이다. 내담자가 치료 시간 끝 무렵에 그러한 이상화를 '철수' 하고 분석가에 대한 현실적인 의존성이 전혀 없음을 보여 주는 한 현실적인 융합은 일어나지 않으며, 그래서 이러한 반응이 좀 더 원시적인 자기-대상 융합과 차이가 있음을 나타내 준다는 점이 강조되어야 한다. 원시적인 자기-대상 융합은 소위 Jacobson(1964)이 정신병적 동일시라고 하고, Mahler(1968)가 공생적 발달 단계라고 기술했던 것의 특징이다. 자기상과 대상상의 융합은 일어나지 않고, 엄격한 의미에서 현실검증이 치료 시간 중에 유지되며 전이 정신병은 발생하지 않는다. 이 융합은 자아 경계가 아직 안정되지 않았던 매우 초기 발달 수준으로 퇴행했음을 나타낸다.

또한 분석가에 대한 이상화가 (보통 경계선 장애에서처럼) 분석가에게 '나쁜 대상'을 강하게 투사하는 것과 번갈아 나타나지 않는 한, 또한 (전이 신경증의 정상적인 유아적 유형의 이상화에서처럼) 죄책감과 복구(reparation)를 포함하지 않는 한 자기애적 이상화는 정상적인 발달 단계라기보다는 병리적인 과정이다. 이러한 장애의 발생기원적 기원들은 자기-대상 분화 단계(즉, 정신병의 발달 특성 수준을 지난 단계)와 자기상을 정상적인 자기 구조에 통합하고 그리고 대상상을 통합된 대상표상에 정상적으로 통합하는 단계(즉, 보통 형태의 성격장애와 증상 신경증의 바탕에 놓여 있는 대상관계에서 비롯된 구조) 사이의 어딘가에 놓여 있을 것이다. 병리적인 거대자기가 분석가에게 투사되고, 그렇게 투사된 자기에 대한 내담자의 '공감'이 유지되는 한, 그리고 내담자가 그런 투사를 유지하고 분석가가 독립적이고 자율적인 대상이 되는 것을 피하기 위해서 필요한 것을 분석가가 따르도록 최대한 통제하려고 시도하는 한, 이러한 전체적인 방어기제는 소위 필자가(Melanie Klein의 용어를 재공식화하여) '투사적 동일시'(1장)라고 조작적으로 기술한 것을 반영한다. 이는 경계선 장애와 자기애성 성격의 또 다른 특징적인 기제이다. 내담자가 분석가를 자신이 보고 싶은 대로 정확하게 행동하게끔 분석가를 강요하는 노력을 계속한 실제적인 결과는 거울 전이에 대한 Kohut의 기술과 꽤 일치한다. 그러나 필자가 다시금 강조하고 싶은 것은 다른 유형의 장애가 자기애적으로 발달한 것과 대비되는 병리적인 자기애 형태의 특수하고 특이한 성질이다.

자기애적 이상화에 대한 Kohut의 사고는 앞선 공식화와 대비된다. 그는 자기애성 성격을 원초적이고 근본적인 자기대상, 즉 이상화된 부모상(1971: 37-47)에 대한 적절한 내재화가 결여되어 있는 것으로 본다. 그는 어린아이의 이상화는 발생기원적, 역동적으로 자기애적 맥락에 속한다고 강조한다. 내재화가 기본적으로 자기애적인지 대상 지향적인지를 결정하는 것은 추동이 점유된 목표 대상이 아니라 리비도 점유의 질이라고 Kohut이 강조한 맥락에서 이런 명제가 이해된다. 이상화된 대상의 외상적인 상실이나 외상적인 실망이 일어나면 적절한 내재화가 이루어지지 않는다. Kohut은 다음과 같이 시사한다.

> 이런 대상에 대해 강하게 의존하고 그것을 찾으려고 하는 것은 그것을 심리 구조의 잃어버린 부분의 대체물로서 얻으려고 애쓴다는 사실에 기인한다. 그것은 (그 용어의 심리적인 의미에서) 대상이라 하기 어려운데, 왜냐하면 대상이 지닌 특성으로 인해 대상을 사랑하고 감탄하는 것이 아니기 때문이다. 대상이 가진 성격의 실제 특징이나 대상의 행위들은 단지 희미하게 인식된다. 아동기에 형성되지 못했던 심리적 장치의 한 부분의 기능을 대체하기 위해 대상이 필요한 것뿐이지 동경하는 것은 아니다 (pp. 45-46).

요약하면, 그는 자기애성 성격 내담자의 이상화 전이가 정상적인 발달의 원초적인 수준에 고착된 것이라고 제안한다.

필자의 견해로는 이상화 전이는 병리적인 이상화 유형을 반영하며, 전이에서 거대자기가 대량으로 활성화되는 것과 일치한다. 그러므로 Kohut이 거울 전이라 부르는 것과 이상화 전이라고 부르는 것은 필자의 생각에는 본질적으로 병리적으로 응축된 자기에 속하는 요소가 교대로 활성화되는 것이다. 이러한 자기는 현실적 자기, 이상적 자기 및 이상적 대상의 어떤 측면들이 융합된 것에서 유래된다. 이러한 응축은 병리적이며, 단지 초기 발달 단계에 고착된 것을 나타내지만은 않는다. Kohut 자신은 이상화된 부모상을 언급하면서 그것을 원초적이고 근본적인 '자기대상' 이라 하고, 자기애성 성격장애 내담자를 분석하는 동안 '전형적인 퇴행적 움직임' 에 대해 기술한다(1971, p. 97의 [그림 2]를 보면, 어떻게 이상화 전이로부터 거대성의 활성화로 변하는지 보여 준다.). 필자가 발견한 것은 거대자기가 분석 관계의 한 참여자에게 선택적으로 투사되고, 다른 참여자는 현실적 자기의 나머지를 나타내며 이상화된 파트너와의 마술적인 합일에서처럼 함입된다는 것이다. 이는 자기애적 저항의 규칙적인 특징이다.

필자의 견해로는, 전이에서 분석가에 대한 초기 이상화는 분석가에게 거대자기를 투사하는 것과 본질적으로 다른 패러다임을 구성하지 않으며, 자주 거대자기의 특징을 많이 포함한다. 덧붙여 분석의 초기 단계에서 분석가를 이상화하는 것은 내담자가 잠재적으로 만족을 주는 근원에 대해 전형적으로 함입적(incorporative) 관계를 재생하는 기능을 하며, 그런 근원을 이상화하는 것은 다른 사람이, 이 경우에는 아직 내담자가 함입하지 못했고 자기 것으로 만들 필요가 있는 뭔가 가치있는 것을 분석가가 지니고 있다는 환상을 만족시키는 것을 나타낸다. 초기 이상화는 또한 강한 시기심이 나타날 위험에 대한 방어이며, 분석가를 평가절하하는 과정에 대한 방어이다. 분석가를 평가절하함으로써 내담자가 시기심을 갖지 않도록 보호될 수 있지만, 또한 뭔가 새롭고 좋은 것을 받아들이려는 그의 희망이 파괴되고, 좀 더 깊은 수준에서는 서로 사랑하고 만족을 주는 관계를 계속 수립하지 못할 것이라는 그의 두려움이 재확인된다.

그러므로 분석의 초기 단계에서, 자기애성 내담자는 다음과 같은 환상을 전형적으로 만들어 낸다. 그들의 분석가가 이 세상에서 가장 좋은 분석가이고, 그들은 다른 분석가의 다른 내담자를 시기할 필요가 없으며, 그들은 분석가의 유일한 내담자이거나 최소한 분석가가 다른 모든 내담자보다 선호하는 가장 흥미로운 내담자이다 등의 환상이 있다. 분석가에 대한 이상화된 특징은 처음에는 관습적으로 이상적인 속성을 반영하지만, 내담자의 거대자기의 특별한 성질을 드러내는 방향으로 점차 변해 간다. 이러한 전체 과정에 걸쳐서 만약 사정이 달랐다면 이상적이었을 분석가가 아마 운좋게 그런 특별한 내담자를 만난 동안에 전환이 일어난다. 내담자는 다른 어떤 분석가의 어떤 내담자도 그렇게 만족스러운 분석 경험을 할 수 없다는 것 등의 이유로 분석가의 배타적인 관심을 받고 안심할 수 있다. 분석가를 완전하고 신과 같은 존재로 보는 기간에서 갑자기 분석가를 완전히 평가절하하고 내담자 자신을 이상화하는 것으로 바뀌었다가 다시 나중에 분석가를 외견상 이상화하는 것으로 되돌아간다. 이때 내담자는 자기 자신을 분석가의 부분으로서 체험한다. 이런 변화는 자기애적 저항을 특징짓는—거대자기라는—전반적인 응축된 구조 요소와 밀접한 연관성을 나타낸다. 이러한 병리적인 구조의 모든 요소에 대한 분석을 통해 직접적인 구강기적 분노와 시기심의 출현에 대해, 그리고 가학적인 경향을 분석가에게 투사하는 것과 관련된 편집적 불안에 대해(이는 원시적인, 미워하는, 가학적으로 지각되는 모성상을 나타낸다), 그리고 무서운 고독감, 사랑에 대한 배고픔, 좌절을 주는 부모상을 향한 공격성에 대한 죄책감과 같은 기본적 감정에 대해 방어적 기능이 드러난다.

치료 초기 단계에서 동료 전문가이기도 한 어떤 내담자는 자신의 분석가가 완벽한 해석 기법을 지녔다고 느꼈다. 그가 들었던 것과 분석가에 관한 그 자신의 관찰로부터 그는 매우 철저하고 세심하며 다소 냉정하고 거리가 있으면서 완벽주의적인 기술자를 그려 냈다. 아마도 이 분석가는 모든 내담자의 방어와 갈등을 옳은 방향으로 체계적으로 해결할 것이었다. 내담자는 점차 분석가에 대한 이러한 시각을 정교화시켰는데, 분석가는 자기 자신에 대해 절대 확신하며, 타락하지 않고 경직되지만 완전히 안정되고 신뢰할 만하고 그리고 자기 마음대로 감정을 표출하지 않을 것이며, 필요한 경우에만 과학적인 정확성으로 내담자 이야기를 중단시킬 것이라고 보았다. 그는 이러한 완벽한 상에 대해 매우 안심하였다. 이러한 전이는 분석가를 외부 대상으로서 이상화하는 것으로 생각할 수 있을지 모른다. 그러나 점차 밝혀진 바에 따르면, 그 내담자는 다른 도시의 지도적인 정신분석가의 기법에 대한 저작에 대해 읽고 있었는데, 현재 분석가의 어떤 결함을 발견할 경우에 다른 분석가로 바꾸려는 의도를 지니고 있었다. 미묘한 방식으로 그는 자신의 분석가로 하여금 완벽한 분석 기계로서의 상에 맞추어, 그리고 주된 특징으로서 냉정함, 거리, 올림피아 신과 같은 성스러움(untouchability)의 특성에 맞추어 행동하도록 하였다. 이 내담자는 자신의 환상 속의 분석가와 매우 유사한 성격적인 태도를 드러냈으며, 그의 분석가의 기법을 모방하려고 하면서 자신의 내담자에 관해 거리 있고 무정한 태도를 지녔다. 내담자는 자신의 주의 깊고 정확하고 지적인 접근에 대해 대단히 자랑스러워하였다. 그는 또한 자신의 사적인 공간이나 시간으로 여기는 것이 침범당할 때 매우 화가 났다. 그는 분석가가 내담자의 자기상에 동조하지 않았을 때 또는 분석가가 내담자가 알고 특히 이해한 것과 다른 성격 특성을 나타낼 때, 그래서 분석가가 독립적이고 자율적인 인간으로 나타나서 그를 위협할 때 크게 실망하였다. 이 사례는 내담자의 거대자기 부분을 나타내는 분석가에 대한 이상화와 이상화 과정의 병리적인 특성 간의 밀접한 연관성을 보여 준다.

6) 거대자기의 구조적 특징과 기원

병리적으로 응축된 거대자기의 구조적 기원과 기능은 무엇인가? 필자의 견해로는, 이상화된 대상상이 정상적으로는 자아 이상과 그리고 마찬가지로 초자아와 통합되었어야 했는데 그 대신 자기상에 응축되었다는 것이다. 그 결과 정상적인 초자아 통합이 되지 않고, 자아-초자아 경계가 어떤 영역에서 희미해지고, 현실적 자기의 받아들일 수 없는 측면이 해리되고 억압되며, 이와 함께 외부 대상과 그 표상이 폭넓고 파괴적으로 평가절하된다. 그러므로 이들 내담자의 심리내적 세계에는 단지 그들 자신의 거대자기와 평가절하되고 어두운 자기상과 타인상 및 잠재적인 박해자가 거주한다. 이들은 통합되지 않은 가학적인 초자아 전조뿐만 아니라 구강기 가학성이 투사된 원시적이고 왜곡된 대상을 나타낸다. 자기상과 대상상이 서로 어느 정도 분화되어서 안정적인 자아 경계가 보장되는 지점에서 이러한 병리적인 발달이 일어나며, 그 결과 정신병적 구조와 비정신병적 구조를 분리해내는 발달 단계를 이룬 후에야 그러한 병리적인 응축이 일어난다는 점이 다시 한 번 강조되어야 한다. 그래서 만들어진 병리적 거대자기는 일반적으로 경계선 내담자가 성취하는 것보다 더 나은 전반적인 사회적 적응을 제공할 수 있는 자아의 통합이 가능하게 한다. 경계선 내담자들은 그들의 특징인 자기의 분열로 인해 대상관계가 더 나빠지고 자기 자신을 다른 사람에게 의존된 존재로 체험할 수 있는 능력을 상실하는 대가를 치르게 된다. 그 대신 다른 사람과의 정서적 관계에서 자기 자신을 보호하기 위하여 거대하고 우월한 소외로 철수하는 불길한 능력으로 자기의 분열은 보상된다. 이는 자기애성 성격 구조의 특징이다.

이러한 발달의 다른 결과로는, 초자아 요소와 자아 요소가 거대자기로 응축되는 한 어떤 초자아 요소는 초자아에 통합되지 못한다. 특히 자아 이상의 정상적인 요소로 통합되지 못한다. 이러한 상황에서는 가학적 초자아 전조가 우세하며, 자아에게 초자아 통합은 가학적이고 원시적인 초자아로부터의 압력이라는 무서운 위험을 나타낼 수 있다. 또한 자아 이상과 다른 초자아 구조가 정상적으로 통합되지 못하면서, 이후의 가치 체계의 전조를 놓치게 되며, 마찬가지로 나중에 초자아 요소를 내재화하기 위한 전제조건을 놓치게 된다. 이 전제조건은 주로 오이디푸스 갈등에서 유래된 좀 더 현실적인 부모상이며 그것은 정상적으로는 초자아 통합의 주요 접합제가 된다(Jacobson, 1964). 부모에 대한 평가절하는 부모에게 실망했다고 합리화되는데 이 또한 진전된 초자아 기능의 이러한 발달 결함에 의해 촉진되며, 나아가 전체 성격의 부분으로서 가치 체계의 정상적인 통합과 승화 능력의 발달을 방해한다.

마지막으로 거대자기 수립의 가장 중대한 결과는 자기상과 대상상의 정상적인 양극이 파괴된 것이다. 자기상과 대상상은 정상적으로는 다른 사람과의 만족스러운 관계를 고정시키고 재생하는 내재화된 단위의 부분이 되어 왔다. 거대자기는 다른 사람에 대한 의존성을 부인하게 하며, 자기애적 분노와 시기를 느끼지 않게 만들며, 지속적으로 다른 사람을 비하하고 평가절하하는 전제조건을 만들어 주며, 앞으로 내담자의 자기애적 점유와 대상 점유를 왜곡시킨다.

이런 모든 이유에서 병리적인 나르시시즘은 단지 정상적인 원시적 나르시시즘 수준에 고착된 것으로 볼 수 없다. 정상적인 나르시시즘은 아직 분화되지 않은 자기상 및 대상상에 리비도가 점유된 것에서 비롯된다. 나중에 그로부터 리비도로 점유된 자기상과 대상상이 분화되어 나온다. 이것이 결국 통합된 자기를 결정하며, 또한 리비도로 결정된 자기상과 공격적으로 결정된 자기상을 전자가 더 우세한 가운데 통합한다. 이러한 통합된 자기를 통합된 대상표상이 둘러싸며, 통합된 대상표상은 초기의 리비도로 점유된 대상상과 공격적으로 점유된 대상상의 통합을 반영한다. 이 통합도 또한 리비도적 대상상이 우세하게 이루어진다. 병리적인 나르시시즘에서는 이러한 정상적인 '표상 세계' (Sandler, 1962)가 내재화된 대상관계의 병리적인 형태에 의해 대체된다.

그러므로 자기애성 성격 내담자의 초자아 병리의 특성에 관한 Kohut의 견해와 비교해서, 필자는 이러한 경우가 단지 이상화된 초자아 전조(자아 이상 요소)의 발달 결핍을 반영하는 것이 아니라 그런 전조가 자아 요소에 병리적으로 응축된 것을 반영한다고 생각한다. 그래서 정상적인 자아 및 초자아 경계는 희미해지고, 원시적인 초자아 구조가 진전된 정상적인 초자아로 발달하는 것이 방해된다. 단지 어떤 정상적인 이상화된 초자아 전조의 내재화가 '결핍' 된 것이 아니라, 적극적으로 왜곡된 것이며 이와 동시에 외부 대상이 병리적으로 평가절하된 것이다. 좀 더 일반적으로 말하면, 단지 어떤 구조가 '부재' 하는 것이 아니라 나중에 정상적인 구조가 발달할 수 없도록 초기 구조가 병리적으로 발달한 것이다.

4. 정신분석 기법과 자기애적 전이

필자가 Kohut을 정확하게 이해한다면, 기법에 대한 Kohut의 전반적인 방략은 충분한 자기애적 전이가 수립되게 하는 것을 목적으로 하며, 특히 거대자기의 활성화를 반영하는 거울 전이가 전개되게 한다. 그는 이러한 전이 발생이 정지되었던 정상적인 과정, 즉 이상적인 자기대상이 초자아로 내재화되는 과정과 그리고 원시적 나르시시즘이 성숙한 나르시시즘으로 성장하는 과정을 완성한다고 시사한다. Kohut은 "자기애적 성격장애 내담자를 분석하는 단계 동안 이상화 전이가 생기기 시작할 때, 오직 한 가지 올바른 분석적 태도는 감탄을 수용하는 태도이다."라고 제안한다(1971: 264). Kohut은 다음과 같이 덧붙였다.

> 분석가는 내담자의 거대성이 드러나는 것에 대한 그의 저항을 해석한다. 그리고 내담자에게 그의 거대성과 노출증이 단계에 적절한 역할을 했을 뿐만 아니라 이제는 그것이 의식되어야 함을 보여 준다. 긴 분석 기간 동안, 분석가가 내담자의 거대 환상의 비합리성을 강조하거나 또는 내담자가 자신의 과시적인 요구를 제어하는 것이 현실적으로 필요하다고 강조하는 것은 거의 항상 해가 된다. 만약 내담자가 거울 전이에 대한 분석가의 공감적 이해의 도움으로 거대자기의 활성화를 유지하고, 내담자의 자아가 거대자기의 요구를 인식할 수 있다면, 조용히 그리고 자발적으로 (비록 매우 느리지만) 내담자의 유아적인 거대성과 노출증이 현실적으로 통합될 것이다(1971: 272).

Kohut은 다음과 같이 인정한다. "처음 듣기에는, 이런 경우에, 분석가가 피분석자의 전이 소망을 충족시켜 주어야 한다고 말하는 것처럼 들릴 수 있다. 특히 내담자가 필요한 정서적인 반향이나 인정을 우울한 어머니에게서 받지 못했고, 분석가가 이제 그녀에게 '교정적 정서 체험'을 제공하기 위해 그것을 주어야 한다고 말하는 것처럼 들릴 수 있다."(p. 290) 이런 해석에 반대해서 Kohut은 다음과 같이 주장한다. "기술적인 이유에서(가령 내담자의 자아 부분의 협조를 보장하기 위해서) 분석가가 그런 경우에 일시적으로 아동기 소망에 대해 소위 마지못해 동의해야 하지만, 진정한 분석 목적은 견딜 수 있는 분석적 절제의 장면이서 얻은 통찰을 통해 소망을 제어하는 것이지 충족시키는 것이 아니다."(p. 291)

그는 자신의 접근 결과를 논의하면서 다음과 같이 주장한다. "자기애성 성격 내담자에 대한 정신분석 치료의 우선적이고 본질적인 결과는 자기애적 영역 안에 있고, 성취된 변화는 대부분의 사례에서 가장 중대하고 치료적으로 결정적인 결과가 된다."(p. 298) 그는 내담자의 대상 사랑 역량의 증가와 확장이 "가장 현저한 비특정적 변화"라고 간주하며 다음과 같이 말한다(p. 296). "분석이 진행되면서 대상-추동적 점유의 가용성의 증가는 통상 이미 가동되었던 나르시시즘이 대상 사랑으로 변화했음을 나타내지 않는다. 그것은 오히려 이전에 억압된 대상 리비도를 자유롭게 한 것에 기인한다. 즉, 그것은 주로 자기애성 성격장애로 고통받는 내담자의 이차적인 정신병리(전이 신경증)의 영역에서 치료적 성공의 결과이다."(pp. 296-297)

필자의 견해로는, Kohut의 접근은 자기애적 갈등과 대상관련 갈등 간의 밀접한 관계를 무시하며, 자기애성 성격 내담자의 정신병리에서 공격성을 둘러싼 갈등의 중대한 특성을 무시하는 것이다. 필자는 확실히 전이가 충분히 발생하도록 허용하는 것이 때 이르게 해석하는 것보다 중요하며, 분석가는 내담자의 거대성의 부적절한 특성에 관해—모든 분석 사례에서—도덕적인 태도를 피할 필요가 있다는 것에 대해 동의한다. 그러나 Kohut의 접근은 의도와는 다르게 부정적 전이 측면이 충분히 발생하는 것을 방해하고, 자신의 시기심과 분노에 대한 내담자의 무의식적 공포를 유지시키며, 그래서 병리적인 거대자기의 훈습을 방해한다. Kohut은 거대자기의 활성화를 반영하는 거울 전이가 충분히 일어나도록 견뎌줘야 한다고 시사한다. 왜냐하면 그렇지 않으면 자기애적 거대성이 숨어 버릴 수 있기 때문이다. 필자가 보기에는, 본질상 중립적인 입장에서 내담자의 거대성의 긍정적 및 부정적 측면을 체계적으로 분석함으로써 자기애적 전이가 충분히 활성화되도록 하는 목표를 더 잘 이룰 수 있는 것 같다.

필자는 자기애성 성격 내담자에 대한 정신분석적 치료는 거대자기가 활성화되고 내담자가 그것을 중립적인 분석 상황에서 충분히 자각하도록 돕는 것에 중점을 둔다는 점에서 Kohut에 동의하지만, 그러나 필자는 이들 사례에서 공격성의 변천을 거의 완전히 무시한 채 리비도 갈등의 관점에서 자기애적 저항에만 배타적으로 초점을 맞추는 것은 거대자기의 방어적 기능에 대한 체계적인 해석을 방해한다고 생각한다. 필자의 견해로는, 분석가에 대한 원시적인 이상화와 전능한 통제에 대해 체계적으로 해석하는 것이 필요하다. 내담자는 기저에 있는 구강기적 분노와 시기심의 재활성화로부터 그리고 이와 관련되어 분석가에게서 보복받을지 모른다는 공포로부터 자신을 보호하기 위해서 독립된 대상으로서 분석가를 평가절하하고 비하하려는 자신의 욕구를 확실히 무비판적인 분위기에서 깨달아야 한다. (분석가로부터 실제 혹은 환상에서 좌절됨으로써 활성화된 투사된 가학적인 반응으로부터 유래된) 분석가의 보복 공포와 (원시적인 주는 대상으로서의 분석가를 공격한 것으로 인한) 죄책감 공포는 자기애적 저항이 일어나게 하는 우선적인 동기이다. 전이가 전이 신경증을 특징으로 하는 통상적인 전이 패러다임으로 변하기 전에 그것들을 체계적으로 탐색하고 해석하는 것이 필요하다. 내담자가 거대자기를 유지하고 분석가를 독립적이고 자율적인 사람으로서 인정하지 않으려는 것은 방어인데, 이는 강한 시기심에 대한, 미워하고 가학적으로 지각되는 어머니상과의 두려운 관계에 대한, 그리고 개인적인 의미가 없는 세계에서 공허한 고독감으로 인한 두려움에 대한 내담자의 방어를 일관적으로 드러낸다.

이러한 작업 과정에서 규칙적으로 나타나는 것은 의식적으로 기억되거나 재발견된 부모에 대한 '실망' 뒤에는 부모상과 현실적인 부모에 대한 평가절하가 있다는 것이다. 이는 부모와의 근본적인 갈등을 피하기 위해 과거에 이루어진 것이다. 분석가에 대한 내담자의 실망은 전이에서 환상 속의 또는 현실적인 좌절만을 드러내는 것이 아니다. 또한 사소한 이유에서 전이 대상에 대해 극적으로 전체적으로 평가절하하고, 그래서 대상에 대한 강하고 압도적인 특성의 공격성을 드러낸다. 좌절로 인한 직접적인 분노는 비록 과장된 반응 유형이라고 해도 훨씬 더 정상적이다. 덧붙여 "당신이 내가 원하는 대로가 아니라면 존재하지 말아야 한다."라는 함의는 또한 대상을 전능하게 통제하려는 무의식적 욕구가 행동화된 것이며, 공격성에 대한 방어를 반영한다. 이런 사례에서 '실망 반응'은 공격성에 대한 갈등뿐만 아니라 리비도적 추구를 반영하며, 좀 더 즉각적으로는 구강-공격적 갈등이 전반적으로 활성화되는 것을 막는다. 다른 말로 자기애적 전이는 부모와의 더욱 깊은 관계에 대한 과거의 방어를 먼저 활성화하며, 다음으로 부모와의 현실적인 과거 관계를 활성화한다. 경계선 장애의 많은 사례에서 그러하듯이 부모는 사실상 내담자를 실망시켰지만, 자기애성 내담자가 보통 생각하지 않았던 방식과 영역에서 실망시켰다. 그 방식과 영역은 치료 후반부에서만 분명해진다. 간단히 말하면 분석가에 대한 실망, 내담자가 분석가를 독립적인 대상으로 인정하기를 거부하는 것을 감추는 비현실적인 이상화, 그리고 자기애적 철수의 복잡한 동기는 기저의 경멸과 평가절하에 대해 주의 깊게 조사되어야 한다. 이것은 다른 성격 병리 유형에서 나타나는 유아적인 자기애적 반응의 분석에서 기법적으로 요구되는 것과는 현저하게 차이가 있다.

이들 내담자에 대한 중대한 기법적인 문제는 내담자가 지닌 사랑 역량과 대상 점유 역량의 흔적에 대해, 그리고 분석가의 노력에 대한 내담자의 현실적인 인정에 초점을 두는 것이다. 그래서 내담자가 잠재적인 부정적 전이에 대한 초점을 잘못 해석해서 정신분석가가 내담자에 대해 '나쁘기만 하다' 고 보는 것으로 생각하지 않도록 돕는다. 요약하면 분석가는 정적 및 부적 전이 모두에 초점을 맞추는 것이 필요하다. 이와 관련하여 Kohut은 필자가 자아 왜곡은 "일시적으로 어느 정도 교육적인 압력을 요구한다."라고 말한 것을 인용하는데(1971: 179), 이는 필자의 견해를 오해한 것이다. 분석가는 확실히 교육적인 압력이나 도덕적 입장을 피해야 할 필요가 있고, 필자는 이를 달성하는 가장 좋은 방법이 거대자기의 활성화를 포함한 자기애적 방어를 결정하는 동기를 분석하는 것이라고 생각한다. 이들 내담자가 자신들의 미움과 시기심을 직면하는 것을 참을 수 없는 한 가지 두드러진 이유는 그런 감정이 분석가를 파괴할 것이고, 분석가와 좋은 관계를 가지려는 그의 희망을 파괴할 것이며, 도움을 받으려는 희망을 파괴할 것이라고 두려워하기 때문이다. 더 깊은 수준에서, 이들 내담자는 그들의 공격성이 잠재적으로 사랑하고 주는(giving) 대상뿐만 아니라 사랑을 주고받는 그들 자신의 역량을 파괴할 것을 두려워한다. 자기애적인 내담자는 또한 정신분석가와의 정서적인 관계의 현실성을 부인하면서, 그들의 파괴성의 위험을 부인하고 '완전히 새로 시작' 할 수 있다는 착각을 보존하려고 한다. 성적으로 문란한 자기애적 행동을 하는 어떤 내담자에게서도 이런 것을 관찰할 수 있는데, 이때 성적 문란함의 한 가지 기능은 새로운 대상과 더 나은 관계를 가지려는 희망을 보존하고, 내담자의 성적 충동 대상을 파괴로부터 보호하는 것이다. 종종 전이의 부정적 측면을 해석하지 않으려는 것은 자신의 공격성과 파괴성에 대한 내담자의 공포를 가중시킬 수 있고, 자기애적 저항이 활성화될 필요를 강화할 수 있다. 요약하면 자기애적 저항을 해결하는 적절한 기법은 정적 및 부적 전이 측면을 체계적으로 해석하는 것이지 리비도 요소에만 배타적으로 초점을 맞추는 것이 아니며, 또한 잠재적인 부정적 저항을 해석하는 것이 공격성에만 초점을 맞춘다는 것도 오해이다.

극히 심한 자기애성 성격의 경우를 제외하고, 거대자기와 나란히 어떤 정상적인 자아 기능이 유지되고 자기개념에서 현실적인 측면이 계속 존재한다는 것을 유념해야 한다. 물론 이러한 측면은 치료동맹 형성의 기초가 되며, 자신에 대해 심리적으로 사고함에 있어 분석가에게 진정으로 귀 기울이고 분석가와 동일시하는 능력과 관련된다. 이러한 정상적 자기 측면을 진단, 지속 및 확대시키는 것은 내담자가 자기 안에서 이러한 기능을 분열시켜 버리거나 평가절하하는 경향성에 초점을 맞춤으로써 가능하다. 분석가와 좋은 관계를 유지하고 분석가에게 도움을 받으려는 현실적 소망은 정상적인 유아적 의존성 및 성숙한 의존성과 자기 평가를 회복시키는 출발점이 된다고 말할 수 있다. 기저하는 노여움과 경멸을 완전히 자각하는 것에 대한 저항은 자기애적인 것이지만 또 한편 분석가와 좋은 관계를 지속하려는 것인 한, 자기애적 저항의 이러한 이중적 기능을 해석하는 것은 분열되어 나간 자신의 경멸과 시기심을 내담자가 직면하는 데 커다란 도움이 될 것이다. 요컨대 전이의 부정적 측면을 비난하지 않고 해석하는 것은 내담자가 자기 자신의 파괴성에 대한 두려움과 자신의 선함에 대한 의심을 감소시키는 데 도움이 될 것이다.

그러나 자기애적 저항이 훈습될 수 없는 경우, 오랜 교착상태 후에 내담자가 치료를 마치기를 바라거나, 분석가가 더 이상 내담자를 도와줄 수 없다고 느끼는 경우가 있다. 이러한 상황에서는 필자는 Kohut의 접근법이 시사하는 것과 같은 (비록 Kohut의 접근법이 의도하는 것은 아니지만) 더 지지적인 접근법으로 전환하는 것이 매우 도움이 될 수 있다고 본다. 이것은 특히 비교적 효율적으로 사회 적응을 하면서, 증상 때문에 상담을 받고자 하여 분석 과정에서 기본적인 자기애적 저항이 훈습되기 전에 증상의 개선을 보인 경우이다. 그리고 이차적 이득이 있는 경우, 특히 주요 자기애적 만족이 병리적 성격 구조와 관련되어 분석 작업의 고통스러운 특성을 방해하는 경우가 그렇다. 그 외에도 심한 부정적 치료반응을 보이는 내담자들이 있다. 이들은 더 나은 변화를 위한 분석가의 노력이 수포로 돌아갈 때 이와 동시에 조금 좋아지는 기미를 보인다. 이러한 유형의 여러 사례에서 어떤 시점에서 치료가 자기애적 구성을 지지적으로 관용하면서 치료의 종결을 준비하는 방향으로 전환되어야 한다.

그러나 이러한 상황에서 나타나는 변화와 병리적 나르시시즘이 체계적으로 훈습되어 나타나는 변화는 극적인 차이가 있다. 병리적 나르시시즘이 훈습되지 못하고 분석이 지지적으로 전환될 때, 내담자의 사회적 기능은 대개 눈에 띄게 좋아지며, 다른 사람이 어떤지 그리고 자신이 다른 사람과 어떻게 상호 작용하는지를 이해하는 능력이 좋아짐에 따라 다른 사람과의 관계 및 자기 자신과의 관계가 좋아진다. 내담자의 야망은 점차 더 현실적으로 되고, 야망을 성취하는 방식이 자신의 전반적 생활상황이나 목적과 더 조화를 이루며, 자기애성 성격에서 아주 전형적인 지루함과 초조한 감정에 대한 참을성이 대체로 증가한다. 그러나 다른 사람을 깊이 공감하는 역량의 결여와 사랑관계를 완전히 발전시키는 역량의 부족은 대개 지속된다. 일에 대한 태도는 종종 어떤 특정 흥미나 작은 분야의 개인적 탐구를 추구하는 것으로 나타난다. 이것이 사업, 전문직, 연구, 취미 또는 수집이건, 내담자는 이를 통해 통제감과 우월감을 얻는 데 반해 이 특정 흥미 부분보다 더 큰 영역에서는 자신을 고립시킨다.

역설적으로 외현적으로 경계선 수준에서 다소 잘 기능하지 못하는 자기애성 성격 내담자가 지지적인 심리치료를 받으면, 원래 더 효율적으로 기능하고 더 지적이고 창의적이며, 야망이 있는 내담자보다 더 큰 향상을 보일 수 있다. 경계선 수준에서 기능하는 자기애성 성격 내담자에게 관찰되는 지속적인 공허감, 흥미와 야망이 '탈진된' 상태로 인해 그들은 다소 관습적으로, 때로는 과잉관습적인 방식으로 안정을 추구하며, 이전의 자신의 야망과 화려함 대신 자기의 삶과 즉각적 욕구에 대하여 안정과 통제를 얻으려 한다. 반면 재능 있고 총명한 자기애성 성격 내담자가 정신분석 치료를 받아 자신의 자기애성 성격 구조를 해결하지 못하면, 자기 자신과 자신의 삶에 더 불만족을 느끼는 경향이 있다. 그들은 이제 더 이상 이전의 거대성에 매달릴 수 없는 반면에 일상적 삶의 본질이 근본적으로 '평범' 하다는 것을 받아들일 수 없다.

이전에 수련기 정신분석가로서 졸업을 하였거나 하지 못하였거나 간에 정신분석 치료를 받았지만 자기애적 저항을 체계적으로 분석하거나 해결하지 못한 경우를 보면 이러한 발달의 좋은 예를 볼 수 있을 것이다. 이것은 일반적으로 부정적 전이 경향성을 충분히 탐색하지 못한 것과 관련된다. 이러한 집단에서 특히 관찰되는 특징은 다음과 같은 면모를 보인다. 내담자와의 집중적 심리치료 작업에 대한 점차적인 실망감, 여러 달 또는 몇 해가 걸리는 내담자와의 집중적 작업의 시각을 고려할 때의 지루한 느낌, 그리고 이러한 임상 작업에 대한 흥미 상실을 정신분석 이론 또는 기법을 이론적으로 비판하는 것으로 합리화한다. 이런 이전의 수련기 분석가 또는 분석가는 자주 새로운 치료 기법을 열렬히 추구하며, 특히 즉각적 정서 반응의 활성화나 퇴행을 보장하는 것을 찾는다. 이들은 미분화된 '즉각적 친밀함' 을 허용하는 방법에서 장기간에 걸쳐 깊이 있고 복합적으로 만들어지는 개인적 관계보다 더 편안함을 느낀다. 이러한 성격 구성을 가진 지적이고 재능 있는 치료자는 치료의 '작고 복잡한 주제' 에 더 큰 민감성을 보이지만, 자신과 내담자 사이에 무엇이 진행되고 있는지를 나타내 주는 정서적 구성은 놓친다. 자기애적 저항을 체계적으로 훈습하지 못한 자기애성 성격 내담자가 분석 후 단계에서 때로 자신의 분석가를 계속 이상화하고, 그리고 나서 점차 기본적 무관심으로 바뀌어 가는 것을 관찰하는 것은 흥미롭다. 이들은 분석을 돌이켜 평가할 때 매우 도움이 되는 경험이었다고 하지만, 자신에 대해 정말 새로운 것은 아무것도 배우지 못했다.

다음 사례는 치료를 조기 종결하려는 내담자의 압력 때문에 지지적 접근으로 전환한 경우를 보여 준다. 이 내담자는 전형적인 자기애성 성격 구조를 가진 40대 초반의 사업가로, 동성애 때문에 왔다. 4년이 넘는 정신분석으로 그는 동성애적 충동과 행동화가 사라질 정도로 좋아졌으며, 가족생활과 일에 대한 일반적 적응이 아주 좋아졌다. 그는 자신이 치료에 온 주요 목적을 이루었다고 느꼈고, 지속되는 지루한 느낌, 다른 사람을 공감하기 어려움, 다른 사람을 배려하는 데 있어 자신의 한계를 자각함에도 불구하고 현재 생활에 만족했다. 시기심과 관련된 만성적 갈등도 줄어들었는데, 이는 부분적으로는 부와 권위에 대한 그의 소망이 만족되었기 때문이다. 오랜 시간에 걸친 필자의 해석적 노력에 대하여 그때마다 내담자는 자신은 분석에서 기대한 것을 다 얻었다고 반복해서 반박하였고, 그 후 우리는 마침내 종결을 고려하기로 합의했다. 분석 종결 6개월 전에 종결 날짜를 결정한 후, 그가 가장 두려워한 것은 이러한 결정에 대해 필자가 화가 나고 실망하는 것이었다. 그리고 더 깊은 수준에서 그는 종결이 완벽주의적이고, 결코 만족시킬 수 없는 분석가-어머니에게서 도망가는 것이라고 느꼈다. 이 시점에서 필자는 치료자에게 거부당하는 것에 대한 내담자의 두려움에 초점을 두었고, 기저의 갈등, 즉 가학적이고 철수적인 원시적 어머니로서 경험되는 치료자에게 공격과 배신을 당할 것이라는 편집적 두려움을 분석하는 이전의 시도를 계속하지 않았다. 대신 필자가 지적한 것은, 그가 두려워하는 것은 이후 분석 작업에서 그가 치료자로부터 가학적으로 철수한다고 치료자가 보는 것이며, 그가 전에 치료자에게서 경험했던 이러한 의심을 치료자에게 돌린다는 것이다. 또한 그가 두려워하는 것이 그가 어떤 유형의 완벽한 기준에 따라 살지 않으면 치료자가 그를 그 자신의 권리를 가진 사람으로 인정하지 못할 것이라는 것이며, 이것은 과거 우리가 탐색해 온 그 자신의 완벽에 대한 높은 비현실적인 열망을 치료자에게 투사한 것이라는 것을 그와 함께 탐색했다. 이 과정에 그가 자신의 권리를 가진 사람으로 인정해 주는 이상적인 인물로 필자를 경험하는 것은 그를 지지해 주는 중요한 원천이 되었고, 이것은 그 자신의 자기애적 열망을 누그러뜨리고 자신과 관계 및 가족과 관계를 향상시켰다. 이 내담자는 분석의 마지막 부분 동안 완전히 성숙한 애도 과정을 경험하지 않았고, 분석 종결 몇 년 후 추수적 정보를 통해 알게 된 바로는 종결 후에도 이러한 애도 과정을 경험하지 않았다. 몇 해 동안 그의 일반적 증상의 향상은 지속되었고, 그는 점차 자신의 내적 감정 세계의 한계를 받아들였다. 요컨대 이 사례는 병리적 나르시시즘이 완전히 해결될 수 없을 때 치료 종결 과정의 일부로서 자기애적 방어를 보호하는 것이 유용할 수 있다는 것을 보여 준다.

그러나 가능할 때마다 내담자의 자기 자신 및 다른 사람과의 내적 관계의 근본적인 변화를 위해, 요컨대 병리적인 나르시시즘과 대상관계에서부터 정상적인 나르시시즘과 대상관계로의 전환을 위해 이러한 심각한 정신병리를 해결하려고 노력해야 한다.

다음의 사례는 자기애적 전이의 다양한 양상을 보여 준다.

1) 사례 1

한 남성 내담자는 필자가 그 주의 나중 약속을 지킬 수 없게 되었다고 전하자 처음에는 화를 냈고 그러더니 거리감을 느끼고 공허해졌으며, 그의 마음에 떠오르는 연결되지 않은 생각을 단조롭게 읊는 것으로 철수했다. 그의 분노를 탐색하자 드러난 것은 갑작스럽게 알렸다는 것에 충격을 받았고, 이것은 그의 생각으로는 예상할 수 있는 패턴이 아니라는 것이다. 보통은 약속 시간을 지킬 수 없을 것 같으면 미리 몇 주 전에 알렸고, 또 예기치 않은 일이 생겼을 때, 예컨대 병이 났을 떠 필자의 비서가 알렸다. 이 내담자는 주말에 보지 못하는 것에 대해 아무 반응이 없었으며, 휴가 후 다시 시작할 때 마치 어제 만난 사람 같았다. 우리는 필자가 준 사소한 좌절에 대한 그의 분노를 약간 깊이 탐색했다. 필자가 안정되고 완전히 예측할 수 있게 행동한다고 그가 느꼈을 때, 예를 들어 필자가 한 말이 내담자의 관찰을 확인하는 것이었을 때, 또 필자가 내담자에 대해 내담자보다 더 많이도 더 적게도 알지 못해 보일 때 필자를 완전히 잊어버리는 경향성을 탐색했다. 그의 환상에서 실제 필자는 분석 시간과 분석 시간 사이에는 없었다. 이 시간 동안 분노에 대한 그의 연상은 필자의 아이 중 하나가 분명히 아팠고, 필자가 아이와 함께 있기를 원했기 때문에 약속을 취소했다는 환상으로 이어졌다. 그리고 필자에게는 아주 총명하고 매력적인 아이가 있다는 환상을 표현했고, 필자가 시간이 있을 때 가족과 함께 보내는 방식에 대해 추측했다. 이러한 연상 도중에 분명해진 것은 그가 필자를 그에게 애정과 관심을 보일 잠재적 애정의 원천으로 보며, 사랑과 관심을 감질나게 철수하며, 그것을 대신 필자의 아이들에게 주어서, 그 아이에 대해 그는 강렬한 질투를 느꼈다는 것이다. 이 시점에서 그는 슬퍼졌고, 필자가 자기와 같이 요구가 많고 자기중심적인 사람보다는 자신의 아이를 더 좋아하는 것이 충분히 이해할 수 있는 것이라고 말했다. 그러고 나서 그의 반응은 필자로 인해 짜증나고 덫에 걸린 느낌으로 갑자기 변했다. 그 지점에서 그는, 필자가 요구가 많고 이기적으로 필자에게 편리한 시간에 그를 오도록 하고, 그의 요구를 고려하지도 않고 시간을 취소한다고 느꼈다. 그는 필자가 명백하게 잘못해 놓고 내담자에게 자신의 동기에 대해 생각해보도록 하는 것은 전형적인 조종이라고 느꼈다. 그러고 나서 그의 연상은 필자가 자기중심적이고 조종하는 특성이 있으며, 정말 조금도 그에게 관심이 없다는 것을 그에게 확인해 줄 것 같은 필자의 다른 성격 측면에 초점을 맞추었다. 그는 필자가 필자의 스케줄을 바꾸지 않기 위해 그의 시간을 간단히 취소했다고 느꼈다.

필자가 강조하고자 하는 것은 내담자가 필자와 갖는 정서적인 관계에서 변동이 급작스러웠다는 것이다. 지속적으로 여러 시간 '조용한' 자기애적 통제와는 대조적으로, 그는 짧은 기간 동안 강렬하고 변화하는 정서적인 반응을 보였다. 그의 반응은 위선적인 어머니에게 거절당한 느낌, 그가 지나치게 어머니에게 요구했다고 생각하는 데서 오는 죄책감과 무가치감에 대해 자기애적 방어가 활용되는 것을 보여 준다. 그의 반응은 또한 그의 요구성과 자기중심성을 어머니에게 투사하여, 전이에서 이러한 어머니상에 대해 이차적으로 실망하고 평가절하하며, 따라서 자기애적 균형을 재정립하는 것을 보여 준다.

이 경우 실제로, 그의 어머니는 매우 자기중심적이고, 죄책감을 통해 그를 조종하려는 만성적인 경향을 가지고 있었다. 그러나 그는 버려진 느낌과 무가치감을 견딜 수 없었는데, 그것은 어머니를 향한 분노에 대한 죄책감과 그 자신의 분노와 복수에 찬 감정이 어머니에게 투사되어 더욱 커졌기 때문이다.

이 경우 슬픈 감정은 그가 필자에 대해, 그리고 결국 어머니에 대해 화나고 요구하는 행동을 일시적으로 자각했다는 것을 반영한다. 그러나 슬픔은 또한 그가 필자로 인해 겪은 좌절에도 불구하고, 필자가 그에게 사랑과 관심을 줄 수 있는 사람이라는 인식을 포함한다. 또한 슬픔은 그가 필자에게, 즉 어머니상에게, 사랑하는 방식으로 반응할 수 없다는 감정에도 기인한다. 필자는 내담자에게 그가 분노와 외로움을 그렇게 참기 어렵고, 분석가-어머니와 좋은 관계를 갈망하는 이유 중 하나는 자신의 나쁨에 대해 그가 절망하기 때문이라는 것을 지적했다. 마치 그의 공격적인 환상과 감정이 사랑하는 관계를 기대할 그의 권리와 줄 수 있는 자신의 능력에 대한 신뢰를 박탈하거나 파괴시키는 것처럼 느낀다는 것이다. 다시 병리적인 자기애적 저항에 의해 방어되는 긍정적이고 부정적인 전이 반응 모두를 다시 체계적으로 해석하는 것은 사랑과 증오를 통합하고, 결국 이러한 내담자의 원시적인 자아 구조의 일부분으로 분리되어 나간 상반된 자기상과 대상상을 통합하도록 돕는다.

2) 사례 2

20대 초반의 대학생이 필자가 일주일 동안 없을 것이라고 하자 매우 화가 나서, 필자가 자신을 냉담하게 대하고 무시했다며 그 실망감을 노여움에 차서 표현했다. 그녀는 치료를 종결하겠다고 위협했고, 필자가 없던 시간 동안 그녀에게 일어날 수 있는 모든 것을 필자가 책임져야 한다고 했다. 필자는 그녀에게 필자가 그녀를 떠나는 것에 대해 화를 내고 있고, 그녀가 분노를 필자에게 투사하는 것은 필자가 가 버리는 것을 위험하고 가학적인 것으로 받아들인 것이라고 해석했다. 필자는 또한 그녀가 필자에게 그렇게 분노하기 때문에 필자의 전문가로서의 자격을 완전히 박탈시켰을 뿐 아니라, 그녀 안에 필자의 이미지를 말하자면 갈가리 찢어놓아 (희미한 공허 외에는 아무것도 남지 않도록) 필자가 떠나는 것은 더욱 나쁘게 되었다고 지적했다. 이전 시간에 그녀는 필자가 전문가로서 여행을 다니는 것은 필자가 내담자를 성공적으로 치료한다는 것을 다른 사람에게 자랑스럽게 알리기 위한 것이라는 환상을 표현했다. 그녀는 필자의 여행이 계속되는 일련의 축제로 필자의 위대함을 선포하는 것으로 시작해서 거대하고 끝없는 디너파티가 계속되고 거기서 필자는 선택된 소수의 사람이나 먹을 수 있는 음식을 탐욕스럽고 게걸스러게 먹을 것이라고 상상했다. 강렬한 노여움 가운데 표현된 이러한 환상과 교대로 경멸스러운 침착함 안에서 환자는 완전히 무관심하고 지루하게 행동했다. 필자는 이제 그녀의 이러한 환상을 다시 상기시키고, 강렬하게 노여워하는 기능의 하나는 그녀가 끝없이 시기하는 원천으로서 필자를 지우기 위한 것이라고 제안했다. 아직도 화가 나 있지만 어느 정도 더 생각할 수 있는 이 시점에서, 그녀는 자신이 정말로 시기한 것은 필자가 필자 자신에게 만족하고 있다는 것과 그녀가 필자에게 일으키려고 했던 죄책감으로 무너지지 않는 것, 그리고 필자가 결정한 것에서 흔들리지 않고 죄책감을 견디는 것이라고 외쳤다. 이 내담자는 다른 시점에서 치료 종결을 다시 고려할 때, 자신에게 치료가 계속 필요하다는 것을 알지만, 치료를 계속하지 않고도 더 즐겁게 생을 사는 긴 길을 감으로써 필자에게서 치료의 성공을 빼앗으려고 생각했다고 말했다.

3) 사례 3

다른 내담자는 여러 달 동안 밖으로 보기에 대단히 거리를 지키는 듯이 보였는데 그는 사실 자신의 무자비한 시기심에서 자신을 보호하려는 것이었다. 이 젊은 대학 교수는 계속 다른 사람의 업적과 자기 것을 비교했으며, 같은 나이의 다른 누구보다도 자기가 더 성취했다는 것을 확인함으로써 끝없는 만족을 얻으려 했다. 그는 친구들의 소득 수준과 나이와의 관계, 소유자의 나이와 집의 크기와의 관계, 다른 사람이 그와 같은 나이에서 한 논문 발표와 전문적인 수상의 수 등을 계산하곤 했다. 그가 필자에 대해 완전히 무관심한 것은 필자에게도 같은 반응을 하게 될지 모르고, 우월감이 필자의 시기심과 증오를 일으킬지 모른다는 두려움과 관련될 수 있다는 것을 비록 지적으로는 파악했지만, 이것이 정서적인 실제가 되기까지는 몇 개월이 걸렸다. 한 시점에서 그는 자신에게 필자가 정말 필요하다고 느끼는 바로 그 요구 때문에 필자를 시기하게 된다는 치욕스럽고 고통스러운 자각과 직면할 수 있었다. 만일 그가 부족한 것을 매 순간 필자가 이해하여 확인해 주었다면, 이것은 시기심의 고통을 일으켰을 것이다.

4) 사례 4

또 다른 내담자는 30대 중반의 제조업자로, 자신에게 만족하는 상태로 '세뇌' 시켜 달라는 기대를 가지고 또 만성적으로 불확실하고 시시하고 자신이 '사기꾼' 이라는 느낌 대신 그의 일상생활을 이끌어 줄 분명한 가치와 원칙 체계를 달라는 기대를 가지고 분석에 왔다. 그는 어린 시절에는 종교적 참여를 통해 마술적인 도움을 얻으려고 열심히 노력했지만, 종교에 환멸을 느꼈었다. 그는 종교에서 찾던 것을 정신분석으로 대신하려고 노력한다는 것을 잘 알고 있었다. 분석의 초기 단계에서, 그는 필자를 완고하고 독단적이지만 깊은 신념을 가진 정신분석의 영도자로 보았다. 이러한 양가적인 이상화는 그가 나를 위선자, 즉 주머니를 채우기 위해 공허한 의식을 쫓는 사람으로, 요컨대 내담자가 자기를 '사기꾼' 으로 보는 것처럼, 보는 것으로부터 보호하는 구조를 가졌다는 것이 밝혀졌다. 그는 자신이 필자를 지각하는 방식이 단지 세 가지였다는 것을 알고 아주 놀랐다. 그것은 신념에 차 있고 독단적이며 횡포한 '세뇌자' 로 그에게 정신분석 교리를 받아들이도록 가학적으로 강요하는 사람이거나, 아니면 그를 경제적으로 착취하는 냉소적인 조종자이거나, 아니면 더 나쁜 것으로는 정신분석과 같은 엉터리 방법과 이론을 믿는 무능한 바보로 보는 것이다. 이러한 세 가지 시각은 분석가로서 필자가 현실적이고 구체적인 어떤 것을 줄 수 있고, 필자의 신념이 필자가 이러한 사실을 자각하는 것을 반영할 수 있다는 가능성을 배제하는 것이라는 것을 내담자가 알기까지는 몇 달이 걸렸다. 이 내담자는 분석가와 협동해서 현실적인 작업을 수행하는 대신 행복을 얻기 위해 정신분석이 '마술적' 인 도구일 것을 주장했는데, 이것은 부분적으로는 그가 자신의 시기심을 두려워하기 때문이다.

이 시점에서, 그는 상담 회기를 시작하면서 모든 것이 분명히 이전에 있던 그대로인지 확실히 하기 위해서 필자의 사무실을 빨리 훑고 지나가곤 한다는 것을 알아차리기 시작했다. 그가 필자의 책상 위에 있는 새로운 물건, 책, 논문 등을 두려워하는 것은 필자가 새로운 지식이나 선물을 얻었다는 것을 나타내기 때문이라는 것이 드러났다. 그래서 내담자는 자신을 당황하게 하는 새로운 것이 없다는 것이 확실할 때 아주 안심하였다. 그는 또한 사무실에서 새로운 것을 발견하면 필자가 유대인이고, 유대인은 극히 욕심이 많고 탐욕스러운 사람들이며, 필자의 새로운 물건은 필자가 공허하고 굶주리고 착취적인 민족에 속한다는 것을 확증하는 것이라는 침투적 사고가 떠오른다는 것을 자각하게 되었다. 내담자는 이러한 환상을 필자와 탐색하는 것을 아주 두려워하였는데, 이러한 '악의에 찬' 공격에 필자의 자존심이 조각나고, 따라서 분석에서 도움과 위안을 얻지 못할까 봐 두려워하였다. 내담자 자신의 공격성에 대한 두려움을 체계적으로 분석하고 내담자의 전체 반응 중 부분적인 전이 안에서 필자가 다치지 않고 잠재적으로 도움을 줄 수 있는 사람으로 살아남기를 바라는 내담자의 소망을 알게 됨으로써 자기애적 방어를 불러일으켰던 멸시, 탐욕, 증오를 둘러싼 갈등이 점차적으로 드러나게 되었다.

5. 역전이 그리고 자기애적 저항을 작업하기 위한 치료적 수정

Kohut은 분석가가 자신의 해결되지 않은 자기애성 장애로 인해 자신이 이상화되는 것을 불편해할 수 있고, 내담자의 이상화를 미묘하게 거부하는 경향성을 초래할 수 있다고 제안했다(Kohut, 1971: 263). 필자는 분석가의 해결되지 않은 자기애적 갈등이 내담자의 이상화에 대해 병리적인 반응을 초래할 수 있다는 것에 동의하지만, 또한 내담자의 이상화를 거부할 뿐만 아니라 과도하게 받아들이는 것을 조장할 수도 있다고 느낀다. 불행하게도 때로 이러한 내담자를 대하는 분석가는 내담자가 이상화하는 어떤 측면을 무비판적으로 수용한다. 필자가 보기에는 이상화를 받아들이는 것은 비판적인 '지나친 객관성(overobjectivity)' 과 마찬가지로 중립적 입장을 포기하는 것이다. 자기애적 내담자는 쉽게 해석을 그들이 '거부' 당하는 것처럼 반응하는 경향이 있다. 만일 내담자의 감탄을 수용하는 것이 중립적인 해석적 입장을 버리는 것을 의미한다면, 거기에는 내담자가 쉽게 분석가가 유혹하는 것으로 해석할, 때로는 그렇지만, 상황에 분석가가 처하게 될 위험이 있다. 어떤 자기애성 내담자는 분석가의 자기애적 '약점' 에 맞게 분석가를 이상화하는 측면을 감지하는 재주가 얼마나 있는지 필자는 감탄하곤 하였다.

이상화와 관련된 '분석가의 불편함' 은 이 이상화의 이상한 속성, 즉 그 속에 통제하려는 요소의 결합과 특히 '왔다 갔다(switch on-switch off)' 하는 속성에서 비롯된다. 다른 말로 하면 분석가는 전이가 시사하는 긍정적인 면뿐 아니라 부정적인 면을 감지할 수 있다.

필자의 경험으로는, 자기애성 내담자에 대한 역전이 반응과 관련해서 주된 어려움은 분석가가 독립된 사람으로 존재하는 것을 내담자가 부정하려고 끊임없이 노력하는 것과 관련된다. 이 점에 대해 필자는 Kohut이 원시적인 형태의 거울 전이에 대한 분석가의 반응을 기술한 것에 동의한다. Kohut은 말하길, 분석가가 "내담자의 무조건적이면서도 침묵의 요구에 압박을 느끼는데, 이 요구는 융합 전이의 관점에서 볼 때 완전한 노예화까지 이른다. 그래서 대상-추동 점유가 결여된 것은 오랫동안 주의력을 유지하기 어렵게 한다."(p. 275)라고 하였다. 그러나 필자는 점유의 본질이 문제의 하나라는 시사에 동의하지 않는다. 필자는 관련된 것이 분석가를 통제하려는 무의식적 경향성, 무의식적인 평가절하 기제, 거대자기와 관련된 원시적인 투사 유형의 활성화라고 본다.

Kohut의 F양 사례를 자세히 보면(Kohut 1971: 283-295), 거울 전이에 대한 분석가의 반응은 필자가 이 책에서 제시한 노선에 따른 해석이 적절하다는 것을 보여 준다. 어느 시점에서, 내담자는 "분석가가 그녀의 요구를 이해하지 못했을 때 분석가에게 느끼는 노여움과 그녀가 아이로서 겪었던 자기애적 좌절에 대한 반응으로 그녀가 경험했던 감정을 서로 연결지을 수 있었다."(p. 293) Kohut은 말하길, "나는 마침내 그녀에게 그녀가 나에게 분노하는 것은 자기애적 과정에 기초하며, 특히 아이가 엄마에게 갖는 자기애적 욕구를 비껴 간 우울한 어머니와의 전이 혼란에 기초한다고 말할 수 있었다. 이러한 해석에 이어 내담자의 인생 중 최근 몇 년 동안 어머니가 우울한 자기집착의 국면으로 접어든 것과 관련해서 이와 유사한 일련의 기억을 회상했다."(Kohut 1971: 292) 이 사례에 주어진 전반적인 정보에 비추어 보면, 이런 해석을 할 때 내담자의 분노를 일으키게 한 데 대해 분석가가 내담자의 어머니를 어느 정도 암묵적으로 비난했는지, 그리고 어느 정도 그녀 자신의 분노의 복잡한 기원을 충분히 검토할 수 없도록 했는지 필자는 질문을 떠올린다. 일반적으로 표현하자면, 필자는 내담자의 이상화를 분석가가 의문을 던지지 않고 수용하는 것, 그리고 병리적인 분노를 '지금 여기' 전이 안에서 충분히 탐색하지 않고 즉각적으로 부정적인 전이를 기원적인 대상으로 돌리는 것 둘 다는 내담자의 유혹에 치료자가 빠질 위험이 있다고 본다.

분석가에게는 분석 관계의 의미를 부정하려는 내담자의 미묘하고 무의식적인 노력이 비현실적이고 원시적인 이상화보다 훨씬 더 참기 어렵다고 필자는 제안하였다. 전자는 분석가에게 만성적인 좌절감, 무력감, 지루함, 이해할 수 없음을 야기시키는 반면, 후자의 경우 바로 그 속성에 의해 분석가는 이 이상화의 자기애적 기능에 대해 경계하게 된다. 자기 자신의 나르시시즘에 관해 해결되지 않은 갈등을 가진 분석가는 불안과 거부로 반응하거나 환자의 이상화를 무비판적으로 수용할 수 있기도 하지만, 가장 위험한 것은 내담자가 분석가를 만성적으로 평가절하하기 때문에 분석가가 내적으로 내담자를 거부하는 것이다. 때로 분석가는 내담자가 마치 내적인 삶 같은 것은 없고 심리적인 것은 이해할 스 없고 무의미하며, 내담자뿐 아니라 전체 분석 상황이 낯설고 생명력이 없고 기계적인 속성을 가지는 것으로 확신시키려는 것처럼 느낄 수 있다. 또 분석가는 이해하는 느낌은 들지만 완전히 마비되는 것 같아서 더 이상 무엇을 언제 개입할지 결정할 수 없을 것 같거나, 자료의 서로 다른 측면 간에 정서적인 연결이 불가능한 것처럼 느낄 수 있다. 때로 분석가에게 나중에 내담자를 직관적으로 이해하는 방법을 다시 찾을 수 있기를 희망하며, 그저 수수방관하고 되는 대로 내버려 두고 싶은 강렬한 유혹이 들 수 있다. 이 시점에서 이렇게 되는 것에 경계해서, 분석가가 내담자의 언어적, 비언어적 표현에서 분석가를 존재하지 않는 것처럼 취급하는 것과 관련된 객관적인 정보를 모을 수 있다면, 전이에서 즉각적인 변화가 일어나 분석 관계를 생생하게 만들 수 있다. 분석 상황에서 무감각한 단조로운 느낌은 내담자 연상과 비언어적인 행동의 아주 특별한 측면에서 나올 수 있으며, 이러한 부분은 진단되고 해석되어야 한다.

분석 중간 단계의 한 회기에서, 필자는 자기애성 내담자에게 그가 과거 중요한 기억을 말하는 것 같은데 그렇게 단조롭고 가라앉은 톤으로 말해서 따라가기 어려워서 당황했고, 그가 말하는 내용과 그가 말하는 방식 사이에 분명한 차이가 있는 것 같다고 지적했다. 내담자는 처음에는 놀라는 반응을 보였고, 필자의 말이 끝난 뒤 필자가 말하는 것을 주의 깊게 들을 수 없었지만 필자의 존재를 갑자기 지각하게 되었다고 했다. 이렇게 갑자기 놀라는 것에 대해 연상해 보라는 필자의 제안에 내담자는 그가 과거를 아주 편안하게 탐색한다고 느끼고 있다는 것을 자각하게 되었다. 자신의 사고가 모든 방향으로 가도록 하는 것이, 말하자면 그 사고가 일종의 개방적이고 허용적인 세계인 기대에 찬 큰 공간에 던져지고 다음에 그가 표현했던 모든 것은 정돈되고 자동적으로 그의 마음으로 돌아온다고 느끼고 있었다. 이와 함께 이것이 의미하는 것을 분명히 이해하고 이것이 그의 경험의 정서적 풍부함을 증가시킨다고 느끼고 있었다. 내담자는 필자의 침입에 화가 나는 것을 느꼈고, 내담자가 분석 작업을 혼자 할 수 있기 때문에 필자가 좌절하고 무능하게 느낄 것이라는 환상을 가지고 있었다. 이 회기의 나중에, 내담자는 아마 자신이 필자가 말한 것에 주의를 기울일 수 없었던 것은 필자가 내담자를 변화시키는데, 정말 더할 뭔가를 가지고 있다면 이것은 그가 혼자 할 수 있다는 감정을 너무 심하게 방해할 것이기 때문이라고 웃으며 말했다.

자기애적 저항을 훈습하는 과정에서 분석가는 그를 마비시키는 듯한 교착적 상태에서 변화의 감정을 체험할 것이다. 예컨대, 갑자기 쓸쓸하고, 의미없을까 봐 불안하고, 사랑을 잃을까 봐 두려움을 느끼게 된다. 분석가가 체험하는 이러한 감정은 전이 속에서 다시 활성화되는 내담자의 해리되고, 억압되고, 그리고/혹은 투사된 자기상과 대상상을 반영하는 것이다. 이러한 퇴행적 정서 경험의 '순간적 떠오름(flashes)' 혹은 분석의 정서적 의미를 부인하려는 내담자의 시도에 대한 분석가의 정서적 반응에서 일어나는 점진적 변화는 자기애적 저항의 훈습이 많이 진행되었다는 중요한 지표이다. 간혹 예전에는 어떤 정서적 느낌도 없었던 자료의 측면에 '폭넓게 깨어있을 수 있게' 되어 가는 갑작스러운 느낌은 전이-역전이 평형에서의 변화를 나타낼 것이다. 내담자는 그가 '자기 분석'에서 '배울' 수 있고 몰입할 수 있다는 지적 설명을 기꺼이 받아들이는 한 분석가의 해석을 받아들일 것이다. 그러나 내담자가 전달하는 것과 혹은 분석 시간에 활성화된 내담자의 자기상이나 대상상에 대한 분석가의 정서적 지각에 기초해서, 분석가가 자신이 지각한 그러한 일시적 기분 상태를 성찰하는 것은 종종 내담자의 줄기찬 저항에 부딪치며, 분석가 자신의 많은 정서적 각성을 요구한다. 이 단계에서 분석가는 내담자가 방어하고 있던 버려짐, 외로움, 좌절, 무망감의 정서 경험과 연결되어 있는 내담자의 좀 더 분화된 자기상 및 대상상의 보관소 역할을 하게 되는 것처럼 보인다. 분석가는 이제 그간 내담자가 체험해 낼 수 없었고 내담자 자신의 병리적 거대자기에 의해 해리되거나 억압되고 전치되어야 했던 내담자의 정상적인 유아적 자기 부분을 경험하는 것처럼 보인다.

이 분석 단계에 있는 한 자기애적 내담자는 운전하던 중에 죽은 고양이가 버려져 있는 보도 옆을 지나게 되었다. 그 고양이는 다른 차에 치인 게 분명해 보였다. 죽은 고양이에 대한 그의 기술에는 뭔가 특이한 점이 있었다. 죽은 동물에 대한 냉담한 태도 속에서 그는 버려진 느낌과 전적인 불행감을 드러냈다. 그러나 필자가 그 문제를 좀 더 탐색하기 전에 다른 주제가 그것의 정서적 중요성을 지워 버리는 것처럼 보였다. 며칠 뒤 내담자는 그의 아이들이 주워 온 굶주린 고양이에 대한 얘기를 꺼냈는데, 그는 고양이가 언제 있을지 모르는 공격으로부터 언제라도 도망갈 준비를 한 채로 먹이를 게걸스럽게 먹어 치우는 필사적인 태도에 관해 얘기하였다. 필자가 이것에 대해 연상해 보라고 하자, 내담자는 쓰레기통 속의 먹이를 찾아 밤거리를 배회하면서 모든 경쟁자를 쫓아내 버리는 힘센 고양이를 떠올렸다. 굶주리고 겁에 질린 외로운 새끼 고양이로부터 힘세고 공격적인 '냉담한' 고양이로 분명한 변화를 나타낸 것이다. 그 주제는 어둡고 비오는 밤, 쉴 곳을 찾기 어려운 외로운 새끼 고양이에 대한 간단한 환상 속에서 다시 나타났다.

이 짧은 일화에서 전달하기 어려운 것은 내담자가 스스로 체험해 내기 어려웠던 어떤 마음 상태에 대한 다소 구체적인 기술이 서로 분리되어 있다는 점이다. 그 단계에서 매우 두드러졌던 것은 내담자의 거만한 자기 긍정과 강한 우월감이었다. 그것은 타고난 체력과 함께 그 지방에 깊은 뿌리를 가지고 있는 사회 집단의 성원으로서 갖는 느낌인데, 그가 경멸하는 외국인, 특히 심리적 외상을 입은 난민 같은 사람과는 대조되는 것이다. 전이에서는 자기애적 거대성이 두드러졌다. 우리는 내담자가 필자의 언급을 무시하거나 잊어버리는 경향, 필자를 마치 없는 사람 취급하는 경향, 자기 식대로 자신을 분석하는 경향을 일관되게 탐색하였다. 그러나 이제 필자의 경험은 정서적 깊이가 없는 자료에 대한 의미 없고 임의적인 경청에서 이따금씩 찾아오는 강한 공감의 순간이라는 낯선 경험으로 변화되었다. 여기서 강한 공감은 굶주린 작은 고양이라는 상에 대한, 보도에 버려진 죽은 고양이에 대한, 분리되어 있다가 순간적으로 활성화된 기술에 대한 공감을 의미한다. 그제야 필자는 외로운 새끼 고양이 이미지와 외상을 입은 난민 이미지 사이의 연관성을 파악할 수 있었다. 내담자는 필자의 과거 속에 존재하는 깊은 원천을 활성화시키고 있는 것처럼 보였는데, 즉 외로움을 느끼게 되고 사랑과 보호에 대한 요구를 표현할 수 없음을 괴로워하게 되었다. 이것은 이 내담자와의 시간에서 단지 순간적인 경험이었으며, 처음에는 이러한 경험을 자료와 연결시키는 것이 어려웠다.

그러나 이러한 경험과 환상, 필자의 과거에 관련된 꿈에 대한 기억이 이 내담자와의 시간에만 나타났으며, 필자는 그것에 앞서 규칙적으로 나타나는 특이한 고양이 환상과 그것의 연관성을 발견하였다. 마침내 필자는 내담자 스스로 자신이 사랑받지 못한다고 깊이 느꼈던 초기 아동기의 자기상을 필자에게 투사하고 있다는 해석을 내담자에게 해 줄 수 있었다. 필자는 내담자와 함께 우리가 그 시점까지 발달시킨 일반적 지식뿐만 아니라 '고양이 자료'의 서로 다른 측면을 토대로, 그가 경험했던 맥락 속에서 물리적으로 친숙한 환경을 재구성하였다. 과거를 살펴보면 고양이 환상 자료와 그의 과거 사이의 연관성이 매우 분명하게 나타나지만, 필자는 분리되어 있는 연상에서 이러한 자료를 직접적으로 파악해 내는 것이 얼마나 어려운 일인가를 강조하고 싶다. 분석의 이 단계에서 내담자는 모든 의미 있는 의사소통을 방어적으로 악화시키며, 실제 투사되고 해리되었던 유아적 자기의 잔재가 여러 회기에 걸친 역전이 속에서 활성화되어 분열된 조각으로 나타난다.

분석가를 마음대로 통제하려는 내담자의 계속되는 시도에 대한 반응으로 동기화되는 역전이 반응의 행동화는 분석가의 '재교육적' 노력의 형태로 나타날 수 있다. 예를 들면, 내담자에게 그가 어떻게 분석 과정을 '손상시키고' 있는지, 어떻게 '입으로만 자유연상을 하고' 있는지 등을 지적할 수 있다. 이때 분석가는 당면하고 있는 전이 발달을 공감하기 어려운 자신의 문제를 평가하는 대신, 엄격한 도덕적 입장을 취하고 싶은 마음이 들거나 그 사례의 장기적 예후에 지나치게 관심을 갖게 될 수 있다. 해결되지 않은 중요한 자기애적 갈등을 가진 정신분석가는 내담자가 오랜 기간 동안 분석가를 계속 평가절하할 때, 이전에는 매우 흥미롭고 '보람을 주는' (특히 거대자기를 분석가에게 투사함으로써 분석가의 자기애적 요구를 만족시켜 줄 때) 내담자라고 생각했던 이들 자기애적 내담자를 갑자기 거부할 수 있다.

필자가 다시 한 번 강조하고 싶은 가장 일반적인 강조점은 자기애적 저항의 기저에는 전이에서 활성화된 중요하고 원시적인 내재화된 대상관계가 존재하며, 이것은 자기애적 저항이 훈습됨에 따라 점차적으로 드러날 수 있다는 것이다. 이러한 임상적 관찰은 나르시시즘과 대상관계가 항상 함께 간다는 이론적 가정에 대한 매우 중요한 증거 자료로 보인다. 이것은 van der Waals(1965)가 분명하게 강조했던 점이다.

다음에는 자기애성 성격을 가진 어떤 내담자에 대한 정신분석 치료에서 대략 2년간에 걸친 진전된 단계를 보여 주는 전이 패러다임의 순서를 요약해서 살펴보겠다. 내담자는 30대 후반의 성공한 건축가로서 대형 건축회사의 고참 사원이었다. 이 내담자의 전이는 3년 넘게 전형적인 자기애적 전이 패러다임의 수준에 머물러 있었다. 초기에는 만연된 평가절하 경향에 대한 반동형성을 반영하는 분석가에 대한 이상화가 나타났고, 다음에는 병리적 거대자기의 활성화와 분석가를 향한 거대자기의 투사가 교대로 나타났다. 이 패러다임에 대한 점진적 훈습은 오이디푸스기적 투쟁보다는 구강기적 시기심에 기초한 강렬한 원초적 시기심과 경쟁심을 활성화시켰다. 결국에는 구강기적 요구와 분노로부터 사랑해 주고 보호해 주는 부모상에 대한 의존의 갈망으로 변화하는 것에 대한 양가성과 자신이 분석가를 공격한 것에 대한 강한 죄책감이 더욱 직접적으로 표현되었다. 다시 이 전이는 사랑해 주고 보호해 주는 전이 속의 아버지상에 대한 더욱 안정된 의존을 향해 변화하였다. 내담자는 3년에 걸친 정신분석 후에 처음으로 분석가에게 실제로 의존할 수 있게 되었다. 분석가로부터의 분리에 대한 신경증적 애도 반응이 나타났고, 여러 수준의 아동기 갈등 자료가 나타났다. 이어서 정서적 철수가 재활성화되었고, 분석 시간에 일반적인 정서적 공허감이 나타났다. 표면적으로 이것은 초기 단계의 자기애적 저항이 반복되는 것처럼 보였다. 그러나 내담자의 반응에는 차이가 있었는데, 그것은 의심하고 불만스러워하면서 자료를 내놓지 않는다는 것이다. 이것은 분석가를 잠자게 하려는 무의식적인 시도나 혹은 최소한 단조로운 반복에 의해 생긴 만성적 좌절 속에 분석가를 잡아 두려는 무의식적 시도처럼 보이는 행동과 함께 나타났다. 이 시기 동안 내담자는 어머니의 가학적이고 억누르는 경향에 대해 빈번히 언급하였으며, 결국 자신이 그러한 어머니상과 동일시하고 있었음을 알아차리게 되었다. 그러나 내담자는 아직 자신의 좌절된 유아적 자기를 분석가에게 투사하였다.

이러한 공격자와의 동일시는 전이 초기에 나타나는 자기애적 철수와는 달랐다. 이러한 전이에 대한 해석은 즉각적 변화를 보이면서 분석가에 대한 의존관계를 더욱 심화시켰다. 내담자는 이제 분석가를 보호해 주고 사랑해 주는 아버지로, 즉 자신의 아동기적 의존 요구의 만족을 위해 의지할 수 있는 아버지로 보았다. 이제 그는 자신을 분석 상황에 '내맡길 수' 있다고 느꼈다. 그는 이 새로운 경험에 의해 감동받았으며, 이것은 그의 부인 및 자녀와의 관계에 영향을 주었다. 가족에 대한 자신의 관여를 심화시켰을 뿐만 아니라 그들의 의존 요구를 이해할 수 있게 되었다. 이제 그는 처음으로 자신과 분석가 사이에 어떤 실제 관계도 일어나지 않을 것이라고 믿었던 자신의 기본 신념이 분석가에 대한 자신의 태도에 어떻게 영향을 미쳤는지를 알아차리게 되었다. 예를 들어, 그는 오랫동안 환상을 가지고 있었는데, 분석이 종결된 후에는 분석가와 우호적이긴 하지만 거리가 있는 관계가 될 것이라는 환상, 자신과 분석가는 분석 관계가 치료 중에 일어날 것으로 가정된 강한 정서적 갈등에 대한 기술(記述)과는 실제로 전혀 관계가 없는 것으로 비밀스럽게 이해하고 있다는 환상이 그것이다.

내담자는 또한 그가 의식적으로 통제할 수 없는 내적 세계가 있다는 것,

그리고 분석 상황에서 이 세계에 직면하는 것이 흥분되면서도 두렵다는 것을 알게 되었다.[1] 1년 후 전이 속에서 오이디푸스기적 갈등이 충분히 일어났으며, 이들 갈등에 대한 통상적인 저항과 증상이 분석에서 나타났다.

일반적으로 저항이 심해지는 시기에는 이전에 포기되었던 자기애적 저항이 재활성화될 수 있다. 이것은 새로운 계열의 저항으로 변화하는 단계 동안 과거에 포기되었던 성격 방어에서 일어나는 것과 유사하다. 그러나 그러한 자기애적 방어가 재활성화되는 맥락과 이들 저항과 연결된 내재화된 대상관계의 분화된 특성은 내담자에게 중요한 구조적 변화가 일어났다는 것을 보여 준다.

6. 치료받은, 치료받지 않은 자기애성 성격장애의 예후

필자는 앞 장(4장, 8장) 자기애성 성격의 정신분석 치료에서 예후 요인에 대해 언급하였다. 여기에서는 이들 요인을 간단히 열거하고, 필자의 이전 고려사항을 수정하고 추가할 것이다.

장애의 이차적 이득은 자기애적 저항의 해결에 주된 장애물이 될 수 있다. 이차적 이득의 예로는 사회적으로 능력 있는 자기애성 성격 구조 내담자에게 통상적이지 않은 자기애적 만족을 제공하는 생활환경을 들 수 있다. 이것은 정신분석 훈련을 받고 있는 자기애성 성격을 가진 수련기 분석가의 경우와 같이, 분석 치료 자체에서 이차적 이득을 얻는 경우도 마찬가지이다. 자기애성 성격을 가진 몇몇 사례에서 재능 있는 내담자의 초기 성인기에 통상적이지 않은 생활 만족이 일반적으로 치료를 방해할 수 있는

1) 3년 이상의 자기애적 저항 분석이 이루어진 후에 전이 상황이 일어났다는 것을 주목할 필요가 있다. 이런 것은 덜 심한 성격장애에서는 이미 치료의 초기 단계에 일어난다.

가, 중기 및 후기 성인기에는 정신분석이 그들 중 일부에게서 좀 더 나은 예후를 보일 수 없는가 하는 질문이 제기될 수 있다.

또 다른 주요 예후 요인은 부정적 치료 반응이 일어나는 정도인데, 이것은 전형적으로 시기심을 둘러싼 갈등, 특히 심각하고, 억압되었거나 혹은 해리된 갈등과 연결되어 있다. 이러한 유형의 부정적 치료 반응은 초자아 요인에서 기인된 것이 아니며, 가학적이긴 하지만 통합된 초자아를 가진 우울-피학적 내담자에게서 볼 수 있는 것보다 더 심각한 것이다. 상대적으로 자기애적 관심을 초월하는 가치에 실제르 관심을 쏟을 수 있는 능력을 통해 알 수 있는 초자아 기능이 좋은 사례는 좋은 예후를 의미하는데, 이것은 주된 반사회적 특성(예후가 매우 좋지 않음)은 없더라도 미묘하게 조종하는 반사회적 행동 유형을 보이는 사례와는 대조를 이룬다. 간단히 얘기하면, 일상생활에서의 성실성은 자기애성 성격의 분석에서 좋은 예후의 지표가 된다. 승화 통로의 좋은 발달이 자기애적 요구를 초월하는 가치체계에 관심을 쏟을 수 있는 능력과 밀접하게 연결되어 있는 한 내담자의 승화 잠재력 역시 중요하다.

지금까지 언급된 예후 요인의 분명한 중요성과 비교하여, 우울과 애도를 체험해 낼 수 있는 능력, 우세한 전이가 편집적 분노로 나타나거나 죄책감으로 나타날 가능성은 최우선은 아니더라도 마찬가지로 중요한 요인이다. 예후에서 다음으로 중요한 요인은 자아 취약성의 비특정적 증상인데, 여기에는 충동 통제력과 불안 내성의 결여, 내담자가 분명한 경계선 수준에서 기능하지 않을 경우 일차과정 사고로까지 퇴행할 수 있는 가능성 등이 포함된다. 이로 인해 자기애성 성격을 가진 어떤 내담자에 대한 엄격한 정신분석 접근은 일반적인 한계를 갖게 된다. 즉, 분명한 경계선 수준에서 기능하는 자기애적 내담자의 경우 정신분석에 의해 혼란을 경험할 수 있다. 필자는 그러한 사람의 경우 일반적으로 이 접근이 사용되지 않아야 한다고 생각한다.

예후를 추정하기가 특히 어려운 경우는 자기애성 성격 구조를 가진 채 정신분석 훈련을 지원한 사람의 사례에서 나타난다. 분명 이러한 문제는 사회적, 직업적으로 기능을 잘하고, 높은 지능과 특정한 재능을 보이고, 때로 매우 유망해 보이기까지 하는 잘 적응하는 자기애성 성격의 사례에서 대두될 것이다. 어떤 수련기 분석가를 잘못 받아들이거나 부당하게 거부하는 실수가 있었던 것으로 보이는 많은 경우를 회고적으로 살펴보면, 예후에서 중요한 두 가지 주된 요인은 대상관계의 질과 가치 체계 및 초자아 기능의 통합성과 깊이이다. 필자는 '대상관계의 질' 이라는 개념을 사용할 때 내재화된 대상관계의 질 이상의 의미를 가리키는 것으로 사용하였다. 즉, 내담자가 사회적 상호작용에 관여하는 정도를 가리키기보다는 그가 타인과 맺는 내적 관계의 깊이를 가리키는 것이다. 이러한 명료화는 Kohut의 연구를 논의할 때 특히 적절할 수 있다. 왜냐하면 Kohut은 '대상관계' 라는 용어를 사용할 때 이 장에서 언급된 그런 의미보다는 이 용어의 행동적 의미로 사용하기 때문이다. 예를 들면, Kohut은 다음과 같이 얘기한다. "나르시시즘의 반대는 대상관계가 아니라 대상사랑이다. 사회적 영역의 관찰자라는 의미에서 개인의 풍부한 대상관계는 그의 자기애적인 대상 세계 경험을 감출 수 있다. 그리고 어떤 사람의 표면적 고립과 외로움은 현재의 풍부한 대상 투여의 배경일 수 있다."(1971: 228) 그리고 "내담자가 대상관계를 맺는 것은 일차적으로 대상에게 매력을 느껴서가 아니며, 고통스러운 자기애적 긴장에서 벗어나기 위한 시도이다."(p. 283) 필자 생각으로는 나르시시즘(자기 투여)과 대상관계(중요한 대상과 그 표상에 대한 투여)는 나란히 진행되며, 그것들의 깊이는 리비도 투여의 변화에 따라 달라질 뿐만 아니라, 이 장에서 계속 강조해 왔듯이 공격적 투여에 의해서도 달라진다. 실제적 목적을 위해 깊이 있는 대상관계는 잘 사랑하는 능력과 잘 미워하는 능력 모두를 포함하는데, 특히 사랑과 미움의 다양한 조합과 동일 대상 및 자기와의 관계에서 이들 감정의 완화된 혼합 상태를 체험해 낼 수 있는 능력이 포함된다. 정상적 나르시시즘뿐만 아니라 정상적 대상관계 역시 자신과 타인에 대한 깊이 있는 통합적 개념화를 포함한다. 이 모든 것은 자기애적 내담자에게서 빈번하게 볼 수 있는 지루함과 비관여, 타인에 대한 책임 및 자신에 대한 죄책감의 결여와는 매우 상반된 것이다. 역설적으로 이러한 정서적 깊이와 책임의 부족은 더 나은 사회적 기능을 가능하게 할 수 있다. 예를 들면, 어떤 정치 조직과 관료 조직에서는 책임을 맡지 않음으로써 생존할 수 있고 정상까지 접근할 수 있다.

이 모든 것을 장래의 수련기 분석가 사례에 적용한다면, 현실을 평가하는 체계적 시도, 수련기 분석가의 기술 속에 나타나는 다른 사람의 생생함, 수련기 분석가가 자신을 기술하는 깊이는 대상관계의 질에 대한 중요한 지표이다. 그 밖에 타인 및 자신과의 관계가 가진 안정성, 깊이, 풍부함과 같은 좀 더 관찰 가능한 측면 역시 대상관계 질에 대한 중요한 지표이다. 진정한 인간적 따뜻함과 깊이의 정도는 이것을 평가하기는 어렵지만, 탐색 중인 사례에서 다른 주된 예후 지표인 윤리적, 지적, 문화적 혹은 심미적 가치에 헌신하는 정도에 비해 더욱 중요하다. 때로 처음에 매우 의심스러워 보였던 수련기 분석가가 매우 좋은 성과를 나타낼 수 있는데, 이것은 개별 사례의 모든 요소를 주의 깊게 고려해 보는 것이 중요하다는 것을 보여 준다. 우리의 치료 기법이 향상된다면 미래에는 성공적 성과가 증가할 것이다.

필자가 말할 수 있는 범위에서, Kohut은 자아 및 초자아의 다양한 통합 수준에서 기능하는 자기애성 성격에 대한 그의 접근에서 예후의 차이에 대해 명확하게 언급하지 않았으며, 일반적인 낙관적 견해를 제시하였다. 그는 이러한 접근의 결과에 관하여 다음과 같이 얘기한다. "가장 두드러진 일반적 변화는 내담자의 대상사랑 능력의 증가와 확장이다. 구체적인 변화는 나르시시즘 영역에서 일어난다." (1971: 296) Kohut은 그가 치료한 결과 이상화된 부모상(부모상의 원초적 측면들)이 자아 및 초자아의 일반적 구조(부모상의 후기 전오이디푸스기적 및 오이디푸스기적 측면) 속으로 내재화되며,

이것은 초자아의 기능을 향상시킨다고 기술하였다(pp. 288-289). 거대자기에 관해서는 다음과 같이 얘기하였다. "유아적 거대성은 점차 성격의 야망과 목적으로 변화되며, 개인의 성숙을 추구하는 힘에 활력을 제공할 뿐만 아니라 성공할 권리라는 긍정적 감정을 유지시킨다." (p. 299) 필자 생각에, 그리고 Kohut의 발표된 논문을 토대로 살펴보면, 그의 접근은 거대자기의 좀 더 높은 수준의 기능과 나은 적응을 이끌어 내는데, 이것은 내담자가 거울전이의 원시적 수준에서 더 적응적 수준으로 변화하는 맥락에서 이루어진다. 그러나 여기에서 필자가 거대자기의 병리적 구조라고 생각했던 것은 기본적으로 해결되지 않는다. 이것은 Kohut의 연구에서 내담자 나르시시즘의 변화와 내담자 대상관계의 변화 사이에 왜 직접적이고 구체적인 관계성이 없는지에 대한 이유가 될 수 있다. 필자가 보기에 Kohut의 접근이 갖는 효과에는 내담자의 거대성을 좀 더 적응적으로 사용할 수 있게 해 주는 재교육 요소가 포함되는 것처럼 보인다. 이 시점에서 지금까지 남겨 두어야 했던 한 가지 주요 질문은 다음과 같다. 그러한 접근의 장기적 효과는 무엇인가? 혹은 그 문제에서 Kohut의 접근과 필자가 그 개요를 설명한 대안적 접근 둘 모두의 장기적 효과는 무엇인가? 자기애성 성격 치료의 효과성에 대한 한 가지 주된 검증 수단은 삶의 후기 단계에서 불가피하게 발생하는 스트레스와 위기에 대한 이들 내담자의 적응이다. 그들의 성격, 심리내적 및 사회적 기능에 미치는 치료의 단기적 성과를 장기적 성과에서 분리해 내기 위해서는 장기간에 걸친 주의 깊은 추수 연구가 필요하다. 그래서 이 장의 마지막 주제는 치료받지 않은 나르시시즘의 예후이다.

필자는 자기애성 성격장애는 가능한 한 정신분석 치료를 받아야 한다는 Kohut의 생각에 강하게 동의한다. 어떤 비교적 사소한 증상을 제외하고는 매우 성공적으로 기능하는 사례에서나 지능, 재능, 행운, 성공이 결합하여 기저의 공허감과 지루함을 보상하기에 충분한 만족을 제공하는 경우에도 해결되지 않은 병리적 나르시시즘이 종종 생의 후반부 동안에 초래하는 파괴적 영향을 기억해야 한다. 필자 생각으로는 정신분석 치료를 받을 수 있고 그것이 성공적이라면, 이들 사례에서 진전이란 그들의 병리적 나르시시즘의 해결, 정상적인 깊은 대상관계라는 맥락에서 정상적인 유아적 및 성인의 나르시시즘의 발달, 종종 극적으로 풍부한 삶이라 할 수 있는 것을 의미한다. 반면에 병리적 나르시시즘은 장기적 예후가 좋지 않은데, 심지어 표면적으로 잘 적응하고 있고 자신의 고통이나 문제에 대해 거의 자각하지 못하고 있는 젊은 내담자의 경우에도 그렇다. 보통 일생 동안 대부분의 자기애적 만족은 청년기와 초기 성인기에 나타난다는 점, 성인기 내내 자기애적 승리와 만족을 얻을 수 있다고 하더라도 인간은 결국 노화, 만성 질환, 신체적 및 심리적 한계, 무엇보다도 이별, 상실 및 외로움을 둘러싼 기본 갈등에 맞닥뜨릴 수밖에 없다는 점을 생각한다면, 우리는 거대자기를 인간의 삶이 가진 약하고 한계가 있고 또 무상한 본질에 직면시키는 것을 피할 수 없다는 결론에 이를 수밖에 없다.

자기애성 성격에서 이러한 장기적 현실에 대한 부인이 얼마나 강할 수 있는지는 극적으로 나타난다. 병리적 거대자기의 영향을 받는 자기애성 성격은 무의식적으로 (그리고 때로는 의식적으로도) 자신의 영원한 젊음, 아름다움, 힘, 부를 확신하며, 확인, 감탄, 안정성이 한없이 제공될 것이라고 믿는다. 그들에게 있어서 거대성이라는 착각의 붕괴를 받아들이는 것은 평가절하된 자기, 즉 위험하고 가학적으로 좌절을 주고 또 복수심에 불타는 대상의 세계에 둘러싸인 굶주리고 공허하고 외로운 원시적 자기에 대한 위험하고 사라지지 않는 자각을 받아들인다는 것을 의미한다. 자기애성 성격이 피하려고 하지만 결국 직면할 수밖에 없는 가장 두려운 경험은 아마도 사랑과 인간적 접촉이 없는 세계에 둘러싸이는 것일 것이다. 이 세계는 생물 대상이든 무생물 대상이든 이전에 마술적인 만족을 제공하던 특성을 상실해 버린 비인간적인 세계이다.

국제적으로 저명한 정치인이었던 한 내담자는 심각한 신체적 질병으로 인해 자신의 지위를 상실한 사람이었다. 그는 우울해졌고 깊은 패배감과 창피함을 경험하였다. 이와 함께 그의 정치적 반대자가 그의 패배를 만족한 듯이 바라보고 있다는 환상이 나타났다. 그의 우울증은 감소되었다. 그는 은퇴하였지만, 전에 그가 전문가로 일했던 정계를 평가절하하였다. 그는 자신이 더 이상 승자가 될 수 없는 정계를 자기애적으로 평가절하 하였으며, 직업적, 문화적, 지적 문제에 대한 관심을 전반적으로 상실하였다. 그가 직업적으로, 지적으로 가장 관심을 가졌던 분야가 이젠 더 이상 그를 흥분시키지도, 그에게 그의 실패를 다시금 상기시키지도 않는 것처럼 보였다. 그는 직업적 일에만 전념했던 예전에는 무시했던 부인과 자녀에게 자신이 의지해야 한다는 점에 화가 났다. 가족이 자신을 얕볼까 봐 두려워진 그는 점점 더 많은 위로와 존경을 요구하게 되었다. 아이들의 직업적 성공에 시기심을 느끼게 되고, 그들과의 공감적 동일시를 통해 그 성공에 만족할 수 없었기 때문에, 그는 점차 소외감이 커지는 것을 경험하였다. 결국 지금의 심각하고 만성적인 우울증이 재발하였고, 그러한 것에 대한 애도 과정보다 무력한 분노가 두드러지게 나타났다.

Samuel Beckett의 연극, Eugene Ionesco의 '의자(The Chairs)' 와 '왕은 퇴진하라(Exit the King)' 에서 극적으로 불러일으키는 두려운 공허감과 쓸모없는 느낌, 자신의 가까운 환경에서 개인의 의미가 해체되는 것에 대한 공포는 필자가 보기에 노년기의 갈등이 자기애성 성격자에게 미치는 파괴적 영향을 보여 주는 것 같다. 상실, 유기, 실패에 대한 정상적 반응은 내재화된 대상관계와 밀접하게 연결되어 있는 사랑 및 자존감의 내재화된 원천이 재활성화되는 것이다. 그것은 '좋은 내적 대상' 으로 불리는 보호 기능을 반영한다. 자아의 도움하에 일어나는 퇴행은 종종 보호적 성질을 가진 내재화된 대상관계를 재활성화시키는 퇴행이다. 이 퇴행은 다시 내담자가 타인과 의미 있는 관계를 맺을 수 있는 능력 및 인간애와 가치 체계 전반과 의미 있는 관계를 맺을 수 있는 능력을 재활성화하고 강화하고 확장시킨다. 애도 과정의 훈습 능력, 사랑하는 능력, 사랑하는 사람 및 가치와의 동일시에서 공감과 깊은 만족을 느낄 수 있는 능력, 자연으로의 초월감, 역사적 과정 속에서의 연속감, 사회적 혹은 문화적 집단과 하나 되는 느낌, 이러한 것은 모두 상실과 실패 및 외로움을 경험할 때 일어나는 내재화된 대상관계의 정상적 활성화와 밀접하게 연결되어 있다.

이것은 자기애성 성격 사례에서 자기애적 상실에 의해 시작되는 악순환과는 현저한 대조를 이룬다. 그 악순환에서는 재활성화된 궁핍감으로 인한 방어적 평가절하, 원시적 시기심, 공포가 자기애적 상실과 실패를 더욱 복잡하게 만든다. 이것은 특히 자기애적 내담자가 자신의 노년을 받아들이지 못할 때, 예전에 소중하게 생각했던 아름다움, 부, 힘, 특히 창조성에 대한 많은 만족을 이제는 젊은 세대가 갖고 있다는 사실을 받아들이지 못할 때에 특히 분명하게 나타난다. 다른 사람의 행복 및 성취에 대한 점증하는 동일시를 포함하는 과정 속에서 삶을 즐길 수 있는 능력은 안타깝게도 자기애성 성격의 능력을 넘어선다. 따라서 병리적 나르시시즘을 근본적으로 변화시키기 위한 치료는 내담자에게 남겨진 전 생애에 걸쳐 그러한 능력의 궁극적 이득을 보여 줄 수 있다.

자기애성 성격에 대한 임상 연구는 자신과의 관계, 주위의 타인 및 무생물 세계와의 관계가 내재화된 정상적 혹은 병리적 대상관계 발달에 따라 달라진다는 것을 보여 준다. 사랑을 주고받는 내적 대상의 세계를 상실하는 것은 자기 및 세상에 대한 의미의 상실을 초래한다. 정신병적 우울증은 여러가지 면에서, 사랑과 의미의 상실을 알아차리는 두려운 단계를 나타낸다. 자기애성 성격은 이러한 상실에 대항해서 자신을 보호할 필요성을 느낀다. 분열적인 정서적 해체 혹은 세상에 대한 편집적 재조직화(반드시 정신병적인 것은 아니다.)는 우울증의 파괴성에 대항하여 이들 내담자를 보호하는 대안을 나타내지만, 비인간화와 공허감의 초래라는 더 큰 대가를 치러야 한다. 따라서 우리가 도울 수 있는 내담자의 수가 제한되어 있고 이들 사례의 경우 매우 장기간의 분석이 필요하지만, 그럼에도 불구하고 표면적으로 보면 거의 '정상적인' 사람처럼 보이는 이들의 치료에 많은 노력을 기울이는 것은 가치 있는 것으로 보인다.

제10장

정상적 나르시시즘과 병리적 나르시시즘

앞 장(8장과 9장)에서 필자는 자기애성 성격의 진단과 치료를 연구해 왔고, 그 결과 이 성격장애의 특정한 구성은 정신분석 또는 심리치료 기법의 특별한 수정을 필요로 하게 되었다. 필자는 나르시시즘의 임상적 연구에 기초가 되는 상위심리학적 주제를 다른 곳에서 개관하였다(Kernberg, 1971, 1973). 이제 정상적 나르시시즘과 병리적 나르시시즘의 특징을 요약하고자 한다. 기저의 구조적, 심리내적 조건에 초점을 두고 이의 진단적, 치료적 함의에 대해 명확히 설명할 것이다. '나르시시즘' 이란 용어가 오랫동안 다양한 방식으로 사용되었기 때문에, 먼저 용어를 정의하고 심리내적 구조의 관점에서 나르시시즘을 개념화하는 것이 도움이 될 것이라 생각한다. 나르시시즘에 대한 이러한 구조적 분석은 정상적 나르시시즘과 병리적 나르시시즘을 명확히 구분하는 데 특히 유용하다.

1. 정상적 나르시시즘의 정의

Hartmann(1950)에 따라 필자는 정상적 나르시시즘을 자기에 대한 리비도 점유로 정의한다. 자기는 심리내적 구조로서 다중적 자기표상과 이와 관련된 정동 소인으로 구성된다. 자기표상은 정동적 인지적 구조로서 한 사람이 중요한 타인과의 실제 상호작용에서나 환상 속에서 중요한 타인의 내적 표상, 즉 대상표상과의 상호작용에서 자신을 어떻게 지각하느냐를 반영한다. 자기는 자아의 부분이다. 자아는 이에 더해 앞서 언급한 대상표상을 포함하고 있고, 또한 탈개인화, 추상화와 통합의 다양한 단계에서 이상적 자기상과 이상적 대상상을 포함하고 있다. 정상적 자기는 통합되어 있다. 즉, 부분적 자기표상이 역동적으로 조직화되어 포괄적 전체를 이룬다. 자기는 통합된 대상표상과 관련되어 있다. 즉, 이는 '좋은' 그리고 '나쁜' 원시적 대상표상을 통합적인 타인상으로 깊이 함입한 것이다. 다시 말해서 자기는 '좋기만 한' 자기상과 '나쁘기만 한' 상반된 자기상을 통합한 것이다. 이러한 자기상은 리비도적으로, 그리고 공격적으로 점유된 초기의 자기상에서 비롯되었다.

그래서 비록 정상적 나르시시즘이 자기에 대한 리비도 점유를 나타내지만, 자기는 실제로 리비도적으로, 그리고 공격적으로 점유된 구성 요소를 통합하는 구조를 이루고 있다. 간단히 말하자면, 좋은 자기상과 나쁜 자기상을 현실적 자기개념으로 통합하는 것은 자기표상의 다양한 요소를 해리시키지 않고 함입하는 것인데, 이는 정상적 자기에 리비도 점유를 하기 위한 필수 조건이다. 이는 또한 사랑과 미움의 통합이 정상적 사랑을 할 수 있는 역량의 전제 조건이라는 역설을 설명해 준다.

자기와 통합된 대상표상을 이렇게 정의하는 것은 Sandler와 Rosenblatt(1962)의 '표상적 세계'의 묘사, Erikson(1956)의 자아 정체성에 대한 정의와 일맥상통한다. 임상적으로 통합된 자기에는 자기 경험이 개인사적으로 (혹은 시간에 걸쳐서) 뿐만 아니라 횡단적으로도 (혹은 여러 심리사회적 상호작용에서 동시적으로 존재하는 기능 영역에 걸쳐) 연속적이라는 특징이 있다. 자기 통합이 안 되었을 때 임상적으로 보면 통합된 적 없이 번갈아 나타나는 상반되고 서로 해리되거나 분열된 자아 상태가 존재한다고 볼 수 있다. 이 경우 그 사람은 현재 경험과 상반되는 경험을 할 때 어떻게 느꼈는지 '기억' 은 할 수 있지만, 이런 여러 경험을 이제까지 단 한 번도 통합할 수 없었다. 자기 통합이 부족할 때는 만성적 비현실감, 당혹감, 공허감 혹은 '자기감정' (Jacobson, 1964)에서의 일반적 장애와 함께 자신을 한 사람의 전인적 존재로 현실적으로 지각하는 역량이 뚜렷이 저하되는 특징을 보인다. 이런 상황에서 내담자는 원시적 심리내적 과정을 의식은 할 수 있다는 의미에서 '통찰' 을 한다고 할 수 있지만, 이런 원시적인 인지적 · 정동적 경험을 고차적 수준의 것과 결코 통합시킬 수 없다. 그뿐 아니라 일반적으로 주관적 경험을 대인관계에서 실제 행동이 갖는 영향과도 통합시킬 수 없다. 통합된 자기의 결여는 보통 대상표상 통합의 결여와 공존하기 때문에, 대상표상 통합의 결여는 피상적으로 '좋기만 한 것' 이나 '나쁘기만 한 것' 의 캐리커처이며, 내담자는 타인에 대한 지각을 의미 있는 전체로 통합하는 데 커다란 어려움이 있다. 그래서 내담자는 공감 능력이나 타인에 대한 깊이 있는 현실적 판단 역량이 거의 없거나 미미하고, 그의 행동은 다른 사람에 대한 그때그때의 지각에 의해 조절되지 지속적이고 일관되며 내재화된 모델에 의해 조정되지 않는다. 타인어 대한 이 모형은 보통의 경우라면 자기에게 가용한 것이다.

이제 자기에 대한 리비도 점유라는 나르시시즘의 정의로 돌아가 보자. 이런 자기에 대한 리비도 점유는 단순히 리비도 에너지의 추동 원천으로부터 유래하는 것은 아니고, 자기 및 다른 심리내적 구조 간의 많은 관계에서 유래한다. 이것은 자아 내의 구조(나르시시즘의 체계 내 결정인)와 다른 심리

장치, 즉 초자아와 원초아(나르시시즘의 체계 간 결정인)에 있는 구조를 포함한다.

Jacobson(1964)은 정상적 '자기감정' 이 개인의 통합된 자기를 자각하는 것에서 유래하는 반면에 '자존감(self-esteem)' 혹은 '자기 존중감(self regard)' 은 이런 통합된 자기에 대한 리비도 점유에 의존한다고 하였다. 자존감 혹은 자기 존중감의 수준이나 강도는 자기에 어느 정도 자기애적 점유가 일어났는가의 정도를 나타낸다. 그러나 자존감 혹은 자기 존중감은 단순히 '추동 점유' 의 반영이 아니다. 이는 언제나 정서적, 인지적 요인이 결합된 것을 나타낸다. 자존감 조절의 좀 더 원시적 수준에서는 모호한 정동 요인이 우세하고, 자존감 조절의 좀 더 진전된 수준에서는 정동적 함의가 '약화되고' 인지적으로 분화된 것이 우세하다. 그래서 자존감 혹은 자기 존중감은 더 분화된 수준의 자기애적 점유를 나타내는 반면, 모호한 안녕감과 존재의 즐거움, 즐거움이나 만족을 나타내는 정동적 상태는 나르시시즘의 좀 더 원시적인 표현이다. 그래서 Jacobson(1964)이 지적한 대로, 기분의 변동은 초자아에 의해 결정되는 자존감 조절의 원시적 수준에서 자기 존중감의 주된 지표이다. 초자아 기능의 좀 더 진전된 수준에서는 좀 더 정확하고 경계가 분명한 인지적 인식 혹은 자기 비판이 기분 변동에 의한 조절을 대체한다.

구조는 정동적 · 인지적 리비도 점유에 의해서뿐만 아니라, 공격적으로 점유된 상호작용에 의해서 자기의 추동 점유에 영향을 주기 때문에, 정상적 나르시시즘의 조절은 동일한 심리내적 구조에 의한 리비도 점유가 공격적 점유보다 상대적으로 우세한 것에 의해서만 이해할 수 있다. 임상적으로 말해서 자기애적 점유와 리비도 점유는 일반적으로 리비도와 공격성의 심리내적 운명을 동시에 분석한 맥락 안에서만 완전히 이해할 수 있다.

자기의 리비도 점유, 즉 정상적 나르시시즘에 영향을 주는 심리내적 구조와 외적 요인은 무엇인가?

1) 이상적 자기와 자아 목표

자아 자체 내에서 무의식적이고 전의식적이며 의식적인 (원시적 이상적 자기상으로부터 성숙한 목표까지 다양한 발달 단계를 반영하는) 자아 목표는 열망(aspiration) 수준을 나타낸다. 다시 말해 ㅇ에 비추어 자기의 현실을 측정한다. Hartmann(1950)이 지적한 대로 초자아의 자기 비판과 더불어 자아의 자기 비판 기능이 있고, 이런 자기 비판을 통해서 자존감이 조절된다. Bibring(1953)은 자기의 열망 상태가 이루어지지 않든가 아니면 상실될 때 자아가 무력감과 무망감을 경험하는 것이 우울의 핵심적 소인이라고 기술했다. Sandler와 Rosenblatt(1962)는 현실적 자기와 이상적 자기 간의 긴장을 기술하면서 이 기제를 언급했다.

2) 대상표상

자존감 조절, 즉 자기애적 공급이나 자기에 대한 리비도 점유와 관련된 자아의 구조 중 또 하나는 통합된 자기와 밀접하게 관련된 내적 대상의 세계 혹은 대상표상의 세계이다. 앞에서 삶의 위기나 대상 상실의 시기에 대상표상의 보호 기능에 대해서 언급했고(Kernberg, 1971), 자아의 도움하에 일어나는 퇴행은 과거에 내재화된 대상관계가 퇴행적으로 활성화되는 것으로 일부 이해될 수 있다고 제안했는데, 이 퇴행에서 '좋은' 대상표상은 현실에서의 실망을 보상하고 자기에 대한 사랑과 재인정을 제공한다.

3) 초자아 요인

초자아의 두 가지 주요 구조가 자존감을 조절한다. 첫 번째는 다양한 수준의 초자아 구조들로서 이는 초자아 요구나 처벌에 의해 자아를 비판적으로 평가한다. Jacobson(1964)은 초자아 발달 수준을 분석하고, 기분에서부터 현실적인 자기 비판에 이르는 기능을 통해 초자아 구조가 자기를 조절한다고 하였다. 초자아의 비판적이거나 처벌적인 측면은 자존감을 조절하는데, 이는 주로 자기에 대한 비판을 제공하는 '부정적' 기능을 통해서이다. 자존감 조절에 관련된 두 번째 초자아 구조는 자아 이상(이는 유아기로부터 초기 아동기에 걸쳐 이상적 대상상과 이상적 자기상을 통합하여 초자아에 내사한 결과이다.)인데, 자기가 자아 이상의 요구와 기대에 맞추어 살 때 자기 존중감이 증가된다. Schafer(1960)는 이 자아 이상의 보호 기능에 대해 언급하였다. 임상적으로 어떤 내담자가 자아 이상이 부재하거나 부적절하게 통합되었을 때 얼마나 외적인 칭찬, 사랑과 확인에 과도하게 의존하는지를 극적으로 관찰할 수 있다.

4) 추동과 기질적 요인

이제 원초아와 관련된 구조로 방향을 바꾸어 보자. 기본적인 추동 욕구가 만족되고 자기가 환경의 요구에 대해 내적 욕구를 타협할 수 있을 때, 자기 존중감이 증가한다. 다시 말해서 추동의 직접적인 자아 동조적 표현과 특히 추동 요구의 승화된 표현은 자기애적 만족을 가져온다. 전체적으로 건강이 좋으면 자기의 통합과 리비도 점유 모두를 재확인한다. 왜냐하면 원래의 자기표상은 신체상에 강력하게 영향을 받기 때문이며, 최초의 심리내적 추동 만족은 생리적 평형의 재확립과 밀접하게 관련되어 있기 때문에, 신체적 건강과 질병은 자기애적 점유의 정상적이고 비정상적인 평형에 중대한 영향을 미친다.

5) 외적 요인

정상적 자기 존중감 조절에 영향을 미치는 현실 요인은 다음과 같이 분류될 수 있다. ① 외부 대상으로부터의 리비도 만족, ② 사회적 효율성과 성공에서 자아 목표와 열망의 만족, ③ 환경에서 실현되는 지적이거나 문화적인 열망의 만족. 이런 만족은 가치 요소를 포함하며, 초자아와 자아 요구뿐만 아니라 현실 요인도 반영한다. 이는 이전에 언급한 심리사회적 및 심리생리적 체계와 더불어 문화적, 도덕적, 심리적 가치 체계가 자기 존중감을 조절하는 데 있어 중요함을 반영한다.

요약하면, 자기에 대해서 리비도 점유가 증가할 때는 외부 대상으로부터의 사랑과 만족, 현실에서의 성공, 자기와 초자아 구조 간 조화의 증가, 내적 대상으로부터 사랑의 재확인, 직접적인 추동 만족과 신체적 건강을 지닐 때이다.

정상적으로 자기에 대한 리비도 점유의 증가는 또한 대상에 대한 리비도 점유의 증가를 가져온다. 리비도 점유가 증가한 자기는 그 자체로 평화롭고 행복한데, 다시 말해서 외부 대상과 내재화된 표상에 더 많이 점유할 수 있게 된다. 일반적으로 자기애적 점유가 증가할 때에는 동시에 사랑하고 베푸는 역량, 고마움을 느끼고 표현하는 역량, 다른 사람에게 관심을 갖는 역량이 증가하며, 성적 사랑과 승화 및 창조성의 역량이 증가된다. 외부 대상과 그 내적 표상에 대한 정상적 리비도 점유는 대상에 대한 사랑과 미움의 표현이 좀 더 원시적이고 상호 간에 해리되었거나 분열된 것을 극복한 것과 밀접하게 관련되기 때문에, 자기에 대한 리비도 점유의 증가는 또한 대상을 향한 자기의 '선함'을 보증하고, 대상과의 유대를 강화한다. 은유적으로 말해서 자기의 배터리가 충전되면 부가적으로 대상에 대한 리비도 점유 배터리가 재충전되게 된다.

다음과 같은 상황에서는 자기에 대한 리비도 점유가 감소한다. 사랑을 주는 외부 원천의 상실, 자아 목표 성취나 자아 기대 부응의 실패, 초자아가 용인할 수 없는 추동에 대한 초자아 압력, 자아 이상의 기대에 따라 살아갈 수 없는 것, 추동 요구의 전반적 좌절, 신체 질환이 있는 경우이다. 이런 영역 어느 하나에도 상실이나 실패가 있을 때 다른 영역에서 반향이 일어날 수 있다. 예를 들어, 병리적 애도의 경우 외부 대상의 상실로 인한 자기애적 상처는 대상 상실에 대한 무의식적 죄책감을 반영하는 초자아 압력의 증가로 심화되며, 자기가 대상표상으로부터 받았던 리비도 점유의 이차적인 약화에 의해 가중된다. 초자아 압력은 자기가 더 이상 외부 대상뿐만 아니라 내적 대상의 사랑을 받을 자격이 없다고 설득한다. 그래서 자기에 대한 리비도 점유를 조절하는 다양한 심리내적 구조는 서로 독립적이라고 볼 수 없으며, 그것보다는 전반적인 역동적 평형을 이루고 있다고 볼 수 있다.

예를 들어, 정상적 애도의 훈습 과정은 동일시 과정에 의해서 자기가 상실한 대상의 특성과 리비도 점유를 획득함으로써 자기에 대한 리비도 점유를 재확립하는 것을 포함할 뿐만 아니라, 매우 중요하게는 상실 대상 및 관련된 '좋은' 내재화된 대상을 반영하는 대상표상의 복구나 강화를 포함한다. 그리고 내재화된 대상에 대한 리비도 점유는 이 대상이 자기에 대한 리비도 만족의 잠재적 원천으로 쓰일 수 있도록 강화한다.

정상적 나르시시즘은 자기와 이전에 언급한 다른 관련된 심리내적 구조의 구조적 통합에 의존한다. 정상적 나르시시즘은 또한 자기나 다른 모든 구조 간의 관계에서 관련된 리비도 추동 파생물과 공격 추동 파생물 간의 평형에 의존한다. 나르시시즘을 조절하는 다양한 구조와 외부 현실에서 유래된 자기에 대한 공격적 점유는 모두 자기 존중감을 감소시킨다. 또한 정상적 나르시시즘은 자기와 관련된 심리내적 구조가 성취한 발달 수준에 의존하는데, 이는 자기 기대, 포부, 모델, 이상의 성인기 질적 특성과 성숙(유아적 특성과 대비되는)으로 나타난다. 예를 들어, 자기, 초자아 및 자아 이상이 구조적으로 통합되어 있고, 내재화된 대상관계도 통합되어 있으나, 여전히 유아적인 자기애적 목표와 갈등에 고착될 수 있다. 이러한 구성은 신경증적 반응과 성격장애를 보이는 대부분의 내담자에서 전형적으로 드러난다.

2. 병리적 나르시시즘

일반적으로 모든 신경증적 갈등은 자기와 앞에서 언급한 다양한 경우 및 구조 간의 적절한 관계를 방해한다. 예를 들어, 병리적으로 성 충동을 금지하면 미해결된 오이디푸스적 함의 때문에 이것은 자기와 외부 대상과의 갈등적 관계, 자기에 대한 과도한 초자아 압력, 자아의 승화 잠재력의 감소로 나타난다. 이들은 모두 다양한 방식으로 자기의 리비도 공급의 가용성에 영향을 미친다. 동시에 타인과의 직접적 갈등 관계와 금지된 오이디푸스 추동에 대한 직접적 직면에 대한 방어로서 병리적 성격 양상의 형성은 자아의 기능과 자기를 보호한다. 이들은 또한 자존감을 보호하는 자기애적 기능을 가진다. 따라서 신경증적 반응과 성격장애를 보이는 모든 내담자는 '자기애적 문제' 를 가진다. 병리적 성격 특성에 의해 방어하는 병리적 자기 취약성이 있는데, 이런 특성을 분석적으로 탐색하고 해결할 때 자기애적 좌절과 갈등이 활성화된다. 이때 자아 기대, 목표, 초자아 요구의 내용이 얼마나 유아적 수준에 남아 있는지 알게 된다. 이는 성숙한 자기애적 포부와 좀 더 갈등이 없는 자아 영역의 기대와 대조를 이룬다.

일반적으로 공격성을 둘러싼 갈등이 활성화되고 (이는 자기와 내부 및 외부 대상에 대한 리비도 점유의 우세 혹은 가용성을 감소시킨다.) 이와 함께 비교적 잘 통합된 자아와 자기에서 볼 수 있는 신경증적인 유아적 갈등에 고착되거나 퇴행되어 있는 것은 정상적 나르시시즘이 좌절되고 왜곡되는 광범위한 원천을 이룬다. 이 모든 것은 임상에서 만날 수 있는 자기애성 장애의 가장 경미한 형태를 나타낸다.

자기애성 장애의 더 심각한 유형은 다음과 같은 경우에 발견할 수 있다. 여기에서 자기는 병인적으로 내재화된 대상을 주 모델로 삼을 정도로까지 병리적 동일시 과정을 발달시키며, 반면에 자기의 중요한 측면은 (그런 대상과 관련하여) 대상표상과 외부 대상에 투사된다. 이런 좀 더 심각한 자기애성 병리의 유형은 그들의 심리내적 대상관계 삶과 외적 삶에서 현재나 과거의 자기를 나타내는 대상을 동일시하고 사랑하는 사람에 해당된다. Freud(1914, 1957)는 동성애자가 자기 자신을 나타내는 사랑 대상을 선택하는 것이 그가 나르시시즘 논제를 채택하게 된 주된 이유라고 지적하였다. Freud는 이런 동성애자의 대상관계를 '자기애적' 이라고 하였는데, 이는 '의존적(anaclitic)' 혹은 중요한 부모상을 나타내는 대상을 사랑하는 애착 유형과는 대조된다. 이러한 상황을 좀 더 연구해 보기 위해 정상적 대상관계의 리비도적 함의에 대해서 한 번 더 개관해 보자.

대상과의 정상적 관계는 '대상 리비도적' 유대와 '자기애적' 유대 간의 최적의 혼합을 나타낸다. 이는 이런 대상과의 만족스러운 관계에서 대상 점유와 자기 점유는 나란히 간다는 것이다(Van der Waals, 1965). 그러나 자기와 대상 간의 리비도적 관계라는 맥락에서 대상관계의 성질은 비교적 유아적인데, 자기는 순수하게 '의존적' 관계, 즉 아이처럼 사랑을 갈구하는 것(의존성, 요구, 감사가 뒤섞인)으로부터 상호성이라는 성인의 유형으로의, 즉 성숙하고 의식화된 자기 사랑이 깊고 성숙한 대상 점유와 함께 응축된 관계까지의 연속선에 걸쳐 대상과 관계를 맺는다. 성인과 아동의 나르시시즘 모두 '자기 중심성' 을 포함하지만, 정상적 성인 나르시시즘의 자기 점유는 성숙한 목표와 이상과 기대에 대한 것이고, 정상적인 유아적 자기 점유는 유아적, 노출적, 요구적 및 권력 지향적인 추구에 대한 것이다. 그리고 성인 및 정상적인 유아적 나르시시즘은 대상 점유를 포함하는데, 이는 다시 성인의 상호성 대 유아의 이상화 및 의존적 지향이라는 점에서 서로 다르다. 그러므로 '의존적' 관계는 자기 점유와 대상 점유 모두에서 퇴행적 양상을 포함한다. 즉, 이는 성인의 자기애적 및 대상 관련 점유로부터 자기애적 및 대상 리비도적 유대의 유아적 혼합 유형으로 퇴행하는 것이다.

초자아, 특히 자아 이상의 발달 상태와 오이디푸스 갈등의 지배적인 결과의 성질은(예를 들어, 전성기기적 리비도 단계로의 고착과 퇴행이 지배적임) 대상관계가 '의존적'인 정도에 영향을 준다. 즉, 이런 관계에서 의존 요구가 자기 점유와 대상 점유 모두에 영향을 미치는 정상적인 유아적 특성으로 퇴행하거나 고착된 정도에 영향을 준다. 간단히 말하면 정상적 대상관계는 자기애적 점유와 대상 점유의 혼합물인데, 자기애적 관계와 대상관계의 본성은 일반적인 심리 발달에 따라 변화된다. Freud의 '의존적' 유형의 대상 사랑은 관계에 대한 자기애적 점유와 대상 점유 모두에서 퇴행적인 유아적 특징을 말한다.

이제 이전에 언급한 좀 더 심각한 유형의 자기애성 장애로 돌아가자. 자기에 대한 리비도 점유가 자기가 대상을 동일시하는 조건에서 수행될 때, 외부 대상이 자기를 나타내기 때문에 사랑하는 외부 대상에 자기가 투사될 때, 상황은 이전에 언급한 정상적 나르시시즘의 특성과는 완전히 달라진다. 이 유형의 대상관계는 Freud가 최초로 '자기애적'이라고 명명했는데, 앞서 언급한 경미한 자기애성 병리와는 (이는 단순히 자기와 대상에 대한 리비도 점유가 성숙한 것과 달리 유아적인 것으로 퇴행하고 고착된 것을 나타낸다.) 질적으로 다르며, 좀 더 심한 유형의 자기애성 병리를 나타낸다. 그러나 다음과 같은 점의 강조가 필요한데, 대상과 동일시된 자기(예를 들어, 남성 동성애 사례에서 구강기적으로 제공해 주고 보호해 주는 어머니)와 자기와 동일시된 대상(앞의 남성 동성애 사례에서 유아적 의존적 자기)과의 좀 더 병리적인 관계 내에서 여전히 대상관계가 존재한다는 것이다. 즉, 심리내적으로, 그리고 외부 관계에서 모두 자기와 대상 간에 어떤 관계가 존재한다.

한층 더 심각한 유형의 자기애성 병리는 대상관계가 좀 더 심각하게 악화되어 있는 것이 특징이다. 여기에서 관계는 더 이상 자기와 대상 간의 관계가 아니라 원시적이고 병리적인 거대자기와 그리고 그 동일한 거대자기가 일시적으로 투사된 대상 간의 관계이다. ('거대자기'는 Kohut[1971]이 제안한 용어로, 필자는 Kohut의 임상적 기술에 동의하면서 이를 쓰고 있지만, 그가 제안한 것과는 다른 상위심리학적 분석을 한다.) 여기에서 관계는 더 이상 자기와 대상 간의 관계가 아니고, 대상과 자기의 관계도 아니며 자기와 자기 간의 관계이다. 자기애적 관계가 대상관계를 대체했다고 할 수 있는 것은 이 후자의 경우만 해당된다.

이는 청소년기와 같은 정상적 상황에서 일어나는 것과는 매우 다른 상황이다. 정상적 상황에서는 자기를 나타내는 다른 대상과의 상호적인 동일시가 이들 대상을 있는 그대로 그 권리를 고려하는 동시에 이루어진다. 초기 청소년기의 정상적 우정에서 자기와 비슷하다고 지각된 대상에게 일시적으로나 부분적으로 이상화된 자기를 투사하는 것은 그런 대상과의 대상 리비도 관계와 보조를 맞추며, 다른 대상에게 병리적 거대자기를 투사하는 것과는 질이 완전히 다르다. 필자는 이런 차이를 이전 장에서 상세히 분석하였다(8장과 9장).

자기애성 성격에서는 병리적 거대자기가 일시적으로 투사된 병리적 거대자기와 관계하는 것이 특징적인데, 자기애성 성격은 가장 심한 형태의 병리적 나르시시즘을 나타내는 특수한 유형의 성격장애이다. 이제까지 세 가지 수준의 나르시시즘 병리를 언급하였다. ① 정상적 성인 나르시시즘에서 정상적 유아적 나르시시즘으로의 퇴행. ② 자기를 나타내는 대상과의 관계. 이때 자기는 그 대상과 동일시되어 있다. ③ 거대자기와 일시적으로 투사된 거대자기와의 관계. 모두 통합된 자기 구조를 보여 준다. 이런 통합된 자기는 퇴행된 혹은 유아적으로 고착된 자기, 왜곡된 자기일 수 있다. 이는 동일시가 주로 대상 혹은 자기애성 성격의 특성인 병리적 거대자기와 일어났기 때문이다.

위의 모든 조건과 달리, 통합된 자기가 결여된 내담자가 있다. 이들은 일반적으로 자기표상과 대상표상이 해리되거나 분열되어 있고, 병리적인 거대자기 구조가 응축되어 있지 않은 경계선 성격 구조 내담자이다. 이런 사례에서는 어떤 대상표상이 외부 대상에게 투사되는 것이 동반되는 어떤 자기표상과의 동일시로부터, 어떤 자기표상이 외부 대상에 투사되는 것이 동반되는 대상표상과의 동일시로 급속한 교체가 일어난다. 이런 사례의 경우 대상관계는 가변적이고 불안정하며, 다양한 유형의 자기애적 장애가 혼란스럽게 번갈아 나타난다. 이런 사례는 특정 나르시시즘 병리로 보기보다는 내재화된 대상관계의 일반적인 병리를 나타내는 것으로 보는 것이 나을 것이다. 마지막으로 자기표상과 대상표상의 분화의 결여가 지배적인 사례가 있는데, 이는 정신병적 동일시를 나타내는 사례이다(Jacobson, 1954, 1964). 여기에서는 정신병적 갈등과 방어가 일반적으로 타인과의 분화된 관계를 나타내는 자기애적 점유와 대상 리비도 점유보다 우세하다. 필자는 대상 점유와 자기 점유를 구분하는 노력이 이런 상황과 관련된다고 생각하지 않는다. 자기와 대상은 여전히 혹은 다시 융합된다.

나르시시즘의 임상 이론에 대해 필자가 지금까지 언급한 것의 일반적 함의는 경제적 고려, 즉 자기애적 점유의 강도나 양을 고려하는 것만으로는 정상적 또는 병리적 나르시시즘의 본성에 대해 많은 것을 말할 수 없다는 것이다. 이들은 단순히 일반적인 신진대사의 강도, 즉 내재화된 대상관계의 강도를 나타낸다. 또한 자기와 대상에 대한 리비도 점유의 강도는 공격성 점유의 변화와 밀접하게 관련되며 맥락에 따라 변화한다. 그래서 경제적 고려는 공격적, 리비도적 관계의 복합적 분석과 연결이 필요하다. 이러한 분석의 다른 일반적 함의는, 이들 관계의 성질을 주로 대인관계적으로 관찰하고 자기애적 점유 대 외부 대상에 대한 대상 관련 점유를 확인하려는 노력은 필자가 보기에 정상적 및 병리적 나르시시즘에 관련된 정신분석적 사고의 가장 특정한 측면을 상실하게 할 것이고, '내향성' 과 '외향성' 의 노선을 따르는 단순한 심리사회적 모형으로 대체될 것이라는 점이다. 정상적이고 병리적인 나르시시즘은 외부 대상관계에 더하여 심리내적 대상관계를 정신분석적으로 탐색하고, 내재화된 대상에 영향을 미치는 경제적 요인을 연구하는 것에 더하여 이를 구조적으로 분석함으로써 확실히 할 수 있다.

3. 자기애성 병리 개념화의 진단적 적용

한 가지 중대한 실제적인 문제는 청소년기에 정상적인 자기애적 발달과 병리적 발달을 구분하는 것이다. Deutsch(1944)와 Jacobson(1964)은 청소년기 동안 나르시시즘의 표현이 증가했다고 지적해 왔다. 필자에게는 이러한 증가가 단지 양적 측면뿐만 아니라 질적 측면에서 이해되어야 할 것으로 보인다. 즉, 자기 및 대상 점유가 청소년의 심리내적 구조로서 등장할 때 자기 및 대상 점유는 그것의 다양한 형태의 연속성과 관련하여 이해되어야 한다.

첫째, 청소년기 나르시시즘의 증가가 가장 정상적으로 나타나는 것은 자기에 대한 리비도 점유의 증가인데, 이는 자기-몰두, 자기에 대한 관심의 증가 및 거대하고 노출적이며 또한 권력지향적인 환상의 형태를 지닌다. 이는 리비도 추동이 대상표상으로부터 자기표상으로 양적으로 이동하는 것과 자기와 대상 간의 관계가 좀 더 유아적인 관계로 질적으로 퇴행적으로 변화하는 것을 반영한다. 그 예로 어머니에 의해 사랑받고 감탄받고 싶은 유아적 소망을 들 수 있다.

둘째, 좀 더 병리적 유형의 청소년기 나르시시즘의 증가는 자기가 유아적 대상을 병리적으로 동일시하는 것, 유아적 자기를 나타내는 대상을 추구하는 것을 반영한다. 필자가 이전에 언급했듯이 이것은 초기 청소년기에 자기와 유사한 특징을 지닌 대상의 선택이 정상적으로 증가하는 것과는 다른 것이다. 이 경우에는 이들 대상이 진정한 관심과 사랑으로 점유된다. 이런 경우 자기애적 점유와 대상지향적 점유가 혼합된다. 이에 비해 좀 더 병리적인 자기애적 발달에서는 대상에 대한 자기의 투사가 대상 유대를 대체하는데, 그런 대상과의 상호작용에서 자기는 내재화된 유아적 대상관계가 재활성화된 대상을 반영한다. 청소년기에 있을 수 있는 동성애적 발달은 이런 유형의 자기애적 퇴행과 관련된다.

셋째, 훨씬 더 병리적 형태로서 정신분석적 연구에 따르면, 일부 청소년에게서 원시적이고 병리적인 거대자기가 대상에 투사되는 형태의 대상 지향을 발견할 수 있다. 이때 내담자는 여전히 이러한 거대자기를 유지한다. 즉, 이는 앞에서 '자기 대 자기' 관계라고 말한 것에 해당한다. 이것은 자기애성성격 구조에서 볼 수 있는 경우이며, 성인기뿐만 아니라 청소년기에 가장 심한 유형의 자기애성 병리이다. 임상적으로 말해서, 이런 청소년 내담자에게 특징적인 거대성, 경멸, 다른 사람의 현실 측면을 미세하게 변별하지 못하는 것, 독선 및 착취 또는 기생적인 경향이 발견된다. 또한 청소년 내담자가 승리, 감탄 또는 즉각적인 욕구 만족을 가져오는 행위나 관계에 대해 추동 점유를 하는 기간과 그들의 거대성을 유지시키지 못하는 과제와 관계 및 행위를 재빨리 포기하는 기간이 전형적으로 교대로 나타난다. 그들은 실패로부터 자신을 보호하기 위해 사회적 현실 측면에서 철수하거나 그것을 평가절하한다.

일반적으로 청소년기에 자기애적 점유가 정상적으로 증가할수록, 그것을 좀 더 양적인 용어로 기술할 수 있을 것이다. 하지만 질적인 요소는 늘 존재한다. 자기애적 변천이 병리적일수록 양적인 용어로만 이해될 수는 없으며, 좀 더 상황을 구조적으로 명확히 해야 한다. 즉, 관련된 병리적 대상관계의 특성을 명확하게 해야 한다.

나르시시즘에 대한 이러한 구조적 분석을 적용한 다른 예로 이제 동성애 남성의 다양한 유형을 검토할 것이다. 내재화된 대상관계 병리의 심한 정도의 연속선을 따라 동성애 남성을 분류할 수 있다. 첫째, 성기기적, 오이디푸스적 요인이 우세한 동성애 사례가 있다. 여기서 동성애 관계는 오이디푸스적 경쟁에 대한 방어로서 동성 부모에 대한 성적인 복종을 반영한다. 이들 사례는 가장 신경증적이며 억제된 동성애 내담자 유형을 나타내며, 보통 정신분석 치료에서 예후가 가장 좋다. 이들 사례에서 유아적이고 복종적인 오이디푸스적 자기는 지배적이고 금지적인 오이디푸스적 아버지와 관련되며, 이러한 유형의 동성애 남성은 금지된 오이디푸스적 어머니를 향한 성적 충동을 포기한 결과로서 자주 이성애 추구를 억압한다.

두 번째 좀 더 심한 유형에서 남성 동성애자는 어머니상을 동일시하는 데에 갈등이 있으며, 동성애적 대상을 자신의 유아적인 자기표상으로 취급한다. 이런 유형의 자기애적 점유에서(Freud가 1914년 나르시시즘에 대한 논문에서 언급한 유형) 외부의 동성애적 대상에 대한 점유는 동성애적 대상이 자기를 나타낸다는 점에서 사실상 '자기애적' 이다. 그러나 이런 유형의 동성애가 앞에서 언급한 것보다 자기애적이지만, 여전히 하나의 대상관계(즉, 어머니-아이 관계)가 존재하며 그것이 동성애적 결합에서 상연된다. 이런 동성애 유형의 예후는 앞에서 언급한 것보다 좋지 못하다. 보통 이런 사례에서 전성기기적 갈등이 성기기적 갈등보다 우세하고, 그로 인해 그들의 대상관계에서 더욱 심한 장애가 야기된다. 다양한 유형의 심한 성격장애가 이러한 동성애 유형과 일치한다. 그러나 이런 환자는 그들의 대상을 비록 신경증적이긴 하지만 깊게 사랑할 수 있다. 때로 그들의 동성애 파트너에 대한 모성적인 관심은 부모에 대한 동일시 요소를 포함한다. 이러한 동일시는 승화 기능을 지니며 대상과의 관계에 깊이를 제공하여 자기애적 및 대상 관련 특징이 모두 나타나게 한다.

동성애 관계의 세 번째 유형에서 내담자는 동성애 파트너를 자신의 병리적인 거대자기의 확장으로서 '사랑하며' , 그래서 자기 대 대상과의 관계도 아니고, 대상 대 자기의 관계도 아닌 병리적 거대자기 대 자기의 관계를 발견하게 된다. 이러한 가장 심한 유형의 동성애 관계는 진정한 자기애성 성격 구조를 가진 동성애의 특징이며, 예후가 가장 좋지 않다. 그러나 역설적으로 자기애성 성격 구조와 병리적인 거대자기를 지닌 내담자가 종종 덜 심한 성격 병리 유형 내담자(8장)보다 표면적으로 기능이 더 낫기 때문에, 사회적으로 더 잘 기능하는 동성애자 중 일부는 가장 심한 유형의 동성애 병리를 실제 지닐 수도 있다. 이런 사례에서 투사된 거대자기를 나타내는 대상에 대한 점유는 보통 일시적이며 피상적이다. 그리고 대상에 대한 깊이 있는 자각과 공감을 하지 못한다. 이는 병리적 거대자기와 대비되는 대상표상과 현실적 자기가 통합되지 않은 것에 해당한다.

그러므로 정상적인 성인에서부터 가장 심한 병리적 자기 대 자기의 관계에 이르는 앞에서 기술한 연속선을 따라 나르시시즘을 정의하는 것은 진단, 예후 및 치료에서 뚜렷한 실제적 중요성을 지닌다. 비록 대부분의 증상 신경증 사례와 덜 심하거나 '높은 수준' 의 성격장애 유형(Kernberg, 1970)이 정상적인 유아적 나르시시즘에 어느 정도 고착되거나 퇴행하지만, 이러한 퇴행은 특정한 진단적, 예후적 및 치료적 함의를 지니지 않는다. 고착과 퇴행에 따라 결과적으로 다양한 유형의 유아적 거대성, 노출증, 요구적 태도를 반영하는 환상과 이상이 증가한다. 그러나 명심해야 할 것은 이런 모든 사례에서 병리적인 성격 특성은 자존감의 보호 기능을 하며, 그래서 신경증적 성격 구조를 교정하기 위한 분석적 노력은 항상 자기애적 손상(Reich, 1949)이라는 함의를 지니고 있다.

자기가 유아적 대상에 대해 병리적으로 동일시하고 그런 대상에 자기가 투사되는 그런 외부 대상을 선택하는 사례에서 보통 좀 더 심한 유형의 성격 병리와 중대한 동성애적 갈등이 나타난다. 그들이 명시적이거나 억제된 동성애를 나타낼 때조차도 탐색적인 심리치료나 정신분석에 대한 예후는 좋지 못하다.

셋째 가장 심한 유형의 병리적 나르시시즘은 자기애성 성격장애의 진정한 특징이다. 필자는 8장과 9장에서 이에 대해 기술했으며, 여기서는 이 증후군을 간단히 요약할 것이다. 이런 내담자는 과도한 자기 몰두를 보이며 이와 함께 피상적으로는 부드럽고 효율적인 사회적 적응을 보이지만, 다른 사람과의 내적인 관계는 심하게 왜곡되어 있다. 그들은 강한 야망, 거대 환상, 열등감 및 외부의 감탄과 영예에 지나치게 의존하는 것이 다양하게 결합되어 있다. 그들은 만성적 지루함과 공허감에 시달리며, 항상 빛나는 것과 부, 권력, 미에 대한 동경을 만족시키려고 하며, 다른 사람을 사랑하고 관심을 가지는 능력에 심한 결함이 있다. 다른 우세한 특징으로는 다른 사람에 대한 공감적 이해 능력의 결여, 삶에 대한 만성적 불확실감과 불만족, 다른 사람에 대한 의식적 또는 무의식적 이용과 무자비함, 강한 시기심과 시기심에 대한 방어가 있다.

비록 최근 정신분석 기법의 발전으로 예후가 나아지긴 했지만 이런 사례에서 정신분석과 모든 종류의 심리치료의 예후는 앞에서 언급한 다른 사례에서보다 더 조심스럽다. 이런 유형의 성격장애를 가진 내담자가 보이는 성적 일탈(도착)은 종종 상당히 치료하기 어렵다.

4. 자기애성 성격장애의 치료

자기애성 성격과 경계선 성격 구조 일반과의 관계에 대한 문헌에는 몇 가지 혼란스러운 점이 있다. 이 문제에 대해 필자가 앞에서(8장, 9장) 말한 것을 요약하면, 자기애성 성격 내담자의 자아의 구조적 특성과 방어 구조는 경계선 성격 구조 내담자의 그것과 매우 비슷하면서도 구체적으로는 차이가 있다.

경계선 성격장애와 비슷한 점은 서로 해리된 또는 분열된 자아 상태로 나타나는 분열 및 원시적 해리가 우세하다는 것이다. 그러므로 거만한 거대성과 부끄러움과 열등감이 자기애성 성격에서는 서로 영향을 주지 않고 공존할 수 있다. 분열 기제는 원시적 유형의 투사와 이상화, 전능한 통제, 자기애적 철수 및 평가절하에 의해 강화된다. 이 모든 방어는 경계선 성격 구조 내담자와 자기애성 성격 내담자의 특징이다.

자기애성 성격 구조와 경계선 성격장애의 차이는 전자에는 매우 병리적이지만 통합된 '거대자기'가 있다는 것이다. 이 용어는 Kohut(1971)이 제안했다. 필자의 생각에는 이러한 거대자기는 유아기와 초기 아동기의 현실적 자기, 이상적 자기 및 이상적 대상의 기초(rudiments)가 병리적으로 응축된 것이며, 결국 그렇지 않았다면 초자아로 통합되었을 몇몇 구성요소를 함입한다. 그 결과 초자아 통합에 결함이 있고, 어떤 영역에서는 자아와 초자아 경계가 희미하며, 대상관계의 전체 심리내적 세계가 악화된다. 그것은 거대자기에 의해, 평가절하되고 어두운 자기표상과 타인표상에 의해, 통합되지 않은 가학적인 초자아 전조를 반영하는 잠재적으로 박해하는 상에 의해 대체된다. 병리적 거대자기는 자기의 원시적 해리 또는 분열을 보상하는 대신 대상관계의 악화라는 대가를 치르는데, 이는 자기애적이지 않은 경계선 내담자의 그것보다 훨씬 더 심하다.

자기애성 내담자가 분열 기제와 심한 자아병리가 우세함에도 불구하고 표면적으로 비교적 잘 기능하고 사회적 적응을 한다는 역설은 병리적 거대자기로 설명된다. 그러나 필자가 소위 외현적 경계선 수준이라고 한 수준에서 기능하는 자기애성 성격 내담자가 있다. 즉, 그들은 경계선 성격 구조의 특징인 자아 취약성을 일반적으로 나타낸다. 여기에는 불안 내성의 심한 결여, 충동 통제의 일반화된 결여, 승화 경로의 두드러진 부재 및 심리검사상의 일차과정 사고가 나타난다.

치료 실제에서 자기애성 성격의 세 가지 기능 수준을 구분할 수 있다. 첫째, 어떤 자기애성 성격은 표면적인 적응이 매우 효율적이며, 능력과 기술 및 높은 지능이 있어서 사회생활에서 뚜렷한 성공을 거두며, 성공과 감탄이라는 형태로 외부 원천으로부터 만족을 특히 잘 얻을 수 있다. 이런 내담자는 심한 신경증 증상, 성적 장애, 예를 들면 결혼과 같은 다른 사람과의 친밀 관계에서 만성적인 어려움을 겪지 않는다면 치료를 받기 위해 오지 않을 것이다. 장애에서 얻는 이득이 종종 대상관계 병리에서 유래되는 장애를 보상한다고 말할 수 있다. 병리적인 나르시시즘이 삶의 후기 단계에서 적응에 미치는 파괴적인 영향 때문에 이런 내담자는 표면적인 기능이 좋음에도 불구하고 치료를 받아야 한다.

그러나 이들 사례에서 정신분석이 치료 방법으로 선택되었다면 그리고 정신분석 치료를 받기 위해 분석 치료 동안 불안이 심하게 증가하고 피할 수 없는 갈등을 인식하는 것을 참아낼 수 있도록 도와주는 시작 시의 동기를 필요로 하는 한, 치료를 할 것인지 말 것인지 결정하는 것은 때로 매우 어렵다. 때로 급한 위기에서 내담자에게 즉시적이고 단기적인 심리치료의 지지를 제공하고 나서, 자기 인식이 증가하거나 이런 내담자가 특히 잘 겪는 경향이 있는 현실 생활의 좌절을 기다렸다가 나중에 정신분석 치료를 시작하는 것이 나을 수 있다. 필자는 비록 정신분석 치료가 오래 걸릴 수 있더라도, 최근 삼십대 후반과 사십대에 분석을 시작한 이런 내담자 중 일부의 치료에 대해 낙관적이 되었다.

치료를 받으러 오는 자기애성 성격 내담자의 대부분이 속하는 두 번째 집단은 이 증후군에 대한 임상적 정의에서 언급된 노선을 따라 대상관계에 심한 장애가 있는 내담자이다. 그들은 자주 복잡한 신경증 증상과 성적 어려움을 보이며, 지속적으로 정서적 및 성적 관계를 수립하는 역량의 심한 결함과 만성적 공허감으로 어려움을 겪는다. 이런 사례에서 정신분석 치료가 선택되었고, 이들 내담자에게 맞게 조정된 최근의 정신분석 기법의 발달을 통해 예후가 훨씬 더 좋아졌다(9장). 이런 내담자에 대한 정신분석 치료의 기법적 이론과 접근에 대해 한편으로는 Kohut(1971, 1972)과 다른 한편으로는 필자를 포함한 다른 연구자(Jacobson, 1954; Rosenfeld, 1964;

Van der Waals, 1965) 간에 현재 논쟁이 있지만, 필자는 이러한 중간 범위의 사례에서 자기애성 성격 증후군에 대한 임상적 기술과 이들에 대한 정신분석의 분명한 적응증에 관해서 Kohut과 필자 간에 기본적인 일치가 있다고 생각한다는 점을 강조하고 싶다.

자기애성 성격의 세 번째 집단은 외현적으로 경계선 수준에서 기능하며, 앞에서 언급했듯이 자아 취약성이 일반적으로 나타나는 내담자로 이루어진다. 필자는 앞에서(8장과 9장) 이 집단에 대해 대체로 지지적인 심리치료적 접근을 추천하였다. 그러나 좀 더 최근에 필자는 지지-표현적 심리치료로 이들을 치료할 수 있다는 가능성에 고무되었다. 이러한 기법적 접근은 치료자를 평가절하하고 치료자에게서 받은 지식과 도움을 무의식적으로 파괴하는 전이에서의 좀 더 노골적인 방어기제를 해석하는 반면, 거대자기의 다른 측면은 존중되고 점차적인 재교육을 통해 내담자의 나르시시즘이 좀 더 적응적이고 '약화' 되게 한다.

외현적 경계선 기능을 보이는 자기애성 니담자 중 특히 강한 분노 반응이나 '자기애적 분노' 반응을 보이는 내담자에 대해서는 표현적인 심리치료 접근이 필요할 수 있다. 필자는 최근 이들 사례 중 일부에서 일반적 표현 심리치료를 실시하였다. 이는 필자가 일반적 경계선 성격 구조 내담자를 치료할 때 추천했었다(3장). 불행히 심한 유형의 부정적 치료반응을 일으키는 경향으로 인해 종종 치료는 조기에 중단되었다. 일반적으로 경계선 수준에서 기능하고 만성적 분노를 보이는 이러한 자기애적 내담자의 하위 집단에 대해서는 그 예후가 제한적이다.

마지막으로 자기애성 성격과 함께 강한 반사회적 특징을 보이는 외현적 경계선 기능을 지닌 내담자는 예후가 매우 빈약하다. 물론 이것은 원래의 반사회적 성격에도 최대한 해당하는 것이다. 이들은 초자아 기능과 대상관계가 일반적으로 심하게 왜곡되고 악화된 것에 덧붙여서 전형적인 자기애적 방어 구조를 보인다.

필자는 앞에서(8장과 9장) 자기애성 성격 내담자에 대한 정신분석 치료를 개관하였으며 여기서 반복하지는 않을 것이다. 경계선 내담자의 치료 초기 단계에 대한 논의에서 기술하였던 일반적인 방략(6장)은 외현적 경계선 수준에서 기능하는 자기애성 내담자에 대한 치료 작업에도 구체적으로 적용된다. 자기애성 내담자가 제시하는 몇 가지 특별한 기법적인 문제가 있는데, 필자는 여기서 이 내담자에 대한 심리치료에서 (정신분석에 비교해서) 이들 몇 가지 주된 기법적인 문제에 대해서만 국한해서 언급할 것이다.

많은 사례에서 한 가지 주요한 문제는 치료자에 대한 병리적인 또는 모순적인 의존성이 나타나는 것에 초점을 맞추어야 한다는 것이다. 내담자는 치료자에게 항상 자신을 위해 뭔가 하고, 자신에게 '더' 주고 '새로운 공식화' 를 제안하기를 요구하는 반면, 동시에 심리치료 작업을 무의식적으로 경시하고 실제 치료자에게서 받는 것을 경시한다. 심리치료는 '마술적 음식' 을 찾는 측면을 보이며, 이는 내담자가 치료자의 실제 기여를 수용하는 것과 다르다. 이러한 문제의 기저에는 치료자의 역량과 기술, 지식, 이해 및 신념에 대한 무의식적 시기와 실제 심리치료 관계에서 이들 노련함을 망치거나 파괴하고 싶은 욕구가 늘 있다. 이런 내담자는 치료자의 실제 기여를 '마술적인 것' 과 대체하려 한다. 그것은 정의상으로는 치료자에게 고마워해야 하는 빚없이, 그리고 자기에게는 없는데 치료자가 갖고 있고 줄 수 있는 것을 시기해야만 하는 것 없이 내담자에 의해 마술적으로 함입될 수 있다. '마술' 이 점차 효력을 잃거나 상담 시간에 어떤 의미 있는 관계나 작업이 이루어지지 않는다고 내담자가 느낌으로써 치료자에 대한 요구가 증가하고, 치료에서의 좌절로 인해 섬뜩할 정도의 공허감과 분노가 생겨나고, 나아가 치료자에 대한 시기가 심화되면서 치료의 지속이 위협받는 악순환이 발생한다.

이런 내담자에 대한 다른 주요한 기법적 문제는 이들의 좌절 내성이 매우 낮다는 것이다. 그들은 자아 취약성의 일반적인 측면과 특정적인 자기애적 취약성이 결합되어 있고, 치료자로부터의 작은 좌절이나 치료자의 결점으로 인해 쉽게 상처받거나 거부된다고 느낀다. 자기애적 좌절에 대한 내담자의 취약성과 분노 반응 및 내담자가 치료 밖의 상호관계에서 자기를 보호하려고 철수하는 것을 치료자가 인식함으로써, 내담자가 왜 어떻게 일과 사회적 관계와 결혼에 관여하는 것을 회피하는지 그리고 좌절에 대한 두려움과 좌절로 인한 분노를 피하고 싶은 욕구가 전이에서 어떻게 작용하는지 지적해 줄 수 있다. 관련된 문제는 이런 내담자의 '실패'에 대한 과민성이다. 그들에게 '실패'는 종종 경쟁적인 상황에서 첫째, 유일한 사람 또는 우선되는 사람이 될 수 없음을 의미한다. 그들의 경쟁 억제는 거대자기의 자기애적 취약성에서 비롯되었다기보다는 오이디푸스적 경쟁의 억제로서 잘못 해석될 수 있다. 종종 그들이 어떤 경쟁이든 승자가 되어야 하거나 또는 전혀 경쟁에 참여할 수 없을 것이라는 사실을 자각하도록 돕는 것이 가능하다. 이런 것은 경계선 자기애적 청소년 내담자가 학교에서 실패하는 흔한 기제이다.

다른 빈번한 문제는 특히 자기애적 남성이 여성과의 관계에서, 성적인 관계에서 강한 편집적 공포가 있다는 것이다. 이는 자기 자신의 원시적 어머니상에 대한 공격성을 자신이 관계를 맺는 여성에게 무의식적으로 투사한 것에서 비롯된다. 이런 공포는 만성적인 사회적 및 성적 고립을 가져올 수 있고, 전이에서 막다른 지점에 도달하게 할 수 있다. 전이 관계가 안전한 것은 그것이 '성적이지 않기' 때문이며, 내담자의 삶에서 유일하게 가용한 대상관계를 나타낼 수 있으며, 실제 사회적 기능을 개선하기 위한 내담자의 노력을 대신할 수 있다. 기저의 갈등을 충분히 탐색하거나 해소하지 않고도 이러한 편집적 반응을 줄이고 이런 내담자의 성적인 관계 특성을 개선하는 것이 종종 가능하다. 이런 내담자가 다른 대인관계 상호작용에서뿐만 아니라 여성과의 관계에서 나타내는 과도한 요구적 태도, 거만하고 기생적이며 이용하는 관계를 기술적으로 탐색하고 지지적이고 재교육적 수단에 의해 교정할 수 있다.

내담자가 자기애적 욕구를 적응적으로 사용하도록 치료자가 직접적으로 격려하고 내담자가 갈등적으로 여기는 삶의 영역에서 더 나은 해결책을 치료자가 지원하는 것은 때로 매우 효과적일 수 있다. 왜냐하면 이러한 직접적인 지원을 통해 내담자가 심리치료자의 중요 측면이라고 보았던 것을 함입하는 무의식적 경향을 강화하기 때문이다. 달리 말하면, 내담자는 치료자에 대해 시기할 수도 있었을 부분을 '빼앗아 가서' '자신의 것'으로 만드는 무의식적 노력의 일환으로 치료자를 통해 '학습한다.'

일반적인 용어로, 이상화하고 시기하는 치료자상에 대한 자기애적 동일시는 내담자가 이러한 이상적 상을 자신의 거대자기에 내사한 결과로서 일어날 수 있으며, 그래서 일상생활에서 이러한 병리적 구조를 좀 더 적응적으로 이용할 수 있게 된다. 이상적 상은 이러한 이상화에 대해 치료자가 부분적으로 수용하고 부분적으로 해석한 결과, 좀 더 현실적이 되고 약화된다. 거대자기와 관련된 원시적인 이상화의 이러한 투사 및 수정된 재내사 기제는 외현적 경계선 수준에서 기능하는 가장 심한 유형의 자기애성 성격에서 그리고 당면한 외상적 상황으로 인해 정신과 의사의 진료를 받지만 자신의 근본적인 성격 문제를 깊이 탐색하기 싫거나 할 수 없는 가장 효율적으로 기능하는 자기애성 성격 유형 모두에서 도움이 될 수 있다. 때로 지지적인 간단한 위기 개입이 일반적으로 잘 기능하는 자기애성 성격 내담자에게 매우 효과적일 수 있다. 그러나 필자는 모든 자기애성 성격 사례에서 정신분석 치료가 적합한지 혹은 특별히 부적합한지를 고려하는 것은 내담자를 위해 당연하다고 생각한다. 필자는 자기애성 내담자 중에서 그들의 병리적 성격 구조로 인해 정신분석 치료 제안을 거부했다가 결국 몇 달 혹은 몇 년 후에 치료받으러 와서 정신분석적 도움을 많이 받고 미묘하지만 파괴적인 성격장애를 교정한 경우를 보았다. 때로 자기애성 성격을 갖고서 매우 효율적으로 사회적 기능을 하다가 급한 위기 상황으로 인해 치료를 받는 내담자에게 가장 좋은 치료는 단기 지지적인 심리치료를 제공하고 나중에 장기 정신분석 치료 가능성을 제안하는 것이다.

외현적 경계선 수준에서 기능하는 자기애성 성격 내담자의 치료로 다시 되돌아가서, 한 가지 최종적인 기법적 문제는 특히 자기애적 분노로 인한 심한 행동화 문제이다. 행동화는 우선 해석 노력에 의한 통제가 필요하고 효과가 없을 때는 치료 시간 밖의 내담자 생활을 충분히 구조화해서 통제하는 것이 좋다. 이러한 나중의 상황에서, 공격적 행동은 치료 시간에 통제되고 해석되어야 한다. 치료자 개입에 대한 내담자의 지각도 해석되어야 한다. 경계선 사례에서 통제할 수 없는 행동화를 다루는 일반적인 방략과 기법이 여기서도 적용된다(6장).

결론적으로 외현적 경계선 특성을 지닌 자기애성 성격 내담자에 대한 정신분석적 심리치료는 지지적 및 표현적 요소를 포함하고, 경계선 내담자에 대한 일반적인 치료 방략과 퇴행이 덜된 자기애성 내담자에 대한 적절한 정신분석 기법에 관해 최근에 개발된 지식에서 나온 구체적인 기술적 접근을 결합해야 한다. 비록 아직은 표준 정신분석 절차에서처럼 이러한 심리치료에서 자기애성 내담자에 대한 체계적인 접근을 제시하지 못했지만, 그들에 대한 이해가 빠르게 발전하면서 모든 범위의 자기애성 장애에 대한 임상적 작업의 효율성이 크게 증가될 것이다.

5. 나르시시즘 용어와 상위심리학적 함의에 관한 문제점

필자는 나르시시즘이란 용어를 자기에 대한 리비도 점유의 정상적 및 병리적 운명에 국한해서 사용해야 하며, 그것이 내재화된 대상관계와 독립적인 추동인 것처럼 분석할 수 없다는 것을 시사해 왔다. 나르시시즘의 궁극적 특성에 관한 질문은 추동으로서 리비도의 궁극적 특성과 자기 및 그 구성요소의 정상적 또는 병리적 특성에 관한 질문으로 이어진다. 다음으로 자기의 특성은 내재화된 대상관계에서 파생된 정상적 또는 병리적 구조와 밀접하게 관련된다.

필자는 여기서 추동으로서 리비도의 궁극적 특성에 관한 질문은 다루지 않았다. 다만 예외적으로 자존감이나 자기 존중은 단지 '추동 점유'의 반영이 아니며, 항상 정동적 · 인지적 구성요소의 결합을 반영한다. 이러한 공식화에서 함축된 것은 추동으로서 리비도와 심리 장치 내의 추동 충동의 중대한 표현으로서 정동 소인 간의 관계에 대한 일반적인 상위심리학적 공식화이다.

필자는 이런 분석을 다른 데서 했으므로(Kernberg, 1973), 여기서는 간단히 제안을 요약하겠다. 첫째, 정동은 쾌와 불쾌 차원에 따른 주관적인 경험에 대한 타고난 소인을 나타낸다. 둘째, 정동은 기억 흔적에 의해 원시적인 '정동 기억' 형태나 단위로 고정되는데, 이는 자기 구성요소, 대상 구성요소 및 정동 상태 자체를 통합한다. 셋째, 정동은 내재화된 대상관계의 분화 맥락에서 분화된다.

즐거운 정동과 괴로운 정동은 일련의 '좋은' 및 '나쁜' 내재화된 대상관계의 주요 조직자이며, 또한 심리내적 체험을 조직화하는 주요 동기 혹은 추동 체계를 구성한다고 필자는 제안했다. 리비도와 공격성은 외부에서 이러한 발달에 주어진 것이 아니라 '좋음'과 '나쁨'의 일반적인 양극성으로 추동 체계를 전반적으로 조직화하는 것을 나타낸다. 정동 상태는 처음에는 내재화된 대상관계와 전반적인 추동 체계의 통합을 결정하며, 나중에는 추동 활성화를 신호해 주며, 내재화된 특정 대상관계의 활성화 맥락에서 추동을 나타낸다.

요약하면, 리비도와 공격성은 자아와 원초아에 공통된 분화되지 않은 매트릭스에서 분화해 나온다. 이들 두 추동의 조직화는 발달하는 내재화된 대상관계의 영향 아래 이루어지며, 이는 다음으로 정동의 조직화된 영향 아래 통합된다.

필자의 공식화에 따르면, '점유(cathexis)' 는 무엇보다도 먼저 '정동적 점유' 이다. 즉, 양적 요소 또는 경제적 요인이 원시적 정동 소인의 강도에 관련된다. 이 소인은 내재화된 대상관계의 원시적 단위의 맥락에서 활성화된다. 정동은 실제 그런 원시적 단위의 조직자이다. 점차 정동이 분화되고, 그 양적 또는 경제적 측면이 동기 체계나 추동이 '리비도' 계열이나 '공격성' 계열로 조직화된 것과 밀접하게 관련된다. 나중에 정동은 리비도적, 공격적 또는 결합된 리비도적-공격적 동기 체계의 지배적인 특성을 신호해 주는 중대한 기능을 한다. 정동의 양적 요소나 '점유' 는 원래 생리적 욕구의 만족이나 좌절의 주관적인 심리내적 영향력을 반영하였다. 그러나 점차 그것은 자기와 대상에 대해 지닌 의미와 자아 가치와 초자아 압력 등의 관점에서 주체가 즉각적인 정동적 흥분을 해석하는 데 전적으로 의존한다. 그러므로 필자에게는 '점유' 라는 용어를 지배적인 동기 체계의 지표로서 정동의 기능을 가리키는 데 사용하는 것이 가장 실제적인 것으로 보인다. 이것이 가정하는 것은 원래 점유란 '거의' 순수한 정동적 점유였던 반면, 종국에는 정동이 신호 기능 이상의 것을 하며 (내재화된 대상관계나 고등 인지 기능과는 관련되지 않은 추동 강도가 아니라) 동기 체계의 양적 강도를 나타낸다는 것이다.

그러므로 '점유' 는 처음에는 '정동 점유' 이며 심리내적 추동 체계로서 전반적인 '추동' 을 조직화하는 중대한 기능을 한다고 말할 수 있다. 결국 '점유' 는 '본능 또는 추동 점유' 이며, 지배적인 정동 상태에 의해 어떤 상황에서 지배적인 동기 체계의 강도와 유형을 나타낸다. 정동은 심리적 기능의 생물학적인 근원에 가장 가까이 유지된 심리적 체험의 요소이다. 정동의 생물학적으로 결정된 강도는 좀 더 복잡한 심리내적 동기 체계로 경로화될 수 있다. 그러나 극단적인 상황을 제외하면 생물학적인 압력과 심리적 기능 간에 직접적인 관계는 없다.

그러므로 추동으로서 또는 자기에 점유된 리비도와 공격성 간에 평형 상태의 반영으로서 나르시시즘의 궁극적 특성은—자기지향적 리비도의 표현은—리비도 및 공격성 계열의 정동 소인의 발달에 달려 있다. 그것은 내재화된 대상관계의 발달 및 그것이 자아, 초자아, 원초아로 구조화되는 것과 관련된다. 이러한 개념화는 이 장의 앞 세 절에서 제시된 정상적 및 병리적 나르시시즘에 대한 구조적 및 임상적 분석을 강조한다.

필자는 또한 다른 곳에서(Kernberg, 1971, 1973) 추동, 정동 및 내재화된 대상관계의 운명에 대한 이러한 개념화를 일차적 및 이차적 나르시시즘의 문제에 적용했으며, 여기서는 단지 필자의 관점만을 요약할 것이다. 필자가 이 장의 첫 절에서 시사했듯이, 자기 점유와 대상 점유는 밀접하게 연관된다. 필자의 초기 연구뿐만 아니라 Jacobson(1964), Mahler(1968) 및 Van der Waals(1965)의 연구는 모두 현재의 이해 상태에 도달하였다. 즉, 자기표상과 대상표상이 일차적인 분화되지 않은 자기-대상표상에서 유래하며, 이 표상으로부터 자기애적 및 대상 점유가 동시에 발달한다는 것이다. 그러므로 자기애적 리비도 점유가 먼저 있고 나중에 리비도의 대상 점유가 있다는 전통적인 정신분석적 견해와는 달리, 그리고 자기애적 점유와 대상 점유가 함께 시작해서 각기 독립적으로 발달하며 자기애성 성격에서 공격성은 대부분 자기애적 손상에 대해 이차적으로 일어난다는 Kohut(1971, 1972)의 견해와 달리 필자의 견해로는 정상적 및 병리적 나르시시즘의 발달에는 항상 리비도와 공격성을 포함하는 갈등뿐만 아니라 자기표상과 대상표상 그리고 외부 대상 간의 관계가 포함된다. 일반적인 함의는 '일차적 나르시시즘' 개념이 더 이상 유지되기 어려워 보인다는 것이다. 상위심리학적으로 '일차적 나르시시즘'과 '일차적 대상 점유'는 사실상 동시에 일어나기 때문이다. 일차적인 '좋기만 한' 자기-대상표상에 대한 리비도 점유, 일차적인 '나쁘기만 한' 자기-대상표상에 대한 공격적 점유 및 이 두 일차적인 구조의 발달과 상호관계의 운명이 분화된 자기에 대한 리비도 점유의 발달보다 선행한다.

점차 사용되지 않는 듯한 나르시시즘 용어의 또 다른 용법이 있다. 이는 '자기애성 신경증' 이란 개념으로 기능성 정신병에 적용된 것으로 특히 정신분열증과 기타 관련 증후군에 사용되었다. 지난 30년간 정신병 상태에 대한 정신분석적 연구를 통해 이런 내담자에게서 원시적이고 병리적인 내재화된 대상관계가 있고 이것이 전이에서 활성화된다는 것이 드러났다. 이런 내담자는 신경증적 전이와 대비되는 강한 정신병적 전이를 일으킬 수 있는데, '자기애성 신경증' 이란 용어는 전이를 일으킬 수 없다는 것을 함축하고 있기 때문에 쓰이지 않게 되었다.

요약하면, 필자의 공식화가 타당하다면 나르시시즘 연구는 리비도와 공격성의 운명에 관한 연구 및 내재화된 대상관계의 운명에 관한 연구와 분리될 수 없을 것 같다. 임상적으로 말한다면, '자기애적 갈등' 에 대해 말하는 것은 자기 대 다른 심리내적 구조 및 (1장에서) 자기의 리비도 점유와 공격성 점유에 영향을 미친다고 언급되었던 환경 요인 간의 정상적 및 병리적 관계에 대해 말하는 것이 된다. 정상적 및 병리적 나르시시즘의 다양한 현상을 통합된 스펙트럼으로 조직화함에 따라 구체적 사례에서 어떤 유형이나 어느 정도의 자기애적 병리에 대해 언급하고 있는지 더욱 구체적으로 볼 수 있을 것이다. 마찬가지로 '자기애적 저항' 이라는 용어도 전이에서 자존감과 자기의 통합을 보호하려는 방어기제의 범위를 가리킬 때 훨씬 더 의미 있을 수 있다. 이 스펙트럼은 일반적인 병리적 성격 특성의 비특정적인 자기애적 기능에서부터(모든 성격 방어가 자존감 보호 기능을 지닌다.) 특히 자기애성 성격의 구체적인 방어기제까지의 범위를 지닌다.

나르시시즘에 대한 임상적 및 이론적 이해가 진전되면서 몇 가지 혼란스러운 용어 문제와 상위심리학적 공식화와 임상 관찰 간의 불일치가 해결됨으로써 나르시시즘 용어를 더욱 뚜렷하고 한정되고 임상적으로 관련되게 사용할 수 있게 될 것이다.

참고문헌

Abraham, K. (1919). A particular form of neurotic resistance against the paychoanalytic method. *Selected Papers of Psycho-Analysis*. London: Hogarth Press, 1949, pp. 303-311.

Adler, G. (1973). Hospital Treatment of Borderline Patients. *American Journal of Psychiatry*. 130: 32-35.

Andersen, H. C. (1952). The Nightingale. *Tales of Grimm and Andersen*. New York: Modern Library, pp. 714-721.

Bellak, L., & Hurvich, M. (1969). A Systematic Study of Ego Functions. *Journal of Nervous and Mental Disease*, 148: 569-585.

Benedek, T. (1954). Countertransference in the Training Analyst. *Bull. Menninger Clinic*, 18: 12-16.

Bergeret, J. (1970). Les Etats Limites. *Revue Francaise de Psychoanalyse*, 34: 605-633.

Bergeret, J. (1972). *Abrege De Psychologie Fathologique*. Masson & Cie Paris.

Bibring, Edward. (1953). The Mechanism of Depression. In *Affective Disorders*. ed. Phyllis Greenacre. New York: Int. Univ. Press, pp. 13-48.

Bibring, Edward. (1954). Psychoanalysis and the Dynamic Psychotherapies. *J. Amer. Psychoanal. Assoc*. 2: 745-770.

Bion, W. R. (1957). Differentiation of the Psychotic from the Non-psychotic Personalities. *Int. J. Psychoanal.*, 38: 266-275.

Bion, W. R. (1967). *Second Thoughts*: Selected Papers on Psychoanalysis. London:

Heinemann, pp. 86-109.

Boyer, L. B. (1971). Psychoanalytic Technique in the Treatment of Certain Characterological and Schizophrenic Disorders. *Int. J. Psychoanal.*, 52: 67-85.

Boyer, L. B., & Giovacchini, P. (1967). *Psychoanalytic Treatment of Characterological and Schizophrenic Disorders*. Jason Aronson, Inc., New York.

Burnstein, E., Coyne, L., Kernderg, O., & Voth, H. (1969). The Quantitative Study of the Psychotherapy Research Project. In: "Psychotherapy and psychoanalysis: Final report of the Menninger Foundation's Psychotherapy Research Project," by O. Kernberg, E. Burnstein, L. Coyne, A. Appelbaum, L. Horowitz, and H. Voth. *Bull. Menninger Clinic*, 1972, pp. 1-85.

Chessick, R. (1971). Use of the Couch in the Psychotherapy of Borderline Patients. *Archives of General Psychiatry*, 25: 306-313.

Cohen, M. B. (1952). Countertransference and Anxiety. *Psychiatry*, 15: 231-243.

Collum, J. (1972). Identity Diffusion and the Borderline Maneuver. *Comprehensive Psychiatry*, 13: 179-184.

Cooperman, M. (1970). Defeating Processes in Psychotherapy. Reported in Transactions of the Topeka Psychoanalytic Society, *Bull. Menninger Clinic*, 34: 36-38.

Deutsch, Helene. (1942). Some Forms of Emotional Disturbance and Their Relationship to Schizophrenia. *Psychoanal. Quart.*, 11: 301-321.

Deutsch, Helene. (1944). *Psychology of Women. Volume 1*: Girlhood: New York: Grune and Stratton, pp. 94-98.

Duvocelle, A. (1971). L'Etat Limite ou Borderline Personality Organization. These Pour Le Doctorat En Medecine, Lille.

Easser, B. R., & Lesser, S. R. (1965). Hysterical Personality: A Re-evaluation. *Psychoanal. Quart.*, 34: 390-405.

Eissler, K. R. (1953). The Effect of the Structure of the Ego on Psychoanalytic Technique. *J. Amer. Psychoanal. Assoc.*, 1: 104-143.

Ekstein, R., & Wallerstrein, J. (1956). Observation on the Psychotherapy of Borderline and Psychotic Children. *The Psychoanalytic Study of the Child*, 11: 303-311. New York: Int.

Univ. Press.

Erikson, E. H. (1956). The Problem of Ego Identity. *J. Amer. Psychoanal. Assoc.*, 4: 56-121.

Erikson, E. H. (1959). Growth and Crises of the Healthy Personality. In: *Identity and the Life Cycle, Psychological Issues,* New York: Int. Univ. press, 1: 50-100.

Fairbairn, W. R. D. (1940). Schizoid factors in the personality *An Object-Relations Therapy of the Personality.* New York: Basic Books, 1952, pp. 3-27.

Fairbairn, W. R. D. (1944). Endopsychic Structure Considered in Terms of Object-Relationships. *An Object-Relations Therapy of the Personality.* New York: Basic Books, 1952, pp. 82-136.

Fairbairn, W. R. D. (1951). A Synopsis of the Development of the Author's Views Regarding the Structure of the Personality. *An Object-Relations Therapy of the Personality.* New York: Basic Books, 1952, pp. 162-179.

Fenichel, O. (1945). Typology. In: *The Psychoanalytic Theory of Neurosis.* New York: Norton, pp. 525-527.

Fliess, R. (1942). The Metapsychology of the Analyst. *Psychoanal. Quart.*, 11: 211-227.

Fliess, R. (1953). Countertransferences and Counteridentification. *J. Amer. Psychoanal. Assoc.*, 1: 268-284.

Frank, J. D., *et. al.* (1952). Two Behavior Patterns in Therapeutic Groups and Their Apparent Motivation. *Hum. Rel.,* 5: 289-317.

Frank, J. D., *et. al.* (1959). The Dynamics of Psychotherapeutic Relationship. *Psychiatry,* 22: 17-39.

Freud, A. (1936). The Ego and the Mechanisms of Defense. New York: Int. Univ. Press, 1946. pp. 45-57, 117-131.

Freud, S. (1910). The Future Prospects of Psycho-Analytic Therapy. Standard Edition. London: Hogarth Press, 1957, 11: 139-151.

Freud, S. (1912). Recommendations for Physicians on the Psycho-Analytic Method of Treatment. Standard Edition. London: Hogarth Press, 1958, 12: 109-120.

Freud, S. (1914). On Narcissism: An Introduction. Standard Edition. London: Hogarth Press, 1957, 14: 67-102.

Freud, S. (1923). The Ego and the Id. Standard Edition. London: Hogarth Press, 1961, 19: 13-66.

Freud, S. (1925). Negation. Standard Edition. London: Hogarth Press, 1961, 19: 235-239.

Freud, S. (1927). Fetishism. Standard Edition. London: Hogarth Press, 1961, 21: 149-157.

Freud, S. (1931). Libidinal Types. Standard Edition. London: Hogarth Press, 1961, 21: 215-220.

Freud, S. (1937). Analysis Terminable and Interminable. Standard Edition. London: Hogarth Press, 1961, 23: 216-253.

Freud, S. (1938). Splitting of the Ego in the Process of Defense. Standard Edition. London: Hogarth Press, 1964, 23: 275-278.

Fromm-Reichmann, F. (1950). *Principles of Intensive Psychotherapy.* Chicago: University of Chicago Press.

Fromm-Reichmann, F. (1952). Some Aspects of Psychoanalytic Psychotherapy with Schizophrenics. In: *Psychotherapy with Schizophrenics,* ed. Ed. B. Brody & F. C. Redlich. New York: Int. Univ. Press, pp. 89-111.

Fromm-Reichmann, F. (1958). Basic Problems in the Psychotherapy of Schizophrenia. *Psychiatry,* 21: 1-6.

Frosch, J. (1964). The Psychotic Character: Clinical Psychiatric Consideration. *Psychiatric Quarterly,* 38: 81-96.

Frosch, J. (1970). Psychoanalytic Considerations of the Psychotic Character. *J. Amer. Psychoanal. Assoc.,* 18: 24-50.

Frosch, J. (1971). Technique in Regard to Some Specific Ego Defects in the Treatment of Borderline Patients. *Psychoanal. Quart.,* 45: 216-220.

Gray, G. (1972). The Borderline Condition: A Structural-Dynamic Viewpoint. *The Psychoanalytic Review,* 59: 33-54.

Geleerd, E. R. (1958). Borderline States in Childhood and Adolescence. *The Psychoanalytic Study of the Child,* 13: 279-295. New York: Int. Univ. Press.

Gill, M. M. (1951). Ego psychology and psychotherapy. *Psychoanal. Quart.,* 20: 62-71.

Gill, M. M. (1954). Psychoanalysis and Exploratory Psychotherapy. *J. Amer. Psychoanal.*

Assoc., 2: 771-797.

Giovacchini, P. L. (ed). (1972). *Tactics and Techniques in the Psychoanalytic Therapy.* Jason Aronson, Inc.

Gitelson, M. (1952). The Emotional Position of the Analyst in the Psycho-analytic Situation. *Int. J. Psychoanal.*, 33: 1-10.

Gitelson, M. (1958). On Ego Distortion. Int. J. Psychoanal., 39: 245-257.

Glover, E. (1955). *The Technique of Psycho-Analysis.* New York: Int. Univ. Press.

Glover, E. (1955). The Analyst's Case-List (2). *The Technique of Psycho-Analysis.* London: Bailliare; New York: Int. Univ. Press, pp. 185-258.

Greenson, R. R. (1954). The Struggle Against Identification. *J. Amer. Psychoanal. Assoc.*, 2: 200-217.

Greenson, R. R. (1958). On Screen Defenses, Screen Hunger, and Screen Identity. *J. Amer. Psychoanal. Assoc.*, 6: 242-262.

Greenson, R. R. (1967). *The Technique and Practice of Psychoanalysis.* New York: Int. Univ. Press.

Greenson, R. R. (1970). The Unique Patient-Therapist Relationship in Borderline Patients, Presented at the Annual Meeting of the American Psychiatric Association, (Unpublished).

Grinker, R., Sr., Werble, B., & Drye, R. (1968). *The Borderline Syndrome.* New York: Basic Books, Inc.

Guntrip, H. (1968). *Schizoid Phenomena, Object Relations and the Self.* New York: Int. Univ. Press, pp. 275-309.

Hartmann. H. (1950). Comments on the Psychoanalytic Theory of the Ego. In: *Essays on Ego Psychology.* New York: Int. Univ. Press, 1964, pp. 113-141.

Hartmann. H. (1953). Contribution to the metapsychology of schizophrenia. In: *Essays on Ego Psychology.* New York: Int. Univ. Press, 1964, pp. 182-206.

Hartmann. H., Kris, E., & Loewenstein, R. M. (1946). Comments on the Formation of Psychic Structure. In: *The Psychoanalytic Study of the Child*, New York: Int. Univ. Press, 2: 11-38.

Hartmann. H., & Loewenstein, R. M. Notes on the Superego. In: *The Psychoanalytic Study of the Child,* New York: Int. Univ. Press, 1962, 17: 42-81.

Heimann, P. (1950). On Counter-Transference. *Int. J. Psychoanal.*, 31: 81-84.

Heimann, P. (1955). A Combination of Defence Mechanisms in Paranoid States. In: *New Directions in Psycho-Analysis,* ed. M. Klein, P. Heimann, & R. E. Money-Kyrle. London: Tavistock Publications. pp. 240-265.

Heimann, P. (1955). A Contribution to the Re-evaluation of the Oedipus Complex: The Early Stages. In: *New Directions in Psycho-Analysis,* ed. M. Klein, P. Heimann, & R. E. Money-Kyrle, New York: Basic Books, pp. 23-38.

Heimann, P. (1960). Countertransference. *Birt. J. Med. Psycol.*, 33: 9-15.

Hoch, P. H., & Polatin, P. (1949). Pseudoneurotic Forms of Schizophrenia. *Psychiat. Quart.*, 23: 248-276.

Hoch, P. H., & Cattell, J. P. (1959). The Diagnosis of Pseudoneurotic Schizophrenia. *Psychiat. Quart.*, 33: 17-43.

Holzman, P. S., & Ekstein, R. (1959). Repetition-Functions of Transitory Regressive Thinking. *Psychoanal. Quart.*, 28: 228-235.

Hurvich, M. (1970). On the Concept of Reality Testing. *International Journal of Psychoanalysis*, 51: 299-312.

Jacobson, E. (1953). Contribution to the Metapsychology of Cyclothmic Depression. In: *Affective Disorders*, ed. P. Greenacre. New York: Int. Univ. Press, pp. 49-83.

Jacobson, E. (1954a). Contribution to the Metapsychology of Psychotic Identifications. *J. Amer. Psychoanal. Assoc.*, 2: 239-262.

Jacobson, E. (1954b). Psychotic Identifications. In: *Depression*. New York: Int. Univ. Press, 1971, pp. 242-263.

Jacobson, E. (1957). Denial and Repression. *J. Amer. Psychoanal. Assoc.*, 5: 61-92.

Jacobson, E. (1964). *The Self and Object World*. New York: Int. Univ. Press.

Jones, E. (1913). The God Complex *Essays in Applied Psycho-Analysis,* New York: International Universities Press, 1964, 2: 244-265.

Keniston, K. (1968). *Young Radicals*. New York: Harcourt, Brace and World, Inc.

Keniston, K. (1970). Student Activism, Moral Development and Morality. *Amer. J. Orthopsychiatry.*, 40: 577-592.

Kernberg, O. (1960). Manejo de la Contra-Transferencia en la Escuela Analitica de Washington. Presented to the Chilean Society of Psychoanalysis, (unpublished).

Kernberg, O. (1966). Structural Derivatives of Object Relationships. *Int. J. Psychoanal.*, 47: 236-253.

Kernberg, O. (1970). A Psychoanalytic Classification of Character Pathology. *Journal of the American Psychoanalytic Association*, 18 800-802.

Kernberg, O. (1971). New Developments in Psychoanalytic Object Relations Theory. Parts I and III: Normal and Pathological Development. Presented to the American Psychoanalytic Association, Washington, D. C., (Unpublished).

Kernberg, O. (1972). Early Ego Integration and Object Relations. *Ann. N. Y. Acad. Sci.* 193, 233-247.

Kernberg, O. (1973). New Developments in Psychoanalytic Object-Relations Theory. Prat II: Instincts, Affects, and Object Relations. Presented at the Royden Astley Memorial Symposium on Narcissism, Pittsburgh, Pa., (Unpublished).

Kernberg, O., Burnstein, E., Coyne, L., Appeldaum, A., Horwitz. L., & Voth, H. (1972). Psychotherapy and Psychoanalysis: Final Report of the Menninger Foundation's Psychotherapy Research Project. *Bull. Menninger Clinic,* 36: 1-275.

Kernberg, P. (1971). The Course of the Analysis of a Narcissistic Personality with Hysterical and Compulsive Features. *J. Amer. Psychoanal. Assoc.*, 19: 451-471.

Khan, M. M. R. (1960). Clinical Aspects of the Schizoid Personality: Affects and Technique. *Int. J. Psychoanal.,* 41: 430-437.

Khan, M. M. R. (1964). Ego Distortion, Cumulative Trauma, and the Role of Reconstruction in the Analytic Situation. *Int. J. Psychoanal.*, 45: 272-279.

Khan, M. M. R. (1969). On Symbiotic Omnipotence. In *The Psychoanalytic Forum.* John A. Lindon (ed.). New York, Jason Aronson, Inc.

Klein, M. (1934). A Contribution to the Psychogenesis of Manic-Depressive States. *Contributions to Psycho-Analysis 1921-1945.* London: Hogarth Press, 1948, pp. 282-

310.

Klein, M. (1940). Mourning, and Its Relation to Manic-Depressive States. *Contributions to Psycho-Analysis 1921-1945.* London: Hogarth Press, 1948, pp. 311-338.

Klein, M. (1945). The Oedipus Complex in the Light of Early Anxieties: General Theoretical Summary. *Contributions to Psycho-Analysis 1921-1945.* London: Hogarth Press, 1948, pp. 377-390.

Klein, M. (1946). Notes on Some Schizoid Mechanisms. *Int. J. Psychoanal.*, 27: 99-110.

Klein, M. (1952). The Origins of Transference. *Int. J. Psychoanal.*, 33: 433-438.

Knight, R. P. (1953a). Borderline States. In: *Psychoanalytic Psychiatry and Psychology*, ed. R. P. Knight & C. R. Friedman. New York: Int. Univ. Press, 1954, pp. 97-109.

Knight, R. P. (1953b). Management and Psychotherapy of the Borderline Schizophrenic Patient. In *Psychoanalytic Psychiatry and Psychology,* ed. R. P. Knight & C. R. Friedman. New York: Int. Univ. Press, 1954, pp. 110-122.

Kohut, H. (1966). Forms and Transformations of Narcissism. *J. Amer. Psychoanal. Assoc.*, 14: 243-272.

Kohut, H. (1968). The Psychoanalytic Treatment of Narcissistic Personality Disorders. *The Psychoanalytic Study of the Child*, 23: 86-113.

Kohut, H. (1971). *The Analysis of the Self.* New York: Int. Univ. Press.

Kohut, H. (1972). Thoughts on Narcissism and Narcissistic Rage. *The Psychoanalytic Study of the Child*, 27: 360-400.

Laughlin, H. P. (1956). The Neuroses in Clinical Practice, Philadelphia: Saunders. pp. 394-406.

Lidz, R. W., & Lidz, T. (1952). Therapeutic Considerations Arising Form the Intense Symbiotic Needs of Schizophrenic Patients. In: *Psychotherapy with Schizophrenics*, ed. E. B. Brody & F. C. Redlich. New York: Int. Univ. Press, pp. 168-178.

Little, M. (1951). Countertransference and Patient's Response to It. *Int. J. Psychoanal.*, 32: 32-40.

Little, M. (1958). On Delusional Transference (Transference Psychosis). *Int. J. Psychoanal.*, 39: 134-138.

Little, M. (1960a). Countertransference. *Birt. J. Med. Psychol.*, 33: 29-31.

Little, M. (1960b). On Basic Unity. *Int. J. Psychoanal.*, 41: 377-384; 637.

Luborsky, L. (1962). The Patient's Personality and Psychotherapeutic Change. In: *Research in Psychotherapy, vol. II.* H. H. Strupp & L. Luborsky, eds. Washington, D. C., Amer. Psycholog. Assn., pp. 115-133.

Macalpine, I. (1950). The Development of the Transference. *Psychoanal. Quart.*, Vol. 1, 19: 501-539.

Mahler, M. S. (1968). *On Human Symbiosis and the Vicissitudes of Individuation, Infantile Psychosis.* New York: Int. Univ. Press.

Mahler, M. S. (1971). A Study of the Separation-Individuation Process and Its Possible Application to Borderline Phenomena in the Psychoanalytic Situation. *The Psychoanalytic Study of the Child,* 26: 403-424. New York/Chicago: Quadrangle Books.

Main, T. F. (1960). The Ailment. *Birt. J. Med. Psychol.*, 33: 29-31.

Masterson, J. (1967). The Psychiatric Dilemma of Adolescence. Boston: Little, Brown, pp. 119-134.

Masterson, J. (1972). *Treatment of the Borderline Adolescent: A Developmental Approach.* New York: Wiley-Interscience.

Menninger, K. A. (1958). *Hope Theory of Psychoanalytic Technique.* New York: Basic Books.

Menninger, K. A. (1959). *Amer. J. Psychiat.*, 116: 481-491.

Menninger, K. A, Mayman, M., & Pruyser, P. (1963). *The Vital Balance.* New York: Viking Press, pp. 213-249.

Meza, C. (1970). El Colerico (Borderline). Editorial Joaquin Mortiz, Mexico.

Money-Kyrle. R. E. (1956). Normal Countertransference and Some of its Deviations. *Int. J. Psychoanal.*, 37: 360-366.

Orr, D. W. (1954). Transference and Countertransference: A Historical Survey. *J. Amer. Psychoanal. Assoc.*, 2: 621-667.

Paz, C. (1969). Reflexiones Tecnicas Sobre El Proceso Analitico en los Psioticos Fronterizos. *Revista de Psicoanalisis,* 26: 571-630.

Racker, H. (1953). A Contribution to the Problem of Countertransference. *Int. J. Psychoanal.*, 34: 313-324.

Racker, H. (1957). The Meanings and Uses of Countertransference. *Psychoanal. Quart.*, 26: 303-357.

Rangell, I., (1955). Panel Report: The Borderline Case. *J. Amer. Psychoanal. Assoc.*, 3: 285-298.

Rapaport, D. (1957). Cognitive Structures. In: *Contemporary Approaches to Cognition*. Cambridge: Harvard Univ. Press, pp. 157-200.

Rapaport, D., & Gill, M. M. (1959). The Points of View and Assumptions of Metapsychology, *Int. J. Psychoanal.*, 40: 153-162.

Rapaport, D., & Gill, M. M. & Schafer, R. (1945-1946)., *Diagnostic Psychological Testing*, 2 vols. Chicago: Year Book Publishers, 1: 16-28; 2: 24-31, 329-366.

Reich, A. (1951). On Countertransference. *Int. J. Psychoanal.*, 32: 25-31.

Reich, A. (1953). Narcissistic Object Choice in Women. *J. Amer. Psychoanal. Assoc.*, 1: 22-44.

Reich, A. (1960a). Further Remarks on Countertransference. *Int. J. Psychoanal.*, 41: 389-395.

Reich, A. (1960b). Pathological Forms of Self-Esteem Regulation. *The Psychoanalytic Study of the Child*, New York: Int. Univ. Press, 15: 215-232.

Reich, Wilhelm. (1949). *Character Analysis*. New York: Noonday Press.

Reider, N. (1957). Transference Psychosis. *J. Hillside Hosp.*, 6: 131-149.

Riviere, J. (1936). A Contribution to the Analysis of the Negative Therapeutic Reaction. *Int. J. Psychoanal.*, 17; 304-320.

Robbins, L. L. (1956). Panel Report: The Borderline Case. *J. Amer. Psychoanal. Assoc.*, 4: 550-562.

Robbins, L. L. & Wallerstein, R. S. (1959). The Research Strategy and Tactics of the Psychotherapy Research Project of the Menninger Foundation and the Problem of Controls. In: *Research in Psychotherapy*, ed. E. A. Rubinstein & M. B. Parloff. Washington, D. C.: Amer. Psycholog. Assn., pp. 27-43.

Robins, L. N. (1966). Deviant Children Grown Up. Baltimore: Williams & Wilkins, pp. 287-309.

Romm, M. (1957). Transient Psychotic Episodes during Psychoanalysis, *J. Amer. Psychoanal. Assoc.*, 5: 325-341.

Rosenfeld, H. (1949). Remarks on the Relation of Male Homosexuality to Paranoia, Paranoid Anxiety and Narcissism. *Int. J. Psychoanal.*, 30: 36-47.

Rosenfeld, H. (1952). Transference-Phenomena and Transference-Analysis in an Acute Catatonic Schizophrenic Patient. *Int. J. Psychoanal.*, 33: 457-464.

Rosenfeld, H. (1955). Notes on the Psychoanalysis of the Superego Conflict in an Acute Schizophrenic Patient. In: *Psychotherapy of Schizophrenia and Manic-Depressive* States, ed. Azima and Glueck, Jr. Washington: Amer. Psychiat. Assoc.

Rosenfeld, H. (1958). Contribution to the Discussion on "Variations in Classical Technique." *Int. J. Psychoanal.*, 39: 238-239.

Rosenfeld, H. (1963). Notes on Psychopathology and Psychoanalytic Treatment of Schizophrenia. In *Psychotherapy of Schizophrenia and Manic-Depressive* States, ed. H. Azima & B. C. Glueck, Jr. [Psychiatric Research Report #17] Washington, D. C.: American Psychiatric Association, pp. 61-72.

Rosenfeld, H. (1964). On the Psychopathology of Narcissism: A Clinical Approach. *Int. J. Psychoanal.*, 45: 332-337.

Rosenfeld, H. (1970). Negative Therapeutic Reaction. Reported in Transaction of the Topeka Psychoanalytic Society, *Bull. Menninger Clinic*, 34: 189-192.

Sachs, H. (1947). Observations of a Training Analyst. *Psychoanal. Quart.*, 16: 157-168.

Sandler, J., & Rosenblatt, B. (1962). The Concept of the Representational World. *Psychoanal. Study of the Child*, 17: 128-145.

Savage, C. (1961). Countertransference in the Therapy of Schizophrenics. *Psychiatry*. 24: 53-60.

Schafer, R. (1960). The loving and beloved superego in Freud's structural theory. *The Psychoanalytic Study of the Child*, 15: 163-188. New York: International Universities Press.

Schlesinger, H. (1966). In Defense of Denial. Presented to the Topeka Psychoanalytic Society, June 1966, (Unpublished).

Schmideberg, M. (1947). The Treatment of Psychopaths and Borderline Patients. *Amer. J. Psychother.*, 1: 45-70.

Segal, H. (1964). *Introduction to the Work of Melanie Klein*. New York: Basic Books.

Sharpe, E. F. (1931). Anxiety, Outbreak and Resolution. In: *Collected Papers on Psycho-Analysis*. London: Hogarth, 1950, pp. 67-80.

Spitz, R. A. (1956). Countertransference: Comments on its Varying Role in the Analytic Situation. *J. Amer. Psychoanal. Assoc.*, 4: 256-265.

Sterba, R. (1934). The Fate of the Ego in Analytic Therapy. *Int. J. Psychoanal.*, 15: 117-126.

Stern, A. (1938). Psychoanalytic Investigation of and Therapy in the Borderline Group of Neuroses. *Psychoanal. Quart.*, 7: 467-489.

Stern, A. (1945). Psychoanalytic Therapy in the Borderline Neuroses. *Psychoanal. Quart.*, 14: 190-198.

Stone, L. (1951). Psychoanalysis and Brief Psychotherapy. *Psychoanal. Quart.*, 20: 215-236.

Stone, L. (1954). The Widening Scope of Indications for Psychoanalysis. *J. Amer. Psychoanal. Assoc.*, 2: 567-594.

Strachey, J. (1934). The Nature of the Therapeutic Action of Psycho-analysis. *Int. J. Psychoanal.*, 15: 127-159.

Sullivan, H. S. (1953a). *Conceptions of Modern Psychiatry*. New York: Norton.

Sullivan, H. S. (1953b). *The International Theory of Psychiatry*. New York: Norton.

Tartakoff, H. H. (1966). The Normal Personality in Our Culture and the Nobel Prize Complex. In: *Psychoanalysis-A General Psychology,* ed. R. M. Loewenstein, L. M. Newman, M. Schur, & A. J. Solnit. New York: Int. Univ. Press, pp. 222-252.

Thompson, C. M. (1952). Countertransference. *Samiksa,* 6: 205-211.

Ticho, E. (1966). Selection of Patients for Psychoanalysis or Psychotherapy. Presented at the 20th Anniversary Meeting of the Menninger School of Psychiatry Albumni Association. Topeka, Kansas. (Unpublished.)

Ticho, E. (1972). The Development of Superego Autonomy. *Psychoanal. Rev.* 59: 218-233.

Ticho, E. (1970). Differences Between Psychoanalysis and Psychotherapy. *Bull. Menninger Clinic*. 34, 128-138.

Ticho, E. (1972). The Effects of Psychoanalyst's Personality on the Treatment. In Vol. 4 ed. John A. Lindon pp. 137-151. *Psychoanalytic Forum*. New York: Int. Univ. Press.

Tower, L. E. (1956). Countertransference. *J. Amer. Psychoanal. Assoc.*, 4: 224-255.

Van der Waals, H. G. (1965). Problems of Narcissism. *Bull. Menninger Clinic.*, 29: 293-311.

Werble, B. (1970). Second Follow-Up Study of Borderline Patients. *Archives of General Psychiatry*, 23: 3-7.

Waelder, R., et al. (1958). Ego distortion (Panel Discussion). *Int J. Psychoanal.*, 39: 243-275.

Wallerstein, R. S. (1967). Reconstruction and Mastery in the Transference Psychosis. *J. Amer. Psychoanal. Assoc.*, 15: 551-583.

Wallerstein, R. S. & Luborsky, L., Robbins, L. L., & Sargent, H. D. (1956). The Psycho-Therapy Research Project of The Menninger Foundation: Rationale, Method and Sample Use: First Report. *Bull. Menninger Clinic*, 20: 221-278.

Wallerstein, R. S. & Robbins, L. L. (1956). The Psychotherapy Research Project of the Menninger Foundation (Part IV: Concepts). *Bull. Menninger Clinic.*, 20: 239-262.

Weigert, E. (1952). Contribution to the Problem of Terminating Psychoanalyses. *Psychoanal. Quart.*, 21: 465-480.

Will, O. A. (1959). Human Relatedness and the Schizophrenic Reaction. *Psychiatry*, 22: 205-223.

Weisfogel, J., Dickes, R. & Simons, R. (1969). Diagnostic Concepts Concerning Patients Demonstrating Both Psychotic and Neurotic Symptoms. *Psychiat. Quart.*, 43: 85-122.

Winnicott, D. W. (1949). Hate in the Countertransference. *Int. J. Psychoanal.*, 30: 69-75.

Winnicott, D. W. (1955). The Depressive Position in Normal Emotional Development. *Birt. J. Med. Psychol.*, 28: 89-100.

Winnicott, D. W. (1960). Countertransference. *Birt. J. Med. Psychol.*, 33: 17-21.

Winnicott, D. W. (1963). The Development of the Capacity for Concern. *Bull. Menninger Clinic.*, 27: 167-176.

Wolberg, A. (1973). The Borderline Patient. Intercontinental Medical Book Corporation, New York.

Zetzel, E. R. (1956). Current Concepts of Transference. *Int. J. Psychoanal.*, 37: 369-376.

Zetzel, E. R. (1966). The Analytic Situation. In: *Psychoanalysis in the America*, ed. Litman. New York: Int. Univ. Press, 1966, pp. 86-106.

Zetzel, E. R. (1971). A Developmental Approach to the Borderline Patient. *American Journal of Psychiatry*. 127: 867-871.

Zilboorg, G. (1941). Ambulatory Schizophrenias. *Psychiatry*, 4: 149-155.

Zilboorg, G. (1957). Further Observations on Ambulatory Schizophrenia. *Amer. J. Orthopsychiatry*, 27: 677-682.

찾아보기

인 명

내 용

저자 소개

▶ 오토 컨버그(Otto F. Kernberg, 1928~)

1928년 오스트리아 빈에서 출생하였고, 1939년 나치를 피해 칠레로 이주하여 생물학, 의학, 정신의학 및 정신분석을 공부하였다. 1961년 미국으로 건너간 후 C. F. 메닝거 메모리얼 병원 디렉터, 토피카 정신분석 연구소 지도감독 및 훈련 정신분석가, 컬럼비아 대학교 의과대학 정신과 교수, 뉴욕 병원-코넬 의학센터 성격장애 연구소 디렉터 등을 역임하였다. 또한 미국 정신분석학회 회장과 국제 정신분석학회 회장을 지냈다. 현재 코넬 대학교 의과대학 정신과 교수(1976년 이후)로 재직 중이며, 컬럼비아 대학교 정신분석 훈련 및 연구 센터 지도감독 및 훈련 분석가로 활동 중이다. 저서로는 *Aggressivity, Narcissism, and Self-Destructiveness in the Psychotherapeutic Relationship* (2004), *Love Relations* (1995), *Aggression in Personality Disorders and Perversion* (1992), *Internal World and External Reality* (1980), *Object Relations Theory and Clinical Psychoanalysis* (1976) 등 다수가 있다.

역자 소개

▶ 윤순임

현재 서울정신분석상담연구소 소장을 맡고 있으며 정신분석가이자 임상심리전문가다. 독일 뷔르츠부르크 대학교와 동 대학원 및 박사과정에서 심리학을 전공하고 뷔르츠부르크 대학교에서 디플롬 임상심리학자 자격을 취득한 후 뷔르츠부르크 대학교 임상심리학 연구소 연구원을 역임하였다. 독일 슈투트가르트 정신분석연구소에서 정신분석 치료 수련 및 임상활동을 하였고, 독일 정부 공인 정신분석가(정신분석치료) 자격면허를 획득하여 독일에서 정신분석가로 활동하였다. 1989년 귀국 이후 정신분석가로 임상 및 교육 활동을 활발히 하며, 서울대학교 학생생활연구소 특별연구원, 한국청소년상담원 상담부교수 및 상담연수실장 등을 역임하였다. 저서로는 현대 상담심리치료의 이론과 실제(공저, 중앙적성출판사, 1995), 남녀관계의 사랑과 공격성(공역, 학지사, 2005)이 있으며, 정신분석 치료와 관련된 다수의 논문이 있다.

▶ 이용승

임상심리전문가. 현 서울정신분석상담연구소 부소장
서울대학교 심리학과 박사(임상심리학 전공)
서울대학병원 신경정신과 임상심리연수원 과정 수련
서울대학교, 연세대학교, 이화여자대학교, 충북대학교 등 강사 역임
[저술] 범불안장애(학지사, 2000), 강박장애(공저, 학지사, 2000), 자폐증(공저, 학지사, 2000),
지그문트 프로이트(역, 학지사, 2007)

▶ 김정욱

상담심리전문가. 현 서울정신분석상담연구소 부소장
서울대학교 심리학과 박사(상담심리학 전공)
전 서울대 학생생활연구소 상담연구원
서울대학교, 연세대학교, 가톨릭대학교, 성신여자대학교 등 강사 역임
[저술] 섭식장애(학지사, 2000), 연극성 성격장애(공저, 학지사, 2000)

▶ 도상금

임상심리전문가. 현 서울정신분석상담연구소 선임연구원
서울대학교 심리학과 박사(임상심리학 전공)
한양대학병원 신경정신과 임상심리 과정 수련
전 포항공과대학, 한림대학교, 서강대학교 학생생활연구소 전임상담원
서강대학교, 충북대학교, 한양대학교 등 강사 역임
[저술] 해리장애(학지사, 2000), 충동통제장애(공저, 학지사, 2000)

▶ 심영숙

임상심리전문가. 현 서울정신분석상담연구소 선임연구원
서울대학교 심리학과 석사, 가톨릭대학교 심리학과 박사과정 수료
강남클리닉 임상심리 과정 수련
가톨릭대학교 강사 역임

▶ 문형춘

상담심리전문가. 현 서울정신분석상담연구소 선임연구원
서울대학교 심리학과 석사, 가톨릭대학교 심리학과 박사(상담심리학 전공)
전 서울대학교 학생생활연구소 상담연구원
전 서울특별시 청소년종합상담실 상담부장
가톨릭대학교, 한림대학교 등 강사 역임
[저술] 단기심리치료(공역, 학지사, 2002)

▶ 남기숙

임상심리전문가. 현 서울정신분석상담연구소 연구원
서울대학교 심리학과 박사(임상심리학 전공)
서울대병원 신경정신과 임상심리연수원 과정 수련
전 서울대학교 공과대학교 상담소 상담원
가톨릭대학교, 아주대학교, 포천중문의과대학교 등 강사 역임
[저술] 의존성 성격장애와 회피성 성격장애(공저, 학지사, 2000)

경계선 장애와 병리적 나르시시즘

Borderline Conditions and Pathological Narcissism

2008년 6월 30일 1판 1쇄 발행
2025년 2월 20일 1판 9쇄 발행

지은이 • Otto F. Kernberg
옮긴이 • 윤순임 · 이용승 · 김정욱 · 도상금 · 심영숙 · 문형춘 · 남기숙
펴낸이 • 김 진 환
펴낸곳 • (주) 학지사
04031 서울특별시 마포구 양화로 15길 20 마인드월드빌딩 5층
대표전화 • 02) 330-5114 팩스 • 02) 324-2345
등록번호 • 제313-2006-000265호

홈페이지 • http://www.hakjisa.co.kr
인스타그램 • https://www.instagram.com/hakjisabook

ISBN 978-89-5891-624-6 93180

정가 18,000원

역자와의 협약으로 인지는 생략합니다.
파본은 구입처에서 교환하여 드립니다.